Tom Brady
El partido más largo

Tom Brady

El partido más largo

Rubén Ibeas y Marco Álvarez

CÓRNER

© 2022, Rubén Ibeas y Marco Álvarez

Primera edición: febrero de 2022
Primera reimpresión: febrero de 2022

© de esta edición: 2022, Roca Editorial de Libros, S.L.
Av. Marquès de l'Argentera 17, pral.
08003 Barcelona
actualidad@rocaeditorial.com
www.rocalibros.com

© de los gráficos: Ignacio Ballesteros

Impreso por EGEDSA

ISBN: 978-84-12414-70-7
Depósito legal: B. 19554-2021

RC14707

¿Qué estás dispuesto a hacer? ¿A qué renunciarías para ser la mejor versión de ti? Tu energía es limitada y el tiempo pasa para todos. Decir que sí a algo implica decir que no a otra cosa. Al final, mi vida se centra en el fútbol. Siempre ha sido así y, mientras juegue, siempre lo será. A este deporte le he entregado mi cuerpo, toda mi energía durante más de veinte años. Así que, si vas a competir conmigo, más te vale estar dispuesto a dar tu vida, porque yo estoy dando la mía.

Tom Brady en *Tom vs Time*

Todas las batallas (ganadas)
de Thomas Edward Patrick Brady Jr.

*L*o normal es odiar a Tom Brady. Aunque no tanto como a Peyton Manning, claro. Es alto, guapo y multimillonario. Es el triunfador que quieren los Estados Unidos del country y los *diners*: californiano sin el carisma hípster de Aaron Rodgers, asquerosamente vainilla en cada declaración, sonrisa Profidén y alma robótica. No es un genio, es un cíborg. Ha contribuido a convertir la liga más impredecible del mundo en una película en la que casi siempre gana el rubio. Su extrema competitividad, amplificada por un entrenador igual de enfermo que él, ha empujado los límites del reglamento hasta zonas, digamos, grises. En cuanto te descuidas, promueve la seudociencia o tontea con Trump. Tiene tu edad y sigue reinando en un trabajo que consiste, básicamente, en lanzar un balón lejos y evitar que unos señores muy fuertes te den de hostias, mientras tú sufres dos conmociones cerebrales y un esguince cada vez que juegas al fútbol con tu hijo de cinco años. Ah, y Gisele Bündchen.

Así que lo normal es odiar a Tom Brady, pero si alguien le critica delante de mí, por leve que sea la afrenta, lo siguiente que tendrá que hacer es escoger arma, buscar un padrino y encontrarse conmigo en un claro del bosque al amanecer. No tendré piedad. Porque sí, es muy sencillo caricaturizar a Brady, pero lo que queda, lo que realmente importa, la esencia que anula todo lo superfluo, es tan descomunal que convierte al *hater* en un loco gritando al viento. ¿Cuántas batallas contra él se han fabricado? Cientos. ¿Cuántas ha perdido? Ninguna.

Para empezar, nadie pensaba que tuviera sitio en la NFL. Si un *quarterback* es alto, blanco, con un brazo digno y una carrera decente en una universidad potente, la liga siempre le va a valorar por encima, incluso, de lo que su verdadero talento merece. Si reúnes todas esas características y caes hasta la elección 199 del *draft*, es que la máxima expectativa que tienen contigo es que puedas sostener una pizarra en la banda sin caerte, y el desenlace más probable, que estés currando en un Wallmart al cabo de tres años, no siendo el puto amo dos décadas más tarde.

Una vez fulminado ese primer prejuicio, tocó que los Patriots ganaban solo por su defensa, vencían a pesar de Brady y no gracias a él, un argumento que apenas se sostuvo en el primer título. Cualquiera que haya visto la segunda Super Bowl, contra los Panthers, con medio millón de yardas y tres *touchdowns*, sabe que Brady no era una pieza más en el perfecto engranaje de Belichick.

Como con veintiséis años ya tenía tres anillos, se le subió a regañadientes un escalón: ya no era un jornalero en el lugar adecuado en el momento idóneo, pero tampoco había que volverse locos. Era un *quarterback* que gestionaba bien los partidos, pero no los ganaba solo como, oh, Dios mío, Peyton Manning. Entonces, en 2007, los Patriots decidieron ver qué pasaba si le juntaban con un receptor estelar y el resto es historia (inacabada por culpa de Eli, no hay Manning bueno). Pero antes del dichoso *Helmet catch*, Brady y Randy Moss cambiaron la NFL para siempre. Todos los fuegos artificiales que nos fascinan hoy empezaron entonces, cuando, por única vez en su carrera en Foxboro, le dieron un receptor digno de su categoría. El resto (Wes Welker, Julian Edelman, etc.) se los fabricó él mismo.

Así que Brady ya era una superestrella, pero… Siempre había un pero, una duda, una nueva batalla. Esta, y les prometo que no me lo invento, duró años. Mediada ya su carrera, con peores armas, menos prensa y más anillos, todavía se defendía que Brady era peor que Manning. Por fortuna, ahí el tiempo se encargó de convertir lo que fue un debate real en una anécdota cómica, así que no nos detendremos mucho aquí: Peyton fue la leche, Tommy es la cabra.

Pero (sí, en serio, hay más) cuando ya no le quedaban rivales físicos que echarle en cara, se recurrió a lo filosófico, a lo etéreo, al aire… Literalmente: al aire. La presión más baja de lo normal de los balones en la final de conferencia de 2015 contra los Colts se convirtió en el Watergate de Hacendado de los *haters*, y la NFL se apuntó haciéndole someterse a un paseíllo como el de Cersei Lannister: «¡*Shame! ¡Shame! ¡Shame!*». Dio igual que rivales como Aaron Rodgers salieran a decir que era una chorrada habitual o el pequeño detalle de que los Patriots ganaron la primera parte, cuando se jugó con los balones deshinchados, 17-7, y la segunda, con todo en orden, 28-0, Brady era un tramposo. ¡Por eso vencía! Sin inmutarse, procedió a ganar tres de los siguientes cinco anillos. El tipo es cruel.

Y como en los videojuegos, una vez superadas todas las dificultades, vencida cada batalla contra enemigos reales y ficticios, tangibles e imaginarios, llegó el jefe final, el más poderoso y el más inesperado. El único desprecio que no había podido demostrar que fuese erróneo porque no existía la posibilidad de intentarlo: Brady era un producto de Belichick y sin la descomunal mente del tío Bill solo sería un buen *quarterback* más. Una idea tan absurda como afirmar que Lennon fue obra de McCartney, o Faemino, de Cansado. Los genios son genios juntos y por separado. Pero hay que reconocer la inteligencia de este ataque porque era una guerra que Brady nunca podría ganar salvo que se marchase de Boston, cosa que jamás iba a suceder. ¿O sí? En fin, pregunten en Tampa.

Llegados a este punto, no queda piedra que arrojarle. Tan aburrido está de ganar batallas que se ha buscado en enemigo imbatible: el paso del tiempo. Y no me pregunten cómo, pero va empatando. Tom Brady es el mejor de la historia. Lo es desde hace tiempo, pero ya es hora de cerrar cualquier discusión. De ahí la importancia de este libro. Porque no tiene especial validez que lo diga yo, que soy un *groupie*, pero Rubén y Marco son otra historia.

Ellos, como Tommy, son la prueba de que el talento emerge, son dos personas fundamentales en el crecimiento (de seguidores y de calidad del análisis) de este maravilloso deporte en España y, aunque siempre queda guay decir que molaban más cuando eran *indies*, lo cierto es que siguen siendo buenísimos ahora. Porque saben y saben contarlo. Además, uno es de los Packers, donde reina el quarterback de más talento puro que han visto mis ojos, y el otro creció con los 49ers de Joe Montana y Steve Young. Ambos tienen todos los motivos sentimentales del mundo para discutir lo indiscutible. Pero no lo hacen.

Porque lo normal es odiar a Tom Brady, pero lo inteligente es rendirse. Es el más grande y punto. Tú haces buenos anuncios, Peyton Manning.

IÑAKO DÍAZ-GUERRA

@InakoDiazGuerra

@elmundoes

PRIMER CUARTO

1

Tom Brady antes de Tom Brady

Montana… busca, busca, lanza a la *end zone*… ¡La atrapó Clark!
¡Dwight Clark!… ¡La locura en Candlestick!

*H*an pasado más de cuarenta años desde que Vin Scully, el eterno comentarista de los partidos del equipo de béisbol de Los Angeles Dodgers, dijera unas palabras que desde aquel momento quedaron grabadas en el folclore del deporte estadounidense. El pase de *touchdown* de Joe Montana para Dwight Clark suponía la victoria para los San Francisco 49ers sobre los Dallas Cowboys en la final de la Conferencia Nacional. Por primera vez en su historia el equipo californiano derrotaba al tejano en un encuentro de *playoffs*, tras tres fracasos anteriores, y también iba a disputar por primera vez la Super Bowl. La semilla de la presente dinastía de la NFL había germinado.

En las gradas del ya demolido Candlestick Park, un padre cogía en brazos a su hijo menor, Tommy, de apenas cuatro años y medio, para que pudiese presenciar aquella gloriosa jugada. Todo el público estaba de pie y conteniendo el aliento mientras Montana apuraba más y más el momento de lanzar la pelota hacia su compañero Clark. El resultado provocó el delirio en una ciudad históricamente acostumbrada a ver fracasar a su equipo de *football*. El corazón del chico dio un vuelco, sobrepasado por una situación que se salía completamente de lo normal. Unas horas antes, su padre había conducido el coche familiar unos quince minutos por la autopista US-101 North desde su casa, en la ciudad de San Mateo, a tan solo veintisiete kilómetros al sur del estadio. El niño se llamaba Thomas Edward Patrick Brady Jr. La semilla de la futura dinastía de la NFL se había plantado.

Durante toda la década de los ochenta los 49ers fueron la franquicia modélica en la NFL. Ganaron más Super Bowls que nadie (cuatro), vencieron más partidos que nadie (104 en *regular season* y trece en *playoffs*) y lo hicieron con el juego más preciso, elegante y bello de la liga. Desde 1981 hasta 1998, San Francisco no finalizó peor que octavo en el *ranking* de puntos anotados, y fue el conjunto más anotador seis veces, incluidas cuatro seguidas de 1992 a 1995. El ataque «West Coast Offense» del *head coach* Bill Walsh supuso una revolución en la liga. Por muchos años la mayoría de los equipos rivales intentaron imitar su modelo, en ocasiones atrayendo a entrenadores y/o jugadores de los Niners. Joe Montana primero y Steve Young después, los *quarterbacks* titulares de la franquicia en las décadas de los ochenta y noventa, fueron los jugadores favoritos de un chico que durante todo ese tiempo fue creciendo en Portola Drive, una de las calles de la ciudad de San Mateo.

Una fotografía en la sala de estar de la casa familiar nos muestra las raíces de Tom Brady. En la foto lo vemos con cuatro años, llevando una camiseta de Joe Montana de los 49ers mientras saltaba por el aparcamiento del viejo Candlestick Park el 10 de enero de 1982, sí, el mismo día que Dwight Clark realizó «la» recepción que condujo a los Niners hacia su primera victoria en la Super Bowl. Antes de la alegría del *touchdown* ganador, el pequeño Tommy pasó gran parte de la primera mitad llorando por no poder convencer a sus padres de que le compraran una de esas manos gigantes de gomaespuma con el número uno para animar a su equipo.

Brady nació en San Mateo, California, el 3 de agosto de 1977. Toda su infancia la pasó en la bahía de San Francisco. Brady es el más pequeño de cuatro hijos de Thomas sénior y Galynn Brady. Es el único chico de la familia; tiene tres hermanas mayores: Nancy, Julie y Maureen.

El éxito deportivo parece que corría por las venas de la familia. Las tres hermanas de Brady fueron excelentes jugadoras de *softball*. La hermana mayor, Maureen, fue una muy buena *pitcher*, que incluso participó con el equipo olímpico júnior de Estados Unidos cuando tenía diecisiete años, antes de jugar *college softball* en Fresno State, donde recibió honores de All-American.

La hermana mediana de Brady, Julie, tomó un camino diferente en el *college*, al ingresar en el equipo de fútbol de St. Mary´s College. Brady solía hablar de Julie como su hermana gemela, pues cumplen años el mismo día. Sin embargo, Julie es tres años mayor que Brady. La menor de las hermanas de Brady, Nancy, de apenas un año más, jugó al *softball* en la Universidad de California.

Sin duda, crecer con tal talento deportivo en la familia ayudó a que el pequeño de la casa fuera desarrollando sus habilidades y perfilando su carácter competitivo cada vez que intentaba derrotar, o al menos estar a la altura, de sus atléticas hermanas mayores. Sin duda, las mujeres han tenido una influencia enorme en la vida de Brady. Desde sus primeros momentos, el pequeño Tommy siempre ha estado rodeado por fuertes presencias femeninas.

Primero, su madre, una dura y determinada mujer que ganó su batalla contra un cáncer que se le diagnosticó en 2016. Galynn continúa siendo una figura inspiradora en la vida de Brady. En una aparición en un podcast, Brady destacó la empatía de su madre; comentó que «esa parte de mi madre es en lo que más me parezco a ella». Cada vez que lo entrevistan en el terreno de juego después del partido, Brady saluda a su madre con un «*Hi, mom*» (Hola, mamá).

Brady también reparte mucho crédito a sus tres hermanas mayores, y reconoce que le ayudaron a ser un jugador al que fuera más fácil entrenar. También le ayudaron individualmente, sobre todo para manejar sus emociones. Brady lo dice así, «creo que cuando te crías con tres hermanas, eres más receptivo a lo que pasa en casa. Probablemente eres un poco más intuitivo emocionalmente».

Brady también tuvo una relación muy cercana con su padre. Desde hace años habla de él como «mi héroe». Tom Brady sénior es el culpable del gen competitivo de su hijo. Tal y como contó en una ocasión: «Es mi culpa…, yo empecé con eso. Todo lo que hacíamos, desde correr desde la iglesia hasta la casa, pasando por tirar una piedra lo más lejos posible…, todo era una competición».

Cuando Brady tenía cinco o seis años, Tom sénior descubrió el gen competitivo de su hijo pequeño. Cuando jugaban al béisbol en el jardín de la casa y perdía, Tommy lanzaba el bate en un gesto de enfado, y su padre le amenazaba con castigarle si volvía a repetirse. Brady prometía que nunca lo volvería a hacer, pero a la siguiente derrota volvía a las andadas. Era algo que estaba por encima de él y que no podía evitar.

Curiosamente, las raíces de Tom Brady nos llevan al Boston de mediados del siglo xix. Su tatarabuelo, John Brady, escapó de la gran hambruna irlandesa hacia Estados Unidos y con veintidós años se casó con Bridget Bailey, otra refugiada irlandesa. Sus dos hijos, Philip, el bisabuelo de Brady, y Henry, nacieron en Boston, antes de que la familia emigrara hacia la Costa Oeste escapando de la guerra civil estadounidense. Acabaron por instalarse en San Francisco. En 1906, Philip F. Brady colaboró como miembro del cuerpo de bomberos en las labores de rescate del terremoto que destrozó la ciudad el 18 de abril. Sin embargo, tendría que vivir con otro recuerdo mucho peor, el asesinato de su hijo Philip J. Brady mientras hacía sus labores de periodista. El hermano menor de Philip J., Harry, tenía apenas dieciséis años entonces.

El abuelo de Tom Brady acabaría teniendo una farmacia en San Francisco, se casaría con Peggy Buckley y el 6 de mayo de 1944 tendrían a su cuarto hijo, al que llamarían Tom y que se convertiría en el padre del *quarterback*. Después de volver a San Francisco para vender seguros tras ser rechazado para participar en la guerra de Vietnam por una lesión de rodilla, conocería a Galynn Johnson, una azafata de vuelo de la TWA, de raíces suecas, noruegas y alemanas y nacida en un pequeño pueblo rural de Minnesota. Se casaron en 1969 y se asentaron en San Mateo, uno de los suburbios más grandes de la península de San Francisco.

«Toda su familia es muy humilde —dice Giovanni Toccagino, uno de los futuros receptores de Brady en su paso por el instituto—. Por algo los llaman la Brady Bunch» (la tribu de los Brady, en referencia a una conocida serie norteamericana de los años setenta).

De niño, Tom Brady solía jugar al *flag football* en Portola Drive, en San Mateo, un campo de asfalto que se extendía de poste a poste telefónico, con coches aparcados como formidables obstáculos. En esa calle, trataba de imitar a su ídolo Joe Montana, aguantando la pelota el tiempo suficiente para que su compañero quedara libre en el fondo de la *end zone*. Desde que le vio en directo lanzar ese pase de *touchdown* a Dwight Clark para derrotar a los Cowboys, Tom pensó que el sueño de su vida sería convertirse algún día en un *quarterback* profesional.

En los primeros años de la carrera deportiva de Brady no parecía que se fueran a cumplir tales expectativas. No era ni muy grande ni muy fuerte ni excesivamente coordinado. De hecho, Tom no era capaz de superar ni a los chicos de su propia calle, pero lo que siempre tuvo dentro de sí mismo fue una naturaleza competitiva y un deseo inagotable por mejorar.

El pequeño Tommie buscaría al chico más rápido del barrio y lo desafiaría a una carrera. Al no ser tampoco demasiado rápido, perdía una y otra vez. Pero nunca se rindió, analizó su actuación después de cada derrota e ideó un plan para continuar progresando. Al final, comenzó a derrotar a los otros chicos. Cuando echa la vista atrás, Brady recuerda estos tiempos como la historia de perseverancia de la tortuga que derrotó a la liebre.

Asistió a la escuela elemental St. Gregory de San Mateo y fue creciendo viendo como su equipo favorito se convertía en la sensación del deporte norteamericano. Montana trajo la Super Bowl a San Francisco cuando Brady apenas tenía cuatro años, algo que repetiría cuando tuviera siete años, once años y doce años.

Lorraine Paul, la directora de la escuela St. Gregory, recuerda a Brady como alguien inteligente y popular, algo que nunca le sorprendió, pues sus hermanas eran exactamente igual.

El 20 de enero de 1991, en medio de su último curso antes de avanzar hacia el instituto, Brady presenció una imagen que ningún fan de los San Francisco 49ers podría olvidar en mucho tiempo. Montana, que había ganado su segundo MVP consecutivo aquella temporada, trataba de ampliar una mínima ventaja de 13-12 que los Niners tenían en su partido de final de conferencia ante los New York Giants. En el último cuarto, en 3.ª y 10, retrocedía en el *pocket* para encontrar a un receptor desmarcado. Con la defensa de los Giants mandando siete hombres en cobertura para evitar cualquier envío posible, Montana salía del *pocket* hacia su lado derecho para ganar algo de tiempo. Lawrence Taylor se le aproximaba a toda velocidad, pero con su habitual calma, le esquivaba, obteniendo el segundo que necesitaba para lanzar hacia su receptor favorito, Jerry Rice. Sin embargo, cuando se disponía a soltar la pelota, el *defensive end* Leonard Marshall colocaba el casco y el resto de su cuerpo sobre la espalda del *quarterback*, tirándolo al suelo y forzando un *fumble* que recuperó San Francisco. Un enmudecido Candlestick Park mantuvo la respiración durante los cuatro minutos que Montana estuvo tumbado sobre el césped. Cuando finalmente se levantó, con la ayuda de dos asistentes, estalló de alegría. Sin embargo, *Big* Joe no volvería al encuentro y San Francisco perdió la posibilidad de conquistar su tercera Super Bowl seguida cuando un *field goal* de Matt Bahr, el quinto de la tarde, le daba en el último segundo un ajustado triunfo por 15-13 a los de Nueva York.

Montana nunca volvería a ser el *quarterback* titular de los 49ers. La franquicia comenzaría un proceso de renovación que durante ese año 1991 resultó doloroso. Por primera vez desde 1982 no alcanzaría los *playoffs*. Ese verano Brady inició su aventura en Junipero Serra High School, un instituto católico privado en San Mateo. Al igual que su equipo del alma, en un primer momento, no lo tendría nada sencillo.

Brady, el jugador de béisbol que nunca llegó a ser

Antes siquiera de pensar en su futuro como atleta, Brady urgió a sus amigos para votarle como presidente de su clase *freshman*, no porque le hiciera parecer más interesante, sino porque pensaba que quedaría bien en su posible carta de petición de acceso para la Academia Naval.

Pese a su pasión por el deporte y por el *football* en concreto, nunca disputó una liga organizada hasta que llegó al instituto. El chico blanco y lento de Portola Drive decidió darle una oportunidad al equipo de *football* de los Padres con el objetivo de acabar jugando *college* al más alto nivel. Su familia, desde sus padres hasta sus hermanas, le apoyó en tal decisión. «Nunca le desviamos de perseguir esa meta. Otros podrán cruzarse en su camino y romperle el sueño, pero nosotros siempre íbamos a estar a su lado apoyándole», comentaba el padre de Brady en una entrevista con Andrea Kremer para NFL Network días antes de la disputa de la Super Bowl XLIX.

Gracias a sus incontables horas de entrenamiento y superación de niño, con sus hermanas en el jardín familiar y con sus amigos en Portola Drive, por aquel entonces Brady era bueno en cualquier deporte. Jugó en Serra en el equipo de *football* y baloncesto, llegó incluso a tomar prácticas de surf en un campamento de primavera, pero especialmente destacaba en el béisbol.

Los Montreal Expos, ahora Washington Nationals, seleccionaron a Brady de Junipero Serra High School en San Mateo en la decimoctava ronda del *draft* de la MLB de 1995, días después de que se hubiera graduado. Su futuro compañero de equipo en la NFL, Lawyer Milloy, fue seleccionado en la siguiente ronda por los Detroit Tigers.

Brady fue un *catcher* zurdo en el instituto. Bateó .311 con ocho *home runs* en dos temporadas. Los Expos estaban convencidos de que podría convertirse en una estrella. «Brady tenía un techo muy alto —contaba el antiguo *general manager* de los Expos, Kevin Malone, a *Sports Illustrated* en 2017—. Zurdo, *catcher* de pegada, que además era muy inteligente. Tenía la potencia de brazo. Tenía todo lo que pides a alguien que acabará siendo un All-Star en las ligas mayores. Lo tenía todo.»

Los Expos incluso ofrecieron a Brady un dinero que normalmente está reservado para alguien que eliges en el *draft* mucho antes que en la decimoctava ronda. «En el rango de una segunda ronda baja, tercera alta, de dinero —contaba el antiguo ojeador de los Expos, John Hughes—. Si le ofrecíamos esa cantidad de dinero era porque esperábamos que se convirtiera en un jugador muy importante.»

Brady realizó la transición de primera base a *catcher* como sénior para el entrenador Pete Jensen, quien tuvo éxito con futuros jugadores de béisbol como Barry Bonds y Gregg Jefferies en un programa de Serra que ha sido abundante en tradición atlética. Los ojeadores llenaban los partidos de Serra en 1995 para observar al *center fielder* Greg Millichap (vigésimo tercera ronda, California Angels), pero pronto redirigieron su atención hacia Brady. Les impresionó con su brazo durante una sesión de lanzamientos de calentamiento en un partido de pretemporada en Monterrey. Los *scouts*, incluido Hughes, se quedaron enganchados para el resto de la temporada.

La presencia de Brady tras el *plate* le recuerda a Hughes a la estrella de los Minnesota Twins, Joe Mauer. Además, Brady dirigía sus propios partidos, algo raro para *catchers* de instituto. Su juego de pies a la hora de lanzar era sorprendentemente rápido para un chico tan lento que todavía necesitaba eliminar grasa de su cuerpo y crecer un poco más. Brady era también un perfeccionista, a veces hasta el punto de ser algo negativo porque se responsabilizaba de no haber lanzado fuera a un corredor, incluso cuando el árbitro se había equivocado en la decisión. Por si fuera poco, Brady demostraba su potencia al bate con un partido de dos *home runs* en un choque de *playoffs* ante Bellarmine, incluido uno que superó el muro de hiedra y se estrelló contra el autobús de Serra, despertando al conductor en el proceso.

Sin embargo, la reputación de Brady en las oficinas de los equipos de la MLB era la de un *quarterback* que daba la casualidad de ser un buen jugador de béisbol, por lo que las franquicias fueron recelosas de *draftearle*. El antiguo *general manager* de Boston Red Sox, Dan Duquette, confirmó en su día que su equipo ni siquiera tenía a Brady en su pizarra de jugadores elegibles. Brady se había comprometido para enrolarse en la Universidad de Michigan después del verano, y su pasión continuaba siendo el *football*.

Los Expos no pensaron lo mismo. Hughes amaba todo sobre Brady, incluido su carisma y a su familia. Era una apuesta que merecía la pena tomar, puesto que, aunque era posible que Brady pudiera tomarse un lapso de cinco años para llegar a las grandes ligas mientras estudiaba en Michigan, eso no dejaba de ser algo habitual para *catchers* de instituto.

«Hasta hoy, Brady es sin lugar a dudas el joven que más me ha impresionado como persona y como jugador de instituto en todo el tiempo que llevo trabajando —admite Hughes, ahora a los mandos de los Miami Marlins—. Había algo único a su alrededor.»

Hughes convenció a Brady para que viajara con él a San Francisco, concretamente al estadio de los Giants, Candlestick Park, donde participó en una práctica de bateo con los Expos, que estaban allí de visita. Sin embargo, la experiencia acabó volviéndose en contra de Hughes, que se marchó a una reunión con algunos directivos en la sala de conferencias, mientras Brady se convertía en el centro de atención. Sentado en un taburete en el centro del vestuario, los jugadores del equipo le cuestionaban sobre su posible futura carrera en el *football* de la Universidad de Michigan. Jugadores como los *outfielders* F. P. Santangelo y Rondell White le preguntaron a Brady por qué iba a escoger dar largos viajes en autobús en el circuito de las ligas menores cuando perfectamente podría ser el amo del campus universitario como el *quarterback* titular en la Big House. «Cuando me percaté de esto le comenté al *general manager*: "Me parece que estos chicos no nos están siendo de gran ayuda"», comentaba Hughes.

Hughes sabía que sus opciones de firmar a Brady eran ínfimas, incluso con una oferta monetaria de tercera ronda, pero siempre disfrutó de la experiencia que pasó con la familia, ya fuera en el diamante, en su casa o en un bar de deportes local con Tom Brady padre. Todos los miembros de la familia fueron honestos y humildes, con las prioridades bien claras. Con todo lo ocupado que estaba Brady padre, todavía encontraba tiempo para dedicárselo a la comunidad y a diferentes servicios cristianos, al tiempo que visitaba escuelas medias de la zona con gerentes de Serra para hablar bien del instituto. No cabía duda de dónde nació la pasión del hijo.

«Recuerdo la primera vez que entré en la casa tras *draftear* a Tom —recuerda Hughes—. Su padre dijo: "Quiero decirte que realmente apreciamos que hayas *drafteado* a Tom, pero él no es el mejor atleta de esta casa. Estas chicas de aquí son mejores atletas que él". Realmente son personas con las que empatizas y con las que quieres pasar más tiempo.»

Regresemos al *football*. Brady solo fue *backup* del equipo *freshman* en 1991 tras perder la competición por el puesto de *quarterback* titular con su amigo Kevin Christofiak, pero, incluso según fue progresando, nadie pudo siquiera imaginar un pequeño ápice de la gran carrera que se avecinaría años más tarde. Cuando llamaron a su número contra Riardon en un partido que los Padres perdían en el último cuarto, Brady se emocionó por tener por fin su oportunidad para jugar. Tras unas pocas jugadas, el entrenador Joe Connor le gritó desde la banda: «¡Brady, parece que corres a cámara lenta!».

«Nunca te paras a pensar que tu *quarterback* en el instituto, el chico que está lanzándote pases, se pueda convertir en una estrella de tal calibre», dice John Kirby, uno de sus receptores en Serra High, que luego sería asistente en la escuela.

De hecho, el equipo apenas finalizó 6-4 en el año júnior de Brady y 5-5 en la temporada sénior de 1994. «La verdadera pregunta es cómo no ganamos más partidos», bromea Toccagino, quien jugó en la NFL Europa.

El primer equipo como *tackle* de Brady fue en el conjunto *freshman* en Serra. Uno de sus receptores en aquel equipo era John Kirby, ni él ni Brady fueron titulares aquel año. «Recuerdo el primer pase que atrapé de Tommy —contaba Kirby en una entrevista para *SI*—. Fue en un partido de pretemporada contra St. Ignatius y nos estaban pateando el culo. Tommy se coloca en la línea y me hace la señal con las cejas de que va a lanzarme. Se realiza el *snap*, retrocede en el *pocket* y me pone el pase justo en los números para un *touchdown* de 60 yardas.»

John Kirby fue el amigo íntimo de Brady y receptor primario en su etapa de instituto de 1991 a 1995. «Nos acercamos mucho durante nuestro año *sophomore*. Es entonces cuando empezamos a quedar y a reunirnos más. Practicábamos en el terreno de juego muchísimo y también compartíamos clases. Estábamos en varias clases juntos. Lo pasábamos bien en la de geometría», bromea el actual asistente del director atlético del instituto.

Brady mejoró paulatinamente y como sénior fue reclutado por varias universidades de la primera división. Kirby podía ver y sentir la diferencia en el juego de su *quarterback*. «Nuestro año sénior me lanzó una *curl* de diecisiete yardas contra Cardinal Newman. Tal y como me giraba en mi ruta, podía escuchar cómo la pelota silbaba al venir. Era como un misil que rompía el viento.» Aquel equipo de Serra ganó cinco partidos y perdió otros tantos. Brady fue a Ann Arbor; Kirby fue primero a City College en San Francisco y luego a Hawái, donde apenas jugó. El *quarterback* y el receptor mantuvieron el contacto, incluso cuando Brady ya se hizo famoso, hablando y mandándose mensajes varias veces al año.

Dos horas al noreste de Serra High, en la pequeña ciudad de Elk Grove, Giovanni Toccagino Jr. trabaja incontables horas como cocinero en el restaurante italiano de la familia, Palermo. Hace más de veinte años Toccagino era el otro receptor principal de Brady; «el mejor receptor», según Kirby, en aquel equipo de 5-5. Al contrario que Kirby, Toccagino no tiene el número de teléfono o el correo electrónico de Brady; de hecho, no recuerda hablar con su *quarterback* de instituto desde febrero de 2002, cuando este volvió a casa tras ganar su primera Super Bowl y sus antiguos compañeros se reunieron en el gimnasio del instituto para celebrarlo.

Toccagino fue un titular de tres años en Serra, de 1,91 y 86 kilos; por entonces le llamaban Gianni. Después atrapó 37 pases para San Jose State como *freshman*, obteniendo resultados en la primera división del *college football* mucho antes de que lo lograra Brady. Pero cuando su entrenador dejó el equipo, Toccagino se vio marginado y engañado. Hizo el *transfer* a San Diego State, pero no tuvo impacto alguno allí y acabó su carrera en Menlo College, en Atherton, California, dentro de la División III. «Yo era un buen atleta y podía hacer el trabajo, pero no era fácil entrenarme. No quería trabajar duro. Brady era un buen atleta que quería mejorar y ser grande.» Finalmente, Toccagino se unió al negocio familiar que su padre, Giovanni Sr., un inmigrante italiano, inició en 1991.

«Tommy siempre pareció muy natural lanzando la pelota, al tiempo que parecía de todo menos natural corriendo con la pelota. Era incluso peor por aquel entonces.» Toccagino recuerda una historia similar a la de Kirby cuando, en su año sénior, Brady le hizo el mismo gesto con las cejas en la línea de *scrimmage* e inmediatamente le lanzó un pase contra cobertura *off* que convirtió en un *touchdown* de 95 yardas.

Cuando a uno de los hijos de Toccagino, Damien, de seis años, le asignaron en la escuela de primaria la tarea de escribir una carta a una celebridad, su padre le animó a escribir a Brady. Una vez que la carta estuvo terminada, la colocaron en el buzón de la casa de los padres de Brady en Portola Drive, en San Mateo. Unas semanas más tarde, llegó una carta de respuesta que contenía una nota y unas fotografías firmadas. «Si todavía viviese por aquí, estoy seguro de que se habría acercado a casa para conocer en persona a Damien.»

Toccagino no puede evitar sonreír cuando alguien le pregunta por lo que significa para él haber jugado con Brady: «Cuando entreno a mis hijos, puedo decirles: conozco a este hombre que nos ha enseñado que nada es imposible».

Pero volvamos al principio de su etapa en el instituto. La primera incursión de Tom Brady en el *football* no fue como estaba planeada. Al igual que le sucedería en el *college* y más tarde en la NFL, tuvo que rascar y arañar su camino hasta la cima. No fue diferente en Serra High School, donde el chico de California no consiguió apenas tiempo de juego como *quarterback* suplente y *outside linebacker* en el equipo *freshman*, pero comenzó a florecer en la escuadra como *sophomore*. Por aquel entonces, la legendaria ética de trabajo de Brady sentó las bases de lo que sería una productiva carrera en el instituto.

Tal y como cuenta Joe Smith para *The Athletic*, Brady, Kirby y Toccagino pasaron incontables horas cada lunes, miércoles y viernes aquel verano en el campo de *football* del instituto. Corrían rutas hasta que no podían más. El entrenador del equipo *junior varsity* (compuesto por aquellos jugadores que no son los principales del equipo grande), Bob Vinal, se quedaba con ellos y los ayudaba antes de marchar hacia su trabajo como agente de seguros.

Otro de los entrenadores de Serra, Tom Martínez, le enseñó —en las propias palabras de Brady— a lanzar la pelota. Cuando llegó al instituto, sus horas de béisbol contra sus hermanas superaban con creces las de *football* no organizado contra sus amigos. Hasta prácticamente los últimos días de su vida, Martínez continuó ayudando a Brady a depurar su técnica, a pesar de que en la NFL lo entrenarían personalidades de gran renombre.

Después de no jugar ni un solo *down* en su primera temporada, Brady se hizo un nombre cuando lideró al equipo JV en un *drive* ganador en su primer partido como titular. En aquella temporada *sophomore* produjo otra actuación en los momentos decisivos. Cuenta Vinal que «probablemente restaba un minuto para el final y estábamos un punto abajo. Marchamos en un *two-minute drill* y los teníamos contra las cuerdas. Tras colocarnos en posición de *field goal*, chutamos la patada ganadora con el reloj a cero para hacernos con el partido».

El ascenso de Brady de *calientabanquillos* a valiente líder simplemente puso la semilla de su futuro éxito. Por supuesto, eso no llegaría sin más de un contratiempo.

La historia del «Sprinkler Gate» (el partido de los aspersores)

Claramente, incluso un adolescente Tom Brady poseía la habilidad de ejecutar bajo presión. Después de pasar su año de *freshman* en la banda para un equipo de 0-8, lideró a Serra High hasta el campeonato de su liga como *sophomore*. Desafortunadamente para la futura leyenda de la NFL, probó por primera vez entonces el sabor de lo injusto que puede ser el *football*.

En la carretera y con el título de la liga en juego, Serra High necesitaba anotar para ganar el partido. Sin embargo, tal y como cuenta John Kirby, los aspersores del equipo local se dispararon dos veces a lo largo del potencial *drive* de la victoria. Incluso en la adversidad, Tom se mantuvo calmado:

> Marchábamos hacia el *touchdown* del triunfo y entonces los aspersores saltaron, automáticamente. Supongo que los tenían programados para las seis de la tarde. Esperamos diez minutos para volver a retomar el juego, pero el campo y la pelota estaban empapados. Realizamos un par de *snaps* más y de nuevo los aspersores aparecieron. Tommy retrocedió y lanzó una *ruta swing* para nuestro *fullback*, pero el balón estaba tan mojado que cometió un *fumble*, el rival recuperó la pelota y anotó un *touchdown* en el retorno.

Fue uno de nuestros momentos más tristes como *sophomore*, pero al mismo tiempo también fue increíble que llegáramos tan lejos. Fue la primera vez que vimos como Tommy salía del cascarón como *quarterback*, la primera vez que vimos que podría llegar a ser especial. Perdimos, pero estaba al mando. Lo notabas por la forma en que entraba y salía del campo. Estaba cogiendo confianza.

Su ética de trabajo y la forma en que se manejaba. La gente le daba muchos palos porque era lento, pero trabajó muy duro para ser más rápido. A lo largo de nuestro año *sophomore*, él era el *quarterback* reserva del equipo grande, y yo, el receptor suplente, así que cada vez que él tenía que salir al campo, yo también lo hacía. Nos hicimos muy amigos por todas las cosas que compartíamos.

Los domingos Kirby marchaba a casa de los Brady. La madre de Tom preparaba un gran almuerzo, nunca faltaban los sándwiches y las patatas para los chicos. Tom sénior siempre venía dispuesto a echar una mano mientras revisaban con los otros receptores la cinta del partido anterior. Lo hacían sin falta cada semana para mejorar su *timing*.

Aunque Brady no consiguió conducirlos hasta el campeonato, eso no restó un ápice de importancia a las mejoras que realizó como *sophomore*. Su actitud ultracompetitiva y su voluntad para mejorar su juego resultaban evidentes para el entrenador Vinal: «Muchos equipos han pasado por aquí. Llega un punto en el que sabes distinguir quién es especial y quién no. Sale del corazón, de la forma en que le importan las cosas, su pasión por el juego. Si lo tenías alrededor, era uno de esos chicos que te hacía sentir cómodo. Sabía que podía depender de este chico. La mayoría de las veces te preguntas: ¿qué demonios se le ocurrirá hacer ahora? Incluso siendo poco más que un niño, ya teníamos toda la confianza del mundo en Tommy».

Al final, Brady no ganó un título en su etapa en el instituto por unos molestos aspersores. Sin embargo, tal circunstancia no le detendría en su histórico viaje.

Tras observar sus avances, el entrenador del equipo sénior de Serra, Tom MacKenzie, supo sin lugar a dudas que Brady sería titular en sus años júnior y sénior, y organizó un plan de dos años para ponerle en posición de triunfar como jugador universitario.

Brady comenzó a trabajar con un entrenador personal para mejorar su rapidez y agilidad. Sus entrenamientos con cuerda se convirtieron en legendarios. Siempre estuvo en buena forma y

MacKenzie nunca tuvo que preocuparse porque tuviese algún problema muscular porque siempre llegaba al *football camp* en forma de béisbol.

Brady tenía que ganarse la confianza de MacKenzie para conducir el ataque. Serra fue un equipo corredor durante su año júnior, hasta el punto de que solo lanzó seis pases en su debut. Pero como sénior, el ataque se rediseñó en torno a la emergente estrella en el puesto de *quarterback*. Brady lanzó veintisiete pases en el partido inaugural y continuó desde ahí.

MacKenzie no se fiaba del juego terrestre, así que utilizó un sistema *spread*. Los tres receptores principales finalizaron en el top 4 de la liga en recepciones. Era un sistema que en cierto modo resulta familiar al que Brady utilizó durante su carrera en los Patriots: simplemente lanza al hombre abierto. Pero antes de eso tuvo que sortear las amenazas de MacKenzie, quien avisó a Brady de que llamaría las jugadas con un sistema de rojo, blanco y azul si su toma de decisiones no mejoraba. Básicamente, si Brady no se desprendía del balón hacia su primer receptor abierto, las llamadas de MacKenzie empezarían con «rojo» si ordenaba a Brady lanzar a la lectura caliente, «blanco» para la ruta intermedia y «azul» para el pase profundo.

Brady prestó atención y se quitó el balón de encima tan rápido que los oponentes comenzaron a descartar el *blitz* porque explotaba a esas defensas agresivas sin error. Suena familiar, ¿verdad?

«Si alguien me preguntase, en cuanto a porcentajes, cuánto desarrollamos a Brady para convertirse en el jugador que acabó siendo, le diría que cero —confesaba MacKenzie en una entrevista previa a la Super Bowl LI—. Lo único que hice fue decirle lo que pensaba que necesitaba hacer y darle la oportunidad de intentarlo. Él ha conseguido su estatus de todo lo que es ahora por sí solo. La primera vez que vi a Tom como *freshman*, simplemente era el *quarterback* reserva. No ganamos ni un solo partido aquel año. Empezó a entrar en acción en su temporada *sophomore*. De repente, Tom creció unos centímetros. Ya no era ese chico enclenque con un poco de barriga. Comenzó a mostrar una precisión admirable. Podía lanzar una ruta *fade* tan bien como el *quarterback* del equipo grande. Empezó a ganar más de lo que perdía. Éramos un equipo competitivo para entonces y quería que recordara su paso por el instituto con el recuerdo positivo de mejorar año a año. Supe durante su temporada *sophomore* que sería mi *quarterback* sin lugar a dudas. Nadie iba a poder competirle el puesto. Tenía un buen brazo y sentía que, si hacía las cosas correctas para mejorar, había una posibilidad real de que jugara *college football* en la primera división. ¡Vaya si estaba equivocado! No solo jugó, llegó hasta lo más alto.»

MacKenzie intentó abordar el tema con Tom y su padre a la finalización de su año júnior, apenas una o dos semanas después de concluir la temporada. «Básicamente le dije: "Tom, tienes un brazo de primera división, pero tu tren inferior no está ni de lejos en ese nivel".»

«Era lento como una tortuga, nada rápido. Si te fijas ahora en él, salta la comba y hace todas esas cosas que le enseñamos por entonces para poder ser un mejor atleta. Los atletas mejores pueden llegar a ser los mejores jugadores de *football*.»

Un punto de inflexión en su velocidad fue cuando Mackenzie invitó a un chico del equipo de atletismo para correr con el equipo de *football*. Fue horrible. Los chicos del equipo de *football* quedaron fatal. No podían con su alma, pero les sirvió para notar la diferencia que marcaba correr con buena técnica. Así que cuando habló con Brady y su padre les dijo: «Tom necesita hacer lo que sea para mejorar su rapidez, su agilidad, su velocidad en el próximo año y medio. Lo que sea a ese respecto». Y lo hizo. Para su año sénior, estaba totalmente concienciado y el entrenador le dijo que estaba en el camino para jugar al *college football* en el primer nivel.

«Tom era un chico muy agradable, y algunos de sus compañeros eran de todo menos eso, y mucho más físicos que él. Él parecía un monaguillo o alguien que canta en el coro de la iglesia, y obviamente me daba cuenta de que algunos intentaban intimidarle. Al final, tuve que poner remedio a todo eso. Un día, estábamos en la "misa del equipo" que siempre hacíamos antes del partido de los viernes. El cura dio la homilía y entonces oramos. No rezábamos por la victoria, no, pero si las cosas se ponían tensas y difíciles, tendrían la habilidad de mirar en su interior y encontrar la manera de competir con éxito. En aquella época trabajaba largas horas y no tenía tiempo que perder. No veía apenas a los amigos. Necesitaba fanáticos en los bancos de la iglesia para que estuviéramos listos para jugar. Paso revista aquel viernes antes de la misa y me doy cuenta de que falta alguien. Es Brady. Pregunto a todo el mundo. Lo único que obtengo son murmullos y miradas perdidas, nadie sabe absolu-

tamente nada. Vuelvo a preguntar: "¿Dónde demonios está?".
Nada. Salgo de la iglesia y me dirijo entonces al vestuario. Mi
intuición me decía que podía estar allí. Las taquillas del vestuario son aproximadamente de 1,80 de altura. ¡Entro y me lo
encuentro encerrado en su propia taquilla! "¡Qué diablos haces
en tu taquilla!" En realidad, usé otras palabras más explícitas.
Me dijo que un par de sus compañeros le habían metido ahí.
Cosas de adolescentes, pero yo no tenía tiempo para esa basura.
"Se supone que eres el líder. ¿Cómo permites que alguien te
meta en tu propia taquilla?" Me pegué a su cara, a apenas unos
centímetros. Le dije: "¡Escucha, si alguno de mis compañeros
me hiciera eso a mí, correría sangre por el suelo!".»

Desde aquel día, Brady aprendió a comportarse como un líder.

«Tom era pese a todo un tipo duro, incluso desde su adoles-
cencia. Le gustaba participar en los *drills* de placaje. Le dejaba
una o dos veces al año. Nunca tuvo carta blanca para que cuando estuviera en el suelo nadie le tocara. De lo que siempre guar-
daré un recuerdo especial con Tom es de que le encantaba entrenar y nunca tuve que decirle que subiera el ritmo o amenazarle.
Empezó a hacer las cosas como deben hacerse, y siempre supo
que, si cambiaba, lo sentaría. Nunca hizo que tuviera que mandarle a la oficina del director. Nunca se metió en líos. Siempre
fue un chico trabajador, que intentaba hacer lo mejor por la
escuela y sus padres.»

Los principales problemas del entrenador con él estaban
relacionados con su paciencia. Salía a entrenar y si había mucho
viento y no conectaba los pases, ya fuera por su imprecisión o
por las condiciones climatológicas, se frustraba mucho y siempre intentaba mejorar.

Una vez, rodeado de gente de todas las edades que entrena-
ban a diferentes deportes, tuvo que apartarlo del grupo para
decirle: «Fíjate en toda esta gente en el terreno de juego, ¿sabes
qué? Hay bastantes posibilidades de que, de aquí a diez años,
ninguno de todos estos continúe jugando. Tú sí vas a seguir
jugando. Necesitas comprender que eres un privilegiado. Relá-
jate y simplemente juega».

El otro problema de MacKenzie con Brady se refería a cuando quería ir a por todas y aguantaba demasiado el balón. «Le
acusaba de estar enamorado de su brazo. Quería lanzar en profundidad, *big plays*, y a veces las pequeñas jugadas movían el
balón de forma más eficiente.»

En realidad, había una explicación más lógica para esa obsesión por buscar la gran jugada. «Con el tiempo descubrí ciertas cosas que pasaban en el *huddle*; de haberlo sabido, esos jugadores habrían acabado con el trasero en las gradas y fuera del equipo. Un jugador le decía: "Si no me lanzas la pelota, me marcho del campo". Tom tuvo que lidiar con problemas difíciles desde una edad muy temprana.»

«Cuando echo la vista atrás, fui duro con Tom Brady. Estoy seguro de que incluso actualmente hay cosas con las que no debe estar nada contento. No sé si le gustaba demasiado. Les decía a todos mis jugadores que no estaba allí para ser amigo de nadie. Estoy aquí para empujarte a mejorar y llegar a ese sitio difícil que nunca creíste posible y que te hará dar el salto que necesitas. Simplemente los ayudábamos a sacar todo lo que había en ellos. Lo máximo que podían dar. Tom era capaz de eso y mucho más, lo que le hace destacar del resto.»

«Buenas tardes, me llamo Tom MacKenzie. Soy el *head coach* del equipo de *football* de Junipero Serra High School. Voy a comenzar mi quinto año como entrenador y me gustaría presentaros a mi *quarterback* titular esta pasada temporada, Tom Brady. Tom es un atleta de 1,93 y 95 kilos que abrió los diez partidos para nosotros este año pasado. Es un atleta grande, fuerte y resistente con una excelente ética de trabajo, especialmente en la *offseason*, en la que siempre busca la forma de continuar mejorando. Tiene un brazo de división I-A. Esta próxima temporada vamos a trabajar en aspectos como su visión de juego, sus mecánicas de *quarterback* y su toma de decisiones cuando retrocede en el *pocket*. Para cualquier universidad o entrenador de *college* que esté interesado en ver más de Tom, hemos de decir que tenemos el listado de jugadas de pase que ejecutamos; además podemos enviar copias de las cintas de los partidos de su campaña júnior y por supuesto de la temporada sénior el año que viene.»

Estas palabras del entrenador MacKenzie en un vídeo de presentación de su joven *quarterback* titular, grabadas en el verano de 1994 en el césped del campo de entrenamiento de Serra High, supusieron el pistoletazo de salida del proceso de reclutamiento de Tom Brady para la universidad. Este camino, que finalizaría con la decisión de aceptar la llamada de Michigan, sería complicado para él y para su familia, que vería como el niño pequeño se marchaba a la zona este del país. En ese último curso en Serra High, Brady confirmó que su evolución como *quarterback* iba por el buen camino, igual que Steve Young confirmaba que era un digno sucesor de Joe Montana, conduciendo a los 49ers hacia su quinta Super Bowl.

El chico que apenas jugó un puñado de *downs* en su año *freshman* para un equipo de 0-8, que no anotó un solo *touchdown* en toda la temporada y que solo subió al puesto de titular como *sophomore* porque el número uno del equipo se lesionó y decidió abandonar el *football*, concluyó su carrera en Serra en el top 3 de casi todas las categorías estadísticas de pase. Sus 3514 yardas totales fueron la segunda mejor marca; sus 2121 yardas como sénior, la segunda; sus 331 yardas contra Sacred Heart en 1994, la segunda; sus 219 pases completados, la tercera, y lo mismo sus 129 pases conectados en una temporada. Consiguió la mejor marca de la historia del equipo, empatado con el también Salón de la Fama en Serra Jesse Freitas, con 22 pases completados en un partido, y terminó tercero en la lista de *touchdowns* totales en su carrera con 33. Por eso acabó siendo el MVP del equipo en su campaña sénior, así como All-League, All-County, All-Northern California y Prep Football Report All-American. Además, fue nombrado ganador del Trofeo Shea, otorgado cada año al mejor atleta sénior en Serra.

El 18 de abril de 1995, Montana anunciaba su retirada oficial en un evento en la plaza Justin Herman (ahora Embarcadero Plaza) de San Francisco delante de una enfervorizada multitud. Pocas semanas más tarde, Brady finalizaría su etapa de instituto; en consecuencia, nunca volvería a ser residente oficial de la bahía de San Francisco, donde había pasado todos sus días desde que nació. La carrera de su ídolo concluía en olor de multitudes y la suya iniciaba su andadura en el mayor de los anonimatos.

Aunque Brady estaba a punto de hacer las maletas con destino a Michigan, su familia sí permaneció en San Mateo, cosa que hizo que nunca olvidase sus raíces. En 2004, Junipero Serra High School incluía a Tommy, ganador por entonces ya de dos Super Bowls, en su Salón de la Fama, en el que se unía a distinguidos miembros como Barry Bonds, Lynn Swann y Gregg Jefferies.

Ocho años más tarde, el 23 de febrero de 2012, Serra High School anunciaba que renombraría su estadio de *football* en honor a su más famoso alumno, el *quarterback* de los New England Patriots, Tom Brady. El anuncio se produjo tras un acto benéfico en el que Brady tuvo un papel importante. El jugador aportó cien mil dólares para uso del instituto, al tiempo que dos de sus camisetas firmadas se subastaron por veinte mil dólares cada una. A petición suya, el nuevo nombre del estadio sería el Brady Family Stadium. Tom Brady honraba de esta forma a las personas que siempre le habían apoyado y que le ayudaron a convertirse en lo que es hoy en día: el jugador más grande de la historia de la NFL.

2

The Michigan man

En mi primer año en *college* entrenamos más de ciento veinte días, además de hacer cientos de horas de reuniones para prepararnos para el desafío de medirnos a la competición élite de la NCAA. Todo pareció que pagó sus dividendos la primera vez que tuve la oportunidad de jugar. Estaba tan emocionado, todos mis amigos de la infancia estaban en casa viéndome y mis padres me animaban desde las gradas del Michigan Stadium. Me sacaron en el último cuarto de nuestro partido contra UCLA, teníamos una enorme ventaja. El entrenador ordenó mi jugada favorita, así que retrocedo en el *pocket* tratando de impresionarlo un poco, intento desviar con los ojos al *safety* y lanzo la pelota justo en el medio. Conecto la jugada en carrera (*in stride*), justo entre los números, y corre 45 yardas para *touchdown*. Nadie le tocó. Tal y como había imaginado. El público explotó y yo quedé horrorizado... Esos fueron los únicos puntos de UCLA en el partido. Una intercepción retornada 45 yardas para *touchdown*. Bienvenido al *college football*.

*E*l mismo Tom Brady contaba así, en 2012, en un acto benéfico para su instituto de Serra High, la anécdota de su debut como jugador de la prestigiosa Universidad de Michigan, el segundo paso de su carrera deportiva, que igual que el primero comenzaba de la forma menos gloriosa posible.

Brady fue un chico olvidado durante el proceso de reclutamiento. Al contrario que su contemporáneo Peyton Manning, nunca tuvo que estar noventa minutos por las noches haciendo sus deberes o recibiendo llamadas de entrenadores de universidad interesados en contar con sus servicios. Lo que sí hizo fue montar su propia cinta de reclutamiento, enviarla a las universidades e intentar venderse a sí mismo.

Con su hijo a punto de iniciar su campaña sénior en el instituto y sin ser un nombre que estuviese en los radares de los entrenadores de la NCAA, Tom Brady sénior se encargó de ayudarle a cumplir su sueño de jugar al *football* en una gran universidad. En el verano de 1994 comenzaron su «pequeña campaña de *marketing*».

Tras elaborar una cinta con *highlights* de sus habilidades y partes de diferentes partidos, todo bajo la supervisión de los entrenadores de Serra High, la enviaron a un total de cincuenta y cuatro universidades aproximadamente. A partir de entonces comenzó a crecer el interés en el joven *quarterback* californiano.

Elaboraron una lista de quince cuestiones para preguntar a los representantes de cada universidad que estuviera interesada en él. Aunque el padre estuvo en constante supervisión y apoyo, la responsabilidad final de todo el proceso siempre tuvo claro que tendría que partir y terminar en su hijo pequeño: «Tom tenía que tomar su decisión; no quería que cuando las cosas se pusieran duras le diera la vuelta a su pensamiento y dijera: "Tú querías que viniese aquí, pero no es lo que yo deseaba"».

El padre de Tom Brady tampoco le acompañó en los viajes de reclutamiento, pues pensó que necesitaba experimentar eso él solo. Quería que se quedase en casa y jugase en California-Berkeley, pero nunca se lo dijo abiertamente. No quería influir en la decisión de su hijo en relación con para qué universidad jugar. No obstante, Cal fue la única escuela interesada en Tom antes del envío masivo de cintas, por lo que desde el primer momento estuvo muy alta en la lista de candidatas. En Berkeley, Brady habría tenido el camino más expedito, sobre todo después de ser la estrella de un campamento de verano en Cal y que le prometieran que sería titular como *sophomore*. Estaría cerca de casa y su familia no tendría problemas para ir a verle en directo todos los partidos.

Una vez que los *highlights* comenzaron a circular por programas de todo el país, el padre de Brady inició una discusión con su hijo sobre los puntos importantes en la toma de la decisión de apostar por una universidad u otra. Un punto innegociable fue encontrar un programa donde Tom pudiera destacar tanto en el terreno de juego como en el aula. «Si el tema deportivo no cuajaba, tenía que estar orgulloso de finalizar una carrera en una gran escuela académica que le llenara y le sirviese en su vida adulta.» Con eso en la cabeza, rápidamente la lista de cincuenta y cuatro universidades se redujo a cinco: Cal-Berkeley, UCLA, USC, Michigan e Illinois.

Poco faltó para que Brady terminase recalando en los Trojans del Sur de California. Eso era al menos lo que quería Mike Riley, coordinador ofensivo por aquel entonces de USC y posteriormente *head coach* en la NFL de los San Diego Chargers. Riley fue el único entrenador de *college* que acudió en persona a ver jugar a Brady en su año sénior en el instituto. Serra High derrotó a San Jose, algo que no sucedía muy a menudo, y Brady jugó un gran partido. Riley salió satisfecho de lo que presenció, pero cuando le pasó el informe al *head coach* John Robinson, este no mostró ningún interés. Ya había reclutado a dos *quarterbacks* y no quería un tercero. Brady redujo entonces su lista a Michigan, California-Berkeley e Illinois.

El entrenador de *defensive backs* de Michigan, Billy Harris, era el encargado del *scouting* de la Costa Oeste, así que cuando la cinta de Brady llegó a Ann Arbor, él fue la primera persona en verla. Lo que vio le gustó. Se la pasó a Kit Cartwright, el *quarterback coach*. A Kit también le pareció muy buena. El siguiente paso fue mostrársela al entrenador jefe, Gary Moeller. Coincidió con sus asistentes en que el chico podría acabar jugando como *quarterback* para ellos. Tenía un gran brazo y era capaz de conectar pases en los tres niveles de la defensa: cortos, intermedios y profundos. Esto, unido a su talla ideal, convenció a todo el *staff* para que Harris investigara más sobre el joven chico de San Mateo.

Harris viajó a California para ver grabaciones con el *head coach* de Serra, Tom MacKenzie. Después llegó el turno de reunirse con Brady. Harris valoró positivamente que también jugara al béisbol, especialmente cuando descubrió que lo hacía en la posición de *catcher*: «Los *catchers* han de ser duros por naturaleza porque saben que van a recibir una buena paliza jugando en ese puesto». También se encontró Harris con la familia Brady y comprobó el gen ultracompetitivo que corría por las venas de todos ellos.

«Todos eran muy competitivos. El padre le retó desde pequeño, las hermanas mayores fueron buenas jugadoras de *softball*, y la madre, quien jugó al fútbol hasta pasados sus cuarenta años, era probablemente la más competitiva de todos. Nunca quería que nadie la derrotara al tenis. Al ser el más pequeño de la familia, Tommy siempre fue vencido por sus hermanas y tuvo que estar constantemente luchando para superarlas.» Cuando Harris pasó un poco de tiempo con todos ellos, se dio cuenta de que viniendo de esa familia Brady era el tipo de persona que querías llevarte contigo de vuelta a Michigan.

El siguiente paso en el reclutamiento de Brady fue hacerle visitar el campus, algo que sucedió finalmente en enero de 1995. La visita fue crucial para que el entrenador Moeller quedara lo suficientemente convencido con él como para hacerle una propuesta seria. Harris estaba preocupado también porque un chico de California pudiese decirle que no querría venir al invierno ártico del medio oeste. «Le dijimos lo típico de que cuando te haces profesional puedes ir a sitios donde nieva. Menos mal que acabó por venir a Michigan, porque el tiempo en Nueva Inglaterra durante la temporada NFL es durísimo; ahora puede darnos las gracias por ayudarle a jugar en partidos con las peores condiciones climatológicas posibles.»

Sin embargo, al joven Brady no le preocupaba en absoluto la fría temperatura de Ann Arbor en invierno. Se enamoró de Michigan y de los Wolverines una vez que puso los pies en el campus. Le encantó el aspecto social de la universidad, el equipo, su casco alado, era un gran *college* que reclamaba diez títulos nacionales en su historia…, pero por encima de todo era más una sensación, una vez que la experimentó no existía la posibilidad de que fuese a otro sitio. Brady quería ser un hombre de Michigan, quería liderar a los Wolverines en el Big House ante más de cien mil aficionados vestidos en amarillo maíz y azul. Quería andar por la State Street después del partido como el *quarterback* de Michigan, como el gran hombre en el campus. Brady le confesó a Harris que quería ser un «*Michigan man*», para gran alegría del entrenador asistente. Cuando le pasó la información a Moeller, este llamó a Brady y le dijo: «Te queremos aquí».

No obstante, antes de firmar la carta de intención en febrero, el padre de Brady quiso asegurarse y llamó a Harris una vez más para decirle:

—Billy, lo único que deseamos es que alguien en Michigan realmente quiera a Tommy allí. Se marchará al sitio donde sienta que es querido. ¿De verdad le quiere Gary Moeller?

—Por supuesto que le quiere —contestó Harris.

—Quiero que me escribas eso en sangre. Quiero que me digas que es verdad.

—Volveré a llamarte —finalizó Harris.

Dos días más tarde, Moeller y Harris estaban en San Mateo desayunando con los Brady. «Tommy, tenemos que cambiar lo que hemos hecho hasta ahora. No podemos seguir con el mismo sistema ofensivo. Tú eres nuestro prototipo de *quarterback* para ejecutar el nuevo ataque.» Eso convenció a Brady. Se iba a Ann Arbor. Firmó su carta de intención. Cuando lo hizo, ni se imaginaba la sorpresa que acabaría llevándose.

Brady no tuvo ni siquiera tiempo de comprar un par de sudaderas de Michigan antes de que Harris volviera a llamarle: «Tengo buenas y malas noticias. Las buenas noticias son que vamos a jugar al golf antes del próximo verano y que voy a ver a tu familia más a menudo. Las malas noticias son que ya no trabajo para Michigan».

Harris, que llevaba entrenando en Michigan durante nueve temporadas, dejaba Ann Arbor poco después del día nacional de firmas para convertirse en el nuevo coordinador defensivo de Stanford. Su marcha dejó un impacto profundo en la familia, aunque mantuvieron una relación cercana, pues ahora trabajaba cerca de ellos, en Palo Alto, California. De hecho, es una relación que todavía se mantiene.

Preguntado años después por lo que más recordaba del proceso de reclutamiento de Brady, Harris comentó que su carácter competitivo le hacía pensar en otro pasador de los Wolverines, Jim Harbaugh. «Cuando yo era el entrenador de *wide receivers* en 1986 y Harbaugh era el *quarterback*, bromeaba con él sobre que eran mis receptores los que hacían que pareciese bueno en el campo. Eso le motivaba para seguir mejorando. No quería perder de ninguna manera. Tommy es exactamente igual, el mismo tipo de persona.»

El padre de Brady dijo: «Supongo que hubo en su momento *prospects* más cotizados, pero Tommy nunca dudó de sus habilidades. Sabía que tenía lo necesario para triunfar, el corazón de un león que le iba a permitir competir en lo que sería una muy complicada etapa universitaria en lo deportivo». El padre de Tom Brady se quedaba bastante corto al definir como «complicada» la carrera en Michigan de nuestro protagonista...

Brady se quedó sin su hombre de confianza, el que apostó por él en el proceso de reclutamiento, mucho antes siquiera de poner el pie en el campus de Michigan. Las desgracias nunca llegan solas, porque unas semanas más tarde, en el mes de mayo de 1995, a Gary Moeller lo detenían a las puertas de un restaurante de Southfield, un suburbio de Detroit, ebrio y alterando el orden público. Incluso llegó a golpear en el pecho a un policía. El incidente provocó su dimisión unos días más tarde y, en consecuencia, que Brady volviera a perder a alguien que confiaba en su talento para liderar al equipo.

La reacción a la salida de Moeller fue de *shock* y tristeza. Nadie pensaba que podría tener problemas con el alcohol; ese comportamiento era completamente inusual en él. Lloyd Carr lo definió como uno de los días más tristes de su vida. Salvo por un paso de tres temporadas por Illinois, Moeller sirvió en el *staff* de Michigan durante veinticuatro años y, en 1990, se convirtió en el relevo natural del legendario Bo Schembechler.

Moeller nunca recibió otra oportunidad para ser *head coach* más que unos pocos encuentros como entrenador interino de los Detroit Lions en el año 2000. En sus cuatro campañas al mando de los Wolverines acumuló un récord de 44-13-3, con tres campeonatos de la Big Ten (uno compartido) y un balance de 4-1 en Bowls, incluido el triunfo en la Rose Bowl de 1992.

Carr, hasta ese momento el coordinador defensivo del equipo, fue ascendido al puesto de *head coach* interino. Inmediatamente, los directivos de la universidad se pusieron manos a la obra para encontrar al nuevo hombre que liderara uno de los programas más exitosos del país. Sin embargo, ese proceso nunca concluyó. Michigan ganó nueve partidos y perdió cuatro. La victoria contra Ohio State, que eliminó a los Buckeyes de la carrera por el campeonato nacional, supuso el espaldarazo definitivo para que a final de año Carr viera como la etiqueta de interino era eliminada de su título de *head coach*. Cuando su carrera concluyó, en 2007, tenía la tercera mejor marca de victorias en la historia de la universidad.

El *shock* de las salidas de Harris y Moeller descolocó a Brady, pero no por ello perdió un ápice de su confianza y creencia en sus posibilidades. En su primer *training camp* arrancó como el séptimo *quarterback* del equipo, por detrás incluso de Jason Carr, quien en cuatro años en Michigan solo lanzó veinticuatro pases, ninguno para *touchdown*. Por supuesto, era el hijo del nuevo *head coach*.

Aunque Brady pensaba ilusamente que era el mejor *quarterback* del equipo ya a su llegada a Ann Arbor, lo cierto es que era tan obvio que no saltaría al terreno de juego que los entrenadores decidieron que fuera un año *redshirt* para él. Para colmo de males, Kit Cartwright, el *quarterback coach*, también dejó Michigan al finalizar la temporada, cerrando la santísima trinidad de valedores de Brady, que había desaparecido de su vera en unos pocos meses.

Para el siguiente verano, en 1996, Brady había ascendido en el escalafón de *quarterbacks* del equipo a número tres, pero seguía estando a ojos del cuerpo técnico, en especial Lloyd Carr, por detrás de Scott Dreisbach y de Brian Griese, hijo del legendario *quarterback* de los Miami Dolphins y miembro del Salón de la Fama de la NFL Bob Griese.

Brady empezó a sentirse frustrado ante la imposibilidad de ser parte activa del equipo. A finales de septiembre casi había tomado la decisión de realizar el *transfer* para moverse a Cal, así que solicitó una reunión con Carr en su despacho. Brady entró al Schembechler Hall y subió las escaleras hacia el segundo piso. El *head coach* no le aseguró que llegaría pronto su momento para jugar ni le puso trabas para marcharse si eso era lo que quería. Sí le advirtió que de realizar el *transfer* sería la peor decisión de su vida, porque la competición en Michigan siempre sería feroz, pero justa, y le acabaría convirtiendo en un mejor jugador.

Brady se tomó la noche para meditar el asunto y llegar a una conclusión. Recordó las palabras de su padre durante el proceso de reclutamiento: «Muchos chicos van de universidad en universidad, lo que supone un perjuicio para su futuro porque están huyendo de sus problemas, en lugar de enfrentarse a ellos». Al día siguiente volvió a la oficina del *head coach* para comunicarle que seguiría en el equipo y que le demostraría que era el mejor *quarterback* de la plantilla. Schembechler acuñó la frase: «Aquellos que permanezcan aquí serán campeones». Brady, que para entonces ya estaba enamorado de aquel lugar, aceptó el reto.

Sin embargo, tuvo que esperar mucho para que le llegara la oportunidad de demostrar su valía. En 1996, apenas apareció en un par de encuentros ante UCLA y Minnesota; «célebre» es su comentado debut contra los Bruins, una tarde en la que su compañero Charles Woodson fue la gran estrella con dos intercepciones. Para 1997, la defensa de los Wolverines era tan poderosa que podía permitir al equipo aspirar al campeonato nacional a poco que el ataque acompañara. Brady esperaba ser el *quarterback* titular con la previsible salida de Griese y los continuos problemas de lesiones de Dreisbach.

La sorpresa llegó en primavera, cuando Griese, ya graduado y con muy pocas opciones de ser elegido en el *draft* de la NFL, decidió hacer efectivo su año *redshirt* sénior para volver una quinta temporada al equipo, siguiendo los consejos de su hermano mayor: «Tienes que regresar para jugar la Rose Bowl, como hizo nuestro padre». Griese, al igual que Brady, tampoco tuvo una carrera fácil en Michigan. Llegó al equipo como *walk-on* tras rechazar la oferta de la *alma mater* de su padre, Purdue. Lo expulsaron del equipo por un altercado en un bar, a raíz de lo cual fue humillado públicamente. Pidió perdón a Lloyd Carr, se centró, mejoró sus notas y recibió una segunda oportunidad. Pocos días antes del partido que abría la temporada, Carr anunció que Griese había ganado la competición y sería su *quarterback* titular para la temporada.

Mientras Michigan vencía partido tras partido camino de una temporada perfecta, 12-0, Brady visitaba al consejero de la universidad, Greg Harden, para lidiar psicológicamente con la continua batalla que estaba librando para poder ser el *quarterback* titular. Era uno de los jugadores más respetados del equipo pese a haber jugado un puñado de *snaps* en tres años (veinte pases en total) en Ann Arbor, pero para los entrenadores eso no era suficiente. Veía vídeos de los entrenadores hasta medianoche y a las seis de la mañana sus compañeros de habitación ya le escuchaban irse a ejercitarse, pero para los entrenadores eso no era suficiente. En medio de todo esto, se recuperó de una apendicitis que le practicaron en octubre.

El pequeño de la familia no fue el único que solicitó ayuda en su etapa universitaria. Cuando se confirmó que su hijo se marchaba a casi cuatro mil kilómetros de distancia para enrolarse en Michigan, en lugar de irse a apenas cincuenta kilómetros hacia Berkeley, Tom Brady padre recibió terapia psicológica durante ocho semanas para superar la separación.

El triunfo de los Wolverines en la Rose Bowl, 21-16 sobre la Washington State del futuro número dos del *draft* de la NFL Ryan Leaf, certificó a los de Lloyd Carr como primeros en la lista de la AP. Michigan concluyó segundo en la lista de los entrenadores tras Nebraska, compartiendo con los Cornhuskers el campeonato nacional. En su tercer año, Carr lograba lo que Schembechler no consiguió en veintiuna temporadas en Ann Arbor. Y lo hizo con el mejor jugador de la historia de la NFL toda la temporada en el banquillo…

Υ

En 1998, su año *redshirt* júnior, Brady fue nombrado capitán del equipo, honor que repetiría al año siguiente y que actualmente sigue considerando uno de los mayores logros de su carrera. Con Griese camino de la NFL, su momento para ser el *quarterback* titular del equipo había llegado. Sin embargo, más quebraderos de cabeza para la familia Brady llegarían de la mano de Drew Henson, el nuevo chico en el equipo, que en su trayectoria de instituto había registrado cifras récord tanto en béisbol como en *football*. Henson era además un chico local, estudió en Brighton, apenas unos treinta kilómetros al norte de Ann Arbor por la autopista US 23. Allí finalizó con 5662 yardas y 52 *touchdowns* de pase, las segundas mejores marcas en la historia del estado de Michigan. Como bateador y *pitcher* sus marcas resultaron aún más históricas: 257 *hits*, 68 dobles, 70 *home runs*, 10 *grand slams* y 290 carreras impulsadas. Los 70 HR son 23 más que ningún otro jugador en los anales deportivos del estado, y las RBI 87 más que el siguiente en la lista histórica. Como sénior, Henson tuvo seguramente la mejor temporada nunca vista en Michigan, con 22 *home runs*, 83 carreras impulsadas, una media de bateo de .605 y un balance como *pitcher* titular de 14-2. En un partido llegó a eliminar a veinte de los veintiún bateadores por *strike out*; solo permitió el contacto con la bola en dos lanzamientos.

Los New York Yankees de la MLB le escogieron en la tercera ronda del *draft* y le dieron un *signing bonus* de dos millones de dólares. El propietario del equipo, George Steinbrenner, un ávido fan de Ohio State, quería hacer todo lo posible para evitar que la mayor estrella de instituto del país fortaleciera a su gran rival. Henson llegó tarde a los entrenamientos de verano de Michigan tras estar tomando prácticas de bateo con los Yankees durante semanas. En apenas quince días en Ann Arbor ya estaba ejecutando repeticiones como *quarterback* titular del equipo. El 27 de agosto, diez días antes del partido debut de la temporada, Carr anunció que Brady había ganado la competición para ser el QB1, pero dejó bien claro que el talento y la progresión de Henson le haría estar siempre bien presente en la batalla.

Tras tres años de espera, Brady se preparó para su debut como *quarterback* titular de los Michigan Wolverines. La defensa del campeonato nacional se iniciaría ni más ni menos que en el Notre Dame Stadium, la casa donde su ídolo, Joe Montana, labró su carrera universitaria. Brady jugó muy bien en el primer tiempo, llegando a completar 18/22 pases para 193 yardas y anotando su primer *touchdown* en un *quarterback sneak*, una jugada en la que se especializaría en la NFL. Michigan se fue al descanso 13-6 arriba, pero sus propios errores le condenaron a la derrota. El *kicker* Jay Feely falló dos *field goals* y tuvo otro bloqueado (pese a que Brady realizó en todos ellos un perfecto *hold*), Dreisbach cometió un *fumble* en una jugada de *option* en la yarda uno, en una incomprensible llamada desde la banda, y en el tercer cuarto dos *fumbles* perdidos más permitieron a los Irish lograr una convincente victoria sobre su gran rival, 36-20. Henson hizo su debut colegial en un último *drive* en el que mostró todo su talento de brazo y sus habilidades como corredor. Lanzó el pase de *touchdown* que cerró el marcador.

Siete días después, contra Syracuse, las cosas fueron a peor. Brady no estuvo tan fino y fue claramente superado por el *quarterback* rival, Donovan McNabb. Los más de cien mil espectadores que abarrotaban el Michigan Stadium celebraron cuando Henson salió en el encuentro en el último cuarto, con el equipo 38-7 abajo. Dos partidos, dos derrotas y dos veces sentado en el último cuarto. Sin duda, el inicio de la trayectoria de Brady en Michigan no auspiciaba el final que tendría.

Poco a poco la situación se fue encarrilando. Una cómoda victoria por 59-20 sobre Eastern Michigan supuso el inicio de una serie de ocho victorias consecutivas. Con el paso de las semanas, Brady se iba sintiendo cada vez más cómodo y la presión de Henson sobre él se reducía. Contra la Michigan State de Nick Saban aguantó el balón más de una vez, sabiendo que iba a encajar un duro golpe, para completar pases batiendo el *blitz* de la defensa.

Su conexión con Tai Streets resultó formidable. El receptor sénior atrapó 60 pases para 906 yardas y 11 TD, ninguno más espectacular que uno de 76 yardas contra Minnesota. El envío de Brady, tras *play-action*, con la pelota más de cincuenta yardas en el aire, resultó maravilloso. Fue la cuarta jugada de pase más larga en la historia de los Wolverines.

Ante Northwestern, el 17 de octubre, Brady experimentó lo que era jugar en las peores condiciones climatológicas posibles. La constante y atronadora lluvia convirtió el Ryan Field de Evanston, Illinois, en un lodazal por el que era casi imposible moverse. Lanzar la mojada pelota con un mínimo de precisión suponía todo un desafío. Brady lanzó un pase de *touchdown*, y lo más importante, no cometió *turnovers*, suficiente para ganar por 12-6 un tipo de encuentro que viviría varias veces a lo largo de su carrera en la NFL.

Contra Penn State fue nombrado jugador del partido, y una semana más tarde, lideró el triunfo sobre los hasta entonces imbatidos Badgers de Wisconsin. Sin embargo, la racha ganadora se frenó en seco ante Ohio State. La defensa no tuvo respuesta contra el receptor David Boston y el ataque repitió los problemas en la zona roja vistos a lo largo de toda la temporada. Brady batalló y se sobrepuso a numerosos golpes de la defensa rival (en la que jugaba entre otros Antoine Winfield padre) para lanzar unas insuficientes 375 yardas, la mejor marca en la historia de la Universidad de Michigan. Pese a la derrota, Carr admiró el esfuerzo de su *quarterback*: «Ningún hombre jamás había recibido tal paliza como él hoy. Le rompieron, le hicieron sangrar, pero no le doblegaron».

Una semana más tarde, los Wolverines viajaban a Honolulu para completar su calendario regular. En un escenario que visitaría años después como jugador NFL para disputar la Pro Bowl, Brady tuvo su actuación más efectiva de la temporada. Conectó el noventa por ciento de sus envíos y anotó dos *touchdowns*. En contraposición a lo visto en septiembre, esta vez construyó una gran ventaja, se ganó el descanso antes de la Bowl que le restaba por jugar a Michigan y tuvo que volver al terreno de juego cuando el equipo encajó dos *touchdowns* seguidos que enfurecieron a Carr. Atrás quedaron los tiempos en que el *staff* dudaba de él, ahora se acudía a Brady cuando las cosas se torcían. En su primer *drive* de vuelta al campo, Michigan anotó otro *touchdown* y el liderato nunca más estuvo en duda.

El primer año de Brady como titular en Ann Arbor se cerró con una victoria en la Citrus Bowl, el campeonato que había ganado Peyton Manning para Tennessee dos de las tres temporadas anteriores. Michigan construyó una ventaja de 24-10 al descanso, con la defensa rindiendo a su acostumbrado buen nivel y Brady muy certero en sus lanzamientos. Todo cambió tras el descanso, 3 *turnovers*, incluidas un par de malas interceptiones de su *quarterback*, colocaron a los Wolverines por detrás de Arkansas, 31-24 en el último cuarto. Entonces apareció el primer destello de la grandeza de Brady en situaciones de partido delicadas. En 3.ª y 12 eludió en el *pocket*, con calma al tiempo que destreza, a un defensor de los Razorbacks que pensaba que tenía el *sack* del triunfo en su mano. Completó el pase de primer *down* para Streets. Tres jugadas después, en 4.ª y 2, volvía a conectar con Streets, esta vez en una *slant* en la que mostraba su rápido *release* y precisión. Tras un rápido *dropback* de tres pasos desde el *center*, el balón llegó justo a los números y en una trayectoria lo suficientemente elevada para evitar al *safety* que bloqueaba el destino. La defensa forzó un tres y fuera, y a 2.25 de la conclusión, Brady encontraba a DiAllo Johnson en la *end zone* para un *touchdown* de 21 yardas que puso a los suyos con una ventaja que ya no perderían.

Sin duda, la Citrus Bowl no fue el partido final que habrían deseado los defensores del campeonato nacional a principios de temporada, pero tras las dos derrotas iniciales resultó un premio de consolación satisfactorio que abría una nueva ventana de esperanza para atacar el título al año siguiente. Michigan terminó número doce en los dos *rankings*, tanto el de la prensa como el de los entrenadores. Brady aguantó el empuje del *freshman* Drew Henson y terminó la campaña con el récord de la universidad en pases completados, pases intentados y partidos con más de doscientas yardas de pase. La temporada siguiente, la última en *college*, sería mucho más dramática y complicada.

Pese a realizar en su año júnior una de las temporadas más productivas en la historia de Michigan y que Drew Henson se perdió todos los entrenamientos de primavera para marcharse con los New York Yankees, Brady no llegó al campamento de verano con la etiqueta de QB1. Al contrario, el *head coach* Lloyd Carr acrecentó en todo momento la controversia sobre los *quarterbacks* al afirmar en cada rueda de prensa que tenía dos jugadores inmersos en una competición, dotados ambos de muchísimo talento. En la última conferencia con los medios antes del partido inaugural contra Notre Dame, Carr evitó anunciar el titular para el sábado y simplemente comentó que lo verían cuando llegara el *kickoff*.

El plan ideado por el *staff* ofensivo de Carr resultó de lo más extraño. Brady comenzaría los partidos y Henson jugaría el segundo cuarto. En función del rendimiento de ambos y de la situación de encuentro, el *head coach* elegiría al descanso quién jugaría la segunda mitad. El choque inaugural contra los Fighting

Irish resultó tan emocionante como es habitual en la serie, una defensa final de los Wolverines preservó el triunfo para los locales, 26-22. Brady se ganó el derecho a jugar la segunda parte y corroboró la confianza de sus entrenadores. La NBC lo eligió jugador del partido de Michigan. Con Tai Streets ya en la NFL como miembro de los San Francisco 49ers, encontró un nuevo receptor favorito en el *sophomore* David Terrell, que atrapó 8 pases para 115 yardas.

Una semana más tarde, ante Rice, Michigan demostró su superioridad sobre un rival inferior camino de una amplia victoria que permitió a Carr combinar ambos *quarterbacks* tanto en la primera como en la segunda mitad. Contra Syracuse, en el ruidoso Carrier Dome, los Wolverines se tomaron la revancha de la derrota del año anterior. Por primera vez, Henson fue el *quarterback* elegido para jugar tras el descanso. Brady apenas conectó 5/10 pases para 26 yardas en lo que sería su actuación más escueta en dos años como titular en Michigan. Según Carr, el *astroturf* del terreno de juego de los Orangemen se ajustaba mejor a las capacidades físicas de Henson, quien podía sacar más partido de sus piernas en la moqueta. Brady se convertía así en el «*quarterback* tortuga que solo podía jugar en hierba natural». Pese a la decepción individual, Brady, de nuevo elegido capitán del equipo para ese año por sus compañeros, mostró sus dotes de líder cuando en el vestuario abrió su discurso con las palabras: «Ha sido una gran victoria». Para el entrenador Carr, «en deportes de equipo nunca había visto tal ejemplo de liderazgo».

Como referencia en la plantilla y capitán de la escuadra, Brady tenía que tragarse su orgullo y no decir una mala palabra, pues sabía que dividiría a sus compañeros. No le quedaba otra que seguir trabajando en cada entrenamiento y partido para demostrarle a sus entrenadores que era el mejor *quarterback* en Ann Arbor. Aunque Henson enseñaba mayor brazo y un *release* más rápido, en esos primeros compromisos ya comenzaba a mostrar un defecto que le lastraría para siempre, su incapacidad para ponerle toque a los lanzamientos. Pasaba el balón con la misma fuerza en una *deep-out* de quince yardas que en un pase hacia la *flat*. Eso provocaba *drops* en sus receptores, o bien envíos que no alcanzaban con claridad su objetivo. Brady anticipaba mucho mejor sus pases y entendía en cada situación qué tipo de lanzamiento era el requerido. Aunque su entrenador evidenciaba con su decisión en Syracuse que no era el *quarterback* más móvil de la plantilla, lo cierto es que se manejaba con más soltura dentro del *pocket* que Henson, y eso le permitía crear jugadas positivas donde otros cometían *turnovers*. En los siguientes compromisos, Carr tendría la oportunidad de corroborarlo.

Las dos jornadas que vinieron a continuación enfrentaron a los Wolverines ante dos candidatos al Trofeo Heisman. En ambas ocasiones, la defensa de Michigan respondió al desafío. En la segunda mitad del encuentro ante Wisconsin, limitó al *runningback* Ron Dayne a cero yardas en ocho carreras. Precisamente, aquel año, Dayne ganaría el galardón más prestigioso a nivel colegial. Cuarto en aquella carrera finalizó el *quarterback* de Purdue Drew Brees. Los Boilermakers habían ganado sus cuatro primeros compromisos, anotando un promedio de 41 puntos por choque. Brees había lanzado para 1329 yardas y 10 TD en ese espectacular inicio de Purdue. En Ann Arbor, la defensa de Michigan limitó a ese gran ataque, entre los que estaba un futuro amigo de Brady, el *tackle* Matt Light, a tan solo 12 puntos. Brees apenas conectó 20/49 pases para 293 yardas y un *touchdown*, con una intercepción y dos *fumbles* perdidos. Brady jugó bien en ambos encuentros y lideró al equipo en los dos tras el descanso, pese a que en Madison el terreno de juego era el mismo *astroturf* que el día de Syracuse.

Los Wolverines marchaban 5-0 como número tres en el *ranking* de AP, en plena carrera para disputar el que sería a final de temporada el primer BCS National Championship Game. Su siguiente compromiso era el más duro hasta entonces, los también invictos Spartans de Michigan State y en su propio estadio. El partido se mantuvo igualado durante la primera parte, que ganaron los locales 13-10. Carr decidió abrir la segunda mitad con Drew Henson, y en unos pocos minutos el encuentro se le fue completamente de las manos. En su primer *drive* tras el descanso, Henson estuvo a punto de ser interceptado. En el segundo, encajó un *sack* en tercer *down*. En el tercero, fue interceptado. Los Spartans abrieron una brecha de 27-10 de la mano de un imparable Plaxico Burress, que estableció el récord histórico del programa con 255 yardas de recepción. Michigan se mostró tan desesperado que incluso colocó en un *drive* al *wide receiver* David Terrell en su marca. En su primer *snap* en defensa intentó realizarle el *press* con un *stance* de receptor abierto. El resultado fue un bloqueo de Burress que acabó con Terrell en el suelo. Contra las cuerdas, Carr recurrió a Brady para sacarles del agujero. Durante dieciocho espectaculares minutos, Brady completó 19/22 pases para 241 yardas y un par de *touchdowns*. Solo la incapacidad de la defensa para detener a Burress evitó lo que podría haber sido una remontada histórica. Michigan State ganó 34-31.

La semana siguiente continuó jugando bien. Lanzó para más de trescientas yardas, pero la defensa fue incapaz de mantener una ventaja de tres anotaciones durante la segunda mitad e Illinois consiguió una de las victorias más sorprendentes en el *college football* aquel año. Los Wolverines caían en su propia casa ante un *underdog* de veinticuatro puntos. No obstante, para Brady supuso la recompensa de haber ganado la competición por el puesto de primer *quarterback*. Desde entonces, Henson sería el reserva y Brady disputaría los partidos completos.

Ante Indiana la defensa continuó en estado de *shock*. El *quarterback* de los Hoosiers, Antwaan Randle El, hizo las delicias de los aficionados que abarrotaron las gradas del Memorial Stadium, que vieron como el equipo pasaba de ir 17-0 abajo en el segundo cuarto a 24-17 arriba en el último. Brady volvió a sacar toda su magia de los minutos finales para liderar tres *drives* finales que resultaron en 17 puntos necesarios para sacar una agónica victoria por 34-31. Randle El acumuló 321 yardas de ataque, pero Brady se llevó la W tras completar 8/8 pases para 120 yardas y un *touchdown* en el último cuarto.

Los corazones de los aficionados de la Big Blue recibieron un respiro ante Northwestern. Brady firmó su primer encuentro con tres pases de *touchdown* en el claro triunfo por 37-3. Esta sería la última vez en la temporada que podrían disfrutar con alivio, los tres partidos finales de Michigan en 1999 no serían aptos para cardiacos.

Contra Penn State, los Wolverines se vieron 27-17 abajo a menos de diez minutos para la conclusión cuando la tercera intercepción de la tarde sobre Brady fue retornada para *touchdown*. Las gradas del Beaver Stadium enloquecían, su equipo todavía mantenía opciones para jugar la Rose Bowl con el triunfo. En el que sería el último encuentro en casa tras más de treinta años con los Nittany Lions del coordinador Jerry Sandusky (que sería condenado años más tarde por abusos sexuales a niños), la defensa jugó ultramotivada para darle la mayor despedida posible. Solo en la segunda parte registró cinco *sacks* sobre un acorralado Brady. Courtney Brown y especialmente

LaVar Arrington (futuros números uno y dos del siguiente *draft* de la NFL) brillaron con luz propia.

«Teníamos nuestras espaldas contra la pared. En esos momentos existen dos opciones, pensar que es demasiada presión y venirte abajo, o bien calmarte y decirte a ti mismo: "Ok, se acabaron los errores".» Las declaraciones de Brady tras el encuentro reflejaban la madurez de un chico que había pasado por todo desde su llegada al campus y que no iba a dejarse amedrentar por lo que pudiera pasar en un partido, fuese lo que fuese. En el *drive* siguiente a la intercepción hizo todo lo posible para conducir a sus compañeros hasta la *end zone*: una carrera de 15 yardas, un pase de 13 yardas en 3.ª y 10, una carrera para *touchdown* en segunda y *goal*. Brady mostró sus avances en el manejo de los partidos cuando tomó un *delay of game* en segundo *down* y pocas yardas, en lugar de quemar un tiempo muerto que podría ser valioso más tarde. Tras un rápido *stop* de la defensa y un buen retorno de *punt*, Michigan volvió a tomar posesión del balón en excelente posición de campo. Un *field goal* llevaba el choque a la prórroga, pero Brady pensaba en el *touchdown*, no en los tres puntos. Su pase de 11 yardas para Marcus Knight en la esquina de la *end zone* le daba el triunfo de última hora a los Wolverines. Carr no podía contener la alegría en la banda, sabedor de que el choque estaba perdido apenas unos minutos antes. La leyenda del chico de las remontadas había nacido.

Brady completó 4/14 pases para 40 yardas y 2 intercepciones en la primera parte. Tras el descanso, pese a los 5 *sacks*, conectó 13/22 lanzamientos para 219 yardas, un par de *touchdowns* y una intercepción. En una entrevista para la televisión norteamericana ABC, grabada durante la semana, se le preguntó por su mentalidad cuando marcha por detrás en el último cuarto: «Tienes que ser muy consciente de la situación en la que te encuentras, si necesitas tres o siete puntos, cuántos tiempos muertos te quedan, cuál es tu posición de campo... Si conoces esas situaciones, que practicamos mucho durante los entrenamientos, serás capaz de ejecutar». Brady y sus compañeros ejecutaron, lo que permitía a los Wolverines seguir vivos para la disputa de una de las Bowls más importantes.

El último compromiso de la temporada regular era el tradicional encuentro ante Ohio State. Esa temporada, los Buckeyes llegaban a Ann Arbor en horas muy bajas. Durante la década nunca habían podido ganar allí y solamente la semana anterior habían sufrido una durísima derrota en casa ante Illinois por un contundente 46-20. Su racha de setenta y tres semanas consecutivas en el top 25 de la AP finalizó. Hacía más de medio siglo que Ohio State no encajaba tantos puntos. Brady tenía *in mente* derrotar a su gran rival (algo que no pudo hacer el año anterior) en el que sería, para él y otros veinte compañeros sénior, su último día en el Michigan Stadium como jugador del equipo.

Como suele suceder en este tipo de partidos de máxima rivalidad, los pronósticos sirvieron de muy poco. Abajo en las apuestas por doce puntos, casi dos *touchdowns*, los Buckeyes fueron superiores durante casi toda la tarde y solo sus errores puntuales durante la segunda mitad les costaron la victoria. Un *field goal* fallado, varias penalizaciones y sobre todo 3 *turnovers* los condenaron a perder por un ajustado 24-17. Brady tuvo palabras de ánimo para el *quarterback* del equipo rival, Steve Bellisari, en quien se veía reflejado por todas las críticas que había recibido desde que había llegado a Columbus. Pese a tener una carrera colegial completamente decepcionante, salpicada por clamorosos errores como los que cometió en este choque, Bellisari acabaría siendo elegido en la sexta ronda del *draft* de 2002 por los St. Louis Rams, que pretendían moverlo a *defensive back*. Brady, que estaba a punto de finalizar su etapa colegial con una memorable actuación en la Orange Bowl, apenas sería el *pick* 199 del *draft* del año siguiente...

El efecto 2000, Brady entra en la siguiente dimensión

El último partido de Brady como jugador de Michigan tuvo lugar el 1 de enero de 2000 en el Pro Player Stadium (actual Hard Rock Stadium) de Miami Gardens, Florida. Alabama, número cinco en el *ranking*, campeón de la SEC, se veía las caras con Michigan, número ocho. La expectación era grande por ser uno de los cuatro grandes partidos del Bowl Championship Series y por enfrentar a dos de los programas más ganadores del *college football*. Alabama y Michigan tuvieron aquella temporada los dos calendarios más fuertes y aun así acumularon récords de 10-2 y 9-2 respectivamente.

Los Crimson Tide tenían en Shaun Alexander, séptimo en la votación por el Heisman, a su mayor estilete. El *runningback*, futuro MVP de la NFL, demostró sus habilidades en una excepcional primera parte en la que registró 84 yardas y 2 *touchdowns* de carrera. Abajo 14-0 en el marcador y con solo un primer *down* en sus primeros cinco *drives* ofensivos, Carr dio un último golpe psicológico a Brady al sentarle una serie de ataque en favor de Henson, que tampoco fue capaz de mover las cadenas. Brady volvió al campo justo antes del descanso y redujo la diferencia a la mitad con un perfecto pase de 27 yardas para David Terrell. Restaban apenas 58 segundos para el descanso y era la primera jugada de diez yardas o más de los Wolverines. El *quarterback* identificó rápidamente la defensa Cover 2 de Alabama y colocó el envío en el punto perfecto para que Terrell trabajase en contra del *leverage* del *safety* que debía tomar esa ruta.

En las entrevistas a la vuelta del intermedio, Carr señaló que su equipo tenía que hacer un mejor trabajo lanzando la pelota, cuando le habían preguntado específicamente por los problemas de la defensa contra la carrera ante Alexander. Brady marcaba hasta ese momento unos respetables 12/15 pases para 77 yardas y 1 TD contra una defensa top 10 aquel año en la División I. Detalles como este dan valor a la firme creencia del padre de Brady sobre que el *head coach* tenía alguna cuenta pendiente con su hijo: «Como padre, creo que Tommy tuvo las cosas demasiado difíciles, lo creo yo y lo creen muchos de mis amigos en Michigan. Así son las cosas. No fue una decisión de Michigan. Fue una decisión de Lloyd Carr».

Los Crimson Tide ajustaron su defensa e intentaron evitar los pases rápidos de Brady realizando más *blitz* y cargando gente en la línea de *scrimmage*. El *quarterback* sénior aprovechó la circunstancia y rápidamente realizó un lanzamiento corto para Terrell, quien tenía enfrente una cobertura *off*, para contrarrestar el *blitz* que se avecinaba. El *wide receiver* hizo el resto, rompiendo un par de placajes camino de un espectacular *touchdown* de 57 yardas, que igualaba la Orange Bowl al inicio del tercer cuarto.

En un encuentro plagado de cambios de *momentum*, Alabama recuperó la ventaja de dos anotaciones en un par de *big-plays*. Primero, Alexander anotaba su tercer *touchdown* de la noche en una espectacular carrera de 50 yardas, y poco después Freddie Milons retornaba un *punt* 58 yardas hasta la *end zone* de Michigan. Alexander, que terminaría con un total de 157 yardas en 24 intentos, estaba también en su último encuentro como jugador colegial. Meses más tarde sería el *pick* 19 de la primera ronda por los Seattle Seahawks, con los que disfrutaría de una excelente carrera.

Brady también tendría una carrera espectacular para el equipo que le *drafteó*, pero antes condujo dos rápidos *drives*, todavía dentro del alocado tercer cuarto, para volver a empatar el partido, esta vez a 28. Su tercer *touchdown* fue similar al segundo, un envío rápido aprovechando la agresividad de la defensa de Bama, que puso siete hombres en la línea de *scrimmage*. Tampoco cambió el destinatario, David Terrell, quien hizo un par de brillantes movimientos para humillar de nuevo a la secundaria de Crimson Tide. El receptor sería el MVP del encuentro y el *pick* número 8 del *draft* de 2001 (fue a los Chicago Bears), pero en su caso él tendría una muy discreta carrera en los profesionales.

El encuentro hubiera sido para Michigan en el tiempo regular de no ser por el conservadurismo de Carr. Brady completó 4/5 pases para 46 yardas en un magistral *drive* de los dos minutos que llevó el balón desde su propia 31 a la 18 del rival. En ese momento, Michigan decidió sentarse en ese punto del campo pese a tener 58 segundos y un par de tiempos muertos para trabajar. El *field goal* de 36 yardas de Hayden Epstein era bloqueado con el reloj a cero. Sería la primera Bowl de la BCS en irse al tiempo extra.

En la primera jugada de la prórroga, Brady completaba para *touchdown* su último pase como jugador de Michigan. Tras ejecutar el *play-action* y el lanzamiento a la perfección, su compañero Shawn Thompson entraba sin oposición en la *end zone* de Alabama. Los Crimson Tide respondieron en su posesión de ataque, pero el *extra point* se marchó hacia la derecha de los postes, y así el triunfo iba a parar a Ann Arbor. Brady finalizó la mejor noche de su carrera colegial con 34/46 pases para 369 yardas y 4 TD. Eran los mejores números en la historia de las *bowls* para Michigan.

Los Wolverines acabaron la temporada 1999 en el número cinco de los *rankings* de la prensa y los entrenadores, su mejor clasificación desde entonces hasta hoy. Al año siguiente, ya con Brady en la NFL, Henson fue el titular indiscutible del equipo en su campaña júnior y llevó a Michigan a un récord de 9-3, con título de la Big Ten compartido y victoria en la Citrus Bowl. Henson estaba en el punto de mira para ser el *pick* número uno del *draft* 2002 de la NFL para la franquicia en expansión de los Houston Texans. Sin embargo, anuló su campaña sénior para perseguir a tiempo completo su sueño de jugar como tercera base para los New York Yankees. La promesa de instituto, donde rompió toda clase de récords, no cumplió en los profesionales. Henson solo lograría un *hit* en partido de la MLB en tres años en el organigrama del equipo antes de anunciar su retirada del béisbol y vuelta al *football*. Los Lions, quienes tomaron una opción en caso de que volviese a su deporte, le eligieron en la sexta ronda del *draft* de 2003. Un año después, traspasaron sus derechos a los Dallas Cowboys por una tercera ronda. En 2004, en encuentro del Día de Acción de Gracias, realizó su única titularidad en la NFL. Completó 4/12 pases para 31 yardas y una intercepción retornada para *touchdown*. A Jerry Jones le interesaba mucho el proyecto de jugador, pero al entrenador Bill Parcells, en absoluto. Al descanso lo reemplazó por el *quarterback* de cuarenta y un años Vinny Testaverde. Nunca volvería a ser titular y tras varios años navegando por diferentes franquicias, con un paso por la NFL Europa incluido, acabaría anunciando su retirada definitiva del deporte en 2009.

Pese a las duras palabras del padre de Tom Brady, a favor del entrenador Carr hay que decir que estaba bajo una enorme presión para darle tiempo de juego a Henson desde su año *freshman*, pues este tenía el as bajo la manga de poder abandonar el equipo en cualquier momento para centrarse en el béisbol si no contaba con suficientes *snaps*. Al final, Carr entendió que la mejor decisión para el equipo en esos dos años era que Brady fuera el titular, por lo que Henson tuvo que esperar a su tercer año para poder brillar. Sin embargo, en más de una ocasión demostró no tenerlas todas consigo con Brady, algo que se vio hasta su último partido, cuando lo sentaron durante un *drive*. Como él mismo afirmaría años después, Carr creía que tendría una buena trayectoria como jugador profesional, pero ni mucho menos que se convertiría en un potencial miembro del Hall of Fame tras apenas seis o siete años en la NFL.

Brady concluyó su carrera en Michigan con un récord de 20-5 como titular, con victorias en dos *bowls*, otra ante Ohio State, un campeonato de la Big Ten, varios récords de la universidad y algunas de las mejores remontadas que se recuerdan en Ann Arbor. Su currículo parecía el de alguien destinado a hacer grandes cosas en la NFL, pero las semanas que seguirían a su gran actuación en la Orange Bowl le recordarían que nada en su vida iba a venir fácil. El *draft* del año 2000 sería una píldora muy difícil de tragar para Brady y su familia.

3

El *draft* de 2000

—¿Puedes mencionar los *quarterbacks* que se eligieron antes que tú, Tom?

—¿Los *quarterbacks*? Chad Pennington es escogido en la primera ronda... Chris Redman fue elegido en la tercera ronda... Giovanni Carmazzi fue escogido en la tercera ronda, creo recordar... Tee Martin fue elegido en la quinta ronda... Spergon Wynn fue seleccionado..., y también había otro más, uno de una pequeña universidad..., Marc Bulger.

*E*n el *draft* de la NFL del año 2000, el *quarterback* más laureado de todos los tiempos estuvo disponible para cualquiera. No era el mejor valorado por los analistas, no era el mejor atleta, no tenía los mejores números, no ganó un campeonato nacional en *college*, no tenía la mejor mecánica ni el brazo más fuerte y no fue seleccionado hasta el *pick* número 199. Tom Brady llegó a la sexta ronda y eligieron a seis *quarterbacks* antes que a él.

No es fácil identificar buenos jugadores y menos aún buenos *quarterbacks*. En palabras del *head coach* de los Baltimore Ravens y ganador de una Super Bowl, Brian Billick: «Cuando un entrenador o un *scout* te dice que este chico tiene intangibles o que estamos buscando intangibles, es un eufemismo para decir que no tenemos ni idea de lo que buscamos, pero que lo sabremos cuando lo veamos».

En el *college football* es fácil encontrar a chicos que se mantienen en un pocket limpio y verlos completar pases perfectos a receptores que están abiertos diez yardas, pero ¿tienen la misma habilidad cuando hay alguien golpeándolos en el pocket y el receptor solo está abierto por una yarda? ¿Pueden hacerlo cuando la velocidad del juego es más rápida? ¿Pueden hacerlo cuando los golpea alguien más grande? ¿Pueden hacerlo cuando la defensa a la que te estás enfrentando es más compleja? Nadie puede saberlo hasta que realmente llegan a la NFL y se encuentran en esa situación.

Las opiniones sobre las posibilidades de Tom para el *draft* eran variadas. Los *scouts* no cuestionaban su actitud. Era trabajador, dispuesto a aprender y alguien sin miedo a nada. También le daban buenas reseñas por la precisión de su brazo. La gran duda era su durabilidad. Aunque medía 1,93, pesaba solo 93 kilos. Además, Tom no corría nada bien y no lanzaba en profundidad con demasiada efectividad. La mayoría le proyectaba como un *backup*, alguien que podría tener un papel de apoyo en un equipo, pero en absoluto un jugador que mereciese la inversión por parte de una franquicia de un *pick* alto en el *draft*.

En la casa de los Brady había cierto optimismo respecto a que Tommy pudiese ser seleccionado a lo largo del primer día del *draft*. En aquella época, el *draft* de la NFL se dividía en dos jornadas: la primera, la del sábado, cubría las rondas 1-2-3, mientras que el domingo se completaban las rondas 4-7. Haber superado la competición contra un fenómeno destinado a ser uno de los primeros *picks* de su *draft*, como Drew Henson, así como sus últimas brillantes actuaciones ante rivales de entidad como Penn State, Ohio State y Alabama, hacían albergar esperanzas de que el pequeño de la familia fuese uno de los primeros *quarterbacks* escogidos en una promoción no demasiado prolífica en esa posición aquel año.

Contrariamente a la clase de 1999, en la que tres *quarterbacks* salieron en los tres primeros *picks* (Tim Couch, Donovan McNabb y Akili Smith) y cinco en total solo en la primera ronda, la promoción de la temporada 2000 solo tenía un jugador al que los *scouts* unánimemente tenían en sus previsiones como elección de primera ronda. Ese jugador era Chad Pennington, el *quarterback* que en *college* había brillado lanzando al *rookie* de la NFL en 1998, el talentoso Randy Moss. Aun así, a Pennington tampoco se le tenía por alguien que merecía ser elegido en el top 10. El mejor *quarterback* de la clase iba a ser en teoría Drew Brees, pero este decidió hacer efectivo su año sénior para volver a jugar con Purdue. Tras Pennington, era Chris Redman el segundo quarterback en la mayoría de las pizarras, proyectado para la segunda ronda. Después de estos dos había un peldaño y a ninguno más se le consideraba un fijo para ser titular en la NFL. Como pronto descubriría Brady, él no estaba ni cerca de ese segundo escalón.

La historia siempre se repite

A lo largo de la historia de la NFL han ido surgiendo ejemplos de *quarterbacks* que fueron menospreciados la semana del *draft*, pero que acabaron teniendo brillantes carreras. Brian Sipe fue el *pick* 330, en la decimotercera ronda, del *draft* de 1972; lo escogieron los Cleveland Browns. Pocos pensaban que tuviera la potencia de brazo, la precisión o el liderazgo necesario para jugar en la NFL. Al igual que Brady, Sipe era un chico de California, San Diego en este caso. Como Brady en Michigan, también pasó mucho tiempo en el banquillo cuando llegó a la NFL. No jugó un solo *snap* en sus dos primeras temporadas en los Browns, pero perseveró, se acabó ganando el puesto de titular y se convirtió en uno de los mejores *quarterbacks* de la liga. En 1980 condujo a su equipo hacia un récord de 11-5, lanzó 30 pases de *touchdowns* y fue nombrado MVP de la competición. Sin embargo, en el encuentro de *divisional playoffs* ante los Raiders lanzó en los instantes finales una intercepción incomprensible cuando su equipo estaba en disposición de anotar el *field goal* de la victoria. Desde entonces su carrera encararía la cuesta abajo hasta su retirada en 1985 tras dos campañas en la USFL.

Otro chico californiano, en este caso de San Francisco, que tuvo una gran carrera en la liga, tras un inicio poco prometedor, fue Dan Fouts. Elegido en la tercera ronda, *pick* 64 absoluto, por los San Diego Chargers, Fouts no ganó ninguno de sus primeros seis encuentros como novato y lanzó un total de 16 *touchdowns* por 36 intercepciones en sus tres primeros años en la liga. La estancia por un año de Bill Walsh en el equipo, como coordinador ofensivo en 1976, le renovó por completo, y bajo la tutela de Don Coryell se convirtió en el *quarterback* más prolífico de la NFL de 1978 a 1987. Durante tres temporadas consecutivas superó la barrera de las 4000 yardas de pase, y habría dado un paso más en 1982, eclipsar las 5000 yardas, de no quedar reducido el calendario a nueve encuentros por una huelga a mitad de campaña. Fouts, quien anecdóticamente entrevistó a Brady en su paso por Serra High, jugaba en la posición de *quar-*

terback con la mentalidad de un *linebacker*. Al mando de una ofensiva que priorizaba el pase largo, algo contrario a todos los cánones de la NFL, y con una movilidad muy limitada, Fouts aguantó durante años fuertes palizas en una era en la que las defensas podían golpear con mucha más violencia que en la actualidad. Su frialdad, nervios de acero y coraje le hicieron sobreponerse y labró una formidable carrera que concluyó con 43 040 yardas de pase y 254 *touchdowns*, ambos récords de la franquicia en ese momento. No está nada mal para el chico que estudió en el instituto St. Ignatius de San Francisco, uno de los rivales en el calendario de Serra High.

Justo un año antes de la llegada de Brady a la NFL, Kurt Warner completaba una temporada de fantasía con los St. Louis Rams: campeón de la Super Bowl, MVP de la temporada regular y MVP de la final. Un lustro antes, en el *draft* de 1994, ni un solo equipo consideró necesario gastar un *pick* de última ronda en el *quarterback* de una universidad de segunda división como la de Northern Iowa. Warner fue incapaz de pasar los cortes de verano de los Green Bay Packers como novato, en una abarrotada sala de *quarterbacks* que incluía a Brett Favre, Ty Detmer y Mark Brunell. Trabajó como reponedor en unos conocidos almacenes estadounidenses, y tras un año en blanco, firmó con los Iowa Barnstormers de la Arena Football League, donde se hizo un nombre por su rápido *release* y precisión milimétrica en el lanzamiento. Dick Vermeil le dio una oportunidad en diciembre de 1997 con un contrato de futuro sin garantías y lo mandó a Ámsterdam, donde lideró la NFL Europa en yardas y pases de *touchdown*. De vuelta a Estados Unidos, fue toda la temporada de 1998 el *quarterback* reserva del equipo y apenas solo tuvo *snaps* en el último partido de la *regular season*. El 9 de febrero de 1999 Warner sufrió el golpe moral de vivir otro *draft* en el que fue completamente ignorado, en este caso el *draft* suplementario para los Cleveland Browns, que regresaban a la liga como equipo de expansión tras tres temporadas fuera. Todas las franquicias estaban obligadas a ofertar una lista con cinco jugadores para que Cleveland empezase a confeccionar su plantilla desde cero. Los Rams incluyeron a Warner en su lista, pero este no formó parte de los treinta y siete hombres que la gerencia de los Browns escogió. El único *quarterback* elegido fue Scott Milanovich de los Tampa Bay Buccaneers. Con Cleveland nunca llegaría a disputar un solo *snap*.

Warner volvió a la disciplina de los Rams, donde en principio sería reserva del indiscutible titular Trent Green, firmado a golpe de talonario en la *offseason* procedente de Washington. Tras una grave lesión de Green en un encuentro de pretemporada, Vermeil afirmó entre lágrimas en una recordada rueda de prensa que Warner sería su hombre de ahí en adelante. El resto es historia. Warner fue dos veces MVP de la competición, condujo a dos franquicias diferentes hasta la Super Bowl y finalmente ingresó en el Salón de la Fama.

Bart Starr fue elegido el jugador más valioso de las dos primeras Super Bowls, disputadas allá por el mes de enero de 1967 y 1968 respectivamente. Hasta los recientes éxitos de Brady era el *quarterback* más laureado de la historia de la liga; también había ganado los campeonatos de 1961, 1962 y 1965 en la era anterior a la Super Bowl. Starr y el *head coach* Vince Lombardi formaron un tándem que convirtió a los Green Bay Packers en la franquicia dominante durante la década de los sesenta. El *quarterback* sacrificó sus éxitos personales en beneficio del equipo en más de una ocasión; más de una vez fue el objeto de la ira de Lombardi para que sirviese de ejemplo para el resto de la plantilla. Starr nunca lo tuvo fácil, y sin duda que su entrada en la liga tampoco fue la más prometedora. Tras apenas jugar para Alabama en sus años júnior y sénior, fue el *pick* 200 (uno peor que Brady) de los Green Bay Packers en la decimoséptima ronda del *draft* de 1956.

Al menos Starr no fue cortado por el equipo que lo seleccionó en el *draft*. Johnny Unitas, *pick* 102, en la novena ronda, de los Pittsburgh Steelers, en 1955, no logró sobrevivir siquiera a su primer *training camp*. Su estancia en la ciudad del acero fue meramente testimonial, no llegó a recibir siquiera *snaps* en los entrenamientos porque según el *head coach* de Pittsburgh, Walt Kiesling, no era lo suficientemente inteligente para jugar... Unitas envió entonces un telegrama a Paul Brown, entrenador de los Cleveland Browns, pidiéndole una prueba, pero la respuesta fue negativa porque su equipo tenía la posición de *quarterback* completa. Al menos Brown le dejó una puerta abierta para la esperanza, al comunicarle que al año siguiente podría intentarlo, puesto que esa temporada iba a ser la última del legendario Otto Graham. Animado por su compañero en la universidad Freddie Zangaro, Unitas decidió darle una oportunidad a su carrera deportiva en lugar de dedicarse a la enseñanza. Se unió al equipo de los Bloomfield Rams, un conjunto semiprofesional en el que ganó seis dólares por choque jugando en campos llenos de piedras y cristales. Un año después le llegó la oportunidad a Unitas, pero fue de la mano de los Baltimore Colts. Su entrenador Weeb Ewbank explicó así el fichaje de Unitas: «Nos llegó una carta de un fan en Bloomington diciéndonos que había un *quarterback* allí que merecía una oportunidad». Por supuesto, en opinión de Ewbank, esa carta la escribió el propio Unitas. Otro inicio humilde para uno de los más grandes de la historia en la posición, el primer triple ganador del MVP y del campeonato de la NFL. Su *drive* en la prórroga de la final de 1958 ante New York Giants básicamente originó el *drill* de los dos minutos y colocó a la NFL en la primera plana del panorama deportivo estadounidense.

Como no podía ser de otra manera, el ídolo deportivo de la infancia de Tom Brady, Joe Montana, tampoco salió de *college* con la vitola de ser un jugador que marcara una época en los profesionales. Montana fue el *pick* 82 de tercera ronda por los San Francisco 49ers, una elección de consolación para el *head coach* Bill Walsh, cuyo objeto de deseo en aquel *draft* de 1979 era Phil Simms. Al igual que Brady, «Joe Cool» (como le apodaban por su maestría en los instantes finales de los partidos) terminó con una magistral remontada de veintidós puntos en su último choque universitario, la Cotton Bowl ante Houston, pero, pese a sus heroicidades en Notre Dame, los *scouts* de la NFL le describieron de esta manera: «Puede sacarte de apuros, pero generalmente va con el receptor primario y fuerza el pase, aunque esté en triple cobertura. No tiene grandes habilidades atléticas, pero podría ser titular alguna vez». Walsh, el entrenador de los San Francisco 49ers, había divisado en Montana un buen *quarterback* para dirigir su West Coast Offense, pero eso era porque sabía que no tenía ninguna posibilidad de *draftear* a Simms, dado que los 49ers no tenían elección en primera ronda para ese *draft* de 1979. Walsh estaba en lo cierto, Simms fue elegido en primera ronda, y entonces esperó hasta la tercera para apostar por Joe Montana, con el número 82 absoluto. Lo que sucedió a continuación fue una dinastía que se expandió durante dos décadas y que Brady presenció en primera fila como seguidor del equipo de la bahía dorada. Montana ganó cuatro Super Bowls en cuatro oportunidades y nunca lanzó una intercepción en esos partidos (once pases de *touchdown* y otros dos de carrera).

Por más que trabajara al máximo durante su estancia en Ann Arbor, Brady estaba destinado a ser otro ejemplo histórico más de un jugador olvidado durante el siempre complicado proceso del *draft*. Al inicio del proceso *predraft*, allá por el mes de febrero, era proyectado para salir en la tercera ronda según los medios especializados. En una entrevista para *Sporting News* afirmaba que seguramente necesitaría bastante paciencia para encajar en el esquema de un equipo NFL: «Tengo lecciones que aprender y estoy dispuesto a aprenderlas donde sea y de cualquier forma posible».

El *fatídico* scouting combine

La caída de Brady comenzó en el *scouting combine* de Indianapolis, la semana destinada a entrevistar, medir, pesar, hacer correr las cuarenta yardas y en definitiva realizar un examen completo de los chicos que se presentan al *draft*. Debido en buena parte a su pobre actuación, Brady acabaría cayendo hasta la sexta ronda del *draft* y a ese famoso *pick* de los Patriots número 199.

¿Quién no ha visto alguna vez la foto de Brady en la medición en su *combine* cuando esta se celebra anualmente? Sin camiseta, mostrando un cuerpo poco atlético, por ser generosos, con cara de circunstancias, y en definitiva pareciendo cualquier cosa menos un futuro miembro del Salón de la Fama.

La historia de Brady sirve como recordatorio para todos los chicos que se presentan al *draft* y no realizan marcas top: su potencial nunca será definido por una carrera de 40 yardas, un salto vertical, un test Wonderlic o cualquier otra prueba de la *combine*.

Aunque con el paso del tiempo su actuación ha quedado en una divertida anécdota, Brady dice que «es algo que me sirve para recordar dónde empecé. Todos tenemos nuestra historia y yo la inicié en una posición desde la que debería mirar hacia arriba a todo el mundo. Es algo que ya tuve que hacer en el instituto, que tuve que hacer después en *college* y que haría al comienzo de mi carrera en los profesionales. Con mucha ayuda y apoyo fui aprendiendo e intentando ser cada semana un poco mejor, crecer como jugador y evolucionar como persona. Todavía sigo intentando mantener la misma mentalidad».

Brady corrió las 40 yardas en 5,28 segundos, el segundo

peor registro para *quarterbacks* de la *combine* en el año 2000. Solo Chris Redman de Louisville fue más lento con un 5,37. Diecinueve años más tarde, en julio de 2019, a casi la edad de cuarenta y dos años, Brady fue cronometrado corriendo las 40 yardas en 5,17 segundos.

Su registro en el *drill* del *20-yard shuttle* fue aceptable, pero en el resto de las pruebas sus marcas resultaron históricamente pobres. Pese a su trabajo desde la época en Serra High, pasando por su estancia en Ann Arbor, donde se esforzó mucho en el gimnasio, Brady pareció a ojos de entrenadores y *scouts* un jugador muy pobre atléticamente hablando. Su combinación de cuarenta yardas y salto vertical resultó la peor en los treinta y dos años hasta entonces del evento para un *quarterback*…, desde 1978 un total de 576 *quarterbacks* habían pasado por la *combine*, Brady era el número 576.

La única cifra que jugaba a su favor era la de la estatura, su 1,94 le colocaba como el *quarterback* más alto de la promoción junto con Bill Burke de Michigan State. Sin embargo, su peso de apenas 95 kilos en un cuerpo muy poco desarrollado generaba muchas dudas acerca de su posible durabilidad en la NFL. En palabras del por entonces *head coach* de los San Francisco 49ers, Steve Mariucci, daba la impresión de no haber pisado una sala de pesas en su vida.

Su *quarterback coach*, Greg Knapp, asistió a Brady en sus *drills* de lanzamiento. De primera mano pudo observar que su brazo era simplemente correcto, nada espectacular. Al contrario que otros chicos aquel día, su pelota no iba cortando el viento precisamente.

BRADY EN LA COMBINE DE 2000

PRUEBA	TIEMPO/MEDIA	Percentil entre los QBs
40-yard dash	5.28 segundos	0.7
Bench press	No participó	----
Salto vertical	24.5 pulgadas (62 cm)	2.9
Salto largo	No participó	----
20-yard shuttle	4.38 segundos	45.3
60-yard shuttle	No participó	----

BRADY EN LA COMBINE DE 2000	
Dimensión	**Medida de BRADY**
Altura	76.4 pulgadas (1,94 m)
Peso	211 libras (95.7 kg)
BMI (Índice de masa corporal)	26.03
Longitud de brazo	32.75 pulgadas (83 cm)
Medida de la mano	9.38 pulgadas (23,83 cm)

Brady anotó un 33 de un resultado máximo de 50 en el test Wonderlic, un número más que aceptable considerando que 20 es el promedio. Únicamente un jugador, Pat McInally, *punter* de Harvard en 1975, ha registrado la puntuación máxima de cincuenta en la *combine*. El mejor resultado para un *quarterback*, cuya media está en los 25,9, lo ostenta Ryan Fitzpatrick. El también jugador de Harvard firmó 48 puntos en el *scouting combine* de 2005. Sin embargo, eso no le serviría para salir elegido antes de la séptima ronda: fue el *pick* 250 y fue a parar a los St. Louis Rams. Estos resultados hundieron, aún más, los análisis de la prensa especializada sobre Brady antes del *draft*. En una entrevista para el legendario Steve Sabol de NFL Films, realizada tiempo después de conquistar su primera Super Bowl, repasó el más recordado de sus análisis como proyecto del *draft*:

> Constitución pobre…, muy delgado…, carece de fuerza y presencia física. Carece de movilidad y habilidad para evitar la presión… Carece de un brazo poderoso… No es capaz de enviar el balón en campo abierto con potencia… No lanza la pelota en una espiral consistente… Jugador de sistema que puede ser expuesto si es forzado a ganar el partido… Se le tira al suelo con facilidad.

Una de las revistas más prestigiosas dedicadas al mundo deportivo de Estados Unidos, *Sporting News*, escribió lo siguiente en su columna sobre Tom Brady: «Necesita trabajar en la lectura de *blitzes* y de defensas. Al igual que Brian Griese y Scott Dreisbach, sus predecesores en Michigan, le vendría bien un buen periodo de entrenamiento con un equipo que brille por su juego de carrera y que posea un talentoso y veterano cuerpo de receptores, similar a la situación de Brady en Michigan con Anthony Thomas y Marcus Knight. Se proyecta como un *pick* de tercera ronda, Brady probablemente comience por llevar los auriculares del *quarterback* suplente. Él mismo sabe que será un proceso largo hasta que pueda encajar en el esquema de un equipo NFL».

Esto es lo que pensaba la prensa de él, pero ¿qué pensaban los expertos de los equipos? Hace unos años, *The Athletic* recopiló en un artículo algunas visiones de diferentes *scouts* sobre Brady y lo cierto es que se encontró de todo:

- No me gusta. Chico inteligente. Poco más. Scout *anónimo de la NFC.*
- Tuvo una gran actuación en la *bowl*, pero es un chico muy normal. Es muy delgado, se le marcan los huesos. Dios, puedes ver incluso sus costillas. Su brazo es apenas adecuado. En la *bowl* contra Alabama jugó por encima de su nivel. Quitando aquel día no me gustó nunca. Una cosa que no hace es forzar pases. Se mantiene en el *pocket* firme y compite. Scout *anónimo de la NFC.*
- Muy preciso, bastante duro, madera de líder. Podría ser un buen jugador en la liga con el tiempo. Creo que podría ser un reserva muy sólido al principio y crecer hasta convertirse en titular para alguien. *Bill Rees, director del equipo de scouting de los Chicago Bears.*
- Chico muy interesante. Parece uno de esos percheros donde cuelgas tus abrigos. Tiene unos hombros muy anchos. Es muy buen pasador en profundo. Competitivo al cien por cien. No es capaz de correr absolutamente nada, pero se mueve lo suficiente como para escapar de la gente en el *pocket*. *Ron Hughes, vicepresidente de gestión de personal de los Detroit Lions.*
- Por lo que sé los jugadores querían que Brady fuese su *quarterback*, por encima de Drew Henson en 1998 y 99. Brady llevó la situación de manera excelente. Era uno de los capitanes y tenía que demostrarlo. Muestra mucho carácter. Le he visto ser capaz de eludir el *rush*. No va a realizar un *scramble* y emocionarte, pero sabe cómo manejarse bajo presión…, ha tenido algunos encuentros magníficos. Encajó seis *sacks* contra Penn State y aun así los condujo a la victoria. Scout *anónimo de la AFC.*

- Líder extraordinario. Personalidad impecable. Tranquilo, sabio y pensador. Acepta el desafío que le impongas. No parece que sea alguien dinámico. Tiene una actitud muy calmada. Chico afable y buen estudiante. Buena ética de trabajo. Respetado por sus compañeros de equipo. Dos padres que le apoyan y no se pierden un partido. Scout *anónimo de la NFC*.

Al final, la persona más certera en el análisis de Brady de cara al *draft* de la NFL del año 2000 fue el propio Brady cuando le entrevistaron para *Sporting News*: «Creo que mi mejor cualidad como jugador es que en el cuarto periodo, con el partido en el alero, tengo el deseo de ganar y el sentimiento de que mi equipo no va a perder».

Aunque es cierto que con el paso de los años han sido varias las voces que han proclamado haber descubierto a Brady en *college*, para ganar notoriedad, la verdad es que el repaso a los análisis de los *scouts* no pronosticaba el panorama tan desolador que la familia viviría el fin de semana del *draft*.

Uno de los días que más perjudicaron a Brady en el proceso *predraft* fue el entrenamiento para jugadores locales que realizaron los San Francisco 49ers después del *scouting combine*. El *head coach* Steve Mariucci estuvo allí, al igual que el *general manager* del equipo por entonces, el legendario Bill Walsh. Brady no hizo nada que asombrara al *staff* de los 49ers o que resolviera las dudas sobre por qué tardó tanto en ganarse la confianza de sus entrenadores en Michigan. De hecho, actualmente, Mariucci, un hombre de Michigan, todavía lamenta que nadie del *staff* de los Wolverines diera un paso adelante en sus conversaciones con ellos y defendiera a Brady como si fuese el próximo Joe Montana. Todo lo contrario. Tal falta de compromiso por parte de Lloyd Carr todavía hace enfadar al padre de Tom Brady.

El fin de semana más largo

Para el sábado 15 de abril, todas las cartas estaban echadas. Brady vería el *draft* por la televisión, en el salón de la casa de sus padres en San Mateo. Si bien no había expectativa de salir en la primera ronda y por tanto la NFL no le invitó al evento en el histórico Madison Square Garden, no se descartaba ser el proyecto de futuro de una franquicia en segunda o tercera ronda. Lo que aguardaba a la familia Brady era probablemente el fin de semana más largo de sus vidas.

Los dos primeros *picks* fueron Courtney Brown y LaVar Arrington, las dos estrellas defensivas de Penn State a las que Brady superó en su año sénior con una gran remontada. A continuación, llegó el aluvión de jugadores ofensivos, siete de los siguientes nueve *picks* fueron destinados a atacantes, el último de ellos Ron Dayne, en la selección once global, el ganador del Trofeo Heisman en 1999.

Anecdóticamente, en el histórico *draft* de Tom Brady, el primer *kicker* fue elegido antes que el primer *quarterback*. Los Oakland Raiders rompieron moldes, desde 1966 nadie había gastado un *pick* de la ronda de apertura del *draft* en un *kicker*. Sebastian Janikowski fue el elegido en el número 17, pese a que en el mes de enero fue detenido en un incidente en el que se le acusó de querer sobornar a un agente de la policía.

Una selección más tarde, en el número 18 absoluto, salió el primer *quarterback*, el favorito en todas las quinielas, Chad Pennington. Los New York Jets escogieron a su futuro *quarterback* franquicia en el que ya era su tercer *pick* de la primera ronda. En los *picks* 12 y 13 seleccionaron dos jugadores defensivos, Shaun Ellis y John Abraham. Todavía restaba otro jugador de primera ronda para aquellos Jets en el *draft*, el *tight end* Anthony Becht en el número 27.

Curiosamente el único *pick* original de los Jets fue con el que seleccionaron a Pennington. El número 12 vino a partir de un traspaso con San Francisco en el que utilizaron el *pick* 16 que había adjudicado la NFL a la franquicia neoyorquina por la pérdida de Bill Belichick a los New England Patriots. Los 49ers eran uno de los equipos en clara búsqueda de su *quarterback* de futuro, pero no lo encontrarían en la primera ronda. Con el número 16, San Francisco escogió al *linebacker* Julian Peterson. Los *picks* 13 y 27 llegaron a los Jets por el traspaso del receptor Keyshawn Johnson a los Tampa Bay Buccaneers.

Con el 18.º pick *en la primera ronda, los Jets seleccionan al* **quarterback** **CHAD PENNINGTON**, *de la Universidad de Marshall*
Ciento ochenta y un picks *antes que Tom Brady.*

Las gradas en el Madison Square Garden explotaron cuando el comisionado Paul Tagliabue anunció la selección del equipo local. Los Jets no eran un equipo en reconstrucción cuando seleccionaron a Pennington. La temporada anterior partieron como uno de los grandes favoritos de su conferencia, pero sus esperanzas quedaron sepultadas cuando el veterano *quarterback* titular, Vinny Testaverde, se rompió el tendón de Aquiles en la primera jornada. Testaverde se recuperó y tuvo un récord ganador en cada una de las dos siguientes campañas, las primeras de Pennington en la liga.

En su tercer año, Pennington se hizo finalmente con las riendas del equipo y tuvo una entrada en la liga espectacular. Lideró la NFL con un Comp % de 68,9 % y un *quarterback rating* de 104,2. En un compromiso crucial en Foxboro en diciembre, ganó el duelo particular con Tom Brady, y lo más importante, New York batió a New England 30-17. Los Patriots quedaban fuera de *playoffs*, mientras que los Jets se proclamaban campeones de la división AFC Este una semana más tarde. En la era TB12 en los Patriots, solo dos veces perdieron la división y en ambas Chad Pennington fue el *quarterback* del equipo que los ganó. Tras superar al ex número uno del *draft* Peyton Manning y sus Indianapolis Colts, por un aplastante 41-0 en partido de *wild cards*, era Pennington, no Brady, a quien se le comparaba con Joe Montana.

Sin embargo, la carrera de Pennington encontró todo tipo de obstáculos desde la siguiente campaña por culpa de las lesiones. En el último encuentro de pretemporada de 2003 sufrió una fractura en su mano izquierda que le hizo perderse los primeros seis encuentros de la campaña. Mediada la temporada 2004 comenzó su pesadilla con el hombro derecho. Pennington jugó a un gran nivel durante la primera mitad del año, los Jets arrancaron 5-0 hasta una ajustada derrota en Foxboro ante los también invictos Patriots. En la semana nueve, contra los Bills, se lesionó en el manguito rotatorio de su hombro derecho: aquello le costó tres partidos. Aunque volvió, su velocidad de pelota nunca volvió a ser la misma. Pese a ello, Pennington jugó bien en los *playoffs* y solo el conservadurismo del *head coach* Herman Edwards en el choque de *playoffs* divisional en Pittsburgh privó a Pennington de una revancha con Brady en la final de conferencia.

El duelo de postemporada entre Pennington y Brady, compañeros de *draft* y de división a lo largo de sus carreras, llegó finalmente en 2006. Tras dos complicadas operaciones en su hombro derecho, el *quarterback* de los Jets no era el hombre destinado a convertirse en el nuevo Joe Montana. Sin embargo, su entendimiento del juego le permitió compensar sus deficiencias físicas. Fue nombrado jugador *comeback* de la temporada, por encima de Drew Brees, tras casi pasarse un año en blanco en 2005. New York regresó a los *playoffs*, pero no pudo aguantarle el ritmo a los Patriots en el último cuarto de su choque de *wild cards*.

Cuando Brady estuvo lesionado en 2008, Pennington encontró nueva vida en un diferente escenario. Tras otra complicada campaña en 2007, los Jets decidieron tomar un camino completamente diferente cuando apostaron por adquirir al veterano Brett Favre, recién divorciado de los Green Bay Packers. Pennington fue cortado el mismo día que Favre llegó a la gran manzana. Tan solo un día después firmaba con los Miami Dolphins, el peor equipo de la liga la temporada anterior.

De la mano *del head coach* debutante Tony Sparano y la incorporación de la formación «Wildcat» al esquema de ataque del equipo, Miami supuso una revolución en la liga que desembocó en un récord de 11-5, comparado con 1-15 un año antes. En la última jornada de temporada regular, Pennington obtuvo una dulce revancha de los Jets. Con el título divisional en juego, los Dolphins se impusieron en el antiguo Giants Stadium. Pennington lanzó dos pases de *touchdown* en una actuación sin errores que contrastó con las tres intercepciones de Favre, quien nunca volvería a jugar con la camiseta verde de los Jets. Por segunda vez en su carrera lideró la NFL en porcentaje de pases completados y lo nombraron *Comeback Player*.

Ese sería su último día de gloria en la liga. La tercera operación en su dañado hombro derecho cortó de raíz su carrera como profesional. Aunque volvió a intentarlo una vez más, Pennington tardaría otro año completo en regresar, solo para recaer de la misma lesión en el primer *drive* de la tarde de su retorno. En 2010 concluía pues la carrera de un guerrero al que solo los problemas físicos le impidieron tener una rivalidad con Brady mucho más a la altura de las que vivió con los hermanos Manning. En el punto del *draft* que se le escogió y por el *quarterback* en el que se convirtió, en especial en esa primera temporada como titular antes de sus lesiones, es imposible reprocharle nada a los Jets por la selección de Pennington. Mucho peor les fue a los San Francisco 49ers en su búsqueda de un nuevo *quarterback* franquicia.

Con el 65.º **pick** *en la tercera ronda, los 49ers seleccionan al* **quarterback** GIOVANNI CARMAZZI, *de la Universidad de Hofstra Ciento treinta y cuatro* picks *antes que Tom Brady.*

Los 49ers estaban desesperados por encontrar el sustituto de Steve Young, el legendario *quarterback* que los condujo hacia su último campeonato, pero que se perdió casi toda la temporada anterior tras necesitar varias semanas para recuperarse de la que sería su última conmoción cerebral como jugador profesional. Aunque Young quería en su fuero interno continuar, la gerencia, con Bill Walsh a la cabeza, el hombre que lo trajo a la franquicia trece años antes para eventualmente retirar a Joe Montana, ahora animaba al *quarterback* dos veces MVP de la liga a colgar los tacos. Con una plantilla en plena reconstrucción y gravísimos problemas con el *salary cap*, San Francisco se desprendió de treinta y dos veteranos en esa *offseason* e incorporó a treinta y seis *rookies*; lo que Walsh no quería era continuar pagando un sueldo de élite por un hombre cuya durabilidad estaba en cuestión y cuya edad era un problema. Young meditó la decisión, la llamada de su amigo Mike Shanahan para venirse a los Denver Broncos complicó las cosas, pero al final pesó más la llegada de su primer hijo el siguiente invierno. El 12 de junio de 2000 anunció en los vestuarios de los 49ers que dejaba el *football* profesional. «El fuego todavía arde, pero no lo suficiente», comentó. San Francisco pensaba en aquel momento que contaba con su sucesor en la plantilla, Giovanni Carmazzi.

Con el tercer *pick* de la tercera ronda, los Niners seleccionaron a Carmazzi, en palabras de Walsh el mejor *quarterback* de la promoción en cuanto a su capacidad atlética. San Francisco tenía a Carmazzi en el segundo lugar de su pizarra de *quarterbacks* por detrás de Pennington, pero prefirieron reforzar la defensa en la primera ronda. Seguramente le pesó a la franquicia de la bahía el fiasco de tres años atrás llamado Jim Druckenmiller, un *quarterback* de gran tamaño y brazo poderoso que se quemó tras apenas dos temporadas en la liga. El *pick* 26 de aquel *draft* tirado a la basura quedó en el recuerdo de Mariucci. Además, esta vez buscaron un jugador más en el molde de Young, no tan alto como Druckenmiller, pero capaz de salir del *pocket* y crear jugadas fuera de él. Que su apellido fuera de origen italiano era un complemento ideal para el *head coach*.

Walsh reveló tras el *draft* que estaban muy nerviosos por si les robaban la cartera en los diez *picks* previos a la selección de Carmazzi y aseguró que su *pick* iba a ser uno de los mejores del equipo. Por una vez el mítico *head coach* y *general manager* iba a estar equivocado. La familia de Brady quedó indignada. Tras un cuarto de siglo como titulares de abonos de la temporada de los 49ers, ver como la franquicia de la infancia de Tommy renunciaba a él por alguien de una universidad pequeña como Hofstra fue un palo muy grande.

Carmazzi tenía todas las características de las que adolecía Brady, era rápido, atlético, fuerte e inteligente. Sin embargo, pronto se hizo muy evidente que el escenario era demasiado grande y las luces demasiado brillantes para él. En su primer partido de pretemporada, el encuentro del Salón de la Fama, pareció sobrepasado por la situación. Encajó dos *sacks* en sus primeras dos jugadas y acabó con 3/7 pases completados para 19 yardas. Dos días antes del choque Joe Montana había ingresado en el Hall of Fame, junto con otros dos compañeros *Niners* como Dave Wilcox y Ronnie Lott. Montana y Lott estuvieron en la banda de San Francisco dando consejos a los jóvenes jugadores del equipo, pero de poco servirían para Carmazzi. El próximo Joe Montana estuvo en el campo aquella noche, pero en la otra banda. Dos días antes de su vigésimo tercer cumpleaños, Brady mantuvo mucho mejor la compostura y por primera vez empezó a convencer al *staff* de su equipo de que quizá podría haber un hueco para él dentro de una abarrotada sala de *quarterbacks* de los Patriots, que incluía al contrastado Drew Bledsoe, el veterano John Friesz y la joven promesa Michael Bishop. «Salimos de aquel partido pensando que probablemente habíamos escogido al chico correcto», declaró Bill Belichick años después.

Para Carmazzi y los 49ers fue el principio del fin. Su proyecto de *quarterback* era incapaz de manejar mental y emocionalmente el rigor de jugar en la posición más difícil del juego, algo en lo que Brady se ha mostrado como el mejor de la historia. Con unos pocos golpes a sus espaldas, Carmazzi fue ganando en nervios y perdiendo en confianza. Las dudas le asaltaron y nunca pudo salir de ese estado de pánico. Jamás disputaría un solo *snap* en temporada regular en la NFL y, tras varias temporadas entre la NFL Europa y la CFL, acabaría retirándose en 2005. Para entonces Brady había ganado ya tres Super Bowls. Actualmente, Carmazzi vive en una granja en el norte de California, a dos horas de San Francisco en coche. No tiene televisión, no concede entrevista alguna y, curiosamente, es dueño de cinco cabras...

Con el 75.º pick *en la tercera ronda, los Ravens seleccionan al* **quarterback** CHRIS REDMAN, *de la Universidad de Louisville* *Ciento veinticuatro* picks *antes que Tom Brady.*

Brady conquistó la Super Bowl en su segunda temporada como profesional tras una de las mayores sorpresas en la historia de la liga. Sin embargo, no fue el primer *quarterback* de su promoción en conseguir el anillo. Los Baltimore Ravens ganaron el campeonato en la temporada 2000 merced a una de las defensas más dominantes de todos los tiempos. Redman apenas lanzó para 19 yardas aquel año y estuvo inactivo en tres de los cuatro partidos de *playoffs*, Super Bowl incluida, pero formó parte de la plantilla el tiempo suficiente para cosechar algo que la mayoría de los jugadores nunca consigue a lo largo de toda su carrera.

Redman nunca terminó de cuajar en Baltimore, pese a que los altos cargos de la franquicia pensaran que habían pescado un robo del *draft*, no en vano le tenían catalogado como jugador de primera ronda tardía. Sin embargo, los *picks* de los Ravens eran mucho más altos, el 5 y el 10, y con ellos escogieron dos jugadores ofensivos, el *runningback* Jamal Lewis y el receptor abierto Travis Taylor. Su siguiente selección fue en el 75, donde completaron el que esperaban que fuera su futuro triplete de ataque.

El elegido de los Ravens fue Redman, pero bien pudo haber sido Brady. El coordinador ofensivo Matt Cavanaugh era un gran fan de él desde que estudió su juego en Michigan. «Yo fui un gran defensor de Brady. Me pareció que tenía lo necesario. Estaba cómodo en el *pocket*. Sus mecánicas de lanzamiento eran buenas. Se mantenía firme en el *pocket*, escaneaba bien el campo, hacía sus progresiones de un receptor hacia el siguiente. Parecía un líder en el campo, alguien que tomaba las decisiones adecuadas, y su habilidad para hacer que sus compañeros lo dieran todo resaltaba en la cinta. No fui lo suficientemente brillante para ponerle una etiqueta de primera ronda a Tom Brady. Creo que le puse una de segunda o tercera. Realmente me gustaba mucho el chico», comentó varios años después en una entrevista para la ABC. Sin embargo, cuando llegó el momento del *pick* de tercera ronda de los Ravens, Cavanaugh no apostó ciegamente por Brady cuando Ozzie Newsome sondeó a su equipo de personal del *draft* y otras voces impusieron la opción de Redman. La NFL habría sido bien diferente en los años venideros de haberse convertido Brady en un Raven.

Lo curioso de la historia de Redman, quien apenas jugó doce partidos como titular en diez años de carrera en la NFL, es que pudo ser compañero de equipo de Brady hasta en dos ocasiones. Tras establecer el récord nacional de instituto con 57 pases de *touchdown* como sénior, fue reclutado por Michigan. En su lugar, eligió la opción local de Louisville, donde se convirtió en el líder histórico de la NCAA en pases completados e intentados, y el tercero en yardas de pase. Después de su fallido periplo profesional en Baltimore, Belichick le dio una opción en los Patriots en la *offseason* de 2005. Aunque el *head coach* veía en Redman a un *quarterback* grande con buenas aptitudes físicas, al final decidió tomar otro camino en la búsqueda de un reserva de garantías para Brady. Tras unos meses de entrenamientos, fue cortado el 1 de junio. No volvería a jugar en la NFL hasta que en 2007 su excoordinador ofensivo en Louisville, Bobby Petrino, le firmase para venir a Atlanta. Redman estuvo vendiendo seguros el tiempo que permaneció fuera de la liga y pensó que no podía desperdiciar la que podía ser su última oportunidad en la NFL. Jugó lo suficientemente bien a final de temporada para sobrevivir a la debacle de Petrino y permanecer en la franquicia otros cuatro años como reserva de Matt Ryan.

Ningún *quarterback* más fue seleccionado en ese primer día del *draft* de 2000. Los Brady sabían que tras la mala experiencia en la *combine* y en el *pro day* de San Francisco para chicos locales había pocas posibilidades de que fuera elegido. Por eso, padre e hijo pasaron la tarde jugando al golf como habían hecho en otras tantas ocasiones desde que Tommy tenía cinco años. Mientras tanto, los Patriots escogieron con su primer *pick* al *tackle* Adrian Klemm en segunda ronda, quien solo jugaría para ellos diez partidos como titular en cuatro años, y en tercera ronda, con el *pick* 76, justo después de Redman, al *runningback* J. R. Redmond. Redmond atrapó tres pases vitales en el *drive* decisivo de la Super Bowl XXXVI contra los Rams, pero ese fue el único *highlight* de una carrera en Patriots que duró tan solo tres temporadas con un corto bagaje de 790 yardas y tres *touchdowns* totales.

New England pensó en usar ese *pick* 76 con Brady, pero con una plantilla llena de agujeros en todas las posiciones menos en la de *quarterback,* seleccionarle habría sido un *pick* más de lujo que de necesidad. Se debatió la posibilidad por un momento, pero rápidamente se descartó. Así finalizó la jornada del sábado 15 de abril.

El domingo 16 de abril, la familia Brady se agrupó frente a la televisión de su hogar de toda la vida en San Mateo. Era el día esperado para conocer el destino profesional del pequeño de la casa. La cuarta ronda llegó y pasó sin que sucediera; de hecho, ninguna franquicia hizo una apuesta por *quarterback* alguno. Para la quinta ronda, Brady empezaba a ponerse nervioso y decidió subir a su habitación. Los *picks* se sucedían y su nombre continuaba siendo ignorado por toda la liga.

Con el 163.º pick *en la quinta ronda, los Steelers seleccionan al* quarterback TEE MARTIN, *de la Universidad de Tennessee*
Treinta y seis picks *antes que Tom Brady.*

Brady ganó el campeonato nacional universitario de 1997, pero fue como reserva del *quarterback* titular Brian Griese. Martin lo logró con todos los honores como el QB1 de los Tennessee Volunteers de la temporada siguiente. Dos años como suplente de Peyton Manning no le vinieron mal a Martin, que condujo a los Vols hacia su primer título nacional desde 1951 en una temporada perfecta de 13-0. El *quarterback* fue el último de los nueve jugadores de la universidad escogidos en aquel *draft.* Varios de ellos llegaron a tener brillantes carreras en la NFL, pero lo mismo no puede decirse de Martin. Solo fue activado una sola vez como Steeler y cerró su trayectoria profesional con dieciséis pases intentados y ningún *touchdown.* Otro fiasco en la posición de *quarterback* de aquel *draft.* Martin obtendría más éxito en su futura carrera como entrenador: se convirtió en 2021 en *wide receiver coach* de los Baltimore Ravens.

Mientras la agonía de Brady se acrecentaba, los Patriots continuaban renovando su plantilla en otras posiciones. Debatieron sobre Brady en la cuarta y en la quinta ronda, pero decidieron continuar trabajando en otros puestos. En cuarta ronda seleccionaron al *tackle* Greg Randall, quien fue titular la temporada de la primera Super Bowl, pero que acabó siendo cortado dos años más tarde. Los dos *picks* de quinta ronda fueron mucho peores. El *tight end* Dave Stachelski y el *defensive tackle* Jeff Marriott no sobrevivieron a los cortes del *training camp.* Para cuando se abrió la sexta ronda, Brady necesitaba desconectar. Agarró su bate de béisbol y decidió salir de la casa para dar un paseo. Sus padres le acompañaron. En ese tiempo otro *quarterback* fue seleccionado.

Con el 168.º pick en la sexta ronda, los Saints seleccionan al **quarterback** *MARC BULGER, de la Universidad de West Virginia Treinta y un picks antes que Tom Brady.*

Bulger estuvo en la banda contraria presenciando las heroicidades de Brady en la Super Bowl XXXVI. Aquella temporada no jugó en ningún partido de los Rams, era su *quarterback* número tres. Un año más tarde saltó al estrellato gracias a las lesiones de Kurt Warner y Jamie Martin. Jugó tan bien en 2002 y 2003 que Mike Martz decidió desprenderse del dos veces MVP de la liga y ganador de la Super Bowl en favor de Bulger. Alcanzó los mil pases completados antes que nadie en la historia de la liga, nada mal para alguien que fue cortado por el equipo que le drafteó, los New Orleans Saints, además de los Atlanta Falcons, el año de su llegada a la NFL. Su carrera parecía encaminada a cotas elevadas hasta que firmó el contrato más alto de la historia de los Rams en el verano de 2007.

Bulger mostró sus naturales virtudes como lanzador cuando estuvo rodeado por el mejor talento de la liga en los *skill players*: Marshall Faulk, Steven Jackson, Isaac Bruce y Torry Holt. Cuando ese talento comenzó a menguar, Bulger inició su descenso. El *quarterback*, que ganó 18 de sus primeras 22 titularidades, acabó perdiendo 30 de las últimas 35 en sus tres campañas finales en St. Louis. El día de su trigésimo tercer cumpleaños recibió la buena noticia de ser cortado por la peor franquicia de la NFL en aquel momento. Su última temporada en la liga la pasó en Baltimore en 2010 como suplente de Joe Flacco. No llegó a disputar un solo *snap*. Al verano siguiente anunció su retirada. Una carrera que se inició con mucha promesa, pero que no terminó de cuajar.

Brady pudo haber sido jugador de los New York Giants si hubiera dependido de su *scout* Whitey Walsh. Cuando Walsh visitó Ann Arbor por primera vez, llevaba una lista con los jugadores de Michigan que debía estudiar. Drew Henson, el *quarterback* reserva, estaba en la lista. Tom Brady, el *quarterback* titular, no aparecía. Walsh era de la opinión de que cualquier sénior que fuera titular merecía al menos un vistazo. Cuando vio un poco a Brady se encontró con un jugador preciso en sus pases, que no lanzaba intercepciones. Se preguntaba si su brazo sería lo suficientemente poderoso; además, como todos observaron, por aquel entonces su cuerpo no tenía apenas definición muscular.

Cuando volvió para presenciar otro partido de Michigan, le gustó todavía más Brady, por eso lo incluyó en la lista. Le acabó dando una etiqueta de ronda media a tardía. Una vez llegado el *draft*, no le escucharon cuando reclamó para él la sexta ronda. Con el *pick* 177 los Giants escogieron precisamente a un compañero de Brady, el *linebacker* Dhani Jones, quien sería un sólido defensor durante sus diez años en la liga, pero nada en comparación con la carrera de su antiguo líder en los Wolverines.

El *general manager* del equipo, Ernie Accorsi, falló al dejar pasar a Brady, pero cuatro años después se haría con los servicios de Eli Manning, el *quarterback* que batiría a Brady en dos Super Bowls. En un reportaje para la ESPN llegó a declarar que «la historia de Brady es uno de los grandes misterios de todos los tiempos. No es que jugara para Augustana. Lanzó cuatro pases de *touchdown* en la Orange Bowl contra Alabama. Todos nos dormimos con él».

Quien no se durmió con él fue Mike Riley, el *head coach* de San Diego Chargers. Riley presionó fuerte para reclutar a Brady en *college* cuando era asistente en USC, pero no tuvo éxito. Años más tarde logró el pase a la NFL como entrenador jefe de los Chargers. Su principal cometido sería solucionar el fallido proyecto en la posición de *quarterback* de Ryan Leaf. Cuando pudo hablar con Brady en la *combine* le aseguró que le perdió una vez, pero que eso no pasaría una segunda. Para el clan Brady sería un excelente premio de consolación que su hijo pequeño formara parte de la disciplina de San Diego, toda vez que la opción favorita de San Francisco se había difuminado el día anterior. Un pequeño viaje hacia el sur por la costa de California sería lo único necesario para verle jugar.

El plan de San Diego era escoger en las últimas rondas a un *quarterback* que estuviera aún por acabar de formar. Con dos *picks* en la sexta parecía el momento ideal para completarlo. Bobby Beathard, el histórico *general manager* pidió consejo a Riley y a uno de los asistentes ofensivos sobre un *quarterback*. Riley apostó fuerte por Brady, mientras que el asistente abogó por Todd Husak, de Stanford. Beathard no debió quedar convencido por el alegato de ninguno porque, con el *pick* 184 de la sexta ronda, los Chargers seleccionaron al *linebacker* de Virginia, Shannon Taylor. Para cuando le volvió a llegar el turno a San Diego en esa sexta ronda, con el *pick* 205, Brady había sido seleccionado por los Patriots y el sueño de Riley quedó en eso, en un sueño. Finalmente, Beathard acabó eligiendo a un *quarterback* en ese punto, Ja'Juan Seider, de Florida A&M. No disputó un solo *snap* en la NFL. Por segunda vez, Riley perdía la batalla por Brady. Dos temporadas después, los Chargers, tras una campaña de 1-15 y un récord global en sus tres años en la franquicia de 14-34, lo despedirían.

Si bien la decisión de los Chargers de dejar pasar a Brady, pese a la insistencia de su propio *head coach*, parece completamente ilógica con el paso de los años, aún resulta más complicado entender la selección del último *quarterback* del grupo de seis que acabaron pasando a la lista infame de «los seis de Brady».

Con el 183.º **pick** *en la sexta ronda, los Browns seleccionan al* **quarterback** SPERGON WYNN, *de la Universidad de Southwest Texas State Dieciséis* picks *antes que Tom Brady.*

Cuando Dwight Clark atrapó el histórico pase de Joe Montana que envió a los 49ers hacia su primera Super Bowl, Brady estaba en las gradas de Candlestick Park con sus padres. El pequeño Tommy contaba apenas cuatro años de edad y lloró desconsoladamente en un primer momento porque la exaltada afición local, puesta en pie, no le dejó ver la jugada en directo. Poco a poco ganó conciencia de la acción y su pasión por el equipo de San Francisco quedó sellada.

Dieciocho años después, Clark tuvo la opción de elegir a Brady en el *draft* como *general manager* de los Cleveland Browns, en su segundo año en la liga tras tres temporadas en las que la franquicia se había convertido en los Baltimore Ravens. Cleveland tenía en la plantilla a su *quarterback* de futuro, el número uno del *draft* de 1999, Tim Couch. Sin embargo, los Browns decidieron tomar otro proyecto de *quarterback*. El elegido no fue Brady, sino Spergon Wynn, de la desconocida Universidad de Southwest Texas State, alguien que en su última temporada en *college* no completó siquiera el cincuenta por ciento de sus pases y lanzó más intercepciones que *touchdowns*. En la retransmisión de la ESPN, el analista Ron Jaworski no podía creerlo: «Mi vídeo debía de estar estropeado, porque yo no he visto lo mismo que los Browns».

El padre de Tom Brady no podía comprender lo que veía y escuchaba en la televisión. Un chico que no conectaba la mitad de sus lanzamientos, con más intercepciones que *touchdowns* y de una división de segunda fila, resultaba elegido antes que su hijo, que se había movido por encima del sesenta por ciento, con el doble de *touchdowns* que intercepciones, realizando remontadas ante los mejores programas del país jugando para la poderosa Michigan.

Antes de elegir a Wynn, los Browns se hicieron en la cuarta ronda con los servicios del *tight end* Aaron Shea, uno de los mayores aliados de Brady en *college*. Cuando Shea llegó a los entrenamientos y observó el bajo nivel de los *quarterbacks* de Cleveland, no podía creerse que Brady no hubiese salido hasta el *pick* 199. Wynn pensó que tardaría mucho en jugar para los Browns, pero la oportunidad le llegó bastante antes de lo esperado. Las lesiones le forzaron a jugar como titular en el mes de diciembre de su año *rookie*. Decir que no estaba preparado es quedarse muy corto. Contra los Jacksonville Jaguars, en una derrota por 48-0, completó 5/16 pases para 17 yardas. Encajó cinco *sacks* para una pérdida de 35 yardas. Cleveland inició catorce *drives* ofensivos y generó un total de 53 yardas de ataque con solo dos primeros *downs*. Al año siguiente, los Browns se desprendieron de él, y tras unas temporadas como trotamundos por la liga canadiense, dejó el deporte en 2007. Ahora trabaja para una industria energética.

Llegados a este punto del *draft*, los Patriots se empezaban a cuestionar su evaluación de Brady: o bien ellos habían errado su análisis sobre él, o bien desconocían algún dato que estaba haciendo desplomar por completo su *stock*. El caso es que ya les daba igual perder a Brady; si se hacían con sus servicios no sería antes de rellenar el resto de las posiciones del *depth chart*; así pues, con el *pick* 187 de la sexta ronda escogieron por sexta vez en el *draft* y volvieron a ir en otra dirección, seleccionando al *safety* Antwan Harris, de la Universidad de Virginia. Al igual que los cinco *picks* anteriores de New England, Harris tendría una muy discreta carrera en el equipo. En realidad, el primer *draft* de Bill Belichick en la franquicia de Foxboro fue un completo desastre, de no ser por lo que ocurrió en su siguiente selección.

Con el 199.º pick *en la sexta ronda, los Patriots seleccionan al* quarterback *TOM BRADY, de la Universidad de Michigan*

Cuando Belichick llegó a los Patriots procedente de los Jets, tras una difícil negociación, fue conformando el *staff* a su gusto. Se trajo para ayudarle en las labores de personal al ejecutivo Scott

Pioli, quien sería una pieza instrumental en la primera década dominante de New England. También vino con él procedente de los Jets el coordinador ofensivo Charlie Weis, y de la otra franquicia de Nueva York, los Giants, llegó el *quarterback coach* Dick Rehbein. Belichick trabajó muchos años en los Giants y, por tanto, tenía fuentes de confianza en la organización que avalaron el fichaje.

En las semanas previas al *draft*, Belichick envió a Rehbein a Ann Arbor para estudiar a Brady, y este volvió con un informe muy positivo. También le hizo visitar Ruston, en Louisiana, para observar a Tim Rattay. Sin duda su hombre era Brady, era quien quería Rehbein. Pioli pudo hablar con Brady en la *combine* y se llevó una grata impresión. En una entrevista para el periodista Gary Myers comentó que «tenía una inusual combinación de tranquilidad y confianza que no se convertía en ningún momento en arrogancia». Que su cuerpo todavía no hubiera madurado, como era evidente por las fotografías sin camiseta en Indianapolis, no era algo que le preocupase. «Es algo que les ha sucedido a otros muchos jugadores a lo largo de la historia, que se ha corregido cuando han ingresado en la NFL.»

Cuando llegó el momento del séptimo *pick* de los Patriots en el *draft*, el 199, Brady era el jugador disponible más alto en sus *rankings*. De hecho, era el único nombre restante en su columna. La columna siguiente, compuesta de jugadores de menor *ranking*, estaba completamente vacía. De la siguiente, la del *ranking* más bajo, apenas quedaban uno o dos jugadores. En ese punto no había discusión alguna, había que seleccionarle.

Brady estaba regresando a su casa con el bate de béisbol al hombro cuando el teléfono de la sala de estar sonó. «El entrenador Belichick quiere hablar contigo», le comentó un tal Berj Najarian, al que no conocía de nada, aunque poco le importaba en ese momento. La pesadilla había terminado y el sueño estaba a punto de comenzar. Brady se marcharía a Foxboro, donde pasaría las siguientes dos décadas de su vida.

SEGUNDO CUARTO

4

El chico del *jeep* amarillo

Engine 10, Ladder 10, un avión ha impactado en la Torre Norte del World Trade Center. Diríjanse hacia allí lo más rápido posible.

*E*ngine 10, Ladder 10 es una de las compañías de bomberos de la ciudad de Nueva York. Aquel 11 de septiembre de 2001, a las 8.46, recibieron una llamada que les cambiaría la vida a todos ellos. A toda la ciudad. A todo el país. Jimmy Andruzzi, de la Engine 5, estaba con sus compañeros en un piso en llamas de la calle 19 Este cuando la radio sonó. Al cabo de pocos minutos, las dos compañías se encontraban al pie de la Torre Norte. «Mirábamos hacia arriba y sabíamos que iba a ser uno de los mayores desastres en la historia de la ciudad. Una vez en el interior, nos dijeron que el fuego se encontraba en la planta 79, y cuando íbamos a comenzar a subir, escuchamos una gran explosión. Era el impacto del segundo avión en la Torre Sur. El edificio comenzó a tambalearse y nuestra respuesta fue empezar a subir las escaleras para llegar hasta esa planta 79.»

Cinco días después, Jimmy contaba así lo que sería la mayor de sus pesadillas hasta ese momento y, probablemente, hasta su retirada. Como cada domingo, los Andruzzi se reunían en su casa para seguir el ritual de comer los macarrones con albóndigas que preparaba la matriarca de la familia. Ese día, aunque la escena parecía igual, no era lo mismo. Todo era silencio en el salón mientras Jimmy recordaba a las docenas de amigos que perdió en ese fatídico día. Su relato estaba lleno de admiración y tristeza. De orgullo e impotencia. A su lado, como siempre, se encontraba su padre, expolicía del cuerpo de Nueva York, su madre, ama de casa, su hermano mayor Billy y el pequeño Marc, ambos bomberos como él. Y, por último, Joe Andruzzi, el único hermano que eligió una profesión distinta a lo que corría por las venas de aquella familia. Joe fue reclutado como *undrafted* por los Green Bay Packers en 1997, y en ese 2001 actuaba como *guard* derecho titular de los New England Patriots.

Joe Andruzzi estaba en el dentista la mañana del 11 de septiembre cuando en la radio se empezó a hablar de un incendio en las Torres Gemelas. La tensión aumentaba a medida que llegaban nuevas noticias. Se hablaba de actos terroristas, de aviones y de explosiones en esos dos edificios. «Yo sabía que Jimmy podía estar en medio de todo ese desastre, que estaría lo más cerca posible para poder ayudar en lo que fuera. El corazón se me salía del pecho pensando en lo que podía estar sufriendo en aquella torre.» Al día siguiente, Joe fue a las instalaciones del equipo para seguir preparando el partido de la segunda semana frente a los Carolina Panthers. «Nadie en esa sala tenía la cabeza en lo que estábamos viendo en la pantalla», contaba. Habían llamado a los jugadores para una de las sesiones de vídeo previas al encuentro, pero no era fácil concentrarse con todo lo que estaba sucediendo en el país. La NFL no tardó en suspender la jornada, por lo que el siguiente partido a disputar sería frente a los New York Jets el 23 de septiembre en Foxboro. Tras conocer la noticia de la suspensión del partido, Joe no dudó en viajar hasta Staten Island para reencontrarse con su familia, darle un abrazo a su hermano, comprobar que todos estaban a salvo y, por qué no, volver a sentarse a la mesa un domingo más para comer otro plato de esos macarrones con albóndigas de su madre. Ya habría tiempo de pensar en los Jets.

A falta de cinco minutos para acabar el partido de esa segunda semana de competición, el equipo de Herman Edwards estaba dejando en tres puntos a los Patriots. El ataque del equipo local estaba en su yarda 20 y enfrentaba un *3rd&10* casi definitivo. Tanto Joe Andruzzi como el *tackle* derecho Grant Williams sabían que su *quarterback* iba a necesitar un segundo extra en protección en el pase para buscar ese primer *down* y poder seguir avanzando en el *drive*. Cuando el *snap* se inició, el lado izquierdo de la línea defensiva de los Jets jugó un *stunt* buscando un camino franco hasta Drew Bledsoe, *quarterback* titular del equipo de Bill Belichick. Shaun Ellis, alineado en el exterior, atacó por dentro mientras que Rick Lyle, alineado en el interior, fue quien se movió por fuera. Este cambio de asignación por parte de los dos jugadores defensivos de los Jets despistó a ese lado derecho de la línea ofensiva. El *quarterback* de los Patriots sabía que su OL se había caído y que tendría que ser él quien llegase hasta los *sticks* para conseguir el objetivo de salvar el *drive*. Tras el *dropback*, Bledsoe dio un paso lateral y huyó de un *pocket* totalmente colapsado. No era el jugador más rápido del mundo, pero el primer *down* estaba justo ahí, delante de él, y solo tenía que salirse por la banda una vez atravesado el *stick* que lo marcaba. A su vez, a unas quince yardas del *quarterback*, Mo Lewis, *linebacker* de los Jets de unos ciento veinte kilos de peso, había leído la intención de Bledsoe y fue hacia él con la idea de no permitir que el ataque de los Patriots siguiese teniendo el balón. El golpe fue brutal y dejó al *quarterback* en el suelo con la sensación de que un tren de alta velocidad le había pasado por encima. Los jugadores que había en esa banda contaron, una vez acabado el encuentro, que el impacto sonó como si hubiesen chocado dos coches en un accidente de tráfico.

Es cierto que el golpe en el pecho había sido tremendamente doloroso, pero, tras unos primeros momentos en los que Bledsoe casi no podía moverse, decidió volver al campo para seguir jugando y tratar de darle la vuelta al encuentro. Sin embargo, algo no estaba bien con Bledsoe. Belichick notaba que su jugador no era capaz de recordar algunas de las jugadas que estaban marcando desde el banquillo, así que Bledsoe volvió a salir del campo. «Drew está fuera; tú vas a entrar», le dijo Belichick a Tom Brady.

Brady saltó al campo con poco más de dos minutos por jugar y con la necesidad de anotar para conseguir, al menos, el empate que los llevara a la prórroga. De los primeros cinco pases que intentó, cuatro llegaron a las manos de sus receptores. El ataque parecía mover cadenas con total fluidez, pero una penalización sobre el propio Joe Andruzzi hizo que el equipo tuviese que volver hacia atrás. En la siguiente jugada, Brady notó la presión acercándose y salió del *pocket* en dirección a la misma banda donde Bledsoe había sufrido el golpe que lo había dejado fuera del partido. Al igual que en la acción de Bledsoe, la defensa llegó con fuerza hasta Brady, pero el joven *quarterback* pudo tirarse al suelo y así evitar mayores problemas. Desde la yarda 50, y faltando 33 segundos para finalizar el duelo, Brady lanzó un fantástico pase a Patten de 21 yardas, dejando al equipo a solo 29 yardas de la zona de anotación. El estadio rugía con lo que estaba viendo de su nuevo *quarterback*. Sin embargo, la defensa de los Jets aguantó esos últimos segundos y no permitió ninguna recepción más, por lo que los Patriots encajaron su segunda derrota de la temporada en los dos partidos jugados hasta la fecha.

Mientras los dos equipos se dirigían a vestuarios, Chad Pennington, *quarterback* de los Jets, observaba con curiosidad la cara de Brady. «Estaba totalmente descontento con el resultado —contaba Pennington—. La decepción se podía ver en sus ojos. Parecía como si hubiese esperado ganar ese partido. Cómo entró en el terreno de juego, o cómo era su concentración y su lenguaje corporal no indicaban para nada que era una sexta ronda. En vez de estar feliz por haber tenido la oportunidad de jugar con los profesionales, se sentía frustrado por el resultado final.» Aun así, la derrota no era lo peor que podía haber pasado esa noche.

Una vez en el vestuario, el cuerpo médico realizó varias pruebas para saber el alcance real de la lesión de Bledsoe. Las radiografías no mostraban nada concreto, pero su ritmo cardiaco era alto y le costaba respirar. Además, el dolor del pecho cada vez era más fuerte. Tom Gill, médico del equipo, sabía que la lesión era más grave de lo que en un primer momento se pensaba, así que mandaron al *quarterback* en ambulancia hacia el Massachusetts General Hospital, donde ya se encontraba el doctor David Berger, esperando para operar de urgencia. Durante el trayecto, los síntomas del *quarterback* fueron empeorando hasta el punto de comenzar a temer por su vida. Drew Bledsoe había perdido más de un tercio de su sangre en una hemorragia interna que nadie había descubierto aún. «Tuvimos mucha suerte de que el sangrado fuese lento y se parase en un momento —dijo Berger tras la operación—, porque el resultado podría haber sido letal.»

Tom Brady solía sentarse al lado de Drew Bledsoe en el vestuario. Al acabar el partido, llegó a su sitio y no detectó rastro del *quarterback* titular hasta que lo vio salir de la sala médica en camilla y directo hacia la ambulancia que lo estaba esperando a las afueras del estadio. Se duchó a toda prisa y salió en dirección al hospital para saber qué estaba pasando. Era su segundo año en el equipo, había sido nombrado suplente del *quarterback* un par de meses atrás, así que nadie en el hospital sabía quién era ese chaval de veinticuatro años que intentaba acceder a la sala de espera reservada para familiares. Tuvo que insistir a los de seguridad hasta que obtuvo una respuesta afirmativa. Drew Bledsoe era el poseedor del puesto al que él aspiraba, pero también era cierto que, tanto Bledsoe como su familia, se habían convertido en algo especial en su vida.

ϒ

En el verano de 2000, Bledsoe llegó a las instalaciones de los New England Patriots por octavo año consecutivo para comenzar el *training camp*. Allí le esperaba el veterano *quarterback* John Friesz, su suplente, el joven Michael Bishop, un talento por desarrollar, y también un chico rubio de California, alguien al que los Patriots habían elegido en una ronda tardía del pasado *draft*. «En esa época del año, los *quarterbacks* vienen y van para dar profundidad al puesto, así que ese era otro chico que llegaba y que podría salir en cualquier momento», decía Bledsoe. Sin embargo, aquel chaval se ganó su estima en poco tiempo, hasta el punto de ser alguien al que invitar a su casa para pasar más tiempo juntos. Brady fue muy bien recibido por la familia Bledsoe. La mujer de Drew, Maura, le cogió cariño rápidamente, así como los niños, con los que Brady solía jugar cada vez que los veía. «Tom es alguien que se hace querer por su manera de ser y con el que puedes compartir momentos a solas —repite Bledsoe cuando cuenta lo que pensaba del joven *quarterback*—. Nunca lo vi como una amenaza. Tom tenía un brazo decente, lanzaba al sitio correcto, leía bien la defensa y estudiaba mucho el juego. Yo veía que era bueno, pero nada fuera de lo común.» De hecho, cuando Brady aún era *rookie* y formaba parte del *practice squad*, Bledsoe le dijo a su asesor financiero que había un chico allí que era muy buena persona, con el que había creado una buena relación, pero que nunca llegaría a ser titular en la NFL. «Quizá se mantenga diez años en la liga, pero es poco probable que sea titular», le dijo Bledsoe a su colega. Tom Brady no pensaba lo mismo.

Una vez que Michigan dejó de ser su lugar de residencia, tenía que buscar un sitio donde poder alojarse durante los campamentos de entrenamiento de su nuevo equipo. La oportunidad le llegó de la mano de Ty Law, un antiguo alumno de su universidad, y *cornerback* titular de los New England Patriots. En 1993, Scott Zolak, el *quarterback* suplente de Drew Bledsoe, había comprado una casa en el número nueve de Cherrywood Lane. La casa tenía unos doscientos metros cuadrados, un par de dormitorios y un sótano bastante amplio, el cual podía ser habitable llegado el caso. Dos años después de haberla comprado, Zolak se la vendió a Ty Law cuando este fue elegido en primera ronda por los New England Patriots. Cuando en 1999 Law firmó su extensión de contrato por casi cincuenta millones de dólares, esa casa pasó a ser algo prescindible. El *cornerback* encontró un comprador perfecto en la figura de Tom Brady y en la de dos de sus nuevos compañeros, Dave Nugent, línea defensivo elegido poco después que Brady en el *draft*, y un *tight end undrafted* llamado Chris Eitzmann. «Yo sabía que él no iba a ganar mucho dinero, así que le dejé todos los muebles de la casa, la televisión, la mesa de billar, todo. Se la vendí por menos de lo que la podía haber vendido. Era un chico de la Universidad de Michigan que trabajaba muy duro en los entrenamientos. No tenía claro que algún día llegase a ser titular de algún equipo, pero se dejaba la piel cada día. Eso es algo que siempre he respetado mucho», dijo Law años después.

Brady, Nugent y Eitzmann trabaron amistad rápidamente. En casa, solían jugar al billar, a juegos de la Nintendo, en especial al Tecmo Bowl, se gastaban bromas unos a otros e iban al supermercado a hacer la compra juntos. Entre los aficionados, Nugent y Brady eran auténticos desconocidos. No así Eitzmann, del que ya se había escrito algún artículo en los primeros entrenamientos, que ya empezaban a demostrarles a los *rookies* que la NFL no tenía nada que ver con la etapa universitaria.

El antiguo *quarterback* de Michigan había salido de su universidad con un *scouting report* en el que se decía que era grande, inteligente y con *poise* en el *pocket*. Sin embargo, los defectos tapaban todas esas virtudes. «Se me evaluaba como un jugador poco hecho en el plano muscular, delgado, con alta probabilidad de ser derribado frecuentemente y con falta de movilidad y agilidad para escapar de la presión. También se hablaba de hasta dónde llegaría con mi brazo, porque no creían que fuera capaz de lanzar en profundidad. Sin embargo, no me lo tomé mal, ya que los informes estaban en lo cierto. Necesitaba ser mejor en bastantes aspectos de mi juego», comentaría Brady años después.

Cuando llegó a los New England Patriots, Brady era el cuarto *quarterback* de la plantilla. Sabía que no poseía la habilidad natural que algunos atletas ya traían consigo a esa edad, por lo que solo le quedaba el trabajo. Trabajar más que nunca, trabajar más que nadie. «Una de las muchas cosas que aprendí en Michigan fue la importancia de ser competitivo y la necesidad de ganarte el puesto en un equipo. Esta lección, la actitud, siempre ha sido de vital importancia para mí», decía Brady. La primera vez que Bill Belichick habló con su vestuario en la temporada fue para decirles que lo único que quería ver en esos inicios de pretemporada era una cosa: COMPETICIÓN. «Lo primero que pensé fue: "Vaya, yo sé cómo competir, lo he estado haciendo los últimos nueve años". Nadie nunca me regaló nada, así que, si mi entrenador quería que compitiéramos, me iba a tener.»

Una tarde de *training camp*, Robert Kraft, el dueño de la franquicia, abandonaba las instalaciones de los Patriots sobre las 19.45. Kraft es un hombre de negocios, millonario y con una gran influencia dentro de los propietarios de la NFL, por eso era extraño que un chico rubio y con una pizza debajo del brazo se acercase a su coche para hablar con él. Era Tom Brady, el cuarto *quarterback* del equipo y alguien con el que Kraft nunca había intercambiado una sola palabra. «Vi acercarse a ese chico hacia mí, tocar mi ventana del coche y decirme: "Hola, señor Kraft. Me llamo Tom Brady y nunca nos han presentado. Vengo a decirle que soy la mejor decisión que se ha tomado en la historia de esta franquicia" —contó Kraft en una entrevista años después—. Fue extraño, porque no sonaba arrogante, sino más bien como alguien con una gran confianza en sí mismo. La manera de decirlo no me pareció maleducada. No me ofendió.»

En ese primer año, Brady trabajaba casi las veinticuatro horas del día. Cuando no estaba en el campo de entrenamiento, lo podías encontrar en la sala de pesas. Cuando no lanzaba balones sobre el césped, estudiaba el *playbook* de su equipo y la reacción que podrían tener las defensas rivales. Su único objetivo era demostrar, cada día, que quería llegar a lo más alto. «Durante esos entrenamientos, si yo anotaba un pase de *touchdown*, en algún *two-minute drill*, lo celebraba como si estuviese delante de setenta mil personas. Mi idea era la de contagiar al resto de mis compañeros, hacerles ver que yo quería competir, que quería entrenar, que todo se basaba en el conjunto, en el equipo», recuerda Brady.

Pero había algo específico que a Tom Brady le quitaba el sueño. Su *footwork* no era bueno. «Yo era el chico más lento en el campo. Me llevó un año ponerme a la altura de mis compañeros más veteranos. Con veintitrés o veinticuatro años, mi única meta era entrar en el equipo, y eso implicaba hacer un trabajo extra en cada sesión. Aunque subiese mi nivel, siempre había gente a mi alrededor haciéndose más rápido, más fuerte, mejor atleta, así que yo debía seguir trabajando aún más duro para seguir siendo competitivo.»

Para seguir progresando e ir disminuyendo la distancia que había entre sus compañeros y él, Brady decidió practicar todos los viernes con Mike Woicik, entrenador de fuerza del equipo. A las seis de la mañana, antes de que el resto de sus compañeros se presentasen a entrenar, Brady y Woicik trabajaban la velocidad y el juego de pies del joven *quarterback* con una serie de ejercicios muy específicos. A medida que los entrenamientos avanzaban, Brady notaba el cambio que se estaba produciendo en su cuerpo. «Hay un salto muy grande entre el *football* universitario y la NFL. No lo supe hasta que no me vi entrenando con los Patriots. Fui afortunado por haber jugado en Michigan, ya que allí había estado haciendo algunas de las cosas que se hacen en los profesionales, aunque a la mitad de intensidad.»

El *rookie* había comenzado a generar interés entre sus compañeros. Había entrenamientos en los que la defensa vacilaba al novato cuando este era interceptado. Al contrario de lo normal, Brady devolvía esas palabras sin importarle de dónde ni de quién provenían. Una vez acabado el ejercicio, se acercaba a los defensores para preguntarles por lo que había hecho mal y así aprender de los errores. Su hambre por seguir mejorando no parecía tener fin.

La temporada 2000 no empezó nada bien para el equipo. Los cuatro primeros partidos se saldaron con cuatro derrotas y, tras dos victorias en los dos siguientes partidos, los Patriots volvieron a caer en cuatro ocasiones consecutivas más. El récord de 2-8 pesaba mucho en el inicio de la era Belichick.

Aunque Bledsoe se había dañado un dedo en su mano de lanzar, Belichick no quiso cambiar al *quarterback* pese a la presión de la afición, que quería ver a alguien nuevo, sabiendo que la temporada estaba prácticamente perdida; pero no era Brady al que los fans del equipo de Boston pedían. Michael Bishop había brillado en los partidos de pretemporada y había sido uno de los aspirantes al Heisman Trophy en su etapa universitaria de Kansas State. Sin embargo, todo ese esfuerzo, trabajo y estudio que Tom Brady había demostrado a su *staff* técnico le había hecho ascender en la rotación de *quarterbacks*. Ya no era el cuarto en la lista. Bledsoe y Friesz seguían por delante de él, pero había adelantado al favorito del público. Bishop no se sentía nada cómodo dentro de las dinámicas de Belichick, así que no dudó en pedir que lo cortaran para buscarse un futuro mejor. Unas semanas después, y mientras el equipo estaba sufriendo una derrota muy dura en casa de los Lions, Belichick llamó a Brady para que sustituyera a un Bledsoe errático y muy golpeado por la defensa rival. Esta sería su primera aparición con los profesionales. Fueron solo unos pocos *snaps* y en un partido sentenciado en favor del equipo local, pero el chico californiano había visto una pequeña ventana abierta por donde poder colarse.

A los pocos días de su debut, y tras una sesión de entrenamiento con el equipo, Eitzmann y Brady decidieron hacer trabajo extra. El *tight end* corría sus rutas mientras Brady le lanzaba el balón una y otra vez. En un momento del ejercicio, el *quarterback* se quedó mirando fijamente a su compañero de piso, se acercó a él y le dijo algo que en cualquier otro escenario hubiese sido tomado como una broma, pero que no sonaba así. «Chris, voy a quitarle el puesto a Bledsoe», sentenció.

En el periodo de *off-season* entre la temporada 2000 y la temporada 2001, Scott Pioli, jefe de personal de aquellos Patriots, salía de su oficina después de un duro viernes de trabajo preparando el próximo *draft*. Eran más de las nueve de la noche y Pioli, como cada día, era el encargado de apagar las luces de todas las instalaciones. Cuando llegó al aparcamiento, un pequeño destello le hizo girarse para ver, atónito, que las luces de un campo de entrenamiento no estaban apagadas. Se acercó hasta allí con su coche y vio aparcado el característico *jeep* amarillo del chico californiano. Pioli se bajó del coche y se quedó perplejo al observar a Brady con cintas en los tobillos, realizando ejercicios de juego de pies, haciendo *dropbacks* con el balón en las manos y lanzando a la red de entrenamiento. «Él no esperaba que nadie estuviese allí mirando, así que medio se asustó al oírme decir su nombre —cuenta el propio Pioli—. Su respuesta fue aún más extraña. Me miró y me dijo que solo estaba haciendo algo de trabajo extra. "¿Un viernes por la noche?", le pregunté yo. "Sí, no tengo nada mejor que hacer. Pero hazme un favor: no le digas a nadie que estoy aquí. Es viernes por la noche, ya sabes, yo no debería estar aquí", me dijo. Sonrió, dio media vuelta y siguió con su entrenamiento personal.» Pioli estaba impresionado de que alguien como Brady, guapo, joven y con la oportunidad de poder estar por ahí disfrutando de la noche, hubiese elegido la opción de seguir trabajando y mejorar su juego. Eso era una muy buena señal. «Yo estaba enamorado de ese chico —relata Pioli—. Llegaba a las instalaciones a escondidas para poder estudiar los vídeos de nuestros partidos y nuestros entrenamientos. No había un momento del día en el que no demostrase lo trabajador que había llegado a ser.» A principios de septiembre, cinco días antes de comenzar la temporada 2001, Brady ya era el segundo *quarterback* en la rotación de los New England Patriots; solo había un nombre escrito en la lista por encima de él.

ϒ

Es cierto que la oportunidad no le llegó de la manera que esperaba, y menos con la sensación de angustia con la que había vivido esos momentos tan difíciles en el hospital, a la espera de saber si Drew Bledsoe iba a salir bien de quirófano o no. Pero su momento había llegado, aquel por el que tanto había luchado en el último año y medio.

Era el titular, sí, pero no parecía que fuese a serlo durante mucho tiempo, ya que Bledsoe tal vez volviera al cabo de pocas semanas. O, por lo menos, eso era lo que casi todo el mundo esperaba. Sin embargo, Belichick parecía haber estado esperando este instante casi tanto como el propio Brady. «Incluso sin la lesión de Drew, es posible que Bill le hubiese dado esa oportunidad a Tom», contaba Tedy Bruschi, *linebacker* y uno de los hombres más importantes de aquellos Patriots.

El entrenador tomó buena nota de las capacidades de liderazgo que Brady había mostrado en el *mini camp* de su año como novato. Si el grupo necesitaba hacer un ejercicio grupal, era Brady quien lo organizaba todo. Se tomaba el *football* de una manera muy seria y profesional, algo que llamaba mucho la atención en alguien tan joven. Se ganó la reputación de ser uno de los jugadores que más duro trabaja en los entrenamientos, incluso cuando comenzó siendo el cuarto *quarterback* de la plantilla. Dentro del vestuario, tenía la virtud de hacerse escuchar. Belichick veía a un *quarterback* distinto a Bledsoe. Podía tener menos experiencia y pedigrí, pero Brady le había demostrado que podía mantenerse con calma en el *pocket,* reconocer matices defensivos en el rival y señalar los ajustes necesarios a sus receptores, *running backs* y líneas ofensivos. Por mucho que Belichick respetase a Bledsoe, la idea de *quarterback* que el entrenador tenía en la cabeza para su equipo era lo que veía en Tom Brady. «Conociendo como conozco a Brady, y sabiendo el trabajo tan duro que había realizado desde que llegó a la ciudad, tengo claro que en un mal partido de Bledsoe, Belichick habría decidido ponerlo a jugar. Y conociendo como conozco a Brady, nunca jamás hubiese dejado escapar el puesto ganado», terminaba diciendo Bruschi.

Una de las historias que Brady más había seguido de cerca era la de su ídolo Joe Montana. Montana lo había sido todo en los San Francisco 49ers, pero las complicaciones de una lesión en pretemporada le dieron el puesto a un joven Steve Young y nunca volvió a ser el *quarterback* titular de los Niners. Brady tenía claro que en la NFL nadie aseguraba su puesto si el equipo seguía ganando en su ausencia. Ahora que él era el que ocupaba esa silla, no iba a darle ni una sola oportunidad a Belichick de devolvérsela a su antiguo dueño. No era nada personal contra Drew Bledsoe. Era pura competición.

El debut de Brady como *quarterback* titular fue el 30 de septiembre frente a los Indianapolis Colts. Es cierto que el partido de Brady no fue nada del otro mundo y, aunque el marcador indicaba que iban con 44 puntos a favor, su influencia en ese tanteo no resultó demasiado importante. La defensa había anotado dos *touchdowns*, y el juego terrestre, otros tres. Su estadística marcaba 13 de 23 en pases para 168 yardas, cero *touchdowns* y cero intercepciones. El equipo venía de anotar tres puntos frente a los Jets, de perder los dos primeros partidos y de tener a una de sus estrellas en el hospital, así que este encuentro era una gran noticia para toda la franquicia, aunque la alegría no duró mucho.

A la siguiente semana, los Patriots viajaron a Miami para enfrentarse a sus rivales divisionales. La mejoría mostrada en el partido anterior se esfumó. Brady solo acumuló 86 yardas de pase sin ningún *touchdown* y el equipo encajó la tercera derrota de la temporada. «Lo importante no era que Brady fuese el relevo de Bledsoe, lo que ahora importa es saber si Belichick tomará la decisión de colocar a Huard como *quarterback* titular en el siguiente partido contra los Chargers», decía el *Boston Herald* un día después de la derrota frente a los Dolphins. Estaba claro que el chico californiano no había jugado un excelente *football* en sus dos primeros partidos como titular, pero no parecía que su entrenador estuviese ni siquiera sopesando la idea de darle la titularidad al tercer *quarterback* de la plantilla. «No creo que nadie ahora mismo crea que estemos ante el nuevo John Elway, aunque tampoco sé cuántos como él existen. No voy a estar aquí, cada semana, hablando de los problemas que tiene Tom Brady en el campo. Tiene un brazo NFL y tengo toda la confianza del mundo en él», dijo Belichick en una de las ruedas de prensa de esa semana.

En cada tertulia deportiva de radio o televisión solo había un tema: ¿quién debería ser el *quarterback* titular cuando Bledsoe regresase? Al finalizar los entrenamientos, los reporteros se acercaban a los jugadores para hacerles la misma pregunta: ¿Bledsoe o Brady? «Dentro del vestuario había jugadores pro-Bledsoe y jugadores pro-Brady. Siempre ocurre lo mismo en una situación como ésta. Bledsoe tenía grandes amigos dentro del equipo, pero Brady también había comenzado a construir relaciones con muchos de sus compañeros», relataba Tedy Bruschi. Cuando el 14 de octubre los Patriots saltaron al campo para disputar su encuentro frente a los Chargers, Tom Brady era el *quarterback* titular. Belichick no había mentido en sus declaraciones y seguía empeñado en que el ex de Michigan estuviese a los mandos del ataque. A falta de cuatro minutos para acabar el partido, los Patriots estaban diez puntos abajo y con el balón en su yarda 26. En ese *drive*, Adam Vinatieri anotó un *field goal* dejando el electrónico en un todavía inquietante 26-19 para el equipo de San Diego. La defensa de Belichick consiguió un importante tres y fuera para devolver el balón a la ofensiva, la cual, tras un gran retorno de Troy Brown, comenzó ese último *drive* desde su propia yarda 40. Dos pases completos al propio Troy Brown, de tres y doce yardas, colocaron a los Patriots en campo contrario, en la yarda 45 de los Chargers. Brady lanzó dos incompletos en los dos siguientes *downs*, por lo que New England enfrentó un *3rd&10* crítico. El *quarterback* se situó en *shotgun* y recibió el *snap*. Su *dropback* consistía en tres pasos; levantó los ojos leyendo lo que ocurría campo abajo y sabiendo que necesitaba un pase de más de diez yardas para poder seguir aspirando a la victoria. Todo este tiempo que estuvo en el campo de entrenamiento trabajando su juego de pies tenía que dar resultado en algún momento. Al final de su *dropback*, la presión le llegó por su lado izquierdo. Brady no bajó la cabeza, no dejó de buscar compañeros abiertos mientras jugaba dos pasos hacia delante para evitar al defensor. Otro paso más hacia la izquierda, reseteó sus pies y lanzó un pase perfecto, entre tres defensores, a las manos de Troy Brown. Fueron dieciséis yardas de pase, y el ataque patriota conseguía seguir en el campo.

Apenas quedaban cincuenta y seis segundos y los Patriots estaban aún en la yarda 29 de su rival. Necesitaban sí o sí un *touchdown*, así que el balón volvía a estar en las manos del *quarterback*, quien en su primer intento tuvo que abandonar el *pocket* por la presión y lanzar un buen pase al exterior que Terry Gleen dejó caer. En el segundo *down*, su *footwork* volvió a ser excepcional dentro del *pocket*, lo que le permitió evitar la presión y darle ese segundo extra para que el lanzamiento volase 26 yardas hasta las manos de David Patten, dejando al equipo a solo 3 yardas de la *end zone*. Tom Brady se giró al árbitro, pidió tiempo muerto y corrió hacia la banda para que Charlie Weis, su coordinador ofensivo, le cantase la próxima jugada.

Desde la yarda tres, y a falta de solo cuarenta segundos para acabar el encuentro, los Patriots se situaron en formación en I. Brady recibió el *snap* y se giró para entregarle el balón al *running back*. La defensa no creía que esa pelota la fuesen a dejar en las manos de Brady. Ellos pensaban que sería una jugada de carrera, así que toda la defensa avanzó para frenar al corredor. Su sorpresa fue mayúscula cuando se dieron cuenta de que quien en realidad tenía el ovoide era el chico de California. Brady salió hacia el exterior en *roll-out* y lanzó el balón por encima de toda la defensa. El envío aterrizó en las manos de un Jermaine Wiggins que se encontraba totalmente solo en la *end zone*. El partido se iba a la prórroga, cuando hacía cuatro minutos nadie daba un duro por que esto pasase. Una vez en el tiempo extra, Adam Vinatieri convirtió un *field goal* de 44 yardas para darle la victoria al equipo de Boston. Tom Brady acabó con 364 yardas de pase, dos *touchdowns* y cero intercepciones. Los Patriots comenzaron a ganar con Tom Brady saliendo del *huddle* y comandando la ofensiva. «El ataque parecía diferente. Tenía algo refrescante», recordaba Bruschi. Drew Bledsoe era el clásico *pocket passer* de la época. Medía 1,96 y pesaba 108 kilos, se plantaba en el *pocket* y aguantaba el balón hasta que conectaba con algún compañero, pero también era propenso a recibir *sacks* y a cometer intercepciones. Brady jugaba a otro ritmo. El balón salía muy rápido de sus manos y el ataque parecía tener otra cadencia. Incluso no se producían tantas intercepciones ni se arriesgaba tanto el balón.

Tras la fantástica victoria sobre los Chargers, los Patriots volvieron a batir a los Colts por un contundente 38-17, en un partido en el que Tom Brady firmó 16 de 20 en pases para 202 yardas, tres *touchdowns* y cero intercepciones. «Cuando pienso en los dos jugadores más importantes del partido de hoy, no puedo dejar de acordarme de Dick Rehbein», dijo Belichick en la rueda de prensa después del partido.

Dick Rehbein había llegado acompañando a Belichick la temporada anterior para ser el entrenador de *quarterbacks* de los New England Patriots. Belichick había sido muy claro con la situación que tenía el equipo en el puesto de *quarterback*. John Friesz era muy veterano, y la sensación dentro de la franquicia era la de que una de las elecciones de ese *draft* debería ir dirigida a alguien que pudiese competir con Drew Bledsoe. Belichick mandó a Rehbein a ver a dos chavales que podían encajar en lo que él quería, y Rehbein volvió con informes positivos de ambos. Sin embargo, Rehbein fue muy claro cuando Belichick le exigió un solo nombre. «Tom Brady. Ese es nuestro chico», le dijo Rehbein.

En agosto de 2001, Rehbein estaba entrenándose en un gimnasio local, junto a la más joven de sus hijas, cuando se desplomó inconsciente sobre la cinta andadora y cayó al suelo. Al instante, Rehbein recobró la consciencia y se puso de pie. En su juventud, había sido diagnosticado con alguna cardiopatía, pero nunca había dejado de hacer ejercicio en toda su vida. Mientras la ambulancia se lo llevaba al hospital, él se había mostrado recuperado del susto. Estaba consciente en todo momento y hablaba sin ningún tipo de problema. Esa misma noche, contactó con el resto del cuerpo técnico del equipo y les comunicó que estaría con ellos en el entrenamiento del día siguiente. Durmió bien durante toda la noche y al despertar, tras hacerse un test de estrés, su corazón se paró. Solamente tenía cuarenta y cinco años y dejaba una mujer y dos hijas. «Es mi obligación expresar mi gratitud con estas palabras, incluso aunque ya no esté: nunca olvidaremos a Dick», dijo el entrenador de los Patriots tras aquella victoria frente a los Colts. Belichick decidió no contratar a ningún entrenador de *quarterbacks* hasta que no terminase esa temporada, así que asumió las tareas propias de ese puesto y acudió a todas las reuniones con sus *quarterbacks* para hablar de coberturas y tendencias defensivas. A su vez, escuchaba lo que cada *quarterback* tenía que decirle, por lo que poco a poco fue entendiendo mejor lo que era Brady como jugador, pero también la clase de líder que podría llegar a ser. Belichick sabía que si Brady era capaz de aguantar al equipo mientras Bledsoe estuviese fuera, los Patriots iban a jugar los *playoffs*.

El siguiente partido, que jugaron en Denver, fue un golpe duro para lo que Brady había conseguido hasta la fecha. El equipo volvía a caer y su actuación fue la peor del año, con cuatro intercepciones, una de ellas a falta de algo más de dos minutos fue retornada para *touchdown* cuando intentaban la remontada. Los Patriots volvieron a la senda de la victoria frente a los Falcons y una semana después contra los Buffalo Bills.

El siguiente partido generó mucha expectación porque los actuales campeones, los St. Louis Rams, visitaban Foxboro; además, el encuentro sería retransmitido para todo el país. Por si esto fuese poco, Drew Bledsoe ya tenía el alta médica y podía regresar a su antiguo puesto. «He sido el titular en este equipo durante los últimos ocho años y quiero volver a serlo. Tengo que demostrar que soy el indicado para este trabajo y que soy la mejor opción que tenemos para ganar partidos —decía Bledsoe en una rueda de prensa esa semana—. Sigo siendo uno de los líderes de este vestuario», añadió. No había ninguna mentira en lo que había dicho. Los compañeros aún lo miraban y lo seguían por lo que había sido como jugador y, sobre todo, por lo que había sido como persona, pero la mayor parte del vestuario quería que Tom Brady continuase siendo el que iniciase los partidos en el puesto de *quarterback*. En los entrenamientos previos a ese partido, Bledsoe no terminaba de entender por qué no estaba haciendo más repeticiones de juego con los titulares. La respuesta de Belichick fue bastante clara: el *quarterback* titular de su equipo, en lo que quedaba de temporada, iba a ser Tom Brady; Bledsoe sería su suplente.

El duelo frente a los Rams estuvo igualado en su mayor parte. Durante el primer cuarto, Kurt Warner y el ataque tuvieron el balón más tiempo en sus manos. Anotaron primero, pero Terrell Buckley aprovechó un error de Warner para interceptar el pase y retornarlo para *touchdown*, igualando el electrónico. Otra intercepción de la defensa patriota al final del cuarto, esta vez a cargo de Tedy Bruschi, permitió al equipo local colocar el 10-7 en el marcador al inicio del segundo cuarto. La defensa de los Patriots siguió aguantando hasta que, en los últimos instantes de la primera mitad, Warner conectó con Faulk para volver a darle la vuelta al marcador.

Tom Brady no estaba jugando mal, pero tampoco estaba haciendo nada del otro mundo. A falta de poco más de cinco minutos para acabar el tercer cuarto, Brady fue interceptado y los Rams aprovecharon el siguiente *drive* para anotar un *field goal* y poner la distancia en siete puntos.

El último cuarto arrancó con otro *touchdown* del equipo visitante, que se colocaba con un marcador favorable de 10-24. Brady y su ataque lograron recortar diferencias con un gran *drive* que terminó en pase de *touchdown* sobre Patten. Sin embargo, nunca les volvió el balón a sus manos. Los últimos siete minutos fueron una *master class* de cómo sostener un *drive* por parte del ataque de Mike Martz. El encuentro acabó con victoria de los favoritos Rams, cosa que dejó al equipo de Belichick con un récord de 5-5 en diez partidos jugados.

En marzo de 2001, Drew Bledsoe había firmado un contrato con los New England Patriots por una década y 103 millones de dólares, con 22 millones garantizados. Ocho meses después, Bledsoe era el suplente de un chico de veinticuatro años que había sido elegido en la sexta ronda del *draft*; eso es algo que no se asimila bien. «Estaba enfadado todo el día —relataba Ty Law—. Le hablaba mal a la gente, no era la misma persona. Él quería volver al terreno de juego, pero sabía que no iba a ocurrir.» Si el debate sobre la titularidad del puesto había sido el tema de conversación cuando Bledsoe estaba lesionado, aún más lo sería una vez que el *quarterback* estaba en perfectas condiciones para jugar. Sin embargo, no había vuelta atrás para Bill Belichick.

Después de perder su enfrentamiento con los Rams, los Patriots encadenaron cuatro victorias consecutivas. New Orleans Saints, New York Jets, Cleveland Browns y Buffalo Bills fueron los rivales en aquella racha ganadora, lo que les dejaba, en la semana quince, ante un enfrentamiento vital para llevarse la división y poder acceder así a los *playoffs*. El rival de ese partido eran los Miami Dolphins. El equipo que había derrotado a Brady por primera vez desde que era titular visitaba Foxboro con la intención de sellar el título. El ganador de ese enfrentamiento, muy probablemente, se alzaría con el trono en la AFC Este.

Al descanso, los Patriots dominaban el marcador por un claro 20-3, con un segundo cuarto muy bueno tanto en defensa como en ataque. La ofensiva de los Dolphins era incapaz de dañar a lo que ya era una de las mejores defensas de todo el campeonato. Belichick había sido capaz de convertir a su equipo en una roca casi inexpugnable. Cuatro *field goals* en el último cuarto por parte de los visitantes ajustaron algo un marcador que nunca peligró para los Patriots.

La última victoria de la temporada, la número once, se produjo en el partido suspendido de la segunda semana frente a los Carolina Panthers, que se trasladó al final del calendario de la *regular season*. Los New England Patriots ganaron la AFC Este y fueron el segundo equipo con mejor récord de toda la Conferencia Americana, lo que les daba el pase directo a la ronda divisional de los *playoffs*. El partido se jugaría en el Foxboro Stadium y su rival serían los Oakland Raiders de Jon Gruden.

En el reglamento oficial de la NFL de 1999 aparece una excepción en el artículo 2 de la sección 22 de la regla 3. En ella se habla sobre el pase hacia delante y sus definiciones. De acuerdo con esta excepción, si el *quarterback* detiene el movimiento del brazo y se lleva el balón al pecho, la acción se considera parte del proceso de un pase hacia delante, por lo tanto, si el *quarterback* suelta o le quitan el balón, se tratará de un pase incompleto y no de un *fumble*, lo que provocaría una pérdida de balón y cambio de posesión. Cuando la liga introduce esta excepción, lo hace pensando en el espectáculo que genera el juego de pase. Mejorar la ratio de pase de los *quarterbacks* y darle la oportunidad de jugar más *pump fakes* les ofrece una nueva vía para que su producto sea más atractivo. El problema con esta excepción es que dejaba una interpretación muy aleatoria en las manos de los colegiados, quienes tenían casi que adivinar cuáles eran las intenciones del pasador. Esa excepción, después del 19 de enero de 2002, se conocería mundialmente como la «Tuck Rule».

Ese día, el clima era gélido y las temperaturas estaban incluso algún que otro grado bajo cero. La nieve apareció antes y durante todo el partido, cosa que le añadía dramatismo al encuentro. Los Raiders llegaron a Foxborough con Rich Gannon, un veterano *quarterback* de treinta y seis años, mientras que los Patriots mantenían a un casi desconocido Tom Brady, quien apenas contaba con veinticuatro años y que se disponía a jugar su primer partido de *playoffs*. No hacía falta ser un gran conocedor del juego para saber que, con el emparrillado en ese estado y con la nevada que estaba cayendo, el partido sería duro y trabado. Cualquier detalle podría inclinar la balanza para un lado o para el otro.

El primer cuarto fue dominado por las defensas. Ninguno de los dos ataques conseguía mantener sus *drives* y mover cadenas se hacía casi imposible. Al inicio del segundo cuarto, Gannon consiguió enlazar tres pases hasta dejar a su equipo en la yarda 13 del rival. Desde allí, el propio Gannon conectó con James Jett para conseguir la primera anotación de la noche. El balón volvía a manos de Tom Brady, quien en su segundo intento de lanzamiento fue interceptado por Johnny Harris. La tónica de lo que quedaba de cuarto resultó ser la misma que en el anterior periodo y el marcador no se movió más en esa primera mitad. Los ajustes al descanso del cuerpo técnico de Patriots funcionaron bien en el primer *drive* del tercer cuarto. Brady fue capaz de ir moviendo cadenas hasta la yarda cinco de los Raiders, pero no pudieron anotar seis puntos y tuvieron que conformarse con el primer *field goal* de la noche por parte de Adam Vinatieri. Oakland consiguió anotar seis puntos más en ese cuarto mediante dos patadas a palos de

Sebastian Janikowski, el *kicker* de primera ronda del equipo de Jon Gruden. Las cosas no estaban yendo bien para los locales, quienes comenzaban el último cuarto con un marcador adverso de 3-13. Tras un intercambio de posesiones de balón, Brady y su ataque jugaron el mejor *drive* de la noche hasta el momento, terminándolo con una anotación por tierra del propio *quarterback*. La defensa de Patriots fue capaz de frenar a los Raiders y el balón regresó a estar en poder de Brady con solo dos minutos por jugarse.

Un pase de siete yardas para Kevin Faulk y una carrera de Brady por fuera tras evitar un *sack* les dieron el primer *down* en la yarda 42 del campo rival. Brady se levanta del suelo y su coordinador ofensivo, Charlie Weis, lo llama. Mantienen una breve conversación en la que el entrenador le dice cuál es la siguiente jugada. Sin embargo, escondido entre el barullo de jugadores, Eric Allen, *cornerback* de los Raiders, escucha ese diálogo y corre a su banda para contar lo que acaba de escuchar. Los Raiders tienen un plan.

Solo quedaba 1.50 cuando Brady recibió el *snap*. Mientras buscaba a algún compañero abierto, Charles Woodson sorprendía por el exterior con un *blitz* que ningún jugador del ataque patriota había detectado. El camino para Woodson estaba totalmente libre y el impacto con el *quarterback* era inevitable. Brady giró su cabeza y su cuerpo hacia su izquierda, sacó el brazo para lanzar, pero, en el último instante, quizá por buscar protegerse del golpe o tal vez porque había cambiado de opinión respecto a ese lanzamiento, se volvió a llevar el balón al pecho. Cuando Woodson chocó contra Brady, el balón salió despedido y fue recuperado por Greg Biekert, *linebacker* del equipo visitante. Los Raiders tenían la posesión del balón y el partido prácticamente en su mano. Mientras los Oakland Raiders celebraban la jugada, Walt Coleman, árbitro del partido, se encontraba viendo la jugada repetida en el *instant replay*; una vez hecha esta comprobación, salió al campo para cambiar la señalización. Coleman encendió el micro y explicó que «después de haber visto revisada la jugada, el brazo del *quarterback* estaba moviéndose hacia delante. Es pase incompleto». No había sido un *fumble*; los jugadores, el cuerpo técnico y los aficionados de los Raiders no podían creer lo que les estaba sucediendo. El balón seguía estando en posesión de los Patriots. «Sabía cuál era la regla y sabía que iban a cambiarla, porque a nosotros nos había pasado lo mismo a principios de año», dijo Belichick al acabar el encuentro. Y tenía razón. El 23 de septiembre, Anthony Pleasant, *defensive end* de los New

England Patriots, había provocado la pérdida de balón a Vinny Testaverde, *quarterback* de los Jets. Sin embargo, el árbitro de aquel encuentro cambió la señalización y lo convirtió en pase incompleto, exactamente lo mismo que había sucedido con Woodson y Brady. Tras todo el revuelo montado, el partido se reanudó, y Brady consiguió completar un pase de 13 yardas que dejaba a su equipo a 29 yardas de la *end zone* rival, lo que hacía que el intento de *field goal* fuese de 45 yardas. Bajo la inmensa nevada que seguía cayendo, Adam Vinatieri puso el balón entre los postes para empatar el encuentro y llevarlo a la prórroga. «Es el mejor *field goal* que he visto nunca —relataba Belichick en 2018—. Las condiciones eran pésimas. Al menos había tres o cuatro pulgadas de nieve sobre el campo. La magnitud de la dificultad era enorme. Sin ninguna duda, fue la patada más impresionante que he visto jamás.» El equipo de Gruden nunca volvió a tener el balón en sus manos, y en el tiempo extra, tras un *drive* de casi diez minutos, el mismo Vinatieri le dio el triunfo a los suyos con otro *field goal*, aunque esta vez desde 23 yardas. El éxtasis se apoderó de todo Foxboro. El equipo de Belichick viajaba a Pittsburgh para jugar la final de conferencia frente a los Steelers.

Doce años después de ese encuentro, en marzo de 2013, los propietarios votaron para suprimir o no aquella excepción en el artículo 2 de la sección 22 de la regla 3. Con veintinueve votos a favor, dos abstenciones (una de ellas de los New England Patriots) y solo un voto en contra, la Tuck Rule desapareció del reglamento de la NFL.

«No nos respetaban y nosotros lo sabíamos», decía Damien Woody, uno de los líneas ofensivos titulares de los Patriots al acabar el partido por el AFC Championship Game. «Toda la ciudad de Pittsburgh pensaba que no había ninguna posibilidad de que nos llevásemos ese partido. Se notaba por cómo hablaban de nosotros. No sabían lo que éramos capaces de hacer.» Belichick tenía claro cuál era uno de los puntos débiles de aquellos Steelers y pensaba hacérselo pagar. Cualquiera que haya jugado en New England conoce la importancia que su entrenador le da a los equipos especiales. Si Belichick piensa que puedes ser muy útil en este aspecto del juego, da igual la clase de jugador que hayas sido hasta entonces, te va a poner ahí y, aunque no lo sepas aún, vas a rendir bien.

Faltando algo menos de cuatro minutos para acabar el primer cuarto, Josh Miller, *punter* de los Steelers, pateó el balón para ponerlo en la yarda 45 del campo de los Patriots. Troy Brown recibió el ovoide y lo llevó hasta la *end zone* del equipo local. Esos fueron los primeros puntos en el encuentro que decidía qué equipo disputaría la Super Bowl XXXVI.

Fue un buen comienzo para los chicos de Belichick, que habían sido capaces de mantener a raya a la ofensiva de los Steelers dejándolos en solamente tres puntos en los dos primeros cuartos. Cuando restaban dos minutos para llegar al descanso, Brady conectó con Troy Brown para 28 yardas. Sin embargo, justo después de que el balón saliese de sus manos, Lee Flowers, *safety* de los Steelers, impactó en la parte baja de su pierna. Brady cayó al suelo y se agarró de su dolorido tobillo izquierdo. Tras ser atendido por el cuerpo médico, Brady tuvo que abandonar el terreno de juego; Drew Bledsoe ocupó su lugar.

El veterano *quarterback* completó el primer y el segundo pase que lanzó. Entre ambos lanzamientos, Bledsoe tuvo que huir del *pocket* en dirección hacia la misma banda a la que había salido aquel 23 de septiembre cuando recibió el fatídico golpe por parte de Mo Lewis. Ahora, a pesar de llevarse un impacto similar, no sufrió ningún daño. En el tercer lanzamiento que ejecutó, su envío fue recogido por David Patten dentro de la *end zone*, lo que supuso el primer *touchdown* de pase en esos *playoffs* para los Patriots. De repente, el camino hacia la Super Bowl pasaba por las manos de Bledsoe. Y por las de Troy Brown.

Solo habían transcurrido seis minutos del tercer cuarto cuando Kris Brown se disponía a chutar un *field goal* de 34 yardas para volver a sumar puntos al casillero de los Steelers. Su patada fue bloqueada por Brandon Mitchell y recuperada por Troy Brown, quien retornó ese balón para un nuevo *touchdown* que dejaba el partido visto para sentencia. Los Steelers, favoritos para casi todo el mundo, se encontraban con un 21-3 en contra y con una sensación de inferioridad que no esperaban. El intento de remontada del equipo local resultó inútil y los Patriots se proclamaron campeones de la Conferencia Americana. Bledsoe jugó el resto del partido y acabó con 10 de 21 pases para 102 yardas, un *touchdown* y cero intercepciones. Se había convertido en el *quarterback* suplente más caro del mundo, pero es cierto que, sin él, es muy probable que aquellos Patriots no hubiesen alcanzado la Super Bowl.

El ataque del 11-S a las Torres Gemelas había hecho que la NFL suspendiese la segunda semana de competición, por lo que el calendario tuvo que ajustarse eliminando la semana de descanso previa a la de la Super Bowl. Es decir, nadie sabía si el tobillo de Brady iba a tener el tiempo suficiente para recuperarse y que el joven *quarterback* saltase al Superdome como titular. Durante esa semana de entrenamientos, Drew Bledsoe estuvo ejercitándose la mayor parte del tiempo con los titulares. La pregunta, otra vez, era más que evidente: ¿Bledsoe o Brady?

«Quiero jugar por encima de todas las cosas. Es mi mayor deseo —decía Bledsoe en la rueda de prensa previa al partido—. Estamos en la Super Bowl, es el partido con el que sueñas jugar, me encantaría ser el *quarterback* titular, pero la decisión no es mía.» Porque la decisión, como no podía ser de otra manera, le pertenecía a Belichick y estaba tomada desde hacía mucho tiempo. Si el tobillo de Brady le permitía jugar, él sería el titular.

Quizás haber sido fundamental en la victoria del partido anterior frente a los Steelers fue algo que a Bledsoe le hizo sentirse mejor cuando su entrenador le comunicó la noticia. Había disfrutado mucho del partido, ya que ese ataque era muy distinto al que él había comandado con anterioridad. Bledsoe se dio cuenta de que la línea ofensiva funcionaba muy bien. Eso hacía que el pasador estuviese más cómodo en el *pocket*, que pudiese lanzar con más tranquilidad y, sobre todo, no recibir la cantidad de golpes que había recibido otros años. A pesar del palo que suponía volver al banquillo, Bledsoe tenía claro que debía poner su experiencia al servicio de su equipo, cosa que incluía también al chico rubio que ocupaba su lugar. «La cosa más importante que aprendí de mi anterior Super Bowl era que no importaba lo que ocurriese dentro o fuera del campo, perder ese partido te hacía sentir realmente mal», relataba Bledsoe sobre su experiencia de cinco años atrás, donde los Patriots, con él de titular, habían perdido ese partido, y en ese mismo estadio, contra los Green Bay Packers de Brett Favre. «Necesitábamos ganar este encuentro, de la manera que fuese, y mi obligación era ayudar a Tom a conseguirlo. Él es una buena persona y es fácil apoyar a alguien así, aunque fuese el tipo que me había robado el trabajo.»

Tuvo que pasar tiempo para que Drew y Tom retomasen la amistad que habían comenzado a formar en el año y medio anterior a la terrible lesión de Bledsoe. Esos malos momentos ya son historia y actualmente su relación vuelve a ser fantástica. «Adoro a Drew —cuenta Brady—. Él fue como un hermano mayor para mí cuando llegué a la ciudad, me hizo sentir como en casa y es algo que siempre tendré que agradecerle. Cuando me necesite, ahí estaré. Estoy realmente feliz de poder volver a compartir cosas con Drew. Aún sigue siendo un gran mentor para mí.»

En aquel partido se enfrentaban dos equipos diametralmente opuestos en su concepción del juego. Por un lado, estaban los Patriots, uno de los grupos más duros que han existido en el deporte profesional. Su defensa y sus equipos especiales eran muy poderosos y desequilibraban los partidos en cualquier instante. En el otro lado, la fantasía de unos Rams que habían sido campeones solo dos años antes y que contaban con un ataque demoledor, capaz de anotar sin cesar durante los sesenta minutos del juego. Mike Martz había creado una maquina casi perfecta, y Kurt Warner, su *quarterback*, la hacía funcionar a las mil maravillas. Las apuestas indicaban que la franquicia de St. Louis no tendría rival y volvería a levantar el Lombardi Trophy. Ellos eran *The Great Show on Turf*. Además, ambos conjuntos ya se habían enfrentado en la temporada y los Rams fueron capaces de doblegar a las huestes de Belichick en su propio campo, en un estadio de césped natural y descubierto, lo cual es menos propicio para los equipos cuya fortaleza es el ataque y la velocidad. El Superdome de Nueva Orleans tenía techo y astroturf, así que lo normal era que esa ofensiva pusiese más puntos en el marcador. Pero los Patriots no eran el mismo equipo de aquel 18 de noviembre. «Estábamos en ese punto de la temporada donde sabíamos lo buen equipo de *football* que éramos, algo que, por el contrario, ninguno de nuestros rivales parecía percibir», decía Richard Seymour, *tackle* defensivo *rookie* y *pick* de primera ronda en el pasado *draft*.

El 3 de marzo, y ante casi setenta y tres mil espectadores que abarrotaban el Superdome, los New England Patriots, en lugar de ser presentados por partes, primero la defensa y después el ataque, salían por el túnel como un equipo, todos juntos. Al lado de Brady, y con la mano apoyada en el hombro de su compañero, estaba Drew Bledsoe, gritando y animando al chico californiano. Esto era lo que había formado Bill Belichick, un equipo con mayúsculas.

Cuando los Rams se dieron cuenta de que los fuegos de artificio no iban a funcionar esa noche, ya estaban por debajo en el marcador y se encontraban comenzando el último cuarto. Belichick había sabido reconocer, una vez más, el punto débil de su rival, y había obligado a los de Mike Martz a jugar a algo a lo que no querían jugar. Belichick permitía cualquier pase corto para, inmediatamente, mandar al suelo al portador del balón. El entrenador del equipo patriota tenía claro que los Rams deseaban lanzar en profundidad y buscar la jugada espectacular, pero esto conllevaba un problema: las pérdidas de balón. Así llegó el primer *touchdown* del partido. Un lanzamiento de Warner fue interceptado por Ty Law y retornado hasta la *end zone* a falta de nueve minutos para llegar al descanso, colocando el 7-3 en el electrónico, ya que los Rams habían estrenado el marcador con anterioridad a través de un *field goal*.

En los minutos que restaban antes del descanso, la defensa de los Patriots volvía a frenar al mejor ataque de la liga por partida doble, forzando un *fumble* en la segunda que le daba el balón a su ofensiva en muy buena posición de campo. Cuatro pases de Tom Brady después, los Patriots estaban de nuevo en la *end zone*; el lanzamiento definitivo quedaba a ocho yardas, con David Patten en la zona de anotación. El resultado al descanso era de 14-3 a favor de los Patriots; mucha gente se frotaba los ojos ante lo que estaba viendo.

Se acababa el tercer cuarto y el ataque de Mike Martz era incapaz de doblegar a la defensa que había planteado Bill Belichick. Adam Vinatieri acertaba con un *field goal* de 37 yardas y subía otros tres puntos al marcador para dejarlo en 17-3.

El último cuarto fue otra historia. La defensa de Patriots parecía cansada y Kurt Warner comenzó a encontrar receptores abiertos por todo el campo. Un primer *drive* de más de seis minutos acabó con un *touchdown* de carrera de dos yardas convertido por el propio Warner. El tiempo seguía corriendo a favor del equipo patriota, pero a falta de un minuto y medio, Warner encontró a Proehl para convertir un *touchdown* de 26 yardas e igualar el encuentro. A Tom Brady le quedaban 81 segundos, sin tiempos muertos, para llevar a sus chicos al triunfo. Si no lo hacía, el partido se iría a la prórroga. «Sin tiempos muertos, y con esa posición de campo, pienso que los Patriots deberían hincar la rodilla, dejar correr el reloj e ir a la prórroga.» Esa era la voz de John Madden, uno de los mayores iconos en la historia de la NFL y que comentaba el partido para la cadena televisiva FOX.

Los Patriots iniciaron ese *drive* en su yarda 17. «Recuerdo a Tom extremadamente calmado —relataba Troy Brown—. No indicaba ningún signo de nerviosismo. Era el momento más importante de cualquier jugador, y él no mostraba miedo ninguno —seguía contando Brown—. Llegó al *huddle*, señaló un par de jugadas y nos dijo: "Vamos a recorrer este campo y vamos a ganar esto". Eso fue todo.»

Pase completo de cinco yardas para J. R. Redmond. Otro pase de ocho yardas a Redmond que coloca al equipo en su propia yarda 30. El *quarterback* lanza el balón al suelo en el siguiente *down* para poder parar el reloj y, en la siguiente acción, Redmond vuelve a aparecer para ganar otras once yardas más. Brady recibe el *snap*, pero la presión de Rams le hace quitarse el balón de encima antes de que lo golpeen. Incompleto. Cuando el balón vuelve a sus manos, Brady juega el *dropback*, lee el campo, se mueve de maravilla en el *pocket* y manda un pase perfecto a una ruta interior de Troy Brown. Brown recibe el ovoide y lo lleva hasta la yarda 41 del campo rival. Los Patriots estaban muy cerca de poner el balón en un sitio donde su *kicker* pudiese transformar la patada que les daría la victoria. Un último lanzamiento hacia Jermaine Wiggins permitía a Vinatieri intentar un *field goal* de 48 yardas sin apenas segundos de margen para los Rams. La patada fue perfecta, no hubo ningún tipo de dramatismo y el balón atravesó los postes por el medio con la fuerza necesaria. Los New England Patriots eran los nuevos campeones de la NFL.

Cuando todos saltaron al césped para celebrarlo, Brady se acercó a donde estaba Bledsoe para, gritando de júbilo, fundirse en un abrazo con su compañero. El chico de california, el que había sido elegido en el *pick* 199, el joven que conducía un *jeep* amarillo y que se escondía en las instalaciones del equipo para seguir trabajando, era el MVP de la Super Bowl XXXVI. «Si volviésemos atrás en el tiempo, me presentases al chico que habíamos elegido en el *draft*, a ese joven rubito que venía de Michigan, y me dijeses que se iba a convertir en lo que se ha convertido, te diría que no me tomases el pelo, como te hubiese dicho cualquiera de los que estábamos en ese equipo», declaraba Drew Bledsoe muchos años después.

Y allí estaba Tom Brady en el podio, con sus manos en la cabeza, sonriendo y mirando hacia delante, preparando su nuevo reto. Porque así es su manera de vivir.

En la cabeza de Tom Brady

PRIMERA PARTE

*D*urante toda la Super Bowl XXXVI, los Rams quisieron dificultar las lecturas de Brady desde su *zone blitz*. Los principios generales de este tipo de defensa consisten en mandar cinco hombres al *pass-rush* y caer con seis en cobertura; tres defensores serían los encargados del segundo nivel y otros tres de la zona profunda. Aunque en sus inicios fue un estilo que se jugaba con defensa base 3-4, ahora lo podemos ver con casi cualquier formación. El objetivo prioritario de esta jugada es confundir al pasador y a la línea ofensiva con diferentes movimientos antes y después del *snap*. Los jugadores que vayan en *blitz* pueden ser *linebackers*, *safeties* o incluso los *cornerbacks*.

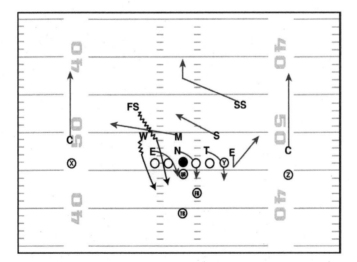

En el último *drive* de ese encuentro, con el partido empatado y con los Patriots sin tiempos muertos, los Rams quisieron poner este tipo de dificultades a un *quarterback* tan joven como Tom Brady.

00.33 segundos en el reloj para acabar el 4.° cuarto
1st&10
Yarda 40 del campo de Patriots

El equipo de Belichick formaba abierto con cuatro receptores y un *running back* acompañando a Brady en el *backfield*. Por su parte, los Rams jugaban con cuatro hombres en la línea defensiva, con sus *cornerbacks* exteriores dando espacio a los receptores y con un solo *safety* profundo. En su zona media, los dos *linebackers* y el otro *safety* amenazaban con ir al *blitz*. Antes del *snap*, Brady ajusta las protecciones de su línea, pero falla. Cuando el balón llega a sus manos, el LG abre su *gap*, lo que permite al *safety* y a uno de los *linebackers* entrar solos en el *pocket*. A su vez, el DE del lado izquierdo de la defensa cae en cobertura. En total, son cinco jugadores los que presionan (tres líneas defensivos, el *safety* y un *linebacker*) y son seis los que caen en cobertura de pase, incluido un línea defensivo.

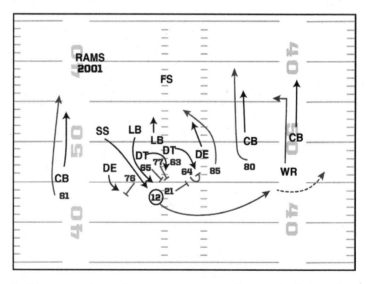

Podéis ver cómo el movimiento en diagonal de los dos DT provoca el desajuste en la línea ofensiva y abre una autopista para que el *blitz* llegue con mucha facilidad. Ante la presión, Brady tiene que salir del *pocket* y lanzar el balón fuera en escasos segundos. No hubo tiempo para desarrollar las rutas ni para que el *quarterback* pudiese leer nada. La defensa consiguió su objetivo con la *zone blitz*.

00.21 segundos en el reloj para acabar el 4.º cuarto
1st&10
Yarda 36 del campo de Rams

Brady había conectado con Brown para 23 yardas en el *down* anterior, por lo que Patriots necesitaban acercarse un poco más y dejarle un *field goal* algo más cómodo a Adam Vinatieri. Brady vuelve a mandar la misma formación. Tres receptores abiertos a su derecha, otro receptor aislado a su izquierda y el *running back* en el *backfield*. Los Rams tienen pensado usar su *zone blitz* otra vez, ya que en los segundos anteriores les había funcionado a la perfección. Sin embargo, Brady ya sabe lo que se le viene, por lo que sus ajustes en la protección de pase cambian.

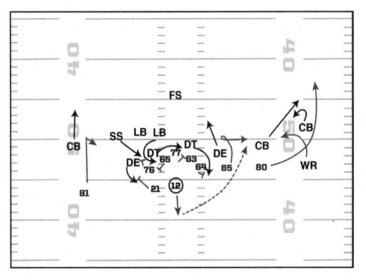

Podéis ver en la imagen cómo el LG ya no va a moverse hacia su derecha intentando bloquear a ese DT, sino que se quedará bloqueando su *gap*. Además, el RB también ayudará con el *defensive end* de ese lado, y así podrá dejar al LT en su *gap* bloqueando a uno de los dos defensores que irán en *blitz*. Como en la situación anterior, los Rams mandan al *safety* y al *linebacker* a presionar a Brady desde su lado ciego, y hacen caer en cobertura al DE del lado contrario. Tom Brady sabe lo que su rival va a jugar, así que busca el pase rápido hacia su derecha, donde tendrá la ventaja con el *tight end* frente al DE. Jermaine Wiggins, *tight end* de los Patriots, juega una *whip route*, la cual consiste en atacar el interior con un par de pasos para girar rápido hacia el exterior, engaña al defensor y atrapa el envío de Brady. Este tipo de ruta es corta y rápida para que el *quarterback* pueda soltar el balón al cabo de pocos segundos.

Tom Brady tenía claro cuál era la debilidad de la *zone blitz* de los Rams y supo leerla correctamente. Ese pase le dio seis yardas y permitió a su *kicker* una patada más fácil de ejecutar.

5

Back to back

Todos tenemos experiencias en nuestras vidas que nos cambian y todos aprendemos de las personas que nos rodean, pero al final del día, estamos solo con nosotros mismos. Y somos los únicos responsables de hacernos felices. Con demasiada frecuencia, cuando algo malo sucede, culpamos a otras personas por no ser felices o por no sentirnos realizados. Así que, para mí, la solución pasa por aceptar o no las situaciones que nos ocurren. Tenemos el privilegio de poder asumir lo que nos sucede y seguir hacia delante, o quedarnos estancados y culpar a los demás. Yo elijo avanzar.

*L*a NFL es una competición salvaje. Lo es dentro del terreno de juego, donde vemos jugadores lesionados casi cada día, pero también lo es fuera. En las oficinas, la NFL puede ser incluso más dura para algunos de estos chicos. Hay un pensamiento extendido en los despachos de las franquicias: si quieres ser un equipo ganador en esta liga, no hay lugar para el sentimentalismo.

No es que sea un pensamiento exclusivo de la NFL, por supuesto. Los jugadores suelen hablar sobre el negocio del que forman parte. Saben que si una empresa no funciona como se espera, los directores ejecutivos, o los directores de operaciones, comienzan a despedir a sus empleados. Y en la NFL sucede exactamente lo mismo. Es muy duro ser consciente de tal manera de pensar y salir al campo a poner en riesgo tu salud física, pero es tu trabajo y tienes que saber convivir con ello. Un año se juega en un equipo, pero es posible que al siguiente estés defendiendo otros colores. Los verdaderos hombres de negocios no exponen su cuerpo en el terreno de juego, pero, por otra parte, los jugadores nunca reducirán el deporte a solamente los negocios.

Cada organización exitosa tiene su manera de hacer las cosas. En la franquicia de Boston, desde que Bill Belichick se hiciera cargo de la parcela deportiva, se la ha llamado la «*Patriot Way*». Junto al *head coach*, Scott Pioli ha sido la otra gran mente creadora de la dinastía por excelencia en la liga. Pioli trató de describirla de la siguiente forma: «La *Patriot Way* hace referencia a un grupo de gente que trabaja muy duro, con pasión, disciplina y en conjunto. Todos creen en el sistema y cada uno hace su trabajo buscando el bien común, no el individual». Dentro del terreno de juego, esto se ha llevado hasta el extremo, pero también se ha hecho en los despachos.

Los New England Patriots, de la mano de Bill Belichick, han sido uno de los equipos más inquebrantables en este aspecto. No se premiaban buenas actuaciones pasadas, se buscaban contratos que fuesen a dar un buen rendimiento futuro. Con tal premisa, ha sido frecuente que jugadores muy importantes salieran del vestuario «patriota». A veces, la manera de ganar te lleva a colocarte en el lado más oscuro del negocio, a tomar decisiones para las que no todo el mundo está preparado. Belichick nunca ha tenido miedo de colocarse en esa posición.

La temporada 2002 no fue lo que muchos habían esperado que fuese. Lo primero que se llevó a cabo fue la venta de Drew Bledsoe. Mientras el equipo celebraba el título con sus aficionados en el City Hall Plaza de Boston, el veterano *quarterback* había decidido no volver con sus compañeros y se había marchado con la familia a su rancho de Montana. Después de aquella Super Bowl, sus caminos se habían separado, y la sensación era que iba a ser para siempre. Este era el equipo de Brady, así que Bledsoe tendría que buscar otro sitio donde poder ser titular. Aunque toda la liga sabía que los Patriots no contaban con el veterano *quarterback*, el precio impuesto por la franquicia no bajaba de una primera ronda de *draft*. Los equipos sabían que los Patriots necesitaban vender, pero solo los Buffalo Bills, su rival divisional, parecían convencidos de pagar y tener la posibilidad de hacerse con los servicios de un jugador que aún tenía recorrido y cartel en la NFL. Ninguna de las dos partes quería dar su brazo a torcer hasta que, en abril de 2002, los Bills conseguían a Drew Bledsoe por una primera ronda, pero no de ese año, sino del siguiente.

Durante esa *off-season*, Belichick hizo movimientos para poder fortalecer una ofensiva que, aunque no había rendido nada mal, precisaba de algo más de talento. El primer objetivo de Belichick era Christian Fauria. Fauria había sido un antiguo deseo del actual *head coach* de los Patriots cuando este entrenaba a los Cleveland Browns. «Tenía todos mis partidos en su habitación —relataba años después el propio Fauria—. Antes de celebrarse mi *draft*, ambos estuvimos en la Shrine Bowl de San Francisco. Me llevó a su habitación y me dijo que eligiera un partido mío, el que yo pensaba que había sido mi mejor y mi peor encuentro. Escogí el partido de Nebraska como el peor de mi carrera y estuvimos viéndolo jugada por jugada. Belichick conocía a cada jugador sobre el terreno de juego, y yo solo podía pensar en que no quería que me eligiesen los Browns en el *draft*. Tenía fama de ser extremadamente metódico, y yo no tenía claro si estaba preparado para algo así.» Fauria firmó con los Patriots antes del *draft* y la sorpresa fue mayúscula cuando Belichick subió once puestos en el *draft* para hacerse con Daniel Graham, *tight end* de la Universidad de Colorado. Además, al final de la segunda ronda, un chico de Lousville se convertía en otro *wide receiver* para Brady: su nombre era Deion Branch.

Sin embargo, la gran noticia no ocurrió hasta dos semanas antes de comenzar su primer partido frente a los Pittsburgh Steelers. Tom Brady había sido el *quarterback* titular peor pagado de la liga en la temporada anterior con 375 000 dólares. La franquicia extendió cuatro años más su contrato por treinta millones de dólares. En ese instante, se situaba en el top de los *quarterbacks* mejor pagados de toda la NFL.

Cuando el balón comenzó a volar el 9 de septiembre, la sensación era la de que nada había cambiado respecto al año anterior. Victoria contundente contra los Steelers por 31-14 con 280 yardas de pase de Brady y tres *touchdowns*, de los cuales uno había sido convertido por Fauria y otro por Branch, dos de los chicos nuevos del ataque del equipo. Ganaron en las dos siguientes semanas, pero el pobre partido frente a los Chargers dejó claro a los demás rivales que estos Patriots no eran invencibles. Dolphins, Packers y Broncos superaron a unos Patriots a los que les costaba arrancar en ataque. En esas cuatro derrotas consecutivas, los Patriots promediaron poco más de diez puntos por partido.

La temporada continuó siendo un quiero y no puedo por parte del equipo y terminó con un récord de 9-7 que lo dejaba fuera de los *playoffs*. Si los aficionados patriotas podían alegrarse por algo era por ver a los Bills de Bledsoe últimos de la división, tras haber perdido sus dos partidos contra el equipo de Brady.

A la mañana siguiente de acabar el último encuentro, Belichick se reunía con su jefe de personal, Scott Pioli, y con Ernie Adams, su consejero en múltiples facetas. La idea era la de recabar informes de lo que había sido la temporada y comenzar a buscar necesidades para el siguiente año. El aspecto económico era una preocupación para el entrenador, ya que había contratos muy altos en su secundaria. Lawyer Milloy y Ty Law tenían un impacto fuerte contra el *cap* y Tebucky Jones estaba pidiendo un aumento de sueldo.

A finales de febrero, uno de los jugadores más duros de la liga había sido cortado por los Chargers. Rodney Harrison era un *safety* agresivo, grande y que solventaba algunos problemas en el *tackle* que habían preocupado a Belichick durante el año. Belichick quería a Harrison y no tardó en conseguir que firmase con los Patriots en el mes de marzo. A su vez, apareció Rosevelt Colvin en el mercado, un *linebacker* capaz de jugar el *rush* y de caer con solvencia en cobertura. Su sorprendente escaso mercado abarató la llegada. Además, añadieron a Tyrone Poole, *cornerback* cortado por los Colts, y mandaron a los Saints a Tebucky Jones. Había comenzado la renovación de la secundaria, así que las salidas de jugadores importantes podían darse en cualquier momento.

En el *draft* de 1996, Lawyer Milloy salía de la Universidad de Washington y estaba proyectado como uno de los tres mejores *safeties* de la clase, incluso se hablaba de la posibilidad de ser un *pick* de primera ronda. «No creo que Milloy tenga algún punto débil en su juego. Es uno de los *prospects* que más me ha impresionado en las entrevistas personales. Jugó su último partido de *college* en noviembre y recuerda cada formación, ajuste, lectura y asignación que tenía en sus encuentros. Es un chico muy inteligente y adora el *football*. Quizá necesite algo más de actitud en algún momento, pero es algo que se puede trabajar con él.» Esto decía Bill Belichick de Milloy durante la ceremonia del *draft*. En aquel año, Belichick era el entrenador de secundaria de los New England Patriots, equipo que seleccionó a Milloy con su *pick* de segunda ronda.

En su primer año en la liga, Milloy se ganó la titularidad y terminó jugando la Super Bowl perdida frente a los Green Bay Packers. Belichick había sido el principal artífice de que el *safety* saltase al puesto de titular en lugar de Terry Price. Cuando era entrenador de secundaria, no hubo día que Belichick no insistiese a Bill Parcells con palabras buenas sobre el joven jugador. Tras ocho años en la franquicia de Boston, Milloy había sido seleccionado cuatro veces para la Pro Bowl, había sido nombrado All Pro en el año 1999 y había ganado un anillo siendo uno de los capitanes del equipo, el líder vocal de la defensa y un gran soldado para su actual *head coach*. Sin embargo, tras ganar el campeonato de 2001, en la evaluación anual del equipo se podía leer de Milloy que «había tenido buena producción, era duradero y jugaba duro», pero también se le describía como «un líder negativo en algunas ocasiones y alguien egoísta». Desde su etapa colegial, Belichick siempre había observado y reconocido los defectos del *safety*.

Los números del contrato de Milloy en 2003 no encajaban con los planes que estaba llevando a cabo el Belichick economista, ya que los 4,5 millones de dólares que Milloy ganaba no se reflejaban en la producción que había mostrado el jugador en la última temporada. Durante una reunión antes del *draft*, Tom Dimitroff, *scout* de los Patriots, hizo un comentario sobre las *big plays* que le había visto hacer a Milloy en la temporada. Belichick se giró hacia él y le pidió que le mostrara alguna de ellas. «No creo que haya ninguna», terminó diciendo el *head coach*. La idea de Belichick con Milloy pasaba porque se rebajase el sueldo hasta los tres millones de dólares por año, cosa que el *safety* no quiso aceptar de ninguna de las maneras. Las negociaciones con su agente fueron interminables y la sensación, por ambas partes, era la de que el acuerdo seguía estando demasiado lejos.

Todo el vestuario conocía de primera mano los problemas contractuales de Milloy con la organización, así que la mayoría ya se imaginaba que, la de 2003, iba a ser la última temporada del jugador en la plantilla. Sin embargo, nadie pensó que fuese a suceder antes de que no se jugase ni un solo *snap*. Cinco días antes de que los Patriots se estrenasen contra los Bills, Belichick abría la rueda de prensa informando sobre el corte del *safety*. «Es un jugador y una persona a la que tengo un inmenso respeto y que ha significado muchísimo para este equipo y esta organización. Desafortunadamente, él es una víctima del sistema y sé que el *timing* y la época del año no son buenos. Hemos intentado llegar a un acuerdo, pero no ha sido posible», expuso

Belichick en su comunicado. Acto seguido, comenzó a hablar de su primer rival en la temporada.

Esa decisión tuvo un gran impacto en el vestuario. «Entiendo la parte del negocio en este deporte, pero, desde un punto de vista moral y ético, si lo vas a cortar, deberías haberlo hecho antes —decía Ty Law—. Él está muy dolido y yo estoy muy cabreado por verlo así. Todo el equipo está enfadado. No puedes hacerle esto a uno de los capitanes del equipo solo por dinero. Él amaba a este equipo y es una falta de respeto la manera en la que se han hecho las cosas.» Rodney Harrison, su nuevo compañero en la secundaria, se sumaba a Law con un mensaje bastante claro: «Esto va de ganar partidos y no somos mejor equipo sin Lawyer Milloy. Debes ser idiota si piensas que somos mejores sin él».

Para los jugadores, no se trataba solo de la pérdida de un compañero con ese carácter, que parecía ser el alma y el corazón del equipo, ellos sabían que otro ocuparía su lugar. Es un proceso que ha pasado y pasará siempre en un equipo. Lo que resultó realmente perturbador fue comprobar que si cortaban de esta manera a alguien como Milloy, y tras ver el traspaso de Bledsoe el año pasado, ¿quién de ellos no sería cortado en un futuro? Fue muy duro comprobar de primera mano lo frío que llegaba a ser el *football* profesional.

«Los chicos estaban indignados y el cuerpo técnico lo sabía —decía Damien Woody años después—. Nuestros entrenamientos siempre eran muy ruidosos, con los entrenadores gritando y haciendo observaciones continuamente. Pero esa semana, antes del primer partido, fue demasiado tranquila.» Por si fuera poco, y como ya había pasado antes, los Buffalo Bills contrataban a un jugador que no era del agrado de Belichick. Milloy jugaría su primer partido sin la camiseta de los Patriots defendiendo los colores de un rival divisional contra su exequipo. Ese primer encuentro parecía estar cargado de todo tipo de emociones, algo que podía afectar a todos sus protagonistas.

Los Bills parecían preparados para todo lo que les estaban proponiendo los Patriots en aquel encuentro. La gente decía que Milloy había mostrado a su nuevo equipo las cartas que durante cincuenta y un partidos con Belichick había aprendido de él, pero esa no era la realidad. La verdad era que el equipo de Boston aún estaba sanando de una situación que había herido el vestuario y, simplemente, no estaban preparados para ese duelo. Los Bills aplastaron a los Patriots por un abultado 31-0 y Tom

Brady lanzó cuatro intercepciones. Por su parte, Milloy acabó el partido con cinco *tackles*, un *sack* y un pase defendido que envió el balón a las manos de su compañero Nate Clements para una de las intercepciones. «Parece que ahora tengo algunas estadísticas de esas que decían que no hacía —señalaba Milloy a los periodistas que le esperaban en el vestuario—. Esa era su táctica, asegurarse de que acababa el año sin estadísticas para luego hacer lo que hicieron conmigo. Belichick está más preocupado de sí mismo y de su estatua que del equipo. Todo el crédito de las victorias va para sus planes de juego y ninguno para sus jugadores. Sin nosotros, su plan no funciona. ¿Cómo ha salido su plan hoy? ¿Funcionó?» Milloy había conseguido su venganza. Al menos, de momento.

Tom Brady ya era una de las voces más autorizadas dentro del vestuario en su cuarto año como profesional, por lo que todo aquel asunto también acabó afectándole. «Es duro porque vamos trabando relaciones personales entre nosotros —decía Brady—. Cuando entré en el equipo en mi año de novato, recuerdo que Lawyer fue de los primeros en ayudarme dentro del campo y en los entrenamientos. Él sabía que yo trabajaba muy duro y quería verme crecer en la liga. Éramos muy amigos y nuestra amistad iba más allá del terreno de juego. Los entrenadores no se relacionan personalmente con los jugadores. Los directivos ni siquiera saben cómo somos. En ese sentido, es mucho más duro para los jugadores ver marchar a sus compañeros.» La semana después de la derrota frente a los Bills, la prensa local y nacional atacó sin descanso al entrenador. A Tom Brady todo esto empezaba a cansarle. Era un equipo profesional y, por su parte, había que pasar página y seguir compitiendo, porque sus compañeros estarían mirando hacia él para ver cómo reaccionaba y cómo le afectaba la marcha de uno de sus amigos. Ellos le escuchaban, creían en él y confiaban en él. El próximo partido sería en Philadelphia, frente a los Eagles, y necesitaban un cambio de rumbo.

La mañana de ese domingo, mientras el equipo estaba en el hotel, en la ESPN, como cada día de partido, comenzaba el programa *NFL Sunday Countdown*, donde se estaba hablando de lo que había ocurrido una semana atrás. Cuando llegó el turno de Tony Jackson, exjugador de la NFL, su frase conmocionó a la expedición patriota. «Dejadme ser muy claro con esto. El equipo odia a Belichick», dijo Jackson. Estas declaraciones las vio y las oyó cada jugador y cada miembro del *staff* técnico. Se había cruzado una línea que no se debería rebasar. Aquel 14 de septiembre, los Patriots ganaron 31-10 a los Eagles. Tom Brady acabó con 255 yardas de pase, tres *touchdowns* y cero intercepciones.

Tras ganar a los Jets la semana siguiente, el equipo volvió a sufrir una derrota inesperada frente a los Washington Redskins en un encuentro donde los verdaderos Patriots no aparecieron hasta finales del tercer cuarto: a falta de cinco minutos para finalizar ese periodo, el equipo perdía por 3-20. Tom Brady pasó para 289 yardas, dos *touchdowns* y tres intercepciones. Pero lo más extraño fue verlo algo despistado sobre el terreno de juego, mandando jugadas erráticas. «Eran llamadas fáciles de jugar, pero el equipo iba por un lado y él para el otro», decía Fauria al finalizar el juego. Más tarde, se supo que Brady había jugado conmocionado durante todo el último cuarto. A pesar de las dos victorias, las dos derrotas dejaban sensaciones de irregularidad que ya habían sido vistas en la temporada de 2002. Las lesiones también aparecían y las dudas alrededor del equipo crecían. Otra cosa muy distinta era lo que se pensaba dentro del vestuario.

El 5 de octubre, los Tennessee Titans, uno de los equipos más físicos de esa temporada, visitaban Foxborough. Tras haber sido una apisonadora por tierra, los Patriots llegaban con una ventaja de cuatro puntos a los dos últimos minutos. Steve McNair lanzó un balón al exterior en dirección a Tyrone Calico, su receptor, pero Ty Law consiguió interceptarlo y devolverlo a la *end zone*, con lo que selló la tercera victoria de la temporada para los Patriots. Ese día comenzó la racha de victorias más larga en la historia de la NFL.

Giants, Dolphins y Browns fueron las siguientes víctimas de un equipo que cada vez jugaba mejor y se sentía más unido. Años después, Charlie Weis, su coordinador ofensivo, recordaba esa racha ganadora: «Cada partido tenía un *game plan* distinto, una historia diferente. No pensábamos más allá del próximo encuentro. Nuestra obsesión era ganar al próximo rival —decía Weis—. Derrotamos a los Titans 38-30, y tres semanas después vencíamos a los Browns 9-3. Teníamos muchas maneras de ganar, y el gran culpable de esto era nuestro entrenador, Bill Belichick». Habían pasado casi dos meses del drama provocado por el corte de Lawyer Milloy, algo que podía haber quebrado a muchos equipos, pero no a estos Patriots. Ellos no estaban construidos como los demás. Eso formaba parte del pasado, y el equipo parecía haber sanado aquella herida.

Por su parte, Tom Brady empezaba a ser tratado como una superestrella a tiempo completo. Era portada de las revistas, aparecía como jurado en concursos de belleza e incluso se rumoreaba que podría tener una carrera en la política. Además, los hermanos Farrelly, directores de películas como *Algo pasa con Mary* o *Dos tontos muy tontos*, le habían ofrecido un pequeño cameo en su nueva cinta *Pegado a ti*. Su estatus era el de un *sex symbol*, algo que le hacía reír cuando pensaba en todas las veces que había sido rechazado. Hasta se le adjudicaban romances con distintas personalidades del mundo del espectáculo. «Estas son cosas que me hacen estar incómodo —contaba Brady—. Solo soy un jugador de *football* y no quiero este tipo de problemas. No soy alguien que se sienta bien delante de las cámaras. Ponme en una habitación con mi familia y soy capaz de estar toda la tarde gastando bromas. Ponme en una habitación con gente que no conozco y estaré bastante tiempo callado, porque no sabré qué decir.»

A otro tipo de persona, todo esto le podría haber despistado de su verdadero objetivo, pero no era algo que fuese a pasar con Brady. Seguía mostrándose ultracompetitivo en los entrenamientos, demostrando día tras día que quería ganar y no dejando que lo de fuera influyese en lo que sucedía dentro del campo. Era un jugador de *football* desde que se levantaba hasta que se acostaba. En realidad, no había otra manera de hacerlo si formabas parte del equipo de Belichick. Por mucho que el vestuario hubiese estado enfadado con su entrenador en el pasado, todos allí dentro sabían que la única manera de triunfar era seguir sus directrices sin dudar. Prueba de esto es lo que ocurrió en la visita a Mile High de la semana nueve frente a los Denver Broncos, en el Monday Night Football. A falta de poco más de tres minutos, los Patriots perdían 24-23 y su *drive* comenzaba en su propia yarda uno, una de las situaciones más peligrosas y difíciles de afrontar por parte de cualquier ofensiva. Tras tres pases incompletos de Brady, el equipo se disponía a devolver el balón mediante una patada, pero Bill Belichick tenía otros planes.

Si el equipo chutaba el *punt*, lo más probable es que los Broncos arrancasen el *drive* con una posición de campo demasiado buena. Incluso cabía la posibilidad de que lo hicieran en el propio campo de los Patriots. Belichick tuvo una breve charla en la banda con Romeo Crennel y decidió aceptar el *safety*, asumir dos puntos más en contra, pero lanzar un *kick* que dejase a su defensa una mejor posición en el campo para recuperar el balón. Y así sucedió.

«Todos en la banda mirábamos a Belichick preguntándonos qué estaba haciendo, pensando que se había vuelto loco», decía Rodney Harrison en la rueda de prensa posterior al encuentro. Denver no pudo avanzar las diez yardas obligatorias en sus tres primeros *downs* y tuvo que devolver el balón al ataque patriota, quien se disponía a salir desde su yarda 42 buscando la posibilidad del *field goal* y de llevar el partido a la prórroga. Tras dos completos a Faulk, un incompleto y una carrera de Antwoain Smith sin ganancia de yardas, Brady volvió a encontrar a Faulk en un pase de 16 yardas para dejar a su equipo a solo 18 yardas de la *end zone*, pero con solo 36 segundos en el reloj. Mientras muchos esperaban ver saltar al campo a los equipos especiales para lanzar el *field goal*, Brady quería una última oportunidad para ganar el partido. Antes del *snap*, el *quarterback* estaba leyendo el posicionamiento de su rival, ajustando protecciones y reconociendo la defensa individual. Tenía claro que el destinatario del envío iba a ser David Givens, quien jugaría una ruta *slant* y aprovecharía el espacio dejado por el *slot* para recibir el balón. Givens se equivocó en su asignación y no jugó la ruta marcada, sino que se dirigió hacia la *end zone*. Brady recibió el balón en el *snap* y tuvo que ajustar su *dropback* y sus pies al error de su compañero, pero consiguió lanzar un pase perfecto a Givens para que este anotara el *touchdown* de la victoria para los Patriots. Belichick no dejaba de sorprenderse con su *quarterback*, la inteligencia con la que jugaba y en cómo maximizaba cada situación. El *football* parecía muy fácil cuando lo jugaba Brady.

Los New England Patriots acabaron la liga regular con catorce partidos ganados y solo dos perdidos. Por el camino, fueron tres veces las que dejaron a sus rivales sin anotar, los Cowboys de Bill Parcells (12-0), los Miami Dolphins (12-0) y los Buffalo Bills (31-0), último equipo al que se enfrentarían antes de comenzar los *playoffs*. El conjunto de Belichick llegó a este partido sin nada que jugarse y en el mejor momento de forma de la temporada. Por el contrario, estos Bills distaban mucho del equipo optimista al que se habían enfrentado en septiembre. Gregg Williams, su actual entrenador, sería destituido cuando acabase el año, y su *quarterback*, el antiguo Patriots Drew Bledsoe, había lanzado más intercepciones que pases de *touchdown*. Aquellos Patriots que se estaban deshaciendo en septiembre ahora parecían más fuertes que nunca. Su objetivo era alargar la racha ganadora hasta alzar el trofeo Vince Lombardi.

El partido de la ronda divisional fue contra los Titans y se jugó en unas durísimas condiciones climatológicas. Los locales se llevaron la victoria y el pase al AFC Championship Game con otro *field goal* de Adam Vinatieri en los momentos finales del encuentro. Para llegar a la Super Bowl XXXVIII deberían enfrentarse a uno de los conjuntos que más habían maravillado en esos *playoffs*, los Indianapolis Colts de Tony Dungy y Peyton Manning. Durante la temporada, estos dos equipos ya se habían visto las caras en la semana 13. Aquel partido, jugado en el RCA Dome de Indianapolis, tuvo un tanteo muy alto y quedó decidido por una *goal line stand* de los Patriots en los últimos segundos, cosa que les dio la victoria por de 38-34. En sus dos primeros partidos de *playoffs*, los Colts anotaron 79 puntos; Manning completó 44 de los 56 pases que había lanzado, incluidos ocho *touchdowns* y ninguna intercepción. Era un equipo muy explosivo que no había chutado un solo *punt* en todo lo que llevaban de *playoffs*.

Ese 18 de enero de 2004 se enfrentaban dos equipos totalmente opuestos: Manning había sido el número uno de su *draft*; Brady, el *pick* 199. En la rueda de prensa previa al choque, Marcus Pollard, *tight end* de los Colts, declaró que «si seguimos jugando de la manera que lo hemos estado haciendo en estos *playoffs*, es mejor para ellos que nos entreguen el anillo antes de jugar». La respuesta de Brady no se hizo esperar. «No solo no decimos cosas estúpidas, sino que tampoco las pensamos. No necesitamos hablar, las trece victorias consecutivas que llevamos lo dicen por nosotros. Ya veremos qué pasa en el terreno de juego», sentenció el *quarterback*.

Nada más empezar el duelo, en los tres primeros *downs* del ataque patriota, el equipo de Belichick no había conseguido mover las cadenas, por lo que se enfrentaban a un *4th&1* en su propia yarda 44. Cuando todo el mundo pensaba que patearían el balón, el *head coach* de los Patriots le dio una serie de jugadas a Brady para que buscase el primer *down*. De todas las posibles opciones, como no podía ser de otra manera, Brady eligió la mejor. La ofensiva local consiguió su objetivo con un *quarterback sneak* que Brady ejecutó. Ese día, los Patriots corrieron para más de cien yardas y la defensa no dejó de golpear al ataque de fuegos artificiales que habían sido los Colts en esos *playoffs*. Brady solo tuvo que dirigir la orquesta que había montado Belichick.

Peyton Manning salió del choque con cuatro intercepciones y un *rating* de 33,5, cuando había llegado a este duelo con un *rating* de 156,9 en *playoffs*. Tres de estas intercepciones llevaron la firma de Ty Law, mientras que, Rodney Harrison, el *safety* que Belichick había elegido para dejar marchar a Milloy, consiguió la cuarta intercepción. Los New England Patriots lograban su decimocuarta victoria consecutiva y se enfrentarían a los Carolina Panthers en la Super Bowl del 1 de febrero en el Reliant Stadium de Houston.

Una vez acabado el partido, mientras el equipo celebraba el título de la Conferencia Americana, Robert Kraft se acercó a Brady para hacerle saber que la Casa Blanca, y su presidente George W. Bush, habían extendido una invitación para que el *quarterback* se sentara al lado de la primera dama, Laura Bush, durante el acto del Estado de la Nación que se celebraría en Washington. El 20 de enero, justo después del entrenamiento, Jonathan Kraft, hijo del propietario, y Tom Brady se subieron a un avión privado con dirección a la capital para asistir al acto. En pleno vuelo, el hijo de Kraft y el chico de California hablaban sobre lo que podía ser la próxima Super Bowl. «Vamos a ganar —le dijo Brady—. El centro de este deporte son los *quarterbacks*. Los he estado estudiando a todos y cuando llegan a la treintena, se casan, tienen hijos y comienzan a perder su competitividad. Ahí es cuando puedes ver cómo empieza su declive.» Jonathan Kraft lo miraba atentamente y asentía mientras pensaba en que algo de razón había en esas palabras. Al fin y al cabo, la vida de marido y de padre demanda mucho tiempo y provoca desgaste. «Al final, la naturaleza sigue su curso», contestó Kraft. Brady lo miró sin ninguna mueca de sonrisa en sus labios. «Bueno, a mí no me va a pasar», dijo.

Había varias cosas que preocupaban a Tom Brady de cara al partido frente a los Panthers. El equipo de John Fox había llegado hasta allí después de vencer a dos rivales en campo contrario y de haber dejado a los Philadelphia Eagles en solo tres puntos. Su defensa estaba llena de jugadores con talento, quienes no se habían llevado la atención merecida hasta entonces. El parecido con los Patriots de 2001 sobrevolaba su cabeza. Sin embargo, Belichick se había encargado de mentalizar a sus hombres sobre lo que los esperaba.

Cuando el avión aterrizó en Houston, las primeras palabras de Brady resultaron muy elocuentes. «Siento que estoy preparado para este partido desde el domingo pasado —decía Brady—. Hemos tenido una semana extra para la preparación y nos ha ayudado mucho. Siento que estoy más preparado para este encuentro de lo que lo he estado en toda la temporada.» Los Panthers tenían una de las líneas defensivas más poderosas de toda la liga. Jugadores como Kris Jenkins, Brentson Buckner, Mike Rucker o el joven Julius Peppers eran la principal preocupación del *quarterback* patriota, más si cabe con la baja del *center* Damien Woody, quien se había lesionado en el duelo divisional frente a los Titans. Para Brady, durante la semana se habían dado comentarios que no eran del todo justos. «No voy a decir que nos estén faltando al respeto, porque no pienso que lo hayan hecho —explicaba—. Simplemente, no creo que la gente sepa lo buenos que somos.» Por supuesto, aquello era una motivación extra para él. ¿Se hablaría de ellos como uno de los grandes equipos de la historia si perdían, a pesar de los catorce partidos ganados de forma consecutiva? Brady necesitaba ese incentivo.

La idea de qué derroteros tomaría el partido era algo inevitable en la cabeza de Brady. Lo había sido en cada una de las últimas temporadas con él jugando de titular. Es lo que ocurrió cuando Michigan se llevó la Orange Bowl frente a Alabama en la prórroga, lo que sucedió en su primera Super Bowl contra los Rams y lo que había pasado el año anterior, cuando intentaba salvar la temporada y guio a su equipo hacia la victoria frente a Miami en otra prórroga después de ir perdiendo por diez puntos cuando quedaban cinco minutos para el final. Brady solo tenía *in mente* un final parecido para el próximo encuentro, y no iba mal encaminado. «¿Existe el partido perfecto? —decía años después—. Si lo hay, tiene que ser uno donde las apuestas estén muy igualadas, tiene que ser un partido realmente importante y que esté disputado hasta el final. Tiene que ser ese duelo en el que el rival no te lo ponga fácil y tú tengas que estar continuamente resolviendo problemas. Los partidos que ganas 35-17, por muy bien que juegues, no se recuerdan. Se recuerdan los que ganas 38-35, cuando tú anotas en los dos últimos minutos, y ellos anotan, y entonces tú tienes un último *drive* para llegar a la gloria o para caer en el olvido. Esos son los memorables. ¿A quién le gusta que las cosas sean fáciles?»

«Tom es un hijo de puta engreído —decía Damien Woody—. Sabe que va a ganar y te hace creerlo a ti también. Es el tipo de chico que hace que te superes cada día más. Es un gran *quarterback* y un gran líder. Es tan bueno que se acerca al otro equipo y les dice lo que va a hacer, cómo les va a ganar y termina consiguiéndolo. Moriría por él.» Brady sabía cómo manejar a aquellos Panthers.

En el primer cuarto de la Super Bowl XXXVIII, ambas defensas se mostraron superiores a los ataques. Tanto Brady como Jake Delhomme, *quarterback* del equipo de Carolina, no conseguían mover cadenas con fluidez y no eran capaces de hacer avanzar a sus respectivas ofensivas. Todo seguía el mismo rumbo hasta que, a falta de poco más de cinco minutos para llegar al descanso, Mike Vrabel penetró en el *backfield* rival golpeando a Delhomme, forzando el *fumble* y la posterior recuperación de Richard Seymour. Los Patriots empezarían su *drive* en la yarda 20 rival. Tras un *scramble* de 12 yardas de Brady en tercer *down*, el propio Brady conectó con Deion Branch para anotar el primer *touchdown* de la noche. Los tres minutos finales del segundo cuarto fueron frenéticos. Steve Smith igualó el partido en el *drive* siguiente y, al cabo de menos de un minuto, Brady y su ataque recorrieron el campo hasta la yarda cinco de los Panthers. Allí, el *quarterback* californiano volvió a lanzar otro pase de *touchdown*, pero esta vez a David Givens. Y no iba a acabar aquí la cosa. Una carrera de Stephen Davis propició un *field goal* de 50 yardas de los Panthers para ajustar el marcador. Llegaban al descanso y el electrónico reflejaba un 14-10 para los chicos de Boston.

Tras el descanso, las defensas volvieron a retomar su dominio y no permitieron ni un solo punto en todo el tercer cuarto. No fue hasta el inicio del cuarto periodo cuando se volvieron a subir puntos al marcador y fue como consecuencia de una carrera de Antowain Smith. Esto abría una brecha en el partido que acortó una sensacional jugada de DeShaun Foster, quien corrió 33 yardas hasta llegar a la *end zone*. Brady mantuvo sostenido el siguiente *drive*, hasta que en un pase a la *end zone*, con destino a Fauria, fue interceptado por la defensa de John Fox. Delhomme no perdonó el error y, con un sensacional pase a Muhsin Muhammad de 85 yardas, puso a su equipo por delante por primera vez en el partido.

Desde la banda patriota se pudo escuchar una clara expresión de desaprobación en los labios de Tom Brady. Una de las razones por las que se había ganado el respeto de sus compañeros era por señalar sus propios errores. Su manera de gestionar el grupo consistía en no reprender después de un fallo. El *quarter-*

back siempre decía que la siguiente jugada era una buena oportunidad para corregir errores anteriores, y eso fue lo que hizo en el siguiente *drive*. Su respuesta a la intercepción anterior fue realizar un fantástico *drive* hasta colocarse a una sola yarda de la zona de anotación de su rival.

Cuando el ataque de los Patriots rompió el *huddle* en el *2nd&Goal*, en la formación de ataque se encontraba Mike Vrabel, *linebacker* del equipo. Dos ti*ght ends*, un *fullback*, un *running back* y un *linebacker* se apostaban en la yarda uno con Brady debajo del *center*. Se inició el *snap* y Brady hizo la finta de entregar el balón a su *running back*, pero se lo quedó para lanzar. Delante de sus ojos, Vrabel jugaba una ruta cruzada y se encontraba completamente solo. Brady le puso el balón en las manos y los Patriots volvieron a retomar el mando en el partido. Vrabel ya había anotado un *touchdown* en su carrera deportiva, pero se remontaba al partido de liga regular jugado en San Diego en 2002. Esto era muy diferente, esto era el último cuarto de una Super Bowl y yendo por detrás en el marcador. Sin embargo, Brady no había dudado ni un segundo en buscar al *linebacker* para mandarle el ovoide. Smith anotó la conversión de dos puntos y puso el partido en 29-22 Patriots. Solo restaban 2.51 en el reloj, pero fue tiempo más que suficiente para que Carolina volviera a avanzar 80 yardas y así girar el encuentro una vez más. Delhomme completó un pase de 12 yardas para Ricky Proehl, quien hacía dos años había empatado el partido para los Rams en los últimos instantes de aquella Super Bowl XXXVI. Solo quedaba un minuto y trece segundos. «Después de anotar, yo sentía que el partido era nuestro», relataba años después el propio Proehl.

Inexplicablemente, su *kicker*, John Kasay, mandó el *kick* fuera de banda, por lo que los Patriots iniciaban su último intento en la yarda 40 de su campo. Brady estaba tranquilo. No conocía a la mayoría de las más de setenta mil personas que poblaban el estadio, así que no contaba como una multitud que pudiera ponerlo nervioso. Esto seguía siendo *football* y le traía sin cuidado la importancia que se le diera a este partido. Era su partido. Tras fallar el primer pase, Brady completó cinco lanzamientos consecutivos para llevar a su equipo hasta la yarda 23 del rival y dejar un *field goal* asequible a su *kicker*. «Tener a Brady es como tener a Belichick en el campo. Eso sí, con mejor brazo», bromeaba Rob Ryan, uno de los entrenadores de defensa de los Patriots, una vez finalizado el encuentro.

El partido que Brady había pensado en su cabeza es el que se había jugado. La historia volvía a repetirse y el final sería otra vez el mismo. «No me podía creer lo que estaba viendo —seguía contando Proehl—. Mi estómago me daba vueltas y tenía ganas de vomitar. ¿Cómo es posible que me fuese a ocurrir lo mismo dos veces seguidas?» Vinatieri convirtió la patada de 41 yardas, los New England Patriots recuperaban el trono de campeón de la NFL y Tom Brady, el chico californiano, el que había sido sexta ronda de su *draft*, el que había visto marchar a uno de sus mejores amigos dentro de ese vestuario al inicio de la temporada, era premiado con su segundo MVP de una Super Bowl; era el *quarterback* más joven de la historia en ganar dos anillos. «Nunca sueñas con estas cosas —decía Brady tras el choque—. Quiero decir, puedes soñar con ser jugador de *football* profesional y puedes tener tus fantasías, pero no sueñas con conseguir dos Super Bowls como las que hemos logrado.» Preguntado por el último *drive*, el *quarterback* sonreía a la vez que decía: «Si eres *quarterback*, estos son los momentos por los que juegas. Uno siempre quiere tener el balón en las manos en el momento decisivo. Cuando anotaron el *touchdown* del empate, sabía que teníamos el tiempo suficiente para llevarnos la victoria, porque hemos trabajado este tipo de situaciones en los entrenamientos. Yo solo tenía que seguir mi libro de jugadas, hacer las lecturas correctas y lanzar los pases adecuados. Nuestra ofensiva está muy bien diseñada para estos retos». El trabajo siempre acaba dando resultados, por lo que no podía tener dudas de cuál sería el final.

Si la celebración de aquel febrero de 2002 había sido multitudinaria, esta lo fue aún más. La ciudad de Boston se echó a la calle para rendir tributo a sus ídolos. Muchas cosas fueron iguales en las dos celebraciones, pero hubo una bastante diferente. En su primera ocasión como campeón, Brady había permanecido algo más escondido entre sus compañeros. Ahora lucía como la gran estrella en la que se había convertido. Su récord como *quarterback* titular ascendía a 40 victorias y 12 derrotas, incluido un 6-0 en postemporada. En solo tres años, Brady se había unido al selecto grupo de deportistas venerado en Boston. La gente hablaba de él como si se tratase de Bill Russell, Larry Bird, Ted Williams o Bobby Orr.

Por otro lado, la *off-season* de 2004 empezó como otras veces en New England. Cambios en la plantilla y en el cuerpo técnico. Jugadores que habían ganado su anillo y que querían amarrar más dinero para su propio futuro, y entrenadores a los que se les daba la oportunidad de seguir escalando hacia puestos de mayor importancia. Ante los problemas que el entrenador de los Patriots había observado con su juego terrestre, la franquicia de Boston decidió apostar por Corey Dillon, un talento enorme en la posición de *running back*, pero también alguien que había tenido problemas extradeportivos en su etapa universitaria y profesional. Sin embargo, si había alguien en la liga que pudiese controlar a un carácter así, ese era Bill Belichick. El hambre del *head coach* por seguir ganando se mantenía intacto y a Brady le ocurría exactamente lo mismo.

Los Patriots habían encontrado oro en su *quarterback*. A Brady le encantaba entrenar, amaba su trabajo y no soportaba a la gente que siempre estaba poniendo excusas. Él sabía la importancia que tenía en el vestuario y entendía el valor de potenciar a cada jugador de la plantilla. Scott Farley, elegido *undrafted* por los Patriots de la tercera división del *college football*, tenía claro que alguien como Tom Brady, una superestrella de la liga, no sabría de su existencia. De hecho, era algo que se asumía en muchos de los *rookies* de cualquier equipo. Un día, mientras Farley se encontraba cerca de la cafetería, Brady se cruzó en su camino, lo saludó y se dirigió a él por su nombre. «Yo no era nadie y eso hizo que me sintiera respetado y querido, me ayudó a sentirme parte del grupo», recordaba Farley.

Cuando el hombre más importante del equipo es el que más trabaja, ya sea en el campo de entrenamiento, en la sala de pesas o en la de vídeo, es una influencia positiva para el resto. Quien no pueda estar a esa altura seguramente tendrá que abandonar la franquicia. Los compañeros recordaban que, en el partido por el título de división de la pasada temporada frente a los Titans, Brady había expuesto su cuerpo a una lesión, bloqueando a un jugador defensivo, para que Bethel Johnson siguiese sumando yardas tras una recepción. Para Johnson, esto fue más importante que el *touchdown* de 41 yardas que el *quarterback* le había lanzado en la primera posesión del duelo. Brady, en los entrenamientos, solía pedirle a Jim Miller, su *quarterback* suplente, que observase técnica de pies en el *dropback* y buscase algún defecto para poder corregirlo. Le insistía en no perderse ningún detalle y seguir mejorando cada día.

Una noche de 2002, a las dos y media de la madrugada, el teléfono de Rohan Davey sonó. Davey era *quarterback rookie* ese año y, debido a su gran tamaño físico, la plantilla había decidido apodarlo «Shaq». El número que aparecía en el teléfono era el de Tom Brady. «Pensaba que me estaban tomando el pelo y que era una novatada, pero era él de verdad», relataba Davey. Tom Brady estaba al otro lado del teléfono y quería saber una cosa. Evidentemente, Davey estaba dormido cuando se produjo la llamada. «Me preguntó por lo que estaba haciendo; cuando le contesté que estaba durmiendo, él me dijo: "Nah, nah, vete al vídeo, pon la jugada 26 y dime qué defensa es. He estado viéndola durante media hora y no consigo saber quién es". No me podía creer lo que estaba pasando.» Davey, durante cada entrenamiento y partido, estudiaba a Brady, así que sabía perfectamente cuál era su principal motivación. «Siempre escuchas hablar de jugadores que tienen algo que demostrar. Tom había ganado dos Super Bowls y aún no estaba contento, quería más y más, como si todavía no se hubiese quitado esa espina de encima», decía Davey.

Era así. Tom Brady se seguía sintiendo poco respetado por la liga. «No me puedo creer que tantos equipos pasaran de mí en el *draft* y eligiesen a otros antes», repetía sin parar en cada conversación. Este pensamiento era su principal gasolina para seguir compitiendo.

El primer partido de la nueva temporada enfrentaba a los Patriots con un rival muy conocido. Los Indianapolis Colts viajan a Foxboro para reeditar la final de conferencia del año anterior. Durante el verano, Bill Polian, *general manager* de los Colts, muy enfadado tras la derrota de su equipo en aquel encuentro, estuvo presionando a la liga para que se tomaran medidas respecto a las defensas demasiado agresivas. Ahora los árbitros serían mucho más rigurosos con los *holdings* en la secundaria, y favorecerían el juego aéreo que tan bien manejaba Peyton Manning. Antes de la temporada de 2003, nadie osaba comparar a Manning con Brady, pero era algo que ya empezaba a instalarse en las tertulias de radio y televisión.

Ese primer encuentro acabó con el triunfo de los New England Patriots por 27 a 24, con Mike Vanderjagt, *kicker* del equipo visitante, fallando un *field goal* final que hubiese mandado el partido a la prórroga. El equipo de Boston conseguía su decimosexta victoria consecutiva desde que, en aquel 5 de octubre de 2003, se hubiesen impuesto a los Tennessee Titans. Solo les quedaba ganar dos partidos más para igualar el récord histórico de la liga. La decimoséptima victoria consecutiva se produjo en Arizona, donde el equipo de Belichick volvió a demostrar una defensa poderosa y un juego terrestre temible. Corey Dillon empezaba a ser un verdadero problema para los rivales, algo que hacía estar un poco más liberado a Brady, quien no tenía ningún problema para ceder el protagonismo a sus compañeros. Esta temporada, la semana de descanso les llegaba demasiado pronto, tras ella los esperaban dos enfrentamientos divisionales, primero contra los Bills y después contra los Dolphins. Ambos choques no tuvieron apenas historia y convirtieron a los Patriots en el equipo con mejor racha ganadora en la NFL. De momento, la cifra alcanzaba los diecinueve triunfos, pero vendrían dos más en las siguientes dos semanas.

Después de ganar a Seahawks y a Jets, los pupilos de Belichick viajaban a Pittsburgh para jugar contra los Steelers en la noche de Halloween, y lo hacían sin su fichaje estrella. Dillon se había lesionado en el pie y no podría estar sobre el terreno de juego. Los Patriots arrancaron el encuentro con un tres y fuera en defensa, con un primer *drive* aseado que acabó en *field goal* de 43 yardas convertido por Adam Vinatieri y con otro tres y fuera de su defensa. La sombra de los Patriots era muy alargada para cualquier equipo en la liga, pero no parecía afectar en demasía a estos Steelers. A falta de algo más de tres minutos para acabar el primer cuarto, el partido dio un giro de ciento ochenta grados. Ben Roethlisberger, *quarterback* de aquellos Steelers, consiguió un pase de *touchdown* de 47 yardas convertido por Plaxico Burress. En el primer *down* del siguiente *drive* de los Patriots, Brady fue golpeado en el *pocket* y perdió el balón, recuperándolo el equipo local en la yarda diez de su rival. Otro *touchdown* más de Burress colocaba el marcador en 13-3 para los acereros. Aún faltaban veintidós segundos para acabar el primer cuarto, cuando Brady lanzó un balón hacia Bethel Johnson que fue interceptado y retornado para *touchdown* por Deshea Townsend. En un abrir y cerrar de ojos, dos errores de Brady dejaban al equipo con una desventaja de diecisiete puntos, algo que Patriots no pudo levantar en el resto del choque. Tras trescientos noventa y ocho días sin conocer la derrota, la racha de partidos consecutivos ganados murió aquella noche en el Heinz Field de Pittsburgh.

De las nueve semanas que quedaban de competición, ocho se saldaron con balance positivo. Solo hubo otra derrota, y fue en el Monday Night de la semana 15 frente a los Dolphins: los Patriots perdieron 28-29, con una intercepción final sobre Brady que cerraba el partido para el equipo local. Ese encuentro fue decisivo para que los Steelers, con récord 15-1, terminasen como mejor equipo de la conferencia y se ganasen el derecho a que todos los *playoffs* pasasen por su estadio. A la mañana siguiente, Jerod Cherry, jugador de equipos especiales de los Patriots, estaba recibiendo tratamiento por parte de uno de los fisioterapeutas en las instalaciones de la franquicia. De pronto, le pareció ver a otro jugador en un edificio donde no debería de haber ninguno a esas horas después de haber jugado la noche anterior. Ese jugador era Tom Brady, que llevaba una serie de vídeos para analizar los errores que había cometido. A pesar de tener un currículo en el que aparecían, hasta ese momento, dos Super Bowls, el *quarterback* no iba a relajarse lo más mínimo.

El equipo acabó la liga regular con un récord de 14-2; era un conjunto muy rocoso en defensa, capaz de generar pérdidas de balón del rival y con un juego terrestre que, de la mano de Corey Dillon, había brillado con luz propia. Dillon había terminado con 1635 yardas de carrera y 12 *touchdowns*, y había conseguido que los Patriots fuesen el séptimo mejor equipo por tierra después de haber acabado como vigésimo séptimo en la temporada anterior. En la ronda divisional se enfrentarían de nuevo contra los Colts de un Peyton Manning que finalizó el curso como MVP de la temporada regular gracias a sus 49 *touchdowns* de pase, lo que era un récord histórico en aquel 2004.

Contra un conjunto tan peligroso en el juego aéreo, los Patriots necesitaban que su secundaria fuera lo más eficiente posible. Sin embargo, las lesiones se habían cebado con el equipo y New England contaba con bajas bastante importantes en la posición de *cornerback*. Ty Law, quien había firmado tres intercepciones en la final de conferencia de 2003, se rompió el pie antes de los *playoffs* y todo hacía indicar que ya no volvería a jugar más con la camiseta de los Patriots. Además, también se sumaba la baja del otro *cornerback* titular, Tyrone Poole, por lo que la secundaria que iba a jugar contra el actual MVP de la liga y contra el ataque aéreo que más *touchdowns* había convertido en la historia de la NFL estaba compuesta por Rodney Harrison, dos chicos de segundo año, como eran Asante Samuel y Eugene Wilson, y Troy Brown, quien siendo *wide receiver* tuvo que jugar en el lado defensivo en esos *playoffs*. Los Colts habían pasado por encima de los Broncos en la ronda de *wild cards*. En ese partido, Manning lanzó para 458 yardas y cuatro *touchdowns*, mientras que Reggie Wayne había atrapado diez pases para 221 yardas y dos *touchdowns*. Durante la última semana, todos los medios hablaban del abuso que podía gestar Manning contra aquella secundaria mermada de los Patriots. Una vez más, el mundo volvía a faltarle al respeto al equipo de Boston, cosa que se convirtió en una motivación extra para ellos.

La orden de Belichick para este partido era muy clara: quería que los receptores y los *running backs* del equipo rival fueran golpeados en cada acción, incluso en los bloqueos. En las horas previas al duelo, en la última charla técnica con los jugadores, Belichick les hizo saber a sus chicos que los Colts habían llamado a los Steelers pidiendo mil quinientas entradas para la final de conferencia que se jugaría en el Heinz Field tras la victoria del equipo de Pittsburgh sobre los Jets. Por si esto fuera poco, el entrenador de los Patriots encendió la televisión y les puso un vídeo donde el *kicker* de los Colts, Mike Vanderjagt, aparecía diciendo que «los Patriots eran un equipo que se estaba acabando. No son tan buenos como a principios de temporada y, sobre todo, no son como el año pasado». En la última reunión antes del partido, donde se supone que el entrenador señala los aspectos tácticos más importantes del partido, Belichick solo había mostrado a su equipo un vídeo de un jugador rival hablando. Y, en realidad, no hacía falta más.

Al contrario de lo que decía Vanderjagt, estos Patriots sí eran mejores que los de inicio de temporada y, al menos, igual de buenos que los de 2003. Mientras Manning intentaba por todos los medios encontrar receptores abiertos, Brady le entregaba el balón a su *running back* para destrozar a la defensa visitante por tierra. La primera anotación del choque vino a falta de cuatro minutos para finalizar el primer cuarto. Tras un *drive* de 16 jugadas, 78 yardas y nueve minutos, Vinatieri convirtió un *field goal* de 24 yardas. El ataque número uno de la temporada era incapaz de hacer daño a una defensa que estaba ahogando su juego aéreo. Sin eso, los Colts parecían mucho menos equipo de lo que se esperaba. Otra vez fue Vinatieri quien anotó para subir puntos al marcador y, en los últimos segundos del segundo cuarto, Vanderjagt convertía un *field goal* de 23 yardas para ajustar algo más el electrónico. Tony Dungy, Bill Polian y Peyton Manning no se podían imaginar que esos iban a ser los últimos puntos que la franquicia de Indianapolis iba a anotar en esa temporada.

Los Patriots dominaron por completo a los Colts en la segunda mitad. Añadieron dos *drives* maratonianos más. Uno de quince jugadas, más de ocho minutos y 87 yardas que acabó con pase de Brady a Givens para *touchdown*, y otro *drive* de catorce jugadas, casi siete minutos y medio y 94 yardas recorridas que finalizó con otro *touchdown* de Brady, que hizo un *quarterback sneak* de una yarda. El conjunto local había conseguido mantener a Peyton Manning fuera de la *end zone* durante todo el partido, y lo había hecho consumiendo el reloj con su juego terrestre. Al acabar ese último *drive* y mientras se abrazaba a sus hombres de la línea ofensiva, se podía escuchar a un imperial Brady gritando: «Chicos, habéis pateado unos cuantos culos hoy. ¡Eso me encanta!». Era el típico momento de euforia que gustaba y animaba a sus compañeros. Era lo que lo hacía distinto a Manning y al resto de los *quarterbacks* de la liga. Si los Patriots querían llegar a la Super Bowl, tendrían que derrotar a los Steelers en su casa, en el lugar donde su racha histórica se había detenido.

La noche antes del campeonato por la AFC, mientras los demás compañeros dormían en sus respectivas habitaciones, Tom Brady sufría una de las gripes más severas que ha tenido que pasar en su carrera. Con 39,5 grados de fiebre, temblando en la cama y con una vía que le administraba suero en el brazo: así pasó las horas previas antes de subirse al autobús que los llevaría hasta el Heinz Field. Los doctores que lo estaban tratando, Belichick y Kraft, eran los únicos que estaban informados de la gravedad del asunto. Cuando llegaron al estadio, Brady entró en el vestuario, se puso su ropa de calentamiento y saltó al gélido terreno de juego en manga corta. No quería que nadie se diera cuenta de que algo no iba bien. Ni su rival ni sus compañeros. Se sentía peor que nunca, pero estaba decidido a no darle ninguna información extra al equipo local.

Los Steelers solo habían perdido un partido en todo el año y habían ganado a los Patriots en esa misma temporada. Belichick, desde que era *head coach* de los Patriots, había tenido catorce oportunidades de enfrentarse a un rival que le había ganado previamente en la temporada. Su récord en partidos como ese era de catorce victorias y cero derrotas. Sin embargo, no sabía si ese día contaría con su *quarterback* estrella. Las dudas se resolvieron muy pronto. En el primer *drive* del encuentro, Roethlisberger era interceptado por Eugene Wilson y los Patriots lo aprovechaban para subir los primeros tres puntos al marcador. En el segundo *drive* del equipo acerero, en la yarda 39 de New England, se enfrentaba a un *4th&1*. Jerome Bettis recibía el balón y embestía a la línea defensiva para conseguir esa yarda; sin embargo, en el *gap* que se abría para que él pasara, se cruzó con Ted Bruschi, Ted Johnson y Rosevelt Colvin. El balón salió despedido de las manos del *running back* y Colvin lo recogió del suelo. En la siguiente jugada, Tom Brady mandó un balón de 60 yardas a Deion Branch para que anotara el primer *touchdown* de la noche. Los Steelers habían cometido dos errores e iban 0-10 en el marcador. Faltando dos minutos y medio para llegar al descanso, y tras haber convertido un *field goal* y recibido otro *touchdown* de Givens a pase de Brady, los de Pittsburgh cometieron el tercer error de la noche. Big Ben vio a Jerame Truman correr su ruta hacia el exterior, mandó el balón allí, y apareció Rodney Harrison para interceptarlo y llevarlo hasta la *end zone* en una carrera de 87 yardas. Tres errores que los Patriots no perdonaron. Tres clavos para el ataúd de los Steelers.

El partido acabó con victoria visitante por 41 a 27; la gripe no impidió a Brady realizar un fantástico partido más. Al finalizar el choque, y tras ser preguntado por un reportero sobre Brady, Belichick contestó sin pensar: «No todas las jugadas son perfectas, pero la mayoría las juega realmente bien. Parece que siempre está preparado para lo que va a pasar en el campo. Lee todo de una manera fantástica. No le inquieta la magnitud del partido o el ruido que genere la grada, siempre está concentrado en lo que tiene que hacer. No lo cambio por nadie, es un excelente jugador de *football*». Ya solo les quedaba un partido para repetir título en dos años consecutivos y ganar tres de los últimos cuatro anillos jugados, algo que los convertiría en una dinastía.

«Dejadme leeros una cosa, porque creo que os puede interesar —dijo Belichick mientras todo su equipo lo miraba la mañana antes de disputarse la Super Bowl XXXIX—. En realidad, estoy asombrado, pero lo que os voy a contar es totalmente cierto. Trata sobre la celebración que va a tener lugar en Philadelphia cuando hayan ganado el anillo. Dicha celebración comienza a las once de la mañana, por si alguno quiere ir.» Tom Brady miraba a su entrenador y no podía creer lo que estaba escuchando. «El evento comienza por Broad Street hasta

Washington Avenue —seguía relatando Belichick—, pasando por City Hall y bajando por Benjamin Franklin Parkway.» Hizo una pausa para mirar a los jugadores, que estaban entre atónitos por una charla que esperaban fuese totalmente distinta y enfadados, insultados y heridos en su orgullo por la falta de respeto que se les estaba mostrando. «Además, la plantilla irá en autobuses que desfilarán por las calles; la Willow Grove Naval Air Station hará volar sus aviones por el cielo. Os lo cuento solo por si estáis interesados.» La charla finalizó con unas palabras que en el futuro serían reconocidas por todo aficionado al *football* americano: «*Do your job* [haced vuestro trabajo]. Sed muy físicos, estad atentos a vuestras asignaciones, reconocedlas y ejecutadlas. Haced vuestro trabajo y volveréis a ser campeones». Aquella fue la manera con la que Belichick quiso preparar a sus huestes antes del encuentro. Es cierto que, para jugar una Super Bowl, no hace falta mucha más motivación que la propia del partido, pero nunca está de más darle otra vuelta de tuerca más al orgullo de los jugadores. Tras las palabras del entrenador, las ganas de jugar habían aumentado exponencialmente para el *quarterback* de los Patriots. Lo que Tom Brady no sabía en ese momento, ni ninguno de sus compañeros, es que la franquicia de Boston también tenía preparada su caravana para celebrar el título si se terminaba ganando, como hacen todas las franquicias de la liga. Pero este dato fue mejor omitirlo y seguir con el plan de Belichick.

Deion Branch y Tom Brady habían formado una gran conexión dentro del terreno de juego, algo que era un reflejo de lo que ocurría fuera. Ambos se habían convertido en muy buenos amigos, y Branch se había ganado la total confianza de Brady cuando estaban sobre el emparrillado. El *quarterback* había encontrado a alguien que reconocía los ajustes que se producían en los partidos. «Todos los ajustes de la jugada se basan en localizar al *mike linebacker* y reconocer lo que va a jugar», relataba el *wide receiver*. «Si fallas en eso, vas a fallar en toda la jugada. Tom espera que tú hagas el ajuste de lo que él acaba de identificar. Tienes que ver el juego de la manera que él lo ve.» Durante la temporada, Brady y Branch habían mantenido entrenamientos privados en los que el *quarterback* lanzaba el balón una y otra vez al receptor en diferentes tipos de rutas. Podían estar horas ensayando el mismo lanzamiento, porque Brady quería asegurarse de poder enviar el balón con los ojos cerrados a un determinado lugar y que Branch estuviese ahí para recogerlo.

RUBÉN IBEAS - MARCO ÁLVAREZ

En la primera posesión de los Patriots frente a los Eagles, Brady se colocó debajo de su *center* observando a la defensa rival. Tras unos segundos, levantó su mano y señaló con un dedo al número 54, Jeremiah Trotter, *mike linebacker* del equipo de Philadelphia. Branch ya sabía lo que tenía que hacer. Brady jugó su *dropback* mientras Trotter entraba como un avión en *blitz*, dejando un agujero a su espalda que estaba siendo ocupado por la ruta interior de Branch. El *quarterback* soltó el balón y el *wide receiver* consiguió una recepción de 16 yardas. Durante esa Super Bowl, solo hubo un jugador ofensivo capaz de eclipsar al *quarterback* de los Patriots, y ese fue Deion Branch. Brady lanzó doce pases en la dirección de Branch, completando once de ellos. El único lanzamiento que no acabó en las manos de Branch fue por una falta de entendimiento entre ambos. Branch corrió una ruta distinta a la que esperaba Brady. «Estaba seguro de haber hecho la lectura correcta de la defensa», decía Branch al acabar el encuentro mientras sonreía, quizá pensando en que no había sido tan correcta. El receptor de los Patriots fue nombrado MVP tras finalizar el encuentro con once recepciones para 133 yardas.

La historia de esta Super Bowl fue distinta a la de las dos anteriores. Esta vez no hubo *field goal* en el último segundo del partido, sino formación de la victoria para que Tom Brady hincase la rodilla en tierra y para que en la banda ocurriese algo que no había pasado en los dos anillos anteriores: Tedy Bruschi pudo bañar en Gatorade a Bill Belichick por primera vez en los cinco años que el entrenador llevaba en el cargo. Acto seguido, Belichick se abrazó a sus dos coordinadores porque sabía que este era el final de una aventura que jamás habían pensado que pudiese suceder. En 2005, Charlie Weis sería el nuevo *head coach* de la Universidad de Notre Dame, y Romeo Crennel había aceptado la oferta de los Cleveland Browns para ser su nuevo entrenador. Belichick no podía pedir más a ninguno de los dos, especialmente a Crennel, quien se había hecho cargo de toda la defensa tras la muerte de Dick Rehbein en aquel 2001, ya que Belichick y Weis tuvieron que verse forzados a lidiar con el problema Bledsoe/Brady y a trabajar en el desarrollo de un joven asistente que empezaba a destacar por encima del resto. Su nombre era Josh McDaniels.

Más o menos un año antes, frente a una multitud enloquecida que celebraba el triunfo de los suyos en la Super Bowl XXXVIII, Tom Brady se había atrevido a hacer una promesa. «¡¡Volveremos!!», había gritado el *quarterback* a través del micrófono que portaba en su mano. La noche del 6 de febrero de 2005, mientras observaba el tercer trofeo Vince Lombardi en sus manos, se sentía en paz con esa gente a la que había prometido otro anillo. Pero la competición no había acabado. En su interior solo cabía el ansia por volver a vivir esas sensaciones que solo te provocan la victoria. Eran tres Super Bowls las que adornaban su currículo, pero no eran suficientes. Él quería más. Seguía viendo como toda la liga había dejado que cayese hasta ese *pick* número 199 en el *draft*. Seguía escuchando decir a los medios de comunicación que había *quarterbacks* mejores que él y seguía viendo como el legado de su ídolo, el gran Joe Montana, estaba cerca. Ahora mismo, con tres anillos, tocaba con la yema de los dedos el legado de Bradshaw y el propio Montana. No era el momento de mirar hacia atrás. Ni siquiera era el momento de mirar al presente y disfrutar de lo conseguido. Una vez aquí, su cabeza solo pensaba en el futuro.

Tom Brady no quería parar. No podía parar.

En la cabeza de Tom Brady

SEGUNDA PARTE

*A*l igual que sucedió en su primera Super Bowl ganada, Tom Brady iba a tener un último *drive* para poder llevar a su equipo hasta la zona de *field goal* y así romper el empate que reflejaba el marcador. Los Carolina Panthers, rivales de esta Super Bowl XXXVIII, eran un equipo que ejecutaba con gran éxito la Cover 2. Su línea defensiva tenía mucho talento y les daba la oportunidad de generar presión con solo cuatro hombres, permitiéndoles caer en cobertura con los otros siete defensores.

La Cover 2 tiene como principal elemento la aparición de dos *safeties* ocupando toda la zona profunda y cinco defensores patrullando la zona media. Es decir, con este tipo de defensa, ocupas gran parte de la zona del campo que hay detrás de la línea de *scrimmage*. Otra de las virtudes que tiene esta defensa es la de no necesitar que los *safeties* tengan un gran rango de acción, ya que se repartirán la mitad del campo en la zona de retaguardia. En la imagen de abajo podéis ver cuál es la responsabilidad de cada jugador en una cobertura como esta.

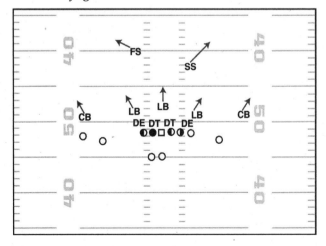

Juntar a tanto defensor en la zona media puede hacer que el *quarterback* tenga muchos problemas para lanzar pases cortos e intermedios. Esto obliga al pasador a ser muy preciso y lanzar con gran toque cuando busca una ruta rápida a esta parte del campo. Aun así, todas las defensas tienen sus zonas débiles y son explotadas por los *quarterbacks* cuando reconocen a qué se están enfrentando. En la imagen de debajo podéis ver cuáles son estas debilidades en las defensas Cover 2. Buscar el medio de los dos *safeties* o las esquinas entre el *cornerback* y el *safety* suelen ser las más factibles. A medida que los *safeties* retroceden y ganan profundidad y amplitud, van abandonando el medio. Sin embargo, si intentan tapar ese medio, tendrán muchas dificultades para llegar al otro punto débil en el exterior. Estar en los dos sitios a la vez no es nada fácil para ellos.

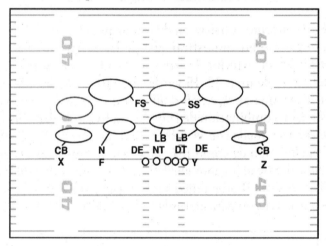

La última bala que tenía que jugar Brady en ese partido debía tener como objetivo una de esas tres zonas para conseguir el primer *down* y volver a dejar la posibilidad del anillo en la pierna derecha de Adam Vinatieri.

00.15 segundos en el reloj para acabar el 4.º cuarto
3rd&3
Yarda 40 de los Panthers

Cuando Brady leyó la formación de su rival, tenía claro dónde tendría que ir ese balón y el concepto que tenía que jugar. El *smash concept* es lo que jugaría el equipo de Belichick en el lado derecho de su ataque.

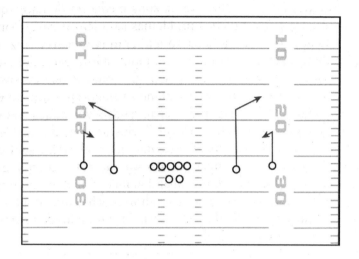

Este concepto consiste en dos rutas jugadas en el mismo lado del campo que buscan estirar una de las zonas cubiertas por un defensor en el exterior. La ruta profunda suele constar de una *corner route* de unas 12-15 yardas, mientras que la ruta más corta suele ser una *stick, hitch* o *whip route* de unas cuatro o cinco yardas. Esta combinación de rutas busca forzar la decisión del *cornerback*, o se queda con la ruta corta o cae con la ruta profunda.

Dependiendo de cómo reaccione este defensor, el *quarterback* mandará el pase al jugador abierto. En la imagen que tenéis debajo, podéis ver cómo Brady alineó a sus jugadores antes del *snap* y las rutas que corrieron para atacar la Cover 2 de los Carolina Panthers.

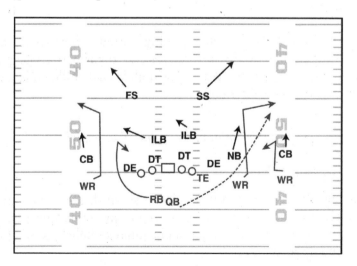

En el lado fuerte del ataque (lado derecho), Deion Branch se situaba en el *slot*, y Troy Brown, en el exterior. Branch es quien jugó la ruta profunda buscando el espacio entre el *strong safety* y el *cornerback*, mientras que Brown corrió la ruta corta. El *nickelback*, situado frente a Branch, tuvo que caer hasta su zona, pero el *safety* nunca pudo llegar hasta la posición que Branch alcanzó cuando jugó su corte hacia el exterior, permitiendo un pase de más de quince yardas y el consiguiente primer *down*. El lanzamiento de Brady fue ejecutado con toda la precisión y toque que requieren este tipo de pases en esa dirección y Branch atrapó un balón que le daba medio título a su equipo.

Vinatieri saltó al campo para volver a chutar una patada ganadora, dándole así el segundo anillo a los New England Patriots.

6

MVP

¿Si estaría dispuesto a ceder dos anillos de la Super Bowl por el que perdí el año de la temporada regular perfecta? Lo haría.

$\mathcal{T}$rece años después de la peor derrota de su carrera, Tom Brady contestaba así a la pregunta del exjugador y ahora estrella televisiva de Fox Sports Shannon Sharpe sobre si cambiaría dos de sus campeonatos por aquel que se le escapó al final de la temporada 2007. La cuestión llegó en el ambiente distendido de un macroevento virtual organizado por la NFL con motivo del *draft* de 2021, pero la respuesta de Brady reflejó bien a las claras su espíritu competitivo y la eterna búsqueda de la perfección que se le escapó de las manos cuando más cerca la tuvo en los instantes finales de la Super Bowl XLII.

El periodo que comprendió entre esa final y la anterior, contra Philadelphia tres años atrás, estuvo marcado por las pérdidas que fueron paulatinamente sufriendo Brady en concreto y la organización de los Patriots en general. El bloque inexpugnable e imbatido en *playoffs* en nueve intentos de 2001 a 2004 se renovó poco a poco. Históricamente, el propio éxito de una franquicia acaba por desmembrarla y eso sucedió con New England durante las temporadas 2005 y 2006.

Los coordinadores de ataque y defensa, Charlie Weis y Romeo Crennel, marcharon para convertirse en entrenadores jefe en Notre Dame y Cleveland respectivamente. El juego de carrera que tan importante fue en el tercer campeonato cayó del puesto siete de la NFL al veinticuatro en tan solo una campaña. Corey Dillon acusaba el rigor físico de la posición tras muchos duros años en Cincinnati, y para 2007 había sido reemplazado por el joven Laurence Maroney. Los tres receptores principales de Brady en 2004, Deion Branch, David Givens y David Patten, no formaron parte de la plantilla en 2006, una campaña en la que Brady tuvo que lanzar a diversos trotamundos que nunca tuvieron un impacto en la liga.

Más dolorosa fue la inesperada salida de Adam Vinatieri, quizá la otra gran superestrella del equipo sin estrellas. Los Patriots llevaban meses sin atar al hombre que convirtió el *field goal* ganador de sus tres campeonatos. En 2005 jugó bajo la etiqueta de jugador franquicia, pero en la siguiente *offseason* New England declinó tal opción. Vinatieri cambió de agente, entendió que el asunto no era personal, sino de negocios, y rápidamente firmó con los Indianapolis Colts, sin darle al equipo de su carrera en la NFL la posibilidad de igualar la oferta. Que el destino de Vinatieri fuera precisamente Indianapolis resultó más duro si cabe para cualquier seguidor de los Patriots, desde el propietario Robert Kraft hasta el más anónimo de sus aficionados en Boston, Hartford o Concord.

Desde que se hiciera con el puesto de *quarterback* titular, Brady había crecido con la confianza de que si sus *drives* marchaban bien Vinatieri los acabaría rematando. Eso se había perdido. El hombre que le había estado mandando las jugadas desde la banda todos esos años, Weis, tampoco iba a estar más. Durante la *offseason* de 2002, Weis se sometió a una cirugía gástrica para perder peso y ganar salud. Sin embargo, la operación salió terriblemente mal y el entrenador entró en coma la noche siguiente. Cuando Brady apareció para saludarlo, se encontró con que estaba en la unidad de cuidados intensivos, donde permanecería durante casi tres semanas. Brady acompañó a la mujer de Weis, Maura, en esas difíciles primeras horas en las que se temió por su vida. Nunca dejó el *quarterback* de estar al lado de su coordinador ofensivo hasta que su recuperación fue completa meses después.

Si le añades la caída de Dillon y las salidas de sus receptores de confianza, es fácil de entender la difícil situación por la que pasó Brady en las temporadas 2005 y 2006. Igual de complicado fue lidiar con todo ese cambio de personal en el terreno de juego como manejar su cada vez más creciente imagen pública fuera de este. Tras conquistar su tercer campeonato en cuatro años, Brady había sido elevado a la categoría de referente deportivo. Cada uno de sus movimientos recibiría el máximo escrutinio. Ya no era el *quarterback* anónimo de San Mateo que soñaba algún día con ser el próximo Joe Montana. Ahora el sueño era más que real, estaba en su mano. La revista *GQ* le fotografió con una cabra bebé en los brazos el verano después de ganar su tercer anillo. Era la primera imagen de Brady con el dichoso animal cuyas siglas nos conducen al término de *greatest of all time* (*goat*, el más grande de todos los tiempos) que hasta entonces solo se había empleado en la cultura del fútbol americano con Jerry Rice, curiosamente otro histórico de los San Francisco 49ers, el equipo de su infancia.

Antes de la entrevista y de la fotografía que acabarían desembocando en cientos de memes con el paso de los años, Brady fue el anfitrión de *Saturday Night Live*. También comenzó a ser un habitual en anuncios de televisión. El de VISA que compartió con sus compañeros de línea de ataque representaba a las claras su nueva vida. Mientras él aparecía elegante, con un traje de chaqueta, sus compañeros lo hacían con el uniforme de los Patriots, casco incluido. Esta distinción, en un equipo que no hacía distinciones, resultaba especialmente significativa. Brady rechazaba interiormente ese estatus particular, pero sabía que su popularidad y sus éxitos deportivos habían cruzado una línea que ya había dejado atrás para siempre. Cuando le preguntaban en *GQ* por su «imagen de chico de oro», él zanjaba el asunto rápidamente:

—¡Odio esa imagen de chico de oro! ¡No me veo así en absoluto! No creo que sea incapaz de hacer algo erróneo, eso son tonterías. Tengo veintisiete años y hago la misma mierda que cualquier chico de veintisiete años. Quiero decir, yo bebo, yo...

—¿Ves porno por Internet?

—Todo —respondió—. No soy diferente.

Sin embargo, Brady sabía que era muy diferente a la mayoría de los chicos de veintisiete años. Estaba labrando una gran carrera en el plano deportivo, había comenzado a salir con la actriz de Hollywood, Bridget Moynahan, se movía como pez en el agua en su nueva vida extracurricular como celebridad e incluso comenzaba a hacer sus pinitos por las tierras de la política. El artículo de David Kamp incluso insinuaba que el senador Brady estaría para 2020 en la lista de candidatos para ser vicepresidente, algo que no pudo ser al encontrarse entretenido ganando un nuevo campeonato para su nuevo equipo...

Brady recibió en 2005 el premio al deportista del año de la prestigiosa revista *Sports Illustrated*. Era la primera vez que un jugador de NFL se llevaba tal galardón desde, una vez más el destino, Joe Montana. La expectación era máxima para ver si New England conseguiría su cuarto título de la década. Sin embargo, la salud abandonó a los Patriots desde muy pronto. Apenas unos días después de la Super Bowl XXXIX, el *linebacker* Teddy Bruschi tuvo que ser hospitalizado por lo que a la postre se descubriría un defecto congénito en el corazón. Tenía un pequeño agujero en la pared que separa las aurículas del corazón. Su ausencia durante la primera mitad de temporada también dejó un agujero en el centro de la defensa de Belichick, que se mostró sorprendentemente vulnerable. Por suerte, Bruschi se recuperó y pudo volver al equipo y a tener una vida normal tras semanas de rehabilitación. No pudo decirse lo mismo de Steve Belichick, el padre del *head coach*, quien mediada la liga murió por causas naturales mientras descansaba.

Tom Brady, el hombre de hierro

La caída de la defensa y del juego terrestre obligó a Tom Brady a llevar mucho más el peso del equipo. Por primera vez en su carrera superó las 4000 yardas de pase en la temporada. Con ese sobreesfuerzo llegó también un mayor castigo físico, máxime cuando cayeron lesionados dos de sus compañeros más estimables en la línea de ataque, Matt Light y Dan Koppen, *tackle* izquierdo y *center* respectivamente. Brady disputó media campaña con una hernia deportiva que le obligaría a pasar por el quirófano en la *offseason*. No obstante, nadie se enteró de este problema fuera del vestuario y las oficinas de los Patriots. El *quarterback* continuó entrenando y jugando como si nada, pero la lesión estaba afectando claramente su juego. En un partido contra los Chiefs en noviembre lanzaba cuatro intercepciones, la peor marca de su carrera. Tres de los *turnovers* llegaron en balones que pasaron muy por encima de la cabeza de su receptor, el último fue otro error de precisión al no colocar la pelota en carrera a Tim Dwight sino dejarla atrás. El *wide receiver* no pudo completar el *catch* y el rebote cayó en las manos de un defensor de Kansas City.

Dos semanas más tarde, Brady sufrió otra lesión que no escaparía a los ojos de nadie, pues sucedió en pleno encuentro ante Buffalo. Anotando su único *touchdown* de carrera de la temporada, Brady se estiró para llegar a la *end zone* con el balón en posesión. Para su desgracia, un defensor de Bills que llegó tarde se lanzó hacia él y cayó encima de su pierna izquierda. El golpe en la espinilla hizo que el *quarterback* tuviera que ser ayudado hacia la banda, pero no se perdería un solo *down*. New England ganaría el partido con Brady jugando doblemente lesionado, sacrificándose por el equipo, como habían hecho muchos compañeros aquel año. Esa semana, el padre de Brady pasó unos días con su hijo en casa. Una noche, al bajar por las escaleras se lo encontró sentado en un sillón con una luz tenue iluminando la habitación. Tenía la pierna inmovilizada con una bota ortopédica. Por el titánico esfuerzo que Tommy tuvo que hacer solo para levantarse, pudo comprobar lo que le dolía.

La grandeza de Brady puede evaluarse desde diferentes prismas por su juego sobre el campo, pero empieza y termina por su compromiso y ética de trabajo. Solo se ha sentado por lesión en toda su carrera una sola vez y tuvo que ser por la siempre temida rotura de ligamentos de rodilla. Brady siempre está ahí para trabajar, sea enero, abril, agosto o noviembre, sea el primer cuarto o el *drive* de los dos minutos finales de un choque empatado. Las dos siguientes temporadas, durante todas las semanas, apareció en el informe de lesionados de los miércoles, con un problema crónico en el hombro. El *quarterback* nunca abandonó su puesto al mando del equipo y acabó ganando el MVP en 2007 pese a las persistentes molestias.

Brady continuó jugando y liderando, a pesar de sus lesiones de hernia y pierna. Los únicos minutos de la temporada que se perdería fueron los del partido final contra Miami, en el que Belichick sentó varios titulares y jugó la carta de controlar su destino en *playoffs*. La derrota les evitó el cruce de Wild Cards contra los peligrosos Steelers para emparejarlos con los jóvenes Jaguars, que llegaban también con su *quarterback* titular, Byron Leftwich, lesionado. La defensa de New England, recuperada de su mal arranque de liga, dominó en la victoria por 28-3. Brady mejoraba su perfecto récord en *playoffs* a 10-0. Sin embargo, una semana después, en Denver, ese inmaculado registro se desvaneció en el mismo momento que Champ Bailey interceptaba un pase de Brady en la *end zone* de Broncos y devolvía la pelota hasta la yarda uno de su oponente. Por primera vez eran los Patriots los que cometían los errores que habían provocado a sus rivales en todos los partidos de postemporada. Hasta cinco veces cedieron la pelota en la derrota que detuvo el camino hacia el *three-peat*.

Un año después continuaron las despedidas del equipo, y no todas fueron amistosas. El nuevo coordinador defensivo Eric Mangini se marchó a los Jets, precisamente a los Jets, para convertirse en su *head coach*. Su relación con Belichick nunca dejó de ser tensa y sus saludos postpartido se convertirían en la comidilla de los programas deportivos. En verano, el receptor Deion Branch, el mejor aliado de Brady en el juego aéreo, firmaba el contrato de 39 millones de dólares que tanto ansiaba tras varias semanas de huelga, pero no lo hacía con los Patriots, sino con los Seattle Seahawks. Se marchaba a la Costa Oeste por una primera ronda del *draft*. A los veintinueve años de edad, Brady se encontraba en la extraña posición de liderar una franquicia que en lugar de rodearle mejor se iba desmembrando. Para aumentar el problema, los tres primeros *picks* de New England en el *draft*, Laurence Maroney, Chad Jackson y David Thomas, un *runningback*, un *wide receiver* y un *tight end* respectivamente, no se acercarían ni de lejos a las expectativas creadas a su llegada. Fueron tres *picks* controvertidos en el *war room* de Patriots en el momento de su selección y que a la postre darían la razón a los que eran recelosos.

New England cosecharía otro título divisionaln pese a todas las marchas y el decepcionante *draft*. En el *kicker* de cuarta ronda Stephen Gostkowski sí acabarían encontrando un jugador sobre el que depender, mientras que Brady se trabajaba una temporada de doce victorias lanzando a los recién llegados Reche Caldwell, Doug Gabriel o Jabar Gaffney. Belichick y Brady tuvieron la satisfacción doble de ganar el partido de Wild Cards dejando en el camino a sus grandes rivales, Mangini y Pennington. Una semana más tarde, sacarían un triunfo de donde no lo había en San Diego, pero la temporada concluyó con un sabor muy agrio al caer en Indianapolis en la final de conferencia, tras no saber defender una ventaja de 21-3. Era la tercera vez en dos temporadas que New England caía derrotado ante los Colts, el equipo que había manejado a su antojo durante su racha de campeonatos. Para mayor pesadumbre de Brady, las dos derrotas de 2006 se certificaron cuando él lanzó una intercepción en territorio rival en los instantes finales. Eso no sería lo único que perdería durante la temporada, pues en diciembre se anunciaba que su relación con Bridget Moynahan había finalizado de mutuo acuerdo. Poco después se sabría que la actriz estaba embarazada de su expareja. Brady la apoyaría, pero Moynahan criaría al bebé ella sola. Entre tanto, el *quarter-back* había conocido a la que a la postre se convertiría en su futura mujer, la supermodelo brasileña Gisele Bündchen.

En cualquier otra franquicia, una campaña de doce triunfos y una presencia en la final de la AFC se habría tenido por un gran éxito. Pero esta no era una franquicia cualquiera, su entrenador jefe no era uno cualquiera y su *quarterback* titular no era uno cualquiera. Grandes cambios se avecinaban en la *offseason* para que estos resultados no volvieran a repetirse. Brady estaba determinado a que 2007 fuese un año perfecto...

En la primera semana de agencia libre, los Patriots completaron dos movimientos fundamentales para el devenir de la temporada. Primero firmaron a golpe de talonario al *linebacker* agente libre Adalius Thomas, con lo que debilitaron a un rival directo en la conferencia como los Baltimore Ravens. Con sus 122 kilos de peso y excelente movilidad, Thomas era el prototipo de *linebacker* grande y polivalente que adora Belichick. Durante la primera mitad del año rotó en el interior con los veteranos Teddy Bruschi y Junior Seau; sin embargo, cuando el *outside linebacker* Rosevelt Colvin cayó lesionado, Thomas se movió al exterior y continuó produciendo. Dos días después de la contratación del *linebacker*, New England completaba un traspaso con un rival divisional, Miami Dolphins, para adquirir los servicios del joven receptor Wes Welker. Belichick enviaba al conjunto de Florida una segunda y una séptima ronda del *draft*, un botín nada desdeñable por un chico que tres años antes había salido *undrafted* y que fue cortado por su primer equipo, los San Diego Chargers. El entrenador Marty Schottenheimer admitiría con el tiempo que fue el peor movimiento de su carrera. Welker había sido un gran jugador de equipos especiales en sus dos primeras temporadas y había mostrado buenas maneras como receptor en la tercera; sin embargo, más de uno se mostró desconfiado por la entrega de una segunda ronda por alguien con solo tres titularidades y un *touchdown* como *wide receiver* en su carrera. Welker se convertiría en eje esencial de la ofensiva desde su primer año y, en cierto modo, cambió el modo de jugar en ataque y por ende de defender, al tener una implicación y un papel tan importante desde el *slot*. La segunda ronda fue más que bien invertida.

Pocos días después, Brady recibió otra buena noticia. El equipo realizaba una apuesta de riesgo bajo en otro *wide recei-*

ver, Donté Stallworth, una antigua primera ronda a la que las lesiones no le habían dejado explotar del todo. El contrato de seis años y treinta millones de dólares solo tenía asegurados tres millones y medio e incluía una cláusula de escape tras la primera temporada. New England acabó ejerciendo esa opción, pero en 2007 Stallworth resultó un jugador productivo para Brady y la ofensiva.

Las adquisiciones de Thomas, Welker y Stallworth, para las que se invirtió dinero y capital de *draft* valioso, reflejaban bien a las claras las intenciones de la franquicia por no volverse a quedar a mitad de camino. Sin embargo, faltaba la guinda del pastel, el movimiento que terminaría por elevar a New England de candidato al título a único candidato al título. El segundo día del *draft*, Belichick enviaba a Oakland una cuarta ronda que había conseguido la jornada anterior en un traspaso con San Francisco, para traer al talentoso a la par que polémico receptor, Randy Moss. Cuando había estado centrado y sano, Moss había revolucionado la liga con su aceleración, explosividad y envergadura. Como novato en 1998 de los Minnesota Vikings, lideró la NFL con 17 *touchdowns* de recepción, algo que volvería a conseguir en dos ocasiones más. Tras siete temporadas en el equipo, que incluyeron cinco Pro Bowls y tres nominaciones al equipo All-Pro, lo enviaron a los Raiders por el *linebacker* Napoleon Harris y el *pick* 7 del *draft* de 2005. En sus dos años en la bahía, Moss acabó hastiado por las derrotas y no se cortó un pelo al declarar que no estaba jugando motivado. En 2006 firmó los peores números de su carrera: 42 recepciones, 553 yardas y 3 *touchdowns*. Para algunos críticos, había algo más que desgana en su juego. Se decía que a sus treinta años estaba perdiendo capacidad.

Los Patriots tenían muy claro lo que un Moss motivado podía producir en su ataque. El mismísimo coordinador ofensivo, Josh McDaniels, acudió a recogerlo al aeropuerto en su propio SUV para traerlo a las instalaciones del equipo y realizar un reconocimiento médico. Una vez que los médicos dieron el visto bueno, Belichick completó el traspaso con los Raiders. La segunda parte fue acomodar su excesivo salario. Moss acordó rebajar su nómina eliminando su anterior contrato por uno nuevo de tan solo un año, más modesto económicamente hablando, pero con muchos incentivos. Para los Patriots era una jugada en la que tenían muy poco que perder y sí mucho que ganar. Brady convirtió parte de su salario base en un *bonus* prorrateable que alivió más si cabe la apretada situación financiera de la franquicia. Lo hizo de muy buen agrado: en mes y medio había pasado de contar con uno de los peores cuerpos de receptores a su disposición a tener probablemente el mejor de la liga, aunque eso todavía había que demostrarlo en el campo.

Durante el verano, pocos eran los que pensaban que New England fuese a tener el aura de invencibilidad que demostraría una vez que se iniciara la *regular season*. El veterano *safety* Rodney Harrison fue sancionado por consumo de sustancias ilegales, Randy Moss se perdió toda la pretemporada tras sufrir una lesión muscular al inicio del *training camp* e incluso Tom Brady tuvo que ausentarse, aunque en su caso por causa de fuerza mayor: el nacimiento de su hijo John Edward Thomas Moynahan. Los más casposos en los medios le apodaron como JET, por sus iniciales, un anticipo del primer rival de la temporada.

El 9 de septiembre los Patriots iniciaron su asalto a la *regular season* perfecta. Fue en el Giants Stadium ante los Jets, el cuarto duelo entre Mangini y Belichick en veinte partidos. Brady no tardó mucho en comprobar que sus nuevos aliados le harían la vida más fácil. En el primer *drive* conectó tres veces con Welker, la última para el primer *touchdown* de la campaña. Welker corrió una *stick route* de cinco yardas, se deshizo del intento de placaje y entró sin respuesta en la *end zone*. A continuación, Brady comenzó a echar mano de los talentos de Moss. Pronto comprobó que de entre todas las virtudes del *wide receiver*, la mejor es que podía lanzarle incluso cuando estaba cubierto. En el segundo cuarto, en una ruta *fade*, puso el balón un par de palmos por encima del *cornerback* que le cubría, Moss saltó y con sus enormes brazos se hizo con la pelota para una de sus nueve capturas en el día. La más espectacular e importante de la jornada la realizó al inicio de la segunda mitad, cuando superó por velocidad a media defensa de los Jets para un *touchdown* de 51 yardas. Brady aguantó y aguantó en el *pocket* hasta que ya no quedó nadie más en el camino de Moss. Más que un pase de *quarterback* pareció realizar un lanzamiento de jabalina. Moss lo celebró con un gesto de barrido de brazos que se convertiría en característico para toda la campaña: simbolizaba que todavía era capaz de dividir a las defensas. Sus nueve recepciones para 183 yardas no dejaron lugar a dudas: Moss estaba de vuelta. La defensa le hizo la vida imposible a Pennington hasta que lo sacó del campo lesionado, Ellis Hobbs retornó un *kickoff* 108 yardas para *touchdown* y la línea ofensiva ofreció todo el tiempo del mundo y más para Brady. New England solo dejó de anotar en ataque por dos errores propios, un *drop* de Welker en tercer *down* y un mal agarre del balón por parte del *holder* en un intento de *field goal*. La victoria por 38-14 en casa del en teoría mayor rival divisional no dejaba lugar a dudas, New England tenía equipo para dominar a cualquier oponente. Debió ser un viaje de vuelta feliz hacia Boston, pero Belichick sabía que tenía un problema en sus manos, uno que estallaría públicamente al día siguiente y que afectaría a la percepción que tendría la gente de aquí en adelante hacia él y hacia su equipo. De hecho, aquel 9 de septiembre de 2007 fue la última vez que Brady y Belichick prepararon un partido sin sentir que un sector de los seguidores de la NFL dudaban de la validez de sus logros, con el peso que eso conllevaba.

Durante el partido, Mangini avisó al equipo de seguridad de la NFL de que los Patriots estaban grabando desde la grada contraria a su banda las señales de sus entrenadores. Es algo que ya reportó cuando su equipo visitó Foxboro el año anterior y que obligó a la liga a apercibir a Belichick y a enviar un memorándum al resto de los equipos. Confiscaron la cámara a uno de los asistentes, Matt Estrella. Cuatro días después, el 13 de septiembre, el comisionado Roger Goodell, en su segundo año en el cargo, imponía a Belichick la mayor sanción a un entrenador en la historia de la liga: medio millón de dólares. Al equipo lo castigaba con otros doscientos cincuenta mil y con la pérdida de su primera ronda del próximo *draft* si entraba en *playoffs*, o bien la segunda y la tercera si no lo conseguía. Belichick se disculpó alegando una mala interpretación de la regla: pensaba que era ilegal grabar las señales para utilizarlas durante el mismo partido, algo que nunca hizo y que Goodell reconoció.

Las reacciones a las sanciones fueron múltiples y llegaron desde todos los rincones del país. Algunos asumieron que era una práctica habitual en muchos equipos y que no se debía considerar a Belichick como el único culpable. Otros muchos aprovecharon el incidente para intentar reclamar lo perdido tiempo atrás. Poco a poco surgieron especulaciones de todo tipo, como que los Patriots grababan entrenamientos de los rivales, *walk-troughs* (el último entrenamiento previo al partido) o incluso que colocaban micrófonos en las camisetas de sus jugadores para conseguir el audio del *quarterback* rival (hasta 2008 no se implementó en los jugadores defensivos la comunicación con su banda). Jugadores de Rams y Panthers se lamentaban de la Super Bowl perdida ante New England. En Philadelphia se comentó que los ajustes del segundo tiempo de su Super Bowl llegaron porque sabían de antemano la jugada que iban a realizar en todo momento.

Tres campeonatos ganados por un total de nueve puntos sembraban más dudas en el aficionado medio. ¿Podría haber sido esa la ventaja que necesitaban para ganar todos esos partidos apretados? ¿Era Brady un *quarterback* tan inteligente o simplemente se aprovechaba de la información clandestina que sacaba su equipo? ¿Realmente los planes defensivos de Belichick eran tan brillantes? Desde aquel momento daría igual lo que realizaran los Patriots en el campo o lo que dijeran fuera de él. Fue una avalancha que los persiguió durante toda la temporada; muchos aficionados se presentaban en el estadio con carteles alusivos al tema o directamente con videocámaras para burlarse de ellos. De hecho, llegó a recibir su propio apelativo: el *Spygate*.

Para complicar las cosas, el siguiente partido de New England se transmitía para todo el país, el domingo por la noche contra San Diego Chargers. Durante la semana, Belichick esquivó todas las preguntas de los medios acerca del tema, desde que explicara cómo malinterpretó la regla hasta si sería capaz de pagar la multa al contado o podría hacerlo a plazos. Su respuesta siempre fue la misma: «Estamos centrados en San Diego». Solo que en ese momento no existiera Twitter evitó que la frase cobrara la relevancia de otra que se dijo unos años más tarde («*We are on to Cincinnati*»). A la prensa le daba igual lo que comentara o dejara de comentar el *head coach*: durante esos días, pudieron leerse titulares del tipo «Beli-Cheat» (Beli-Trampa) o «El legado de los Patriots está manchado». Que Belichick fuera alguien tan poco comunicativo con los medios, algo que pesó mucho en su fracaso en Cleveland, no hizo más que agravar el problema. Esta era la carnaza que muchos buscaban para hacer sangre. La NBC realizó un tutorial muy completo durante la retransmisión sobre qué estaba permitido grabar y fotografiar y qué estaba prohibido. Incluso colocó a un cámara en la banda de New England para ejemplificar lo que habían hecho la semana anterior. La liga montó un dispositivo especial de seguridad, hasta las comunicaciones entre la banda y la grada fueron monitorizadas. La histeria llegó incluso al *staff* de los Chargers. El *head coach* Norv Turner decidió no entregar las quince primeras jugadas ofensivas del partido el sábado por la noche, como era costumbre en él. Lo hizo el domingo por la mañana, y no de forma escrita: temía que New England también tuviera acceso a los *game plans* del rival.

Una vez que se puso el balón en movimiento, los Patriots no quisieron esperar mucho para demostrar que no necesitaban grabar las señales del oponente. Salieron en *no-huddle* en su primer *drive*. Todas las jugadas fueron un pase. Brady completó seis de siete y acabaron en la *end zone* de los Chargers. El primer lanzamiento de Philip Rivers era interceptado en una acción en la que la defensa le confundió sobremanera. Otro pase de *touchdown* de Brady y otra intercepción a Rivers, esta retornada para *touchdown* por Adalius Thomas, y los locales se marchaban al descanso 24-0 arriba, para delirio de sus aficionados. Brady dio una lección de cómo manejar una defensa, aprovechando los huecos de la defensa zonal y los emparejamientos favorables en las coberturas al hombre, situando siempre bien a sus compañeros de línea y realizando los audibles necesarios. En su segundo pase de *touchdown* a Moss, en el tercer cuarto, supo desde el segundo uno que lo tendría abierto en la *end zone*, pero aun así de forma muy calmada guio con sus ojos al *safety* hacia el lado contrario antes de ejecutar el lanzamiento. Si a Moss no se le podía defender al hombre, Welker aprovechaba las defensas anticuadas que seguían intentando cubrirle con un *linebacker* cayendo a su zona. Brady realizó la mejor marca de su carrera con 151 yardas de pase en el primer cuarto, camino de una noche de 271 yardas y tres *touchdowns*. Para todo lo que se había dicho a lo largo de la semana, los Patriots demostraron que no les afectaba el ruido externo en absoluto. Al contrario, iban a utilizarlo en su favor para dejar bien claro cuál era el equipo que batir en la temporada. Diecisiete puntos arriba y apenas tres minutos para el final del choque, New England se jugaba y convertía el cuarto *down* para el último *touchdown*, que puso el definitivo 38-14 en el marcador. Los Chargers estaban a un mundo de los Patriots en aquel momento, pero volverían a intentarlo en Foxboro unos meses más tarde y la diferencia no sería tan exagerada. Fueron varios los jugadores de New England que se acercaron a Belichick para darle un abrazo, gesto que el entrenador apreció. Había vivido una de las peores semanas de su carrera profesional. Brady declaró en el pospartido que era el mejor *head coach* de la liga.

Los Patriots continuaron ofreciendo una imagen de imbatibles las tres siguientes semanas, cosechando sendos triunfos por al menos diecisiete puntos ante Buffalo, Cincinnati y Cleveland. La combinación Brady-Moss causaba estragos, cuatro partidos de 100 o más yardas y siete *touchdowns* en el primer mes de competición. El receptor había comprado al cien por cien el credo de New England y era un jugador letal en el campo, así como un ciudadano modelo en la calle. Juntar su taquilla con la de Brady en el vestuario del Gillette Stadium se confirmaba como una idea brillante. El *quarterback* empezaba a entrar en todas las quinielas para ganar el único trofeo que se le resistía, el de MVP de la liga. Uno de sus rivales en esa carrera sería su oponente en el sexto partido de la temporada: el *quarterback* de los también imbatidos Dallas Cowboys Tony Romo.

Liderar la liga en *rating* de pasador y *touchdowns* de pase, estar al mando de uno de los tres únicos equipos invictos en la liga o aparecer en la portada de la mitad de las revistas deportivas y no deportivas era insuficiente para Brady. Su excompañero Christian Fauria llegó a comentar que los hombres querían ser como él y las mujeres querían estar con él. Sin embargo, su rostro al final del choque contra Cleveland era el de alguien enfadado, principalmente consigo mismo. Su precisión bajó muchos enteros en la segunda mitad y su ataque acumuló varios *drives* inoperantes. Hacía cuarenta y un cuartos que New England no se quedaba sin anotar. A Brady se le pudo ver discutiendo en la banda con Mike Vrabel. Incluso la frustración que sentía respecto a la tendencia del equipo a jugar de carrera en situaciones de cuarto *down* y corto salió a la luz en alguna entrevista. Estaba en la cima del mundo, deportiva y personalmente, pero seguía obsesionado con corregir sus errores y continuar mejorando.

Contra los Cowboys, en el Texas Stadium, Brady terminó sonriendo y bromeando con Vrabel al final del choque. Antes, había lanzado cinco pases de *touchdown*, récord del equipo, y 388 yardas, su mejor marca en un partido que no había llegado a la prórroga. Moss anotó su octavo *touchdown* de la temporada, Stallworth registró más de cien yardas de recepción, pero la estrella del día fue Wes Welker. La defensa texana no pudo con él pese a hacerle un seguimiento especial. En el primer cuarto batió un dos contra uno rompiendo sus habituales conceptos de ruta; en el segundo hizo trizas la defensa zonal. Wade Phillips, *head coach* de Dallas, no sabía qué hacer. El chico de Texas Tech, que en el instituto llegó a brillar en este estadio en una final regional, sumó once recepciones para 124 yardas. Brady volvía a ser feliz.

New England anotó el *touchdown* que cerró el 48-27 definitivo cuando restaban apenas dieciséis segundos para la conclusión, algo que no sentó nada bien en el vestuario de los Cowboys. Belichick alegó que quería darle la oportunidad de anotar a Kyle Eckel, un ex de Navy, la universidad donde su padre fue asistente media vida. En el fondo, reflejaba la actitud que el equipo iba a tener el resto del año desde el caso del *Spygate*: no iban a hacer prisioneros. Esto se haría aún más evidente las dos siguientes semanas, en Miami y ante Washington.

Tom Brady y su infravalorada potencia de brazo

Brady siempre está buscando una motivación extra, y en ello a veces raya la histeria. Antes de su partido de la séptima semana en Miami estaba claro que el partido del año anterior estaría en su cabeza. En una derrota por 21-0, Brady apenas completó 12/25 pases para 78 yardas. Unos pocos meses más tarde se desquitó con todas las de la ley. En los primeros veintidós minutos de partido conectó sus 11 lanzamientos para 220 yardas y 4 *touchdowns*. Al descanso ya había completado su quinto pase de *touchdown* y en el último cuarto llegó el sexto. New England ganó 49-28, ampliando la herida de unos Dolphins que acumulaban siete derrotas en otros tantos partidos.

En el choque, Brady demostró una de sus grandes virtudes, que pasó completamente desapercibida en el proceso *predraft* y que durante muchos años incluso se llegó a subvalorar: su excelente potencia de brazo. Siempre se le ha aplaudido por su precisión en el lanzamiento y por hacer parecer fácil lo difícil, pero en más de una ocasión se habló de que no tenía el brazo necesario para conectar la gran jugada. La unión con Moss cambió por completo este pensamiento, así como años de duro entrenamiento durante las *off-season*. La increíble ética de trabajo de Brady, que ya se hizo famosa en Serra High, ha continuado a lo largo de su carrera. Incluso pasados los cuarenta años, Brady sigue mostrándose como uno de los pasadores con mejor brazo de la liga. En Miami, Moss atrapó dos bombas de Brady, la segunda un envío en el que el balón estuvo más de sesenta yardas en el aire. Por supuesto, la potencia de brazo no solo se demuestra en los pases más largos, de hecho, es más necesaria en otros envíos como en las rutas hacia el exterior o los pases rápidos. En el último cuarto, lanzó un láser para Wes Welker que permitió al pequeño receptor romper el intento de placaje del defensor y colarse en la *end zone*. Al ojo despistado fue solo un lanzamiento más, pero una décima más tarde la pelota hubiera llegado a las manos del *wide receiver* y habría resultado en un incompleto.

La polémica resurgió en el periodo final cuando Belichick volvió a insertar a Brady en el campo un *drive* después de que Matt Cassel lanzara una intercepción que fue retornada para *touchdown*. El *head coach* alegó que la ventaja de tres *touchdowns* era insuficiente, justificando lo que pasó unos años antes con Peyton Manning y los Tampa Bay Buccaneers, cuando remontó un 35-14 adverso en los minutos finales. La diferencia es que en este caso el *quarterback* rival era Cleo Lemon, quien solo ganaría un partido de NFL en su carrera.

El enfrentamiento contra los Redskins duró lo mismo que el protocolario choque de manos entre Belichick y el *head coach* rival, Joe Gibbs, al final del encuentro: un milisegundo. New England ganaba 24-0 al descanso, 38-0 tras tres cuartos y 52-0 hasta que un *touchdown* final de Washington maquilló levemente el resultado. Brady volvió a estar sublime con otros tres pases de anotación y dos carreras para *touchdown*. En la primera de ellas pudo haber conectado con un Moss completamente solo en la *end zone*, pero el hueco que vio fue tan grande que buscó él mismo la jugada. Luego en la banda se lo explicó así a su compañero, que le hizo el gesto del pulgar hacia arriba. Detalles como este explican la buena relación del *quarterback* siempre con sus receptores. Brady continuó lanzando en el último cuarto con el partido bien atado. Incluso su reserva, Matt Cassel, se desquitó de su error de la semana anterior en otro *drive* en el que New England no levantó el pie del acelerador. Los jugadores de Washington se quejaron de que habían agrandando innecesariamente el marcador, pero a estas alturas a Belichick no le importaba lo que dijera nadie. New England llegaba al punto intermedio de su temporada con un balance perfecto (8-0), anotando más de cuarenta puntos por partido y ganando por una histórica diferencia de veinticinco a sus rivales. En media campaña, Brady había superado su plusmarca de pases de *touchdown*. Aun así, en la entrevista posterior al encuentro declaró que «estamos solamente llegando a noviembre. Tenemos todavía mucho que mejorar». Para los aficionados de Boston lo que sí pudo mejorar fue el día, pues unas horas más tarde los Boston Red Sox conquistaban las Series Mundiales.

Tom Brady y las perfectas mecánicas

El duelo entre los dos únicos equipos invictos de la liga, New England Patriots (8-0) e Indianapolis Colts (7-0), se bautizó como la Super Bowl 41,5.

Por un lado, el equipo campeón, Indianapolis; por otro, el que casi todo el mundo esperaba que le arrebatase el título ese año, New England. Los dos mejores ataques de la liga y los dos mejores *quarterbacks* de la NFL, Tom Brady y Peyton Manning, dos hombres para siempre ligados en la historia de la competición. El partido resultó apasionante, aunque no el festival anotador que esperaba la mayoría. Las dos defensas también mostraron por qué eran de las más efectivas de la liga. La afición de los Colts saturaba acústicamente el RCA, viendo como su equipo se ponía diez puntos arriba (20-10) a menos de diez minutos para la conclusión. Jugar en ataque bajo tales condiciones se antojaba casi imposible. Entonces, Brady, que había lanzado tantas intercepciones hasta ese punto (dos) como en el resto de la temporada, volvió a lo básico, a ejecutar sus lecturas y realizar sus mecánicas con precisión. En los últimos tres *drives* completó ocho de once pases para 154 yardas y dos *touchdowns*. Los Patriots ganaban 24-20. El RCA quedaba enmudecido.

New England había superado su mayor escollo en el calendario. Entraba en su semana de descanso con un récord de 9-0 y las conversaciones sobre la temporada perfecta se acrecentaban. Cuando llegaron a los oídos del legendario entrenador de Miami Dolphins, Don Shula, líder de la única campaña inmaculada en la historia de la liga, este intentó socavar los éxitos de los Patriots: «El incidente de la grabación de señales defensivas mancha su currículo. Todo este asunto del *Spygate* ha ensombrecido lo que han conseguido. Por más que te duela, debe ir junto a sus logros, es algo que no se lo pueden quitar de encima. Si terminan la temporada sin derrotas, su récord tendría que venir acompañado de un asterisco», declaró para el *New York Daily News*, periódico rival de Boston, en cuanto a los deportes.

Nadie en los Patriots quería perder el tiempo contestando declaraciones, por muy célebres que fueran sus autores. Brady aprovechó la semana de descanso para pulir con su entrenador personal de lanzamiento, Tom Martínez, las mecánicas que le salvaron al final del partido contra Indianapolis y que se verían en su máxima expresión en el compromiso ante Buffalo. Los Bills habían ganado sus cuatro partidos anteriores, eran uno de los equipos más en forma de la liga. Habían dejado a sus rivales en un total de 48 puntos en esa racha triunfadora. Pero esos contrarios no eran los Patriots ni estaban dirigidos por Tom Brady. En una portentosa actuación, New England anotó siete *touchdowns* en los siete *drives* en que su número 12 estuvo al mando de las operaciones. Resultado final, 56-10 para los Patriots. Brady lanzó cinco pases de *touchdown*, cuatro de ellos para Moss. En el primero de ellos, escapó de la presión, subió en el *pocket* y completó un espectacular pase de 43 yardas. En palabras de Martínez, nadie ha realizado ese movimiento como él en la historia del *football*.

El tándem Martínez-Brady ha producido la máquina perfecta para ser un *quarterback* de un equipo NFL. Sus limitaciones de tren inferior han sido completamente tapadas por su juego de pies, lectura de defensas y perfecta ejecución del movimiento de pase. En su lista, hay tres aspectos fundamentales:

- Hombro izquierdo pegado al cuerpo y mirada fija en campo abierto.
- Bíceps derecho cercano a la oreja derecha.
- En el *follow-through*, mano derecha en el bolsillo izquierdo.

Muchas veces, en las retransmisiones de televisión, se dice que tal jugador es muy peligroso en las situaciones finales de partido, que consigue elevar su rendimiento cuando las apuestas son más altas. En realidad, lo que te diferencia del resto de los compañeros y rivales, dar lo mejor de ti mismo en los momentos más adversos y superar un obstáculo aparentemente insalvable, es esa capacidad para agruparte y volver a lo básico cuando se hace complicado hasta pensar. Brady es el mayor maestro en ese ejercicio, y por eso el *quarterback* más difícil de detener en un final de partido.

La clara victoria en Buffalo fue la novena en diez encuentros por al menos tres anotaciones de diferencia. A partir de ahí, New England solo conseguiría ganar dos partidos de nueve por ese margen tan amplio. La defensa empezó a mostrar señales de debilidad, y el juego de carrera, una peligrosa tendencia a desaparecer. Contra Philadelphia, el coordinador ofensivo, Josh McDaniels, ordenó 28 pases por tan solo una carrera, durante la primera parte. Esto puso demasiada presión sobre Brady y su línea ofensiva, que fueron asediados toda la noche por los paquetes de *rush* de los Eagles. Aunque los Patriots se impusieron, el ajustado resultado de 31-28 sirvió para enseñar al resto de la liga que sí había una forma de batirlos.

La semana siguiente, en lunes por la noche, Brady tuvo que batallar contra el rival, sus propios compañeros y los elementos. Con el mercurio rozando los cero grados centígrados y un viento superior a los cuarenta kilómetros por hora las condiciones eran de todo menos favorables para lanzar. Los errores de los receptores de New England para atrapar el balón complicaron las cosas. Por último y más importante, enfrente estaba una dura defensa de Baltimore que por un día quería olvidar lo que estaba siendo una temporada muy frustrante. Jugadores del orgullo y talento de Ray Lewis, Ed Reed y Terrell Suggs no iban a permitir que los Patriots tuvieran un placentero partido contra ellos. La secundaria dobló casi todo el partido a Moss y le hizo la vida imposible a Welker en la línea de *scrimmage*, lo que limitó considerablemente las opciones de Brady. Los Ravens parecían camino del triunfo cuando cobraron una ventaja de 24-17 en el último cuarto y tomaron posesión del balón en la 26 de New England. Don Shula, invitado a la cabina de retransmisión de la ESPN, veía cómo el equipo de la ciudad donde inició su carrera como *head coach* podía mantener a sus Dolphins como único equipo imbatido de la historia. Sin embargo, igual que ocurrió la semana anterior con Philadelphia, Baltimore pecó de avaricia. El arriesgado pase de Kyle Boller era interceptado, cosa que daba a Brady una vida extra. Luchando contra todo, condujo un agónico *drive* final, en el que dos veces se vieron neutralizados hasta el cuarto *down*, que culminó con un perfecto pase a la *end zone* para Jabar Gaffney a cuarenta y tres segundos del final. Brady aguantó con calma la pelota en ese último envío, el claro contraste a una noche en la que estuvo la mayor parte del tiempo corriendo por salvar su vida. Aunque solo completó 18/38 pases, lo importante para Brady era la victoria, la duodécima. La temporada perfecta estaba cada vez más cerca.

En la jornada catorce los Steelers visitaban Foxboro. Tres años antes, en 2004, Pittsburgh frenó en seco la racha ganadora de veintiún partidos de New England, la mayor de la historia. Para el *safety* de segundo año, Anthony Smith, derrotar a los 12-0 Patriots no debería ser un problema. En unas arriesgadas declaraciones para la ESPN durante la semana, Smith afirmó: «La gente no para de preguntarme si estamos preparados para los Patriots. Lo que deberían preguntarse es si ellos estarán preparados para nosotros. Vamos a ganar. Sí, puedo garantizar la victoria». Lógicamente, las palabras de Smith, un jugador desconocido para el público general, supusieron un aliciente extra para el siempre motivado Brady. Junto con McDaniels, preparó varias jugadas específicamente diseñadas para atacar al agresivo *safety*, que solo estaba en la alineación titular por la baja por enfermedad de Ryan Clark. Para complicar las cosas, Troy Polamalu, el verdadero *safety* estrella de los Steelers, se perdería el choque por lesión. En el primer cuarto, Brady conectó con Moss para el primer *touchdown* e inmediatamente se acercó a decirle unas palabras a Smith. «No voy a repetir lo que le dije por si acaso mi madre se acaba enterando. No estaría muy contenta.» Hasta el propio Belichick entró en el salseo en sus declaraciones pospartido: «Nos hemos enfrentado a *safeties* bastante mejores que él, la verdad». Lo peor no había llegado para el joven jugador. En el segundo cuarto, cayó en el engaño de un fuerte *play-action* y dejó toda la zona profunda vacía. Moss anotaba su segundo *touchdown*, esta vez desde 63 yardas. Tras el descanso llegó la puntilla para Smith y para los Steelers. McDaniels preparó una jugada de engaño muy característica de Pittsburgh. Comenzó con un pase lateral de Brady a Moss, al que reaccionó Smith instantáneamente. Moss devolvió la pelota a Brady, que procedió a enviar una bomba de 56 yardas a Jabar Gaffney. El balón pasó rozando las yemas de los dedos de un Smith que no pudo recuperar a tiempo. Brady acabó el partido con 399 yardas (la segunda mayor marca de su carrera) y cuatro *touchdowns* ante la defensa número uno de la NFL. Con 45 pases de *touchdown* en la temporada tenía el récord de Peyton Manning (49) más que a tiro. La grada coreó «M-V-P, M-V-P» durante los últimos minutos hasta que lo convirtió en un «*Guarantee, guarantee*» para completar la humillación a Smith cuando este apareció en el videomarcador del Gillette Stadium.

En la Spy Bowl, la reedición del duelo de la jornada inaugural contra los Jets que provocó toda la polémica, las condiciones climatológicas tomaron el protagonismo. Una fuerte nevada la noche anterior dejó las bandas del estadio cubiertas de nieve. En las gradas quedaron hasta bloques de hielo, el frío reinante impedía que se derritieran. Alguno voló en dirección a los jugadores de los Jets, pero el único dañado fue un árbitro. El *referee* del encuentro tuvo que parar momentáneamente el choque hasta que cesasen los lanzamientos del público. En el campo no fue tan fácil conectar los pases, la neblina y las rachas de viento cercanas a los cincuenta kilómetros por hora obligaron a cambiar el *game plan*. Una semana después de ordenar 34 jugadas seguidas de pase, New England corrió más que lanzó. Brady apenas conectó 14/27 lanzamientos. Por primera vez en la temporada no fue responsable directo de ningún *touchdown*. Como veterano jugador de golf, recordó las lecciones de infancia de su padre cuando jugaban juntos cada sábado. En los días de mala climatología, los pares son tan buenos como los *birdies*. Brady sabía que ese no era el día para atrapar a Peyton, pero la victoria catorce igualaba el 14-0 de los Dolphins de 1972 y aseguraba para el equipo la ventaja de campo de cara a los *playoffs*. Eso es lo único que importaba en aquella desapacible tarde de diciembre en Foxboro.

Unos minutos después de la victoria contra los Jets, Miami evitaba el deshonor de completar la temporada imperfecta cuando cosechaba en la prórroga su primera y a la postre única victoria del año 2007. Los Dolphins viajaron a Boston aliviados y relajados. New England quería desquitarse de su mala actuación ofensiva de la semana anterior. Ambos factores se juntaron en una primera mitad en la que los Patriots ganaron 28-0 y generaron más de trescientas yardas de ataque. Brady lanzó tres pases de *touchdown*, con lo que se quedó a uno del récord de Manning. Moss atrapó los dos primeros, los números 20 y 21, y se quedó también él a uno del récord de Jerry Rice. Belichick les dio todas las oportunidades posibles a sus jugadores para ir a por los récords después del descanso, pero la presión por completar la hazaña pudo con ellos. Los Patriots jugaron demasiado forzados esos dos cuartos y perdieron su identidad y sobre todo la precisión quirúrgica con la que habían acostumbrado a su afición. Brady lanzó una intercepción por forzar el pase del récord para Moss, que no pudo después atrapar otro lanzamiento que se convirtió en otra intercepción. Más tarde, McDaniels ordenó tres jugadas de pase en *shotgun* desde su propia yarda uno, y finalmente un último intento de bomba a Moss en la *end zone*, pese a recibir triple cobertura, también terminaba con la pelota en el suelo. A la conclusión del partido, Brady estaba tranquilo, sabía que tenía un partido más para finalizar el trabajo. Sería el sábado siguiente contra los Giants, en un duelo que en aquel momento nadie podía pensar que acabara siendo la previa de la Super Bowl.

Cuando la NFL publicó su calendario en primavera situó para la última jornada un duelo único para el sábado que enfrentaría a Patriots y Giants, dos equipos habituales en la práctica de la liga de adelantar algunos encuentros cuando la temporada de *college* ha finalizado. Una vez que New England navegó en su campaña perfecta hasta el punto de poder hacerse realidad, el partido, programado en el paquete de NFL Network, cobró una inusual relevancia. Un día histórico en la liga podría no estar al alcance de la mayoría de los aficionados, ciertamente aquellos fuera de los mercados de Boston y Nueva York, o en los que su compañía de cable no incluyese el canal de la liga en su programación. Hasta tres senadores, John Kerry, Arlen Specter y Patrick Leahy, presionaron a la liga para que ofreciese una solución a este problema. Finalmente, el encuentro fue producido por NFL Network con retransmisión simultánea por las cadenas nacionales NBC y CBS. Era la primera vez, desde la edición inaugural de la Super Bowl, que un partido de la NFL se ofrecía al mismo tiempo en al menos dos cadenas.

Nunca un partido tan intrascendente significó tanto. Los Patriots tenían asegurada la ventaja de campo para los *playoffs*. Los Giants también estaban clasificados para la postemporada, pero no podían moverse del quinto puesto en su conferencia. En condiciones normales, los titulares de ambas escuadras habrían descansado, sobre todo en el caso de New York, que tendría que jugar la ronda de *wild cards*. Sin embargo, iba a ser una noche histórica independientemente del resultado final, así que el *head coach* de los Giants, Tom Coughlin, tomó la decisión de que sus titulares jugaran el partido completo.

Nadie quiso perderse el choque, en el estadio o delante del sofá. Fue el partido más visto de temporada regular en doce años. Y no defraudó. En los prolegómenos del *kickoff*, Belichick bromeaba con Brady: «Buen día para lanzar la pelota». «¿No lo es siempre?», le respondió el *quarterback*. «Bueno, no siempre lo es», remató el *head coach*, que intentaba darle confianza y seguridad a su hombre en la búsqueda del récord: dos *touchdowns* de pase más y superaría a su gran rival deportivo, Peyton Manning. Ciertamente, el tiempo acompañó para Brady y... para su oponente, el hermano de Peyton, Eli Manning, que realizó su mejor partido en dos años. Bajo la casi perfecta dirección del pequeño de la saga, los Giants cobraron una ventaja de doce puntos en el tercer cuarto (16-28), el mayor déficit encarado por los Patriots en toda la *regular season*. La defensa, jugando con la misma agresividad que había enseñado Philadelphia unas semanas atrás, puso en constantes apuros a Brady con su *rush* y paquetes de *blitz*, al tiempo que con constantes dobles coberturas mantenía a raya a Moss. Pese a ello, ambos se combinaron en la primera jugada del segundo cuarto, un *touchdown* de cuatro yardas, que les igualaba a Manning y a Rice respectivamente.

Brady mantuvo en todo momento la calma, pese a la presión del rival, del enfervorizado público y de la historia. A 11.25 de la conclusión, con su equipo cinco abajo, por fin tuvo la oportunidad de enlazar una gran jugada con Moss, que dejó atrás por velocidad a sus dos defensores. El envío se le quedó algo corto y su compañero no pudo completar la recepción pese a tener el balón literalmente entre sus manos. En el siguiente *snap*, en 3.ª y 10.ª, New England volvió a colocar a Moss abierto en el lado derecho de la formación y con la misma ruta *fly* por desarrollar. En la banda, a Belichick le gustaba lo que veía: «Esto es perfecto, es justo lo que queremos, es lo que queremos justo aquí». Moss sacó fuerzas de la reserva para volver a correr a su máxima velocidad otras 40 yardas; esta vez sí que puso el aire necesario para que volase hasta su destinatario y el resultado fue la jugada icónica de la temporada regular perfecta de los Patriots, un *touchdown* de 65 yardas entre los dos mejores jugadores de la temporada. Brady tenía su récord, Moss tenía su récord, New England tenía su récord. Aunque el objetivo definitivo, la Super Bowl, permanecía en el horizonte, los Patriots celebraron la consecución de un hito que nadie pudo conseguir en cuarenta y tres años con el calendario de dieciséis encuentros, finalizar la temporada regular imbatidos. Brady hizo algo en aquel viaje que nunca había realizado en toda su carrera: meter en su maleta una videocámara para inmortalizar algunos momentos de lo que sabía que sería un día para recordar. Sin duda, cumplió con las expectativas.

Tom Brady, el cirujano de defensas

El sábado 5 de enero de 2008 comenzaban los *playoffs* de la NFL. Ese día la liga también anunció el resultado de la votación por el MVP: el resultado no sorprendió a nadie. Brady ganaba su primer galardón al obtener cuarenta y nueve de cincuenta votos posibles. Solo el periodista del estado de Wisconsin decidió elegir al *quarterback* de Green Bay Packers, Brett Favre. Brady condujo a los Patriots hacia una temporada regular perfecta estableciendo el récord de pases de *touchdown* y liderando la competición en porcentaje de pases completados, yardas de pase y *quarterback rating*. Nadie en la historia de la liga anotó tantos puntos (589) o *touchdowns* (75) como los Patriots en 2007.

Brady agradeció el trofeo y resaltó la importancia de unirse a una lista de ganadores que incluía a Johnny Unitas, Dan Marino o Joe Montana. También insistió en que los logros individuales no mandan en su cabeza: «Tal y como he aprendido a lo largo de mi tiempo con los Patriots, los éxitos más significativos son los que he podido celebrar con mis compañeros». Todos en el club tuvieron palabras de elogio para su *quarterback*, desde el propietario pasando por el *head coach* o los jugadores de la plantilla. Kraft afirmó: «Me sorprende que haya tardado tanto en recibir este reconocimiento porque ha sido nuestro MVP desde que saltó al campo en 2001. Trata a todo el mundo en el vestuario de la misma forma que me trata a mí o a los entrenadores. Y lo que me parece más interesante es que hablas con jugadores reserva y te dicen que siempre los está motivando y tratando como si fueran Pro Bowlers, con ese tipo de respeto». Belichick fue un paso más allá: «Lo merece. Lo pienso desde hace mucho tiempo, no hay *quarterback* del pasado o del presente que hubiera preferido entrenar que Tom Brady, y cada año que juega estoy más convencido de ello».

Finalmente, su *center* Dan Koppen dijo: «Tom es una de esas personas que da el máximo en cada jugada y cada partido. Lo que ha hecho es impresionante, pero me consta que él quiere más todavía. Es la mentalidad que necesitas en tu *quarterback*». Y lo que ahora quería Brady era superar a los Jacksonville Jaguars en la ronda divisional. Para hacerlo puso en evidencia su extraordinaria ética de trabajo con una perfecta preparación para el partido. Más de una vez, cuando alguno de los entrenadores se le han acercado para ofrecerle cintas del rival, él ha respondido que ya había visto todas las jugadas de la defensa en cuestión. Los Jaguars tenían muy claro que no iban a caer por el *big-play*, jugarían una defensa de doblarse, pero no romperse, para obligar a New England a jugar contra estilo y terminar frustrándose. Sin embargo, Brady estaba liberado de la presión por la temporada perfecta y la persecución de los récords individuales. En cierto modo, llegar a los *playoffs*, el momento de mayor nerviosismo en la campaña, le había permitido calmarse y relajarse. Contra los

Jaguars, Brady enseñó lo que una buena preparación en la sala de vídeo y sobre el terreno de juego pueden hacer, y procedió a diseccionar la defensa rival cual cirujano, como tantas veces ha hecho a lo largo de su carrera.

Completó 26/28 lanzamientos, un 92,9 % de efectividad que es el más alto de la historia de la postemporada. El dato es todavía más increíble cuando repasas la cinta y ves que Welker dejó caer clamorosamente uno de los pases y que Watson tuvo entre sus manos el otro. No habría sido nada descabellado que conectase todos sus envíos aquella noche. La mayoría de ellos no fueron jugadas increíbles sacadas de una chistera, sino que Brady se limitó a tomar lo que la defensa le dejaba. Como en muchas otras ocasiones, hizo parecer fácil lo difícil. Emulando a su ídolo de niñez, Joe Montana, completó cada pase como si fuera un movimiento de ajedrez: cada acción estaba pensada al milímetro para llegar al momento final de darle jaque mate al rey, en este caso, cruzar la *end zone* del rival. En los resúmenes más casposos se puede leer que Brady no hizo nada excepcional, que completó muchos pases muy cortos que cualquiera puede realizar. Pero la grandeza de Brady radica en encontrar en todo momento al hombre desmarcado con tal celeridad que impide a la defensa reaccionar. Su lectura de las defensas, unida a su precisión quirúrgica en el lanzamiento, hacen de él el *quarterback* más grande de la historia. New England ganó 31-20 sin necesidad de que Moss (una recepción, catorce yardas) hiciese más que de espantapájaros.

La final de conferencia no sería el esperado partido de revancha contra los Indianapolis Colts, sino contra los San Diego Chargers, que dieron la sorpresa en casa de los campeones pese a tener sus tres estrellas ofensivas (Philip Rivers, LaDainian Tomlinson y Antonio Gates) fuera del campo por sendas lesiones en el último cuarto. La temporada anterior, New England marchó a San Diego y eliminó al equipo número uno en el *ranking* de la AFC. Ahora era el turno de los Chargers de devolverles el favor. En una tarde fría (menos cinco grados centígrados) y con unas rachas de viento que hacían temblar los postes y provocar que pases y *punts* volaran en locas direcciones, estaba claro que las defensas y los *runningbacks* serían los protagonistas. Brady no tuvo su mejor día, falló lanzamientos poco habituales en él y tomó malas decisiones. En un punto en el tercer cuarto decidió salir a correr por el medio, en lugar de aguantar en el *pocket* y esperar al receptor abierto. Esta vez sus compañeros serían quienes acudieran en su rescate. Laurence Maroney, uno de los más jóvenes en la plantilla, y Junior Seau, el más veterano, lideraron a la ofensiva y defensiva respectivamente. El 21-12 final elevaba el récord global en la temporada a 18-0, superando en uno el registro de los Dolphins de 1972. «Ahora podemos mirar hacia delante», resumió Bill Belichick al recibir el trofeo Lamar Hunt de campeón de la conferencia. Brady coincidía con él, aunque de forma más explícita: «Ahora vamos a un sitio caluroso [Glendale, Arizona, sede de la Super Bowl aquel año], porque me estoy congelando ya sabes qué».

Super Bowl XLII, el día que la historia pudo con los Patriots

A la mañana siguiente de la victoria en la final de la AFC, Brady se desplazó a Nueva York para visitar a su novia Gisele Bündchen. La noticia habría quedado ahí de no ser porque lo fotografiaron con una inmensa bota ortopédica en el pie derecho. Aparentemente, se había lesionado el tobillo derecho en un *sack* durante la segunda parte, pero ni él ni el equipo revelaron nada tras el encuentro. Por supuesto, que le cazaran en Nueva York, la ciudad rival de Boston, y sobre todo, en la ciudad del equipo oponente en la Super Bowl, los Giants, no hicieron más que acrecentar el debate sobre si el MVP de la liga podría perderse el choque. Alertado por el estupor que las fotografías estaban causando entre la afición de los Patriots, Brady se quitó la bota cuando salió del apartamento y se subió en un taxi mientras lo perseguían los paparazzi. Cuando habló con los medios el miércoles, ya en Foxboro, restó importancia a su lesión y aseguró que estaba bien. No quería más preguntas sobre el tema. Una vez que el equipo llegó a Glendale y tuvo que realizar los pertinentes informes de lesionados, Brady apareció como era habitual como posible baja por su hombro derecho, pero del tobillo no se dijo nada. En realidad, Brady disputó la Super Bowl XLII con un esguince de tobillo alto, una lesión muy perjudicial para un *quarterback* por la dificultad para plantar y tener una base de pies correcta en el lanzamiento.

La lesión de Brady no sería la única distracción del equipo perfecto en los prolegómenos de la gran final. El senador Arlen Specter volvió a abrir el tema del *Spygate*, pidiendo a la NFL que retomara la investigación cerrada en septiembre. El *Boston Herald* publicó una noticia en la que anunciaba tener una fuente que aseguraba que el equipo había grabado el entrenamiento final de los Rams antes de la Super Bowl XXXVI. Tal acusación se desmontó semanas después, pero el daño estaba hecho. Belichick incluso tuvo que tratar el tema con sus capitanes. Por si jugar una Super Bowl, encima defendiendo un récord perfecto, no era suficiente presión, New England tuvo que encarar el partido definitivo mientras asumía una vez más que todo el mundo estaba en su contra.

Y en su contra pero también enfrente en el University of Phoenix Stadium estaban los Giants, un equipo acostumbrado a la controversia, en este caso solo deportiva, por el mero hecho de jugar en la ciudad más grande del país. El arranque de 0-2 en la temporada les puso en el punto de mira de todos los críticos, pero New York se reagrupó, se clasificó para *playoffs* y ganó tres partidos seguidos fuera de casa para ganarse el billete hacia la Super Bowl. No suele ser habitual que una escuadra llegue a un encuentro mejor preparada que un equipo entrenado por Bill Belichick, pero aquello pareció ser la excepción que confirma la regla. El *head coach* Tom Coughlin y el coordinador defensivo Steve Spagnuolo ingeniaron un plan que siempre estuvo un paso por delante de los Patriots. En el primer *drive* del partido, los Giants registraron la posesión más larga de la historia de las finales: 9 minutos y 59 segundos. Aunque no resolvieron con el *touchdown*, sino con el *field goal*, la secuencia de jugadas, que mezcló duras carreras de Brandon Jacobs y Ahmad Bradshaw con rápidos pases de Eli Manning, obligó a Belichick a hacer ajustes sobre la marcha. Durante los dos primeros *drives* que su equipo jugó en ataque estuvo todo el rato con sus jugadores de defensa explicando los cambios que harían en el campo.

Lo que no vio el *head coach* en esos ratos fue a su *quarterback* en el suelo o perseguido por el feroz *rush* de los Giants. No importaban los ajustes de Brady en la línea de *scrimmage*, New York los conocía y también tocaba los suyos para acabar encontrando los huecos en el camino hacia el MVP. Justin Tuck estuvo especialmente dominante en una primera mitad en la que registró dos *sacks* y varios golpes sobre Brady. El *quarterback* mostró detalles que indicaban que estaba jugando tocado: pases flotados, desconexión en algunos envíos y sobre todo una preocupante falta de precisión en los pases profundos que habían sembrado el terror durante toda la temporada en las defensas rivales. Aunque New England se fue al descanso ganando, 7-3, Belichick estaba preocupado. Sin juego de carrera (los Patriots acabarían el encuentro con 45 yardas vía terrestre) ni respuesta en la protección a Brady, sabía que necesitaría que su defensa ganara en esta ocasión el partido. Así lo declaró a la FOX, la cadena encargada de la retransmisión, en la protocolaria pregunta del intermedio; fue un arrebato de sinceridad poco habitual en el *head coach*.

New England echó mucho de menos a su *kicker* de las tres Super Bowls victoriosas, Adam Vinatieri, cuando decidió declinar un intento de *field goal* de 49 yardas por una conversión de 4.º *down* y 13 yardas ante una defensa que constantemente estaba golpeando a Brady. Aparentemente, Gostkowski no tenía la confianza para chutar esa patada. Durante todo el año no había convertido un *kick* tan largo, pero en el prepartido se le había visto anotar desde más de cincuenta yardas. Esos tres puntos tendrían un peso enorme al final del choque.

Cuando New York anotó su primer *touchdown* de la noche en el último cuarto, los Patriots estaban contra las cuerdas. Ya habían ganado partidos igual de complicados en la *regular season*, pero ante estos Giants tres puntos parecían una diferencia insalvable. Entonces Brady sacó lo mejor de sí mismo, se levantó una vez más de todos los golpes recibidos y condujo un *drive* de ochenta yardas en doce jugadas que finalizó con un pase de *touchdown* a Moss, el primero en todos los *playoffs*. No fue un *drive* perfecto, pero era justo lo que necesitaban en ese momento. Ahora era el turno de la defensa de rematar la faena. En la banda, Tedy Bruschi se conjuraba con Junior Seau para lograr ese último *stop*. En la otra banda, Michael Strahan, en su último partido como profesional, arengaba a sus compañeros de la ofensiva con unas palabras que resultarían proféticas: «17-14 es el resultado final, chicos. ¡Un *touchdown* y somos campeones del mundo!».

Lo que pasó a continuación es parte de la historia de la NFL. Eli Manning. David Tyree. La recepción contra el casco. Plaxico Burress. *Touchdown*. Los New York Giants, campeones de la Super Bowl XLII. No habría final perfecto para el equipo perfecto. Un desolado Belichick no llegó siquiera a presenciar la última jugada defensiva de su equipo. Se marchó tras estrechar la mano de Coughlin con un segundo en el reloj y una obligada rodilla al suelo que tomar por el rival. Aunque el *referee* Mike Carey se lo comentó, el *head coach* no quería pasar un momento más sobre el césped. Su salida supuso un tremendo golpe moral para un equipo que estuvo a punto de tenerlo todo y que se marchó con la sensación de no haber conseguido nada. Brady admitió tiempo después que la derrota le dejó en estado de *shock* durante semanas: «Pasó al menos un mes hasta que volví a sentirme mejor. Fue una pesadilla. Te despiertas por la mañana y te dices: "No pudo suceder. No pasó de aquella manera, es imposible". La herida de aquella final es muy profunda. Y muy grande».

En la cabeza de Tom Brady

TERCERA PARTE

*J*untar en el mismo equipo a Randy Moss y a Tom Brady tendría que ser ilegal. O eso debieron pensar las otras treinta y una franquicias cuando, el segundo día del *draft* de 2007, Belichick se hizo con los servicios del excepcional receptor por una cuarta ronda.

El *quarterback* de California nunca ha tenido un talento así a su lado. Es cierto que ha habido jugadores diferenciales en las filas del equipo de Boston, pero nadie puede igualar el talento y el don de Randy Moss para jugar al *football*.

Josh McDaniels, coordinador ofensivo de los Patriots, supo desarrollar aún más todas las virtudes del excéntrico *wide receiver*. Una de las mejores maneras que tuvo de hacerlo fue usándolo en formaciones con un personal en concreto.

	RB	TE	WR
23	🏈🏈	🏈🏈🏈	
22	🏈🏈	🏈🏈	🏈
21	🏈🏈	🏈	🏈🏈
20	🏈🏈		🏈🏈🏈
13	🏈	🏈🏈🏈	🏈
12	🏈	🏈🏈	🏈🏈
11	🏈	🏈	🏈🏈🏈
10	🏈		🏈🏈🏈🏈
02		🏈🏈	🏈🏈🏈
01		🏈	🏈🏈🏈🏈
00			🏈🏈🏈🏈🏈

En *football* americano, el personal viene determinado por el número de *running backs* y de *tight ends* de la formación. Un personal 11 significa que en esa alineación se encuentran un *running back*, un *tight end* y tres *wide receivers*. En un personal 20, lo que tendremos en la alineación serán dos *running backs*, cero *tight ends* y tres *wide receivers*. Con un personal 21, el equipo tendrá sobre el campo a dos *running backs*, un *tight end* y dos *wide receivers*.

El primer número de los dos dígitos nos indica cuántos *running backs* se alinean, mientras que el segundo nos dice el número de *tight ends*.

McDaniels aisló a Moss en personal 13 y 22 para poder aprovechar sus cualidades en el uno por uno y así batir a su defensor cada vez. Para ello, el coordinador ofensivo utilizaba formaciones pesadas y muy cerradas dejando al receptor en un lado mientras su *quarterback* jugaba debajo del *center*. Así, el *quarterback* podría jugar el *play action*, atraer a la defensa ante una posible jugada por tierra y dejar mucho campo para que Moss jugase contra solo un defensor.

A continuación, os detallamos algunas de las formaciones más clásicas que usó el equipo de Belichick para hacer brillar a Randy Moss y a Tom Brady.

PERSONAL 22

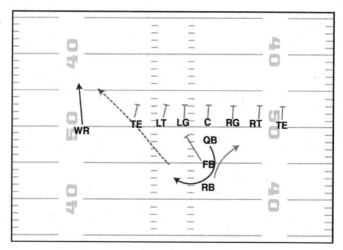

Aquí tenéis un ejemplo con personal 22. Tom Brady saliendo desde debajo del *center* y un *fullback* y *running back* en el *backfield*. A su vez, dos *tight ends* en ambos lados de la línea ofensiva y Randy Moss aislado a la izquierda.

Esta formación es una amenaza para la defensa en el juego terrestre, ya que acumula mucha gente como posibles bloqueadores. Para evitar que el rival corra, la defensa debe colocar mucha gente en la caja y dejar vacío el exterior. Con alguien como Randy Moss, tan bueno en el 1x1, esto es una invitación a jugar para él.

Antes del *snap*, Brady ya reconocía la ventaja, por lo que era cuestión de vender un buen *play action*, hacer que la defensa saltase a la carrera y buscar a su *wide receiver*. Unas veces sería en rutas *fade* como la que tenéis en la imagen, aprovechando las talentosas manos de Moss en balones divididos, o también podríamos verlas con rutas *slant*, donde su rápido *release* hacía que ganase separación de manera muy rápida. El toque en los lanzamientos de Brady hacía el resto.

PERSONAL 13

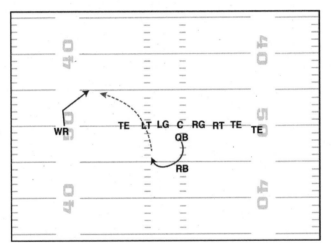

Otra de las formaciones donde más peligro se creaba era la que McDaniels jugaba con tres *tight ends* y un solo *running back*. Situar a tantos TE le generaba al ataque muchos *gaps* más para el corredor, por lo que la defensa volvía a tener que acercar jugadores a la caja para prevenir el juego terrestre.

El *play action* seguía siendo la mejor baza de Brady para dejar aún más solo a Moss y hacer así que este atacase la espalda de los *linebackers* cuando arrancaban a parar la posible carrera. Esta formación se veía mucho en situaciones cercanas a la zona de anotación, donde el ataque necesitaba que las rutas fueran cortas y rápidas. Sin embargo, también era algo que McDaniels quería jugar para aprovechar la velocidad y cualidades físicas de Moss.

New York Jets vs New England Patriots
Semana 1
7.15 para finalizar el tercer cuarto
2nd&5
Yarda 49 de Patriots

Esta vez, y como veis en la imagen, los Patriots formaron con personal 12 (un RB y dos TE), pero usando un línea ofensivo extra en el lado izquierdo y buscando mucha protección para que Brady pudiese aguantar un segundo más en el *pocket* y dar tiempo a que Moss desarrollase su ruta profunda. Tras recibir el *snap*, Brady jugó el *play action* y realizó su lectura de los *safeties*. El pase fue perfecto y ayudó al *wide receiver* en su carrera hacia su primer *touchdown* como «patriota».

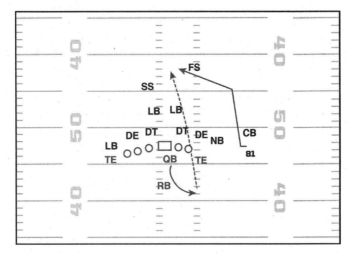

Tom Brady disfrutó del mejor *wide receiver* muy pocas temporadas, y ese 2007 quedará en la historia de la liga por el nivel que mostraron ambos jugadores, pero también por la manera en que Josh McDaniels entendió el juego de dos talentos inigualables.

TERCER CUARTO

7

El método TB12

Es alguien que ha influido mucho en la manera de cuidar mi propio cuerpo. Él marca la rutina y el proceso que sigo cada semana con la idea de prepararme para jugar sin dolor y con alegría. Así es como soy capaz de entrenar sintiéndome bien. Sin él, no podría estar aquí ahora.

$\mathcal{H}$ay una expresión muy conocida en el mundo del *football* americano. Cuando una ofensiva está en el campo, su idea es la de ir avanzando hasta llegar a la *end zone* rival. Para ello, tiene que «mover las cadenas». Esta expresión hace referencia a los dos *sticks*, unidos por una cadena, que marcan las diez yardas que el ataque debe ir traspasando para seguir sobre el terreno de juego. Cada *stick* está sujetado por un oficial. Además, hay otro oficial que sujeta el cartel del número de *down* que se está jugando en ese momento. Una vez que el equipo traspasa el segundo *stick*, las cadenas vuelven a situarse diez yardas más allá. Cuando un *quarterback* tiene el balón en sus manos, lo único que quiere es que esas cadenas sigan moviéndose hacia delante. El movimiento de las cadenas es el alma de este deporte, es por lo que trabaja todo el cuerpo ofensivo. Mover cadenas te hace ganar confianza en ti mismo y arrebatársela a tu rival. Mover cadenas es, por lo tanto, lo que mejor ha sabido hacer Tom Brady. Pero no siempre ha podido estar en el emparrillado para intentarlo.

El 7 de septiembre de 2008, Tom Brady jugaba su partido número 128 de consecutivo. Desde que era titular, había obtenido cien triunfos y solo acumulado veintisiete derrotas: un setenta por ciento de victorias. En esta primera semana de competición, los New England Patriots se medían a los Kansas City Chiefs, así estrenaban la nueva temporada en el Gillete Stadium. Cuando restaba 7.39 para finalizar el primer cuarto, desde la yarda 43 de su rival, el equipo local se enfrentaba a un «primero y diez». Mientras Tom Brady leía a la defensa desde debajo del *center*, y justo antes de recibir el *snap* de su compañero, Bernard Pollard, *safety* de los Chiefs, se desprendía de la zona profunda para llegar hasta la línea de *scrimmage*. Tras el *snap*, Brady jugó su *dropback* de siete pasos para darle tiempo a sus receptores a jugar las rutas profundas asignadas. Mientras el *quarterback* miraba a Randy Moss en el exterior y se preparaba para lanzarle el balón, Pollard había llegado al *pocket*, deshaciéndose de Sammy Morris, *running back* de los Patriots y encargado de bloquear ese *blitz* del *safety* rival. Todo el estadio miraba el vuelo del ovoide camino de las manos de Moss, quien atrapó el balón convirtiendo el pase de Brady en una ganancia de 26 yardas, algo que resultó inútil, porque el propio Moss perdió el balón, siendo recuperado por la defensa de los Chiefs. Pero eso no era lo realmente grave de esa jugada. «Recuerdo estar siguiendo el balón con la mirada campo abajo —decía Matt Cassel, *quarterback* suplente de los Patriots—. Entonces se hizo el silencio. Yo pensaba que era por el *fumble*, pero me di cuenta de que algo no iba bien en el *backfield*. Tom no es de los que se queja o finge cuando lo golpean. En ese momento, llevaba tres años en el equipo y sabía que Tom era uno de los tipos más duros de la liga. Algo muy malo había ocurrido si Tom no era capaz de levantarse por sí mismo.»

Veintiséis yardas por detrás de Randy Moss y rodeado por sus compañeros, Brady gritaba de dolor mientras se agarraba su rodilla izquierda. El silencio se apoderó de todo Foxboro. Pollard había golpeado la rodilla del *quarterback* cuando este jugaba el *step-up* para lanzar el balón. El cuerpo fue hacia delante, poniendo todo el peso en su pierna izquierda, mientras esa rodilla iba para detrás debido al impacto del defensor. Ayudado por los médicos, Brady salió del campo en dirección a los vestuarios. No regresó al terreno de juego.

Los peores presagios se confirmaban, y el cirujano de Brady, Neal AlAttrace, le dijo que su rodilla necesitaba una operación porque había sufrido una rotura de ligamento medio y anterior, por lo que estaría alejado de los terrenos de juego durante nueve meses como mínimo; entre la rehabilitación y la recuperación, podría pasar un año para volver a la completa normalidad. Nunca se había perdido un partido y ahora se iba a perder toda la temporada.

Tumbado en la cama de su cuarto, Brady no podía parar de darle vueltas a su cabeza. Lo habían golpeado y dañado, pero el partido había continuado. Otro *quarterback* se había situado en el *pocket* y el choque se había terminado de disputar con total normalidad, incluso con victoria para los suyos. Brady ya había estado en una situación similar, aunque fue él quien tomó el lugar dejado por un compañero. En la televisión de aquella habitación, aparecía su entrenador delante de las cámaras. «Nos sentimos realmente mal por Tom —decía Belichick en la rueda de prensa de esa misma tarde—. Nadie ha trabajado más y tan duro como lo ha hecho él por este equipo. Juega en una posición muy específica y la ha jugado de manera fantástica. Ahora habrá alguien más jugando esa posición.»

Robert y Myra Kraft fueron a visitar a Brady esa misma noche. «Nunca he visto a Tom tan vulnerable, tan triste», recordaba el dueño de los Patriots. El propio Robert Kraft no tenía nada claro que el *quarterback* fuese a volver al nivel que había mostrado en su carrera, pero no quiso que sus miedos pudiesen verse reflejados delante de Brady. Robert le prometió a su jugador que haría todo lo que estuviese en sus manos para ayudarlo en ese duro proceso de recuperación que tenía por delante. «Eres de la familia, Tom —le dijo Myra—, y nosotros cuidamos de nuestra familia.» Tom Brady no tenía tiempo para lamentarse de nada más. Descolgó el teléfono y llamó a alguien que sabría cómo ayudarle a volver de la mejor forma posible.

Alex Guerrero había nacido en una familia católica. Sus padres se habían convertido a la Iglesia de Jesucristo y los Santos de los Últimos Días en su país de origen, Argentina. Para poder cumplir sus sueños y tener una vida plena, la familia decidió emigrar a Estados Unidos. Un misionero de la Iglesia, amigo de la familia, los ayudó cuando se mudaron a Southern California, donde el pequeño Alex creció y estudió bajo una gran influencia religiosa. De niño, sus deportes favoritos eran el béisbol y el tenis, aunque nunca destacó en nada de eso. «No gané mucho tamaño», relataba Guerrero entre risas.

Al haber nacido en el seno de un hogar de habla hispana, y después de haber terminado la escuela secundaria, Guerrero tuvo la oportunidad de servir como misionero en un área de Washington donde el idioma español predominaba por encima de los otros. Cuando regresó de la misión, comenzó a estudiar Medicina Tradicional China en la ya desaparecida Universidad Samra de Los Ángeles. Allí se graduó como masajista terapéutico mientras comenzaba a trabajar con atletas en sus ratos libres para poder pagarse las clases. En 1996, y con el título debajo del brazo, decidió abrir una clínica rehabilitadora en la misma ciudad donde estuvo cursando sus estudios. Llamarlo clínica quizás era decir demasiado. El negocio contaba con dos habitaciones en la parte trasera de un gimnasio para mujeres. Esa zona del edificio no tenía entrada, por lo que, para acceder a ella, los clientes tenían que atravesar todo el gimnasio o subirse a un muelle de carga. «En mis inicios, mi visión no era lo que es hoy en día —cuenta Guerrero—. Comencé a tratar a corredores de atletismo y siempre me encontraba con la misma lesión recurrente en los isquiotibiales (parte posterior del muslo).» Guerrero decidió observar a sus atletas en el campo de entrenamiento con la esperanza de poder entender por qué eran tan vulnerables a esa lesión en concreto. Lo que aprendió se convirtió en la base de toda su filosofía. «Me di cuenta de que lo que estaban haciendo en el gimnasio, y lo que estaban haciendo en la pista, eran mundos aparte.» Guerrero veía que, con su tratamiento, los atletas comenzaban a mejorar su rendimiento, conseguían ser más rápidos, más fuertes y, sobre todo, se lesionaban menos.

Su método se basa en la idea de que la mente, el cuerpo y el alma estén conectados. «La medicina tradicional china te habla de encontrar la armonía en estos tres aspectos, de darle equilibrio a la vida —explica Guerrero—. La idea de que el cuerpo estuviera conectado espiritual, emocional y físicamente tenía todo el sentido del mundo para mí. Creo que las cosas no ocurren por casualidad. Dios tiene la habilidad de manejar nuestra vida sin coartarnos la libertad. Por lo tanto, por una razón u otra, es él quien me ha traído por este camino», dice.

El terapeuta siempre ha sido un hombre de fe, así que se vio sorprendido por las primeras críticas hacia él y su tratamiento. «Cuando comencé, la mayoría de las críticas provenían de personas dentro de mi fe. Pensaban que eso no era medicina real. Para ellos, lo que yo hacía era vudú o brujería, lo cual me resultaba curioso, porque todos nosotros hemos creído en la curación mediante la fe. Hacemos imposición de manos, creemos en la oración, y siempre me sorprendió un poco que la gente de mi fe se burlara de mí por eso.»

La Iglesia de Jesucristo de los Santos de los Últimos Días considera que la «fe para sanar» es un don del Espíritu Santo, y el uso de la imposición de manos para transmitir la sanidad de Dios es una práctica generalizada en el cristianismo. «Desde que me gradué en la universidad, siempre he rezado para que el poder sanador de la expiación llegase a través de mis manos —decía—. Y es interesante, porque, a lo largo de los años, la gente me ha insistido mucho en esto. Me han dicho que mis manos eran mágicas o que había algo poderoso en ellas. No pienso que sea milagroso, pero siempre he tenido presente que mis manos serían parte importante en todo lo que hiciera.»

Aparte de tener su fe, Guerrero se dio cuenta de que, el masaje terapéutico podía ayudar a las personas a sentirse drásticamente mejor, y desarrolló sus técnicas fusionando la filosofía de la medicina tradicional china con su nueva habilidad.

A principios del año 2000, Alex Guerrero añadía deportistas profesionales a su agenda, y su nombre comenzaba a escucharse por los vestuarios del deporte estadounidense. Así fue como Willie McGinest, *outside linebacker* del equipo de Belichick, contactó con el terapeuta para comenzar a tratarse problemas físicos: hizo que Guerrero fuese a las instalaciones de los New England Patriots a realizar los cuidados médicos correspondientes. Todos los meses, Guerrero viajaba seis veces a la Costa Este para trabajar con McGinest. En la temporada 2004, Brady pasaba más tiempo de lo normal fuera de los entrenamientos por problemas físicos, algo que no era habitual en él. Fue el propio *linebacker* quien, al ver a su *quarterback* perderse tantos entrenamientos, preparó una reunión en su casa para que Brady y Guerrero se conociesen. «Cuando Willie te recomienda que hagas algo, tú lo haces —decía Brady—. Aun así, no esperaba mucho de aquel encuentro. Por muy bien recomendado que estuviese Alex, ¿qué podría hacer él distinto a lo que yo venía haciendo desde que jugaba en el instituto? ¿Acaso había algo más que no fuese ponerse hielo, descansar, volver a jugar, mantenerse en forma e intentar evitar lesiones? Eso ya lo hacía y los resultados siempre eran los mismos, así que ¿qué otra cosa me podía aportar Guerrero a mí?», recordaba el *quarterback*. Tom Brady estaba más preparado que nunca y cada vez tenía más acceso a mejores métodos de entrenamiento, pero no podía dejar de sentir dolor en su brazo y en su hombro de lanzar. Era algo que había aparecido a finales de 2003 y que no había remitido, así que no había problema en intentarlo de otra manera. «No tenía absolutamente nada que perder. Yo pensaba que tenía todas las respuestas. Un dolor en el brazo de lanzar no significa, necesariamente, que tu carrera se vaya a acabar, pero empezaba a dudar hasta qué punto podría estar aguantando este dolor y cuándo mi cuerpo diría "basta".» Uno de los días en los que Guerrero estaba en la ciudad para tratar a McGinest, Brady acudió a la cita.

Lo primero que sorprendió al *quarterback* fue la idea que Guerrero le estaba exponiendo. Brady estaba acostumbrado a que el preparador físico hiciera una cosa, el entrenador de posición otra distinta y el masajista otra que tampoco iba en consonancia con lo anterior. «Alex había pasado su vida estudiando varias perspectivas de trabajo y creando un enfoque mental para el rendimiento deportivo y el bienestar general del cuerpo. El compromiso con sus clientes era muy claro: si a mí me dolía, a él le dolería verme así», cuenta Brady.

Ese fue el momento en el que Tom Brady y Alex Guerrero comenzaron a trabajar juntos. La primera prueba que el rehabilitador debía pasar era conseguir que los dolores en el brazo del *quarterback* remitiesen. Para ello, Guerrero hizo algo que ninguno de los anteriores fisioterapeutas había hecho. Brady había estado siendo tratado con toda clase de métodos, entre los que se incluían los masajes con frío y calor, electroestimulación, ultrasonidos, trabajo quiropráctico, estiramientos, etc. Con Alex, todo esto no existía en el inicio del tratamiento. Brady sufría tendinitis en su codo y, para controlar el dolor, Alex comenzó a concentrarse en los músculos que rodeaban la zona afectada mediante el uso de un trabajo específico de fuerza. La primera parte del tratamiento consistió en estirar y suavizar los músculos que rodeaban la articulación del codo y aplicar hielo solo en el tendón inflamado del codo. Con este trabajo, Guerrero conseguía liberar presión en el tendón, por lo que el dolor iba remitiendo poco a poco. «Alex me dijo que el dolor seguiría desapareciendo si continuaba trabajando en este método, y la verdad es que tenía razón. En las siguientes cuarenta y ocho horas, mi codo se encontraba muchísimo mejor que en los últimos ocho meses. Dos semanas después, tanto mi codo como mi hombro estaban recuperados. Comencé a preguntarme si esto se podría llevar a cabo en todo el cuerpo», contaba Brady. Aquí es donde nace el concepto de *pliability* (flexibilidad) del Método TB12.

Y

Pliability es el centro desde donde todo gira en torno a las facultades físicas que siempre nos ha mostrado Tom Brady. Estar jugando hasta más allá de los cuarenta años es algo que no suele suceder, y menos aún cuando se realiza con tanto éxito como el *quarterback* de California. Alex Guerrero y él no consideraban la *pliability* como una manera de recuperarse de lesiones, sin más, también la realizaban para reeducar su cuerpo y prevenir posibles problemas. Para ellos, este trabajo era un primer sistema de defensa contra los inconvenientes de practicar un deporte tan duro y exigente como es el *football* americano. Los jugadores no están preparados, muchas veces, para recibir impactos que se dan en el juego, así que Brady estaba preparando su cuerpo para absorber mejor todo tipo de golpes. Al finalizar la temporada 2005, y después de más de un año de tratamiento con Guerrero, Brady no notaba ningún tipo de dolor en su brazo de lanzar y, cuánto más pasaba, mejor se sentía. «Comenzaba a darme cuenta de que la *pliability* era lo que le faltaba al modelo tradicional de acondicionamiento y fortalecimiento, algo que había que incorporar de inmediato en todos los niveles —recordaba el propio *quarterback*—. El hecho es que, al implicarme más con este método, mi rendimiento dentro y fuera del campo ha ido mejorando exponencialmente.»

Cuando la temporada de 2006 acabó en aquella derrota frente a los Colts en la final de la AFC, Brady estaba a punto de cumplir treinta años, una edad donde muchos de los jugadores de la liga comienzan a sufrir un declive en su juego y en su físico. Además, padecía un fuerte dolor en su ingle que apenas le permitía mover la pierna. Tras pasar varias pruebas médicas, los New England Patriots le comunicaron que necesitaba operarse en la zona para rehabilitar la lesión. Alex Guerrero, en cambio, no estaba de acuerdo con el dictamen médico y convenció a Brady para que no pasase por quirófano. El terapeuta se puso manos a la obra y le dio a Brady una serie de ejercicios para mejorar la flexibilidad de la zona dañada, incluidos unos masajes aportados por el propio Guerrero que el *quarterback* nunca había visto. Estos masajes no eran los típicos de media hora que le habían proporcionado con anterioridad, Alex ejercía una gran fuerza sobre la zona por rehabilitar, haciéndolos profundos y con una altísima intensidad. Al cabo de unos días, el dolor había desaparecido por completo y

Brady tenía claro que esa relación con Guerrero, quien brillaba por ser muy metódico, constante e incansable, le iba a proporcionar algo muy importante para su carrera, la durabilidad.

A principios de octubre de 2008, Tom Brady, su novia Gisele Bündchen, Robert Kraft y la mujer de este, Myra Kraft, viajaban en el avión privado del dueño de los Patriots a Los Ángeles para que el doctor Neal ElAttrache operase la rodilla dañada del *quarterback*. Esta decisión, la de operarse fuera de Boston y de la estructura de los Patriots, fue muy criticada por los medios que cubrían al equipo. Sin embargo, Brady tenía muy claro quién iba a ser el encargado de que todo saliese bien con esa rodilla. «Elegí a Neal porque lo conocía y sabía de su compromiso con cada paciente —relataba Brady—. Hay grandísimos doctores por todo el mundo, pero Neal era el idóneo para mí. Mi padre siempre me ha dicho que los árboles altos luchan contra vientos fuertes, y sé que Neal es el tipo de persona que, cuando estás en lo más alto de tu profesión, puede capear con este tipo de tormentas. Creo que su manera de hacer las cosas, en aquella operación, fue brillante.» La cirugía se practicó el 6 de octubre en la Clínica Ortopédica Kerlan-Jobe; tras la operación, Brady se quedó en la ciudad californiana para seguir la recuperación estipulada.

La operación no tuvo mayores complicaciones y todo salió como tenía que salir, pero a los pocos días algo en esa rodilla no iba bien. Brady seguía con dolor. «Tuve el aparato ortopédico puesto en la pierna dos días. Después de esos dos días, decidí quitármelo para poder demostrarle al mundo lo rápido que podía curarme —recordaba Brady—. Estuve haciendo demasiadas cosas esos días, y es por eso por lo que contraje la infección.» El *quarterback* tuvo que pasar por quirófano otras dos veces más para limpiar una infección que se le había originado tras la primera cirugía.

Ni Brady ni el doctor ElAttrache tuvieron dudas en cuanto a la recuperación. A pesar de los rumores surgidos tras estas dos cirugías extra, ninguno de los dos se planteó que el *quarterback* se perdiera la temporada 2009. «Cuando tienes una operación de tal calibre, sabes que hay cosas que pueden no salir del todo bien —explicaba Brady—. Vas a tener días buenos, pero también los vas a tener malos. Es parte de la vida, parte del proceso de recuperación, así que tienes que saber lidiar con todo esto. Si a tu lado tienes a la gente correcta, vas a poder superar cualquier contratiempo.

Además, soy una persona que siempre está buscando el sentido positivo a cualquier situación que se presente, así que, cuando algo no va bien, solo digo: "Vale, ha pasado esto, ¿qué hay que hacer para arreglarlo? Si lo que haces es compadecerte, estás malgastando energía en algo que no te va a ayudar a mejorar".» Brady siempre ha tenido algo que muchos le han envidiado: su familia, sus amigos y sus compañeros siempre han estado ahí cuando lo ha necesitado. Y uno de los más importantes ha sido Alex Guerrero.

A partir de este momento, Guerrero comenzó a supervisar todo el proceso de rehabilitación y de recuperación del jugador, pero siempre coordinándolo con el doctor ElAttrache y el cuerpo médico de los Patriots. Sin embargo, Brady no iba a limitar su trabajo a lo que los médicos específicamente le habían dicho. Su método formaba parte de ese proceso y no había nada ni nadie que pudiese cambiarlo. «Cuando sufres este tipo de lesión, se sigue una metodología prácticamente igual en todos los hospitales, con todos los cuerpos médicos, con los doctores, con los recuperadores físicos…, con absolutamente en todos —decía el *quarterback*—. No importa los años que tengas, cuánto mides, cuánto pesas o cuál es tu nivel atlético. Los procedimientos son muy similares. "Esto es lo que tienes que hacer durante la semana uno. Esto es lo que tienes que hacer durante la semana dos." Y así sucesivamente.» Pero él no quería eso. De hecho, a medida que avanzaba la rehabilitación, Brady y Guerrero adelantaban los tiempos viendo que el cuerpo del jugador respondía bien al tratamiento. La idea de Guerrero era la de trabajar los músculos que rodeaban la articulación de la rodilla, como había hecho anteriormente con la articulación del codo y hombro en aquel 2004. El terapeuta trataba de estabilizar la rodilla fortaleciendo esos músculos, dándole la oportunidad a la articulación de estar más relajada y preparada para los movimientos propios de un *quarterback*. Con las sesiones de *pliability*, el cerebro y el cuerpo de Brady pudieron volver a aprender cómo se supone que funcionan los músculos que rodean a la rodilla. Ocho semanas después, Brady ya estaba corriendo sobre la arena de la playa.

Durante esos tres primeros meses de competición, los New England Patriots fueron capaces de seguir ganando partidos a pesar de no contar con su máxima estrella y con el auténtico líder dentro del vestuario. Hasta el momento, Bill Belichick había encontrado la manera de que Matt Cassel, el *quarterback* que había reemplazado a Brady, se mostrase como un jugador bastante válido para el puesto. A finales de noviembre, el equipo mantenía un récord positivo y peleaba por llevarse su división. En la semana 13, los Patriots recibían a unos poderosos Pittsburgh Steelers, que llegaban con nueve partidos ganados y tres perdidos. Ese día, en el Gillete Stadium, había alguien importante viendo el duelo. Tom Brady había regresado a casa para seguir su recuperación en las instalaciones del equipo y no perdería la oportunidad de apoyar a sus compañeros en lo que quedaba de temporada.

El encuentro fue una pesadilla para los Patriots en general y para Matt Cassel en particular. Nada más comenzar el choque, la defensa del equipo local interceptó a Ben Roethlisberger dejando el balón en la yarda 14 de su rival. El ataque lo aprovechó para anotar su primer y único *touchdown* de la noche con una carrera de Sammy Morris. A partir de aquí, la defensa de los Steelers tomó el mando y mantuvo una presión constante sobre el *quarterback* de los Patriots. Cassel acabó el encuentro con cero *touchdowns*, dos intercepciones y dos *fumbles* perdidos. Como no podía ser de otra manera, a cada fallo del *quarterback*, las cámaras dirigían su mirada hacia Tom Brady. Belichick mantuvo una charla con Brady esa misma semana. En ella, el entrenador le explicó a su jugador que necesitaban menos atención de los medios y que no era bueno para nadie que él estuviese en la banda. «A cada fallo de Matt, la sombra de Tom se hacía más grande, y eso era algo que no nos podíamos permitir en ese momento si queríamos seguir ganando», contaba Belichick. Brady entendía perfectamente la situación, así que se quedaba en casa viendo los partidos en la televisión. Sin embargo, esto era algo que le hacía sentirse incómodo. Para Brady, jugar al *football* era como formar parte de una familia. Él veía a los componentes del equipo como sus hermanos, le encantaba la camaradería que se creaba en el vestuario y poder compartir recuerdos y anécdotas con ellos. Si quisiese estar solo, hubiese preferido jugar al tenis o al golf. Lo único que quería era volver a ser parte del grupo, y eso era algo que, simplemente, ahora no iba a suceder. Finalmente, decidió volver a Los Ángeles para terminar de rehabilitar su rodilla, con la intención de poder volver al cien por cien en el inicio de la siguiente temporada.

Los New England Patriots terminaron ganando sus últimos cuatro partidos, lo que les dejó un récord final de 11-5 e igualados a los Miami Dolphins. No obstante, y por criterios en el desempate, no solo no fueron campeones de su división, sino que, además, se quedaron fuera de *playoffs* por primera vez desde 2002. El equipo no era el mismo sin Tom Brady, así que la pregunta no podía ser otra en ese momento: ¿volvería de la lesión en el mismo estado de forma con que había acabado la temporada 2007, donde había llegado a ser MVP? Los Patriots mantenían el silencio sobre su recuperación, algo que también hacía el propio *quarterback*.

Cuando regresó a Los Ángeles, lo primero que Brady quiso hacer fue visitar a su amigo, el doctor ElAttrache, para llevarle lo que para él era un regalo. Lo citó en un parque de Southern California y, con la puesta de sol de fondo, el *quarterback* le hizo al cirujano una demostración de lo lejos que había llegado en la recuperación de su rodilla dañada. Brady comenzó un breve entrenamiento basado en un pequeño calentamiento, algunos *dropbacks, roll outs* y lanzamientos donde mostraba que su rehabilitación iba viento en popa. Cuando acabó la exhibición, se giró hacia su médico y con una sonrisa en la cara le dijo: «Bueno, ¿estás contento?». «Brady había sobrepasado lo que yo pensaba que podría hacer en ese momento del proceso de recuperación. A partir de ahí, supe al cien por cien que iba a volver a ser el de antes», contaba el doctor ElAttrache.

Después de haber estado haciendo ejercicios él solo, el 1 de febrero, día en el que los Steelers y los Cardinals se jugarían la Super Bowl XLIII, Tom Brady avisó a algunos de sus compañeros para empezar a lanzar algo más en serio. En el campus de la universidad de UCLA, el *quarterback* comenzó a pasar balones a receptores que corrían rutas de verdad, rutas que no había visto desde septiembre del año anterior. Para él, ese Super Bowl Sunday también era día de partido. Tras todo este tiempo alejado del emparrillado, Brady había tenido mucho tiempo para reflexionar sobre lo que había logrado y, sobre todo, lo que podía conseguir en el futuro. El *quarterback* llevaba ocho temporadas en la élite y en su cabeza rondaba la idea de jugar, al menos, otras ocho más. En ese momento, Tom Brady tenía treinta y un años, lo que significaba que, si jugaba otras ocho o nueve temporadas, lo más probable sería verlo lanzar pases con más de cuarenta años, algo realmente difícil dada la dureza del deporte. «Supe que iba a volver a jugar ese mismo domingo —relataba Brady—. Veía el partido y quería volver a jugarlo. Deseaba con todas mis fuerzas volver a estar ahí, así que, en ese momento, supe que todo saldría bien.»

Sin embargo, lo más importante para él, en ese mes de febrero, y aunque parezca imposible, no eran las buenas noticias sobre el estado de su rodilla. Gisele Bündchen le había dado el «Sí, quiero». La boda se celebraría el 26 de febrero en una iglesia de Santa Mónica en la más absoluta intimidad. «Lo planeamos en diez días —recuerda Brady—. Los padres de Gisele viajaron desde Brasil, avisé a los míos y tuve la suerte de poder contar también con mi hijo Jack, de solo dieciocho meses.» Jack Brady era el primer hijo del *quarterback*, fruto de su relación con la actriz Bridget Moynahan. Ambos siempre han mantenido una relación excepcional y Jack forma parte de la familia que Tom Brady ha construido con Gisele Bündchen. Para él, la familia está por encima de cualquier otra cosa, y Jack no iba a ser menos. «Después de la ceremonia, nos fuimos a casa, hicimos una barbacoa, bebimos champán y comimos tarta. Fue una noche excepcional. Respeto a quien quiere una boda con muchos invitados, pero, para mí, fue muy especial celebrar el día solo con nuestros padres», cuenta Brady. Mes y medio después, la pareja celebró una segunda boda en Costa Rica, igual de privada y con solamente veinticinco de sus amigos más cercanos.

Gisele ha sido una de las personas más fundamentales en la vida del *quarterback*. Ella ha tenido la capacidad de entender su competitividad interna, de apoyarlo en todas sus decisiones y de saber actuar cuando las cosas no han ido bien. Ese pilar en su vida es inamovible para él y no hubiese sido lo que es hoy en día sin la ayuda de Gisele Bündchen. Casarse con ella, en palabras del propio Brady, «es lo mejor que me ha pasado en la vida. No quieres sacrificarte por el deporte, pero cuando tienes una familia lo tienes que hacer. Es parte de tu vida. La parte más dura de seguir jugando es que mis hijos se hacen mayores y yo no puedo estar ahí para ellos. Las cosas siguen girando en torno a mi día a día, a mi agenda. Para ellos es duro porque muchas veces todo se centra en la vida de su padre y, aunque esa vida sea genial, sigue siendo la vida de su padre, no la suya. Es difícil buscar el equilibrio adecuado. Hay que hacer muchas cosas y tienes muy poco tiempo para ello». Bündchen sabe perfectamente de lo que habla su marido, pues reconoce la importancia del deporte para él: «El *football*, en lo que a mí respecta, es su primer amor. Es así: su principal amor».

Cuando Brady era más joven, siempre había pensado que no formaría una familia hasta los treinta y ocho o treinta y nueve. Su idea era la de no tener hijos hasta que estuviese a punto de dejarlo, porque él tenía claro el nivel de compromiso que se exige siendo padre. Es muy complicado que la familia de un *quarterback* estrella de la NFL sea la máxima prioridad porque durante la temporada no hay descanso. Cuando el curso comienza, estás sumergido en una maratón donde no puedes decirle a tu jefe que te deje parar un rato para pasar tiempo con los tuyos. «Creo que ellos saben lo mucho que trabaja su padre y lo mucho que los quiero. Los amo con todo mi corazón e intento hacer todo lo que puedo por mi familia —relata Brady—. Mi familia es para toda la vida y creo que eso no se puede subestimar. Tener en cada partido a mis hijos, a mi mujer, a mis padres, a mis hermanas, tenerlos en el palco animándome hace que salga al campo con la misión de alegrarles el día. Quiero salir ahí fuera y hacerlo lo mejor posible por ellos. Es muy difícil detener tu vida mientras dura la temporada, y lo es porque tus hijos siguen creciendo y están llegando a una edad donde son más graciosos que nunca, sus personalidades empiezan a formarse y yo tengo que seguir jugando al *football*, pero tengo algo que nadie más tiene. Sé que, al lado de mi mujer, puedo conseguir todo lo que me proponga como deportista profesional. Incluido poder jugar más allá de los cuarenta años. Tengo esta preciosa familia que me hace feliz, por lo que soy el hombre más afortunado de la Tierra.»

Otro de los pilares en su vida es Alex Guerrero, que, desde aquella lesión, se convirtió en algo más que su entrenador personal. El terapeuta fue su guía espiritual, su consejero, su masajista, su asesor nutricional, su socio comercial y su amigo personal. Guerrero forma parte de su familia, ya que, además, es el padrino de Ben Brady, el primer hijo del *quarterback* con Gisele Bündchen. «Tom es mi mejor amigo —cuenta Guerrero—. Hemos estado mucho tiempo juntos. Nunca estamos en desacuerdo y no hemos tenido problemas. Nadie nos conoce mejor que nosotros mismos.»

Aunque Tom Brady ya se movía como si no hubiese estado tanto tiempo parado, el terapeuta seguía siendo una parte fundamental en su recuperación. La rotura del ligamento cruzado anterior de la rodilla es una de las situaciones más difíciles de manejar por cualquier deportista. Requiere mucha paciencia, esfuerzo y compromiso para volver a sentirse en plenitud. Cuando Brady se rompió los ligamentos, los músculos que rodeaban la rodilla se contrajeron creando un bloqueo en la articulación, algo que llevó mucho trabajo deshacer. La función de la *pliability* consistía en eso, en volver a darle elasticidad y flexibilidad a esos músculos para que la articulación estuviese mucho más relajada. Para Guerrero, la solución al problema no tiene nada que ver con los ligamentos, los tendones o la articulación. Todo se basa en el fortalecimiento y flexibilidad que le otorgues a los músculos que rodean la rodilla. Si esos músculos no están equilibrados, las cargas de trabajo generan estrés en los ligamentos, tendones y en la propia articulación, así que este trabajo no es sostenible en el tiempo. En algún momento, algo volverá a quebrarse y se podrá romper. La idea de Guerrero era la de prevenir cualquier otra lesión en cualquiera de las articulaciones, por lo que el trabajo de Brady no solo debería darse en el gimnasio o en el campo de entrenamiento. El Método TB12 es una manera de vivir. Una forma de vida que no todo el mundo está capacitado para llevar. «Alex y yo hemos creado el Método TB12 con el único objetivo de mantener mi rendimiento al máximo. Esa es la razón por la que he podido competir a un nivel tan alto durante tanto tiempo. Es un método personalizado y completo que acelera la recuperación de las lesiones desde un punto de vista holístico y orientado a la prevención de cualquier problema físico», asegura Brady.

Durante los meses de rehabilitación y recuperación, Brady, junto con Guerrero, hizo un repaso a lo que había sido su estilo de vida hasta esa lesión. Como cada atleta que conocían, el *quarterback* comía y bebía casi cualquier cosa que se le pusiese delante. Daba igual que fuese una Coca-Cola, una pizza, una hamburguesa extra con doble de queso, una cerveza o lo que fuese. Alex Guerrero le introdujo en una manera más sana y que le ayudaría a prevenir lesiones. La hidratación era parte fundamental del proceso, ya que iba de la mano con la *pliability*. «Comencé a darme cuenta del problema que tenía con las cosas que estaba poniendo dentro de mi cuerpo y de mis músculos. Entendí que el rendimiento deportivo está totalmente ligado a lo que ingiero diariamente, así que tuve que cambiar mi dieta completamente», decía Brady. Ignorar cualquiera de estos dos principios significaba perder años de carrera deportiva. En la NFL, mantenerse sano es igual a durabilidad, que es lo que te lleva a la productividad. Brady insiste mucho en estos dos términos. «Si quieres jugar en la NFL, tienes que demostrar al mundo lo bueno que eres —relata el *quarterback*—. La cuestión es: ¿cuántas veces puedes tener tu cuerpo preparado para mostrarlo? La durabilidad, en mi opinión, es algo básico para seguir evolucionando en el juego. No puedo reconocer lo que está pasando delante de mí si no estoy en el campo día tras día para verlo. Tengo que estudiar mis errores, tengo que mejorar mis puntos débiles y tengo que conocer al rival. Y, esto, solo lo puedes hacer si cada día pisas el césped. No hay otra manera de hacerlo.» La idea de Brady de poder jugar más allá de los cuarenta años ha requerido mucho sacrificio personal, una disciplina severa y focalizar todos sus esfuerzos en el objetivo de mejorar sus debilidades. A Brady, la oportunidad de ser titular le llegó por una lesión de un compañero, y es algo que siempre ha estado en su mente. Él nunca iba a permitir que ocurriese tal cosa, así que la única manera que tenía para conseguirlo era seguir sano. «Mantener un rendimiento alto no es posible cambiando solo un par de hábitos, se trata de cambiar por completo tu vida. Requiere compromiso, disciplina y ser sincero con uno mismo. La carrera de *quarterback* y mi vida no son dos cosas distintas. Cada minuto, cada hora de mi vida, repercute en mi trabajo como jugador de *football* profesional. Esto incluye lo que como, lo que bebo, cuándo y dónde planeo mis vacaciones, absolutamente todo. Como *quarterback*, entreno alrededor de cuatro horas, pero son las otras veinte horas del día las que debo manejar bien para que el tiempo de entrenamiento sea eficaz.»

Alex Guerrero trabaja en el cuerpo de Brady los siete días de la semana, y dos veces al día durante la temporada de *football*. Cada sesión se centra en las piernas, los muslos y en su brazo derecho, al que llama «la máquina de hacer dinero». La programación que hacen del trabajo del jugador se hace con dos o tres años de antelación. «El Tom Brady que veis hoy, lo hemos planeado hace un par de años —cuenta Guerrero—. Él mejora con la edad. Cada día me cuenta que no tiene dolores y que está preparado para seguir jugando, y es algo que sabíamos que iba a pasar. Estoy plenamente convencido de que Tom puede jugar a un alto nivel más allá de los cuarenta y cinco años. Nunca nos hemos puesto límites. Si tú le dices a un atleta que va a terminar su carrera a los treinta años, su cerebro comienza a creerse eso y la neuroprogramación lo acepta. Sin embargo, no creo que el cerebro entienda el concepto del tiempo. Siempre le digo a Tom que no le diremos a nuestro cuerpo lo que queremos hacer, le diremos lo que queremos que haga.»

A su vez, Guerrero es parte imprescindible de lo que el *quarterback* come a diario. Alex mantiene contacto con el chef de Brady para hacerle saber cuál es la dieta diaria que debe aparecer en su mesa. Bajo sus premisas, come productos como la carne magra y el pollo solo durante el invierno, y los productos crudos son para el verano. El ochenta por ciento de lo que come Brady es comida alcalina, mientras que el otro veinte por ciento es ácida. Todos los días, Tom Brady se levanta a las seis de la mañana y toma un vaso de agua con electrolitos y, tras esto, bebe un batido de arándanos, banana y frutos secos. A su vez, el *quarterback* recomienda beber veinticinco vasos de agua al día para mantener hidratado el cuerpo. «Castigo tanto mi cuerpo a lo largo de la temporada que lo último que quiero es comer cosas que no vaya a digerir bien y que no sean la clase de nutrición que necesito para reparar y regenerarlo como se merece», apunta Brady.

Pero no solo queda aquí lo que Guerrero trabaja con Brady, ya que el terapeuta también hace ejercicios mentales con el *quarterback*. Todo el Método TB12 incluye trabajos cognitivos que ayudan a desestimular su mente con la intención de que, cada día, pueda quedarse dormido a las nueve de la noche. El descanso es una de las rutinas más importantes en el Método TB12. De hecho, la meditación y el sueño son factores cruciales para lograr óptimas condiciones. Antes de conciliar el sueño, Tom Brady medita y duerme con un pijama especial, que está diseñado con biomecánica por la marca Under Armour, material que permite una máxima recuperación de los músculos durante el sueño. «Si mis rivales no usan lo mismo que yo, les voy a ir cogiendo ventaja incluso cuando duermo», dice el *quarterback*.

Con todo esto, se puede decir que el Método TB12 no es solo un tipo de entrenamiento específico, es un proceso que engloba todo eso que contaba Alex Guerrero anteriormente sobre el cuerpo, la mente y el alma. Para Brady, ser un buen profesional es tomar responsabilidades sobre tu cuerpo, tu salud y tu carrera, porque «si no lo haces tú mismo, ¿quién lo va a hacer?», repite una y otra vez.

Tras la temporada de 2008, Matt Cassel había llamado mucho la atención después de haber cogido las riendas del ataque patriota. Evidentemente, las comparaciones con Brady no eran justas, pero se había ganado un nombre dentro de la liga. Cassel fue una séptima ronda de 2005 cuando salió elegido por los New England Patriots y, tras tres años, se convirtió en una pieza codiciada por algunos equipos carentes de *quarterback*. Así fue como Belichick transformó ese *pick* 230 en un *pick* 34 de los Kansas City Chiefs cuando Cassel fue traspasado en el mismo paquete que Mike Vrabel, otro de los capitanes y jugador vital en los tres anillos conseguidos con anterioridad. Nadie en la franquicia pensó que Brady pudiese perder el puesto de titular, y así se lo hicieron saber con este movimiento. Además de estas dos bajas, hubo otras pérdidas importantes dentro del organigrama técnico. Scott Pioli, mano derecha de Belichick, también hacía las maletas para seguir su carrera en los Chiefs y Josh McDaniels agarraba la oportunidad que le brindaban los Denver Broncos de ser su nuevo *head coach*. Bill O'Brien sería el nuevo coordinador ofensivo y quien tendría que seguir evolucionando el ataque que McDaniels había heredado de Charlie Weis. Pero no solo hubo cambios en el equipo, también los hubo en la liga. La NFL adoptó la que se denominó como «Brady Rule», una nueva regla que trataba de proteger más a los *quarterbacks* y que prohibía a los defensores lanzarse a las piernas una vez que estaban en el suelo. Esto provocó quejas en gran parte de la afición y de los más puristas, que consideraban que el juego estaba cambiando para sobreproteger a los pasadores.

Cuando los entrenamientos volvieron, en el verano de 2009, todos los titulares de prensa hablaban sobre el estado de forma de Tom Brady, quien aparecía en el terreno de entrenamiento con una aparatosa rodillera negra. En los primeros días de *training camp*, limitaba su tiempo en el campo para avanzar progresivamente con su recuperación. El *quarterback* quería más, pero el riesgo de recaída era demasiado grande como para permitirlo. Una vez allí, en su sitio natural, pudo verse a un Brady mucho mejor construido físicamente, más fino y con una presencia imponente, a pesar de haber estado parado durante todo ese tiempo. Su química con Wes Welker y Randy Moss seguía intacta, pero también iba creciendo la conexión con otro joven jugador. Se trataba de un pequeño chico que venía de ser *quarterback* en la Universidad de Kent State, pero al que Bill Belichick había reconvertido en *wide receiver* y en retornador de *punts*. Su nombre era Julian Edelman, y la energía que traía consigo era muy similar a la que otro joven chico californiano había demostrado allá por el año 2000.

En una de las primeras sesiones de vídeo del equipo en esta pretemporada, Belichick mostró un lanzamiento de Brady de más de treinta yardas hacia Wes Welker que resultó incompleto. El entrenador paró la cinta y se dirigió hacia Brady. «Tom, ¿cuánto tiempo llevas jugando? Llevas todo el *training camp* forzando demasiado los pases campo abajo. Tenías al *running back* abierto a cinco yardas para el primer *down*. Aprovecha esa ventaja y sigue jugando», acabó diciendo el *head coach*. En esa misma sala, asombrado por cómo Belichick se había dirigido a la estrella del equipo, Brian Hoyer observaba todo lo que ocurría. Hoyer fue *undrafted* en el último *draft*, pero el cuerpo técnico de los Patriots le veía como un jugador muy útil a la hora de ser el suplente del *quarterback* titular. A Brady, volver a recibir ese tipo de crítica no le molestaba. Al contrario, para él significaba que la vida estaba volviendo a la normalidad. Y eso era lo único que quería ahora mismo.

El 13 de agosto de 2009, Tom Brady volvió a ponerse la camiseta de los New England Patriots. Era un partido de pretemporada, pero el hormigueo en el estómago no indicaba eso. Es posible que, para la mayoría de los jugadores del equipo, ese enfrentamiento contra los Eagles no tuviese nada de especial, pero sí lo era para el *quarterback* californiano. Era la primera vez que iba a comprobar si su rodilla estaba realmente a punto o si, cuando se enfrentara a la verdadera acción, iba a tener algún tipo de problema. Belichick observaba a su pupilo desde la banda mientras el himno estadounidense sonaba en el estadio. Cuando acabó de sonar, el entrenador se acercó a él. «Lo único que puedo animar en Philadelphia es el himno», le dijo al oído. Brady sonrió. «Es muy bueno tenerte otra vez aquí», le dijo Belichick. «Es bueno estar de vuelta», respondió Brady.

Justo antes de empezar la temporada regular, Belichick volvió a hacer un movimiento de esos que ya no sorprendían dentro del vestuario. Richard Seymour fue traspasado a los Raiders y se unía a la larga lista de bajas en defensa. Los Patriots habían intercambiado a Vrabel y habían cortado a Larry Izzo. Además, Rodney Harrison y Tedy Bruschi se habían retirado, así que parecía claro que el equipo estaba pasando por una remodelación y que la cosa se tomaría su tiempo. El 14 de septiembre, los Patriots abrían la temporada frente a los Buffalo Bills, en la que sería la décima temporada del dúo Belichick-Brady. A pesar de comenzar algo dubitativo el encuentro, Brady fue cogiendo ritmo en un partido donde terminó lanzando hasta en 53 ocasiones. A falta de cinco minutos, el marcador señalaba un 13-24 a favor de los Bills. En ese tiempo, Brady lanzó dos pases de *touchdown* a Ben Watson para darle la vuelta al electrónico cuando faltaban solamente 55 segundos. La defensa de Belichick hizo el resto y los Patriots se llevaron el duelo por un ajustadísimo 25-24. «Cada vez que salgo al campo quiero ser el mejor jugador sobre el terreno de juego. En los entrenamientos quiero demostrar que soy el titular y el que tiene que jugar los domingos. Esa es la manera que tengo de hacerlo. Es algo que tienes que ganarte cada semana. Si crees que tienes el derecho a jugar por lo que hiciste antes de estar un año fuera, estás equivocado. En este deporte no tienes nada garantizado. Tienes que salir ahí y ganarte el respeto de tus entrenadores, de tus compañeros y de toda la organización. Cuando lo hayas hecho, estarás en disposición de saltar al campo y liderarlos», decía Brady después del encuentro. Su juego y sus palabras dejaban claro que el líder de los New England Patriots estaba de vuelta.

A pesar de llevar un récord positivo en la semana nueve de competición, Belichick veía que su equipo no terminaba de ser todo lo duro que él quería y esperaba, algo que Brady también comprobaba desde dentro del campo. Las derrotas fuera de casa se producían por errores groseros de concentración y por falta de dureza: permitían demasiadas *big plays*. Aun así, las victorias frente a Carolina Panthers, Buffalo Bills y Jacksonville Jaguars hacían que los New England Patriots se convirtiesen en los campeones de su división y en equipo de *playoffs*. De nuevo, y con Brady en el puesto de *quarterback* titular, la franquicia de Boston regresaba a la postemporada. Sin embargo, en la última semana de liga regular, y en un partido sin apenas transcendencia, Wes Welker se rompió la rodilla. Welker había sido el líder en recepciones de la liga con 123 y el líder en yardas de recepción de los Patriots con 1348. Una semana después, los de Foxborough recibían a los Baltimore Ravens en el partido de Wild Cards y caían por un elocuente 33-14. La defensa de los de Harbaugh había hecho dobles marcajes a Randy Moss y la baja de Welker se había notado mucho. Al acabar el encuentro se veía a un Brady muy enfadado consigo mismo y con el equipo. La prensa le preguntó por los abucheos que se habían escuchado desde la grada hacia el equipo local, y el *quarterback* no se escondió en su respuesta. «Si yo hubiese estado en la grada, también nos hubiera abucheado», dijo Brady.

El equipo necesitaba algo más en su ataque, estaba claro, pero Belichick había terminado muy contento con la progresión y evolución que había visto en Julian Edelman. Ese *pick* 232 del último *draft* se había comportado como todo un veterano durante el duelo con los Ravens y había demostrado tener una ética de trabajo excepcional. Cuando comenzó el proceso *predraft* de la temporada 2010, Belichick tenía marcado a fuego un nombre.

Buscaba determinación, intensidad y talento, y sabía que en la Universidad de Arizona había un chico al que podría moldear de una manera que jamás se había visto antes. Robert James Gronkowski aún no sabía que se convertiría en uno de los jugadores más dominantes de la historia de la NFL jugando con el casco de los New England Patriots.

Por su parte, el año de Brady había quedado saldado sin ningún contratiempo en forma de lesión. Había tenido golpes, había sufrido alguna pequeña fisura en uno de sus dedos, pero la rodilla había funcionado a las mil maravillas y se había sentido muy cómodo dentro del terreno de juego. Su curso acabó con 4552 yardas de pase, 30 *touchdowns* y 16 intercepciones (incluido el partido de *playoffs*). Evidentemente, no se puede señalar como una de sus mejores temporadas, pero él sabía que lo mejor estaba por llegar y que había vuelto de algo que no es sencillo superar. «Te haces daño, los médicos salen al campo, te meten en el vestuario, el árbitro hace sonar el silbato y el juego se reanuda. Eso es lo que pasa cuando un jugador se lesiona en un partido. Este deporte es más grande que cualquier jugador que haya jugado nunca. Cuando estás fuera, es cuando te das cuenta de lo afortunado que eres de formar parte de él —respondía Brady a la pregunta sobre su experiencia en el dique seco—. Cuando estás un año entero sin jugar, eres consciente de cuánto amas el juego. No es que sea necesario pasar por lo que yo he pasado para confirmarlo, pero he experimentado cosas que nunca antes había experimentado como jugador profesional —seguía contando el *quarterback*—. Ahora mismo, tengo muy claro cuál es la realidad del *football*. Ahora sé que cualquier día puede ser mi último partido, así que no voy a pensar con demasiada frecuencia en eso. En este momento, tengo treinta y dos años y me siento bien, como si estuviese en la primera parte de mi carrera deportiva. Quizá tengáis que hablar conmigo dentro de unos años para que os dé otra respuesta. Es posible que lo tengáis que hacer dentro de muchos años, creo», apostilló Brady.

8

Erhardt-Perkins

Creo que una de las mayores diferencias entre el *no-huddle* de la vieja escuela y lo que estamos ejecutando nosotros es simplemente la versatilidad de los jugadores. La forma en que los equipos intentan defender el *no-huddle* es con *safeties* grandes, que son como *linebackers*, y con *linebackers* pequeños, que son como *safeties*, capaces de caer en cobertura. Nosotros tenemos *tight ends* que pueden ejecutar grandes rutas, pero que pueden jugar buenos bloqueos también, y, además, un *fullback* capacitado para atacar en profundo. Así que, mucho de lo que se les pide a los jugadores, dentro del esquema, es versatilidad.

*L*a década de los años setenta tiene una gran importancia en la que hoy es una de las grandes franquicias de la liga. El año 1971 fue histórico para el equipo. Los Patriots adquirieron unos terrenos en el Bay Stace Raceway de Foxboro para construir su nuevo estadio, el cual tardó trescientos veinticinco días en terminarse y costó alrededor de unos setenta millones de dólares. Además, en marzo de ese año, el nombre del equipo también cambió. Aquellos Boston Patriots que nacieron en 1959 querían establecerse como el equipo regional de los cinco estados de Nueva Inglaterra, por lo que pasaron a llamarse los New England Patriots.

En el campo, la franquicia no comenzó con buen pie en la nueva liga que se había creado tras la fusión de la NFL y la AFL. En ese 1971, los Patriots poseían el número uno del *draft* para elegir al que, para muchos, era el mejor proyecto de *quarterback* que jamás había salido de *college*. Jim Plunkett, premiado con el Trofeo Heisman, trajo optimismo e ilusión a una franquicia que parecía empezar de cero. A pesar de ser nombrado *rookie* del año tras su primera temporada al frente del equipo, Plunkett se desvaneció en el segundo curso y los Patriots solamente pudieron ganar tres partidos, mostrando una mediocridad de la que se había querido huir con los cambios producidos recientemente. Al finalizar la temporada de 1972, tanto Upton Bell, *general manager*, como John Mazur, *head coach*, fueron despedidos. El relevo en los banquillos llegaría desde la Universidad de Oklahoma.

Chuck Fairbanks había tenido una carrera muy exitosa en el *football* universitario liderando a los Sooners a tres títulos de la por entonces llamada Big Eight Conference. Fairbanks tenía muy buen ojo para encontrar talento, ya fuese con los jugadores o con sus propios asistentes. En los años siguientes, modeló la plantilla a su gusto. Cambió a Plunkett por un *quarterback* de quinta ronda llamado Steve Grogan, *drafteó* a jugadores como Steve Nelson, John Hannah, Sam Cunningham, Darryl Stingley, Mack Herron, Mike Haynes o Russ Francis, y el equipo comenzó a ganar partidos. Así, y tras quedar segundos de su división, en la temporada 1976 los Patriots jugaron el segundo partido de *playoffs* de su historia (ya habían participado en la postemporada del año 1963, aunque formando parte de la extinta AFL). Dos años después, en 1978, la franquicia se alzó con su primer título divisional. Fairbanks se parecía a Bill Belichick en muchas cosas, ya que era un gran motivador, una gran mente táctica y un gurú defensivo. Sin embargo, el cambio más importante de la franquicia se había producido con la llegada de dos hombres fundamentales en la historia más reciente del equipo: Ron Erhardt y Ray Perkins. Erhardt llegó en 1973 para ser el entrenador de *running backs* y Perkins fue contratado como entrenador de *wide receivers* un año más tarde, en 1974. Ambos son los artífices de uno de los sistemas ofensivos más utilizados en la historia de la liga, el ataque Erhardt-Perkins.

Este sistema de juego está diseñado para maximizar la eficacia sin importar el personal que se emplee, focalizando la importancia en la carrera y en el juego de pase corto. Lo que los dos coordinadores ofensivos consiguieron fue ejecutar simples jugadas bajo formaciones múltiples, con diferentes grupos de personal. Su obsesión era ofrecer un ataque que los jugadores pudieran entender y desarrollar fácilmente, pero, a su vez, que fuese complicado de descifrar para las defensas rivales. El *playbook* estaba repleto de tendencias sistemáticas que los atacantes debían aprender. Una de las cosas que distingue el Erhardt-Perkins de otros sistemas ofensivos es su dependencia del *quarter-*

back. Este ataque obliga al pasador a conocer cada formación, cada concepto de ruta y cada esquema de bloqueo en la línea ofensiva, mientras lee y diagnostica lo que la defensa está jugando. Para los demás jugadores ofensivos, en comparación con el *quarterback*, el *playbook* parece un libro para niños. Toda la responsabilidad recae en los hombros del *quarterback*. «La terminología que Ray y Ron utilizaron bajo las órdenes del *coach* Fairbanks, a finales de los setenta, y muchos de los fundamentos que en ese equipo se usaban, son las bases de lo que nosotros hacemos en los Patriots. Todo esto tuvo un gran impacto en mi carrera y en mi vida. Tengo un enorme respeto por todos ellos», dijo Bill Belichick días después del fallecimiento de Ray Perkins, a principios de diciembre de 2020. La terminología es algo imprescindible para entender este sistema ofensivo y diferenciarlo de los otros dos grandes sistemas que actualmente vemos en este deporte, la West Coast Offense y la Air Coryell. Dado que casi cada equipo ejecuta las mismas jugadas, cada una de estas ofensivas se diferencia de la otra por cómo se comunican.

A grandes rasgos, en la West Coast Offense se utiliza un lenguaje muy extenso para señalar la jugada. Es necesario memorizar cada palabra para que el jugador sepa exactamente lo que debe hacer. Si la jugada va a ir por tierra, se utiliza un sistema de numeración de dos dígitos. Si el ataque va por aire, la llamada se inicia con la ruta que correrá el receptor principal. En este sistema ofensivo, nos podemos encontrar con jugadas nombradas como «Brown Right F-Slant 2 Jet Flanker Drive», que requiere de un trabajo extra por parte de los jugadores. Quizá sea la más complicada de las tres, aunque, curiosamente, es posible que sea también la más utilizada. Se dice que la West Coast Offense tarda unos tres o cuatro años en estar completamente dominada por el *quarterback* y el resto del ataque.

La Air Coryell está construida bajo el concepto que te da el árbol de rutas. En él, cada ruta que se corre viene denominada por un número del cero al nueve; un ejemplo de una llamada para una jugada puede ser la conocida como «989». En esta llamada, los tres receptores sabrían qué ruta correr. La ventaja de este sistema es que se informa al jugador de lo que tiene que hacer de una manera más explícita. Sin embargo, toda esta flexibilidad que le puede dar la combinación numérica para estas rutas se convierte en una desventaja. Hoy en día, cada equipo posee más de diez tipos de rutas, así que esa numeración se quedaría corta, teniendo que nombrar la propia ruta para informar al cuarto o quinto receptor. Esto hace que se contradiga con el propio concepto de árbol de rutas.

En la Erhardt-Perkins es todo más sencillo. El sistema no tiene nombres numéricos ni detalla cada ruta de cada receptor, lo que aquí se juega es lo que los entrenadores denominan como «conceptos». Estos recogen dos o tres rutas en un lado del campo y les da un solo nombre. Por ejemplo, el concepto *tosser* se refiere a dos rutas *slant* jugadas por dos receptores. En otro sistema ofensivo, este mismo concepto tendría que referirse como «Z-slant, Y-slant». Esto facilita la llamada del *quarterback*, aunque no lo explique al detalle, como sí se hace en otros ataques. Otra de las ventajas de jugar nombrando conceptos es que favorece el juego *up-tempo*. Es decir, el ataque está preparado para jugar sin *huddle*, con rapidez y dándole mucho ritmo a la ofensiva. Los equipos que utilizan Coryell o West Coast Offense no pueden adaptarse tan rápido al *no-huddle* porque no pueden comunicarse de una manera tan sencilla como en la Erhardt-Perkins. Por todo esto, la mayor ventaja de este sistema es que es operado desde la perspectiva del jugador más importante del ataque: el *quarterback*. No importan las fortalezas que rodeen al pasador, el ataque funcionará siempre que el *quarterback* sea competente y sepa coger lo que la defensa te concede.

Belichick, con la ayuda de sus asistentes, ha sido capaz de hacer evolucionar todo este sistema. Es la idea del ataque Erhardt-Perkins, pero trasformada en un sistema donde se retroalimente de cada situación, cada personal de juego o cada formación disponible. «Realmente creo que tienes que correr para poder controlar el juego —decía el propio Ron Erhardt—. Tienes que pasar el balón para anotar, pero tienes que correr para ganar.» Originariamente, este sistema maximizaba el tiempo de posesión y lo convertía en particularmente adecuado para jugar en condiciones climatológicas adversas. Otro de los mantras que el propio Erhardt explicaba era el de «asentar la carrera para preparar el pase a través del *play action*». Así, las defensas se contraían cerca de la línea de *scrimmage* y se hacían vulnerables en su zona profunda.

Belichick nunca ha pretendido radicalizar así su ataque. Siempre ha creído que lo mejor era adaptarse a lo que cada circunstancia requería. En su ofensiva ha habido receptores por encima de las mil yardas en varias ocasiones, pero también corredores que sobrepasaban esa cantidad por tierra. Junto con Tom Brady, el *head coach* ha sido capaz de construir uno de los ataques más dinámicos y explosivos de todos los tiempos. Han pasado de ser un juego muy orientado al *ground&pound* por tierra, a jugar en *spread* o en *no-huddle*. Las tácticas y los jugadores han ido cambiando, pero la idea ha sido la misma, y siempre basada en la terminología sencilla de sus mentores.

Cuando Tom Brady se hizo con el puesto de titular, allá por 2001, Bill Belichick quiso construir su ataque bajo un juego de carrera muy físico y un cuerpo de receptores en los que el *quarterback* pudiese confiar. La obligación de Charlie Weis, coordinador ofensivo en esos primeros años, era la de darle armas al pasador para que fuese un *game manager*. En ningún momento, Tom Brady debería ser la piedra angular de la ofensiva. En el momento en el que Brady comenzó a brillar y a destaparse como la estrella del equipo, el entrenador supo que había que buscar más talento en el juego aéreo para que este ataque subiera de nivel. La llegada de Randy Moss fue toda una demostración de lo que se podría ver con jugadores así de verticales y con el talento de brazo del *quarterback*. Josh McDaniels fue el encargado de hacer evolucionar el sistema Erhardt-Perkins hacia una *spread offense* contra la que los rivales no estaban preparados. Aunque el ataque aéreo era demoledor, McDaniels consiguió mantener la importancia del juego terrestre como algo clave en la temporada de los récords. La lesión de Tom Brady en 2008 detuvo ese proceso y, sin darse cuenta de ello, obligó al *head coach* a tomar otro camino distinto, aunque dentro del mismo concepto y con la ayuda del nuevo coordinador ofensivo: Bill O'Brien.

Belichick se había dado cuenta de su error en la temporada 2009. Uno de los momentos más reconocibles en aquel curso fue cuando, en el partido que enfrentó a Patriots y Saints en Nueva Orleans, una cámara recogió una conversación en la banda entre el propio Bill y su *quarterback*. «Te lo dije, aún tenemos un largo camino que recorrer —le decía el entrenador a su pupilo—. No tenemos dureza mental. No podemos jugar el partido que queremos jugar. Tengo que encontrar la manera de ser más fuertes cuando jugamos de visitante. No soy capaz de hacernos jugar de la manera que necesitamos hacerlo. Es muy frustrante», le decía Belichick a un Brady que afirmaba con la cabeza mientras solo podía responder «nos han pateado el culo».

A pesar de haber tenido una más que buena vuelta a los terrenos de juego en 2009, Brady había sido la diana de las críticas en varios medios de prensa de la ciudad de Boston. Muchas voces empezaban a pensar que la cuesta abajo era algo real en el *quarterback* californiano. Se hablaba de inconsistencia y de haber mostrado la peor cara en el partido más importante de la temporada, en aquella derrota en *playoffs* frente a los Ravens. La sombra de Peyton Manning parecía alargarse demasiado y muy pocos eran los que se atrevían a colocar a ambos jugadores en el mismo nivel. Lo que todos estos analistas y críticos no tenían en cuenta era que su manera de obrar era pura gasolina para Tom Brady.

Uno de los aspectos más flagrantes que se había visto reflejado en ese encuentro frente a los Ravens fue la incapacidad del ataque para encontrar vías de escape tras la lesión de Wes Welker. La defensa del equipo de John Harbaugh había maniatado a Randy Moss, y los Patriots no encontraron ninguna solución para anotar. Belichick tendría que adaptarse y evolucionar, y muy poca gente en la historia de la NFL ha hecho esto mejor que el *head coach* del equipo de Boston.

En aquella época, casi todos los equipos de la liga jugaban con formaciones en las que aparecía un solo *tight end*. El segundo *tight end* saltaba al campo para ser un bloqueador extra en situaciones de corto yardaje. La idea de Belichick era la de cambiar tal concepción y colocar a dos *tight ends* en cada *snap*. Los situaría pegados a la línea ofensiva, pero también quería alinearlos por cualquier parte del campo. Jugarían desde el *slot* o abiertos, y serían los principales ejes de la ofensiva. Para conseguirlo, debería encontrar el tipo de jugador correcto, y el *draft* de 2010 se presentaba como uno de los que tenía más jugadores en esta posición. Lo que había sido un ataque basado en receptores abiertos como Randy Moss y Wes Welker, jugado desde *shotgun* y siendo muy vertical, iba a convertirse en un ataque con formaciones pesadas de dos *tight end*, jugado desde debajo del *center* y con mucho ritmo. Uno de los nombres que Belichick y todo su equipo de *scouts* tenía marcado a fuego era el de Robert Gronkowski, de la Universidad de Arizona.

Gronkowski era un chico de unos ciento veinte kilos de peso y casi dos metros de altura, que se movía a una velocidad absolutamente prodigiosa para su tamaño. Además, era capaz de atrapar cualquier lanzamiento a su zona. Sus manos eran una de las más seguras de todo el *draft* y lo convertían en una amenaza inigualable en la zona de anotación. Se le conocía como un *touchdown-maker*. Tenía todas las armas para ser un gran receptor, pero también se le veía dominar en los bloqueos. Belichick buscaba alguien que fuera un constante peligro para los esquemas defensivos rivales, y Gronkowski estaba construido para eso. Sin embargo, «Big Rob», como se le conocía en su universidad, se había perdido todo el 2009 por una operación en la espalda que le practicaron para reparar una hernia de disco y algunos nervios dañados.

En el primer día del *draft* de 2010, Belichick tenía muy claro cuál iba a ser su primer *pick*. Tanto él como Nick Caserio estaban completamente enamorados de lo que Devin McCourty, *safety* de la Universidad de Rutgers, les podría ofrecer en el campo. Su *pick* 22 se convirtió en el *pick* 27 tras realizar dos traspasos de elecciones. Uno fue con los Denver Broncos de Josh McDaniels, quienes querían escoger a Demaryius Thomas, y el otro fue con los Dallas Cowboys, los cuales estaban interesados en Dez Bryant. Los Patriots habían adquirido una cuarta y una tercera ronda en esos intercambios, y aún estaban en posición de poder elegir a su chico. Con el *pick* 27, el deseo de Belichick se hizo realidad y Devin McCourty se convirtió en nuevo jugador de los New England Patriots.

El siguiente *pick* del equipo de Boston era el número 44. Una vez que los jugadores novatos fueron cayendo elegidos, los Patriots comenzaron a entender que los Baltimore Ravens, quienes elegían un puesto por delante de ellos, podrían estar interesados en adquirir un *tight end*. Para evitar que esto sucediese, Belichick subió dos puestos y apretó el gatillo con Gronkowski. En la *green room* del Radio City Music Hall, se podía ver a un Gronkowski exultante y rodeado de sus padres y sus cuatro hermanos, saltando todos juntos y cantando al unísono «Gronk, Gronk, Gronk...». «Creo que este chico es talento de primera ronda y que los Patriots pueden haber ejecutado un pequeño robo en este *pick* 42», decía Mike Mayock a la audiencia de *NFL Network* mientras el *tight end* subía al escenario con un casco de los Patriots en la mano. Años más tarde, Belichick contaba que la primera impresión que tuvo con Gronkowski no fue del todo buena: «Lo trajimos a las instalaciones del equipo para hacerle una entrevista *predraft*. Lo pusimos en una habitación y lo dejamos allí solo un rato mientras preparábamos la entrevista entre todos los asistentes. Cuando volvimos, lo vimos en el suelo durmiendo. No es algo que hablara muy bien de él, pero apostamos por el chico». Belichick y Caserio habían conseguido elegir a los dos jugadores que ocupaban los lugares más altos en su pizarra.

Y

Cuando Bill Belichick llegó a la franquicia, una de las tareas más complicadas que asumió fue la de crear un sistema para evaluar y clasificar jugadores que entrasen al *draft*. Entre Scott Pioli, Ernie Adams y él realizaron algunos cambios en el manual de *scouting* que se remontaba a los años setenta, cuando Bucko Kilroy era el *general manager* del equipo. Para formar su manual, añadieron aspectos del proceso del propio Kilroy, algo de lo que hacía Gil Brandt en Dallas y algo que usaba Dom Anile en Cleveland. Belichick y sus ayudantes identificaban debilidades en la plantilla antes del *draft* y, mediante este sistema de clasificación, intentaban encontrar a los chicos adecuados para cada uno de los agujeros por tapar.

El sistema de clasificación consta de tres partes: una primera letra mayúscula, una segunda calificación numérica y, para acabar, otra letra, pero esta vez en minúscula. Las letras mayúsculas representan el tipo de jugador que puede ser. Es decir, la «A» significa grandeza, la «B» significa que ese jugador no tiene el volumen deseado, la «S» significa que no tiene la velocidad necesaria, la «Q» que no tiene el peso deseado o la «P», que significa que es un jugador que puede tener versatilidad para jugar en distintas posiciones.

La calificación numérica se mueve entre el 1 y el 9 y va en consonancia con tres posibles grupos de jugadores, los que pueden ser titulares desde el primer día, los que pueden formar parte del *roster* final o los jugadores que rechazar. Por ejemplo, un «8» o más es un jugador de élite en la liga, un «7» es un posible titular desde su primer año y un «6» es un posible futuro titular. Dentro del número «6», podemos encontrar varias clases. Si es «6,9», puede considerarse un jugador que tal vez llegue a ser titular al final del primer año. Un «6,2» puede ser alguien con facultades para ser titular en más de una posición según avance el curso. A partir del «5,9» y hasta el «5,5», son jugadores suplentes o miembros del equipo de prácticas. Más abajo del «5,4», son chicos que seguir en el *training camp* y con poco futuro más.

Sin embargo, el trabajo más duro para los *scouts* que conforman el equipo de Belichick en el proceso *predraft* es la parte donde hay que definir el carácter del jugador, y ahí es donde entra la letra minúscula que sigue a la numérica en su sistema de calificación. Estas letras son las que hacen que el día de la elección, el equipo escoja a un determinado jugador o lo deje pasar. Cuantas menos letras minúsculas tenga ese chico en su calificación, más posibilidades tiene de llegar a formar parte de los New England Patriots. Por ejemplo, la «m» significa problemas mentales de concentración o de reconocimiento del juego, una «x» indica problemas físicos en su etapa universitaria, o «xx» si ha tenido más de dos operaciones importantes antes del *draft*. La «c» se le adjudica a los que han tenido problemas de carácter dentro o fuera del campo, como el uso de drogas o arrestos por conducir bajo los efectos del alcohol. Los chicos calificados con «cc» detrás de su grado numérico son con los que hay que poner tierra de por medio. En ese *draft* de 2010, Belichick, Caserio y su equipo de *scouts* tenían una calificación de «cc» en uno de los chicos que se presentaban al evento. Su nombre era Aaron Hernández, *tight end* de la Universidad de Florida y uno de los proyectos de jugador con más talento que se había visto en mucho tiempo.

Si Rob Gronkowski estaba considerado como un muy buen atleta, Hernández aún más. A su físico, añadía un talento descomunal para jugar al *football*. Era capaz de jugar en cualquier parte del campo y su productividad no descendía. El problema con Hernández no era su juego, era su carácter. A los dieciséis años, la pérdida de su padre supuso un varapalo tremendo para el joven *tight end*. Hernández comenzó a consumir sustancias prohibidas y a moverse en un entorno nada favorable para él. A pesar de brillar en el campo, su inmadurez y personalidad volátil provocaban el rechazo de la mayoría de los *scoutings* de los equipos NFL. Fue suspendido por la NCAA tras dar positivo en varios test de sustancias prohibidas. Además, fuera del campo, había rumores sobre que frecuentaba a gánsteres y a ciertas malas influencias.

Belichick quiso ver al chico en un entrenamiento privado en el que también estuvo Tim Tebow, compañero de universidad de Hernández. En aquel entrenamiento, el viejo Bill supo que ese jugador podía hacer cambiar todo su ataque. Su capacidad atlética, la inteligencia que mostraba en el juego y su técnica individual hicieron que el *head coach* quedase absolutamente prendado.

Aaron Hernández era un fan del equipo desde la época de Bledsoe y estaba deseando vestir esa camiseta, así que mandó una carta a la franquicia donde exponía sus ganas de formar parte del equipo, reconocía errores del pasado y se prestaba a pasar test de drogas semanalmente, poniendo su contrato como fianza si esas pruebas daban positivo.

Con todos los informes en su contra, el entrenador de los Patriots tenía claro que debería vigilar a Hernández las veinticuatro horas del día. «Necesitas tener un ojo sobre él», le dijo Urban Meyer, entrenador del jugador en Florida. Belichick ya había tenido éxito con jugadores problemáticos en el pasado. Había conseguido que su rendimiento fuera el adecuado mientras mantenían bajo control su peligroso carácter. Era otra prueba más de que no tenía ningún miedo a asumir riesgos si el talento lo merecía. Belichick lo consideraba jugador de primera ronda capaz de superar a cualquier defensa.

Así pues, en la cuarta ronda del *draft* de 2010, y con el *pick* 113, los Patriots eligieron a Aaron Hernández: el plan del entrenador se consumó. Ese ataque iba a cambiar una vez más dentro del engranaje Erhardt-Perkins. Y su *quarterback* tendría las armas adecuadas para poner todo su talento al servicio del equipo.

Cuando Brady llegó al *training camp* de julio, lo único que estaba en su cabeza era el *football*. Brady veía que cada balón que volaba cerca de Gronko era susceptible de ser atrapado por el chico. Era muy grande, muy atlético y una fuerza de la naturaleza bloqueando para la carrera. El *quarterback* estaba gratamente sorprendido con el *tight end* de la Universidad de Arizona. Aun así, no permitía ninguna relajación en los *rookies* y los apretaba en cada acción. Gronkowski y Hernández se encontraron con un Brady furioso, duro y muy preocupado porque todo fuese como él quería. Su obsesión era la de formar un grupo que estuviese mentalmente preparado para cada batalla. No quería volver a ver lo ocurrido en la anterior temporada. De puertas para fuera, todo parecía marchar bien. Sin embargo, en el seno de la franquicia se conocían detalles de un asunto que iba a ser un problema antes de que comenzasen los partidos oficiales.

El contrato de Brady expiraba en 2011 y no se ajustaba a su estatus en la liga. El *quarterback* pretendía extenderlo y firmar por una cantidad a la que Belichick no estaba dispuesto a llegar. Brady contaba con treinta y tres años y su entrenador, sabiendo que el convenio entre jugadores y propietarios acababa, no tenía ninguna prisa por firmar un contrato que podría volverse en su contra con el nuevo convenio. Para Belichick, no era el momento de firmar este contrato por todos los peligros financieros que podrían derivarse del acuerdo entre jugadores y propietarios. Para

Brady, esta extensión disiparía todas las dudas que podría haber, por parte de la franquicia, en cuanto a su futuro rendimiento.

Al contrario que Belichick, Robert Kraft sí quería sellar este acuerdo con Brady a toda costa. El dueño de la franquicia mantenía una relación muy estrecha con su *quarterback*. Kraft veía a Brady casi como un hijo y sabía que el *quarterback* comenzaba a sentirse algo menospreciado por su entrenador. Dentro del campo, Belichick y Brady formaban, probablemente, el mejor tándem entrenador-*quarterback* de la historia de la liga. Eran capaces de ver lo mismo y de actuar de la forma correcta en cada situación de juego y, aunque solían estar de acuerdo en casi todo, llegaría el momento en el que ambos tendrían que colisionar.

Belichick había demostrado en el pasado firmeza en cuanto a la toma de decisiones. Si él veía que un jugador no iba a rentabilizar su contrato futuro y que sus mejores años ya no iban a ser los próximos por jugar, era capaz de separar sus caminos con mano de hierro. Sin embargo, Brady tenía muy claro que estaba en el mejor momento físico de su carrera. Se encontraba en plenitud para poder seguir jugando durante muchos más años y al máximo nivel posible. Su conocimiento del juego progresaba cada temporada y su concienzudo estudio del rival le colocaba en una posición muy cercana al éxito en cada encuentro. Se veía con la capacidad de ganar más anillos y en su mente no cabía otra posibilidad que la de retirarse en la franquicia de su vida, en los New England Patriots. El problema, en realidad, lo tenía Kraft, quien tendría que manejar muy bien la solución para no dejar a ninguno de los dos protagonistas en mal lugar.

A principios de agosto, Belichick le dio al equipo un par de días libres tras varias semanas intensas de *training camp*, y Robert Kraft aprovechó el momento para invitar a Brady a su casa de verano. Allí, el dueño de los Patriots le dejó muy clara su postura al *quarterback*. Kraft no quería, por nada del mundo, perder a su *quarterback*. «Has hecho más por esta franquicia de lo que ha hecho cualquier otro jugador», le dijo Kraft. Sin embargo, también le dijo que nunca iba a meterse en las decisiones de Belichick. Si el entrenador consideraba que Brady ya no debía ser el *quarterback* titular del equipo, el propio Kraft se encargaría de facilitarle la salida hacia la franquicia que él deseara. Sin ninguna pega y mostrándole todo el respeto del mundo, «porque te lo has ganado». Tom Brady ha admirado a Robert Kraft toda su carrera, y no iba a permitir que este contratiempo enturbiara su relación.

Además, sabía que, a pocas semanas del comienzo de la temporada, Belichick estaría muy ocupado preparando al equipo, así que sería un problema para todos ponerse a negociar un contrato tan importante. Tanto Brady como Kraft decidieron que las conversaciones sobre la extensión las llevaran Jonathan Kraft, hijo del dueño, y Don Yee, agente del jugador.

Antes de esto, durante los meses de junio y julio, en los medios de comunicación se había estado hablando de las posibilidades y contratiempos de esta negociación. Era el tema más recurrente en un periodo de tiempo donde las noticias llegaban con cuentagotas. Los rumores apuntaban a que Tom Brady exigía ser el jugador mejor pagado de la NFL, algo que estaba lejos de ser cierto. Evidentemente, él sabía que su valor estaba por las nubes y quería ser recompensado acorde a eso, pero también era alguien que tenía muy claro cuál era el funcionamiento de esta liga y cuál era la mejor manera de formar un equipo competitivo. «Ser el jugador mejor pagado no me va a hacer sentir mejor —respondía Brady a esos rumores—. Eso no es lo que me hace feliz. En este deporte, cuanto más obtiene un jugador, más le quita a sus compañeros. Ese millón de dólares extra que puedo ganar, no me sirve de nada si eso hace que uno de nuestros jugadores más importantes tenga que abandonar el equipo.» Ante las insistentes preguntas sobre el asunto, Brady se limitaba a responder siempre lo mismo: «No quiero hablar mucho de esto porque nadie puede resolver la situación. Solo la podemos resolver el equipo y yo. Lo único que me preocupa es volver al terreno de juego con mis chicos y comenzar a ganar partidos. Hay cosas que están fuera de mi control y que solo me harían perder energía, y necesito centrar toda la energía posible en mi juego», zanjaba Brady. Lo mismo ocurría con la otra parte implicada.

Mientras en la prensa se hablaba de la posibilidad de colocar el *franchise tag* sobre Brady, Robert Kraft se mostraba optimista en cuanto a una posible renovación del contrato: «Tenemos mucha suerte de contar con Tom Brady para comandar nuestro equipo. Ahora mismo, Tom está bajo contrato y está aquí. Tengo el privilegio de tener una relación personal muy estrecha con él y Tom lo sabe. Ambas partes queremos resolver la situación y lo vamos a hacer en privado, como lo hemos hecho siempre desde que yo estoy al mando de la franquicia», respondía Kraft a los medios.

Las conversaciones entre Don Yee y Jonathan Kraft eran constantes. Ambos habían construido una buena relación, a pesar de ser conscientes del negocio del que formaban parte. Sin embargo, las diferencias monetarias entre ambas propuestas no estaban cercanas. Los Kraft estaban dispuestos a dar un lucrativo contrato de larga duración a Brady, pero esto no era lo que Don Yee tenía en la cabeza. El agente de Brady pensaba en una estructura de contrato que protegiese a su cliente de quedar vulnerable en el futuro, ya que, aunque el *quarterback* seguía jugando a un nivel excepcional, la realidad era que tenía treinta y tres años y que había sufrido una lesión muy grave poco tiempo atrás. Yee sabía perfectamente cómo procedía Belichick en este tipo de situaciones, así que no iba a permitir que se le escapara ningún pequeño detalle por el que Brady pudiese quedar desprotegido. Al revés, iba a darles la opción de que fuese un contrato corto, de no más de tres años, con el que Belichick pudiese manejar el resto de reestructuraciones y negociaciones con los demás jugadores veteranos del equipo, pero, a su vez, que permitiese a su representado tener el suficiente poder para controlar su futuro. El problema que Robert Kraft quería evitar con un contrato de corta duración era tener que volver a vivir una negociación con Brady al cabo de solo dos años, así que la solución final para ambas partes era la de hacerlo por cuatro temporadas más.

La primera propuesta de Don Yee para estos cuatro años era de ochenta millones de dólares: unos veinte por temporada que convertirían a Brady en el segundo jugador mejor pagado de la liga, solo por detrás de Peyton Manning. Los Patriots contestaron con una oferta que dejó confundidos a Brady y a Yee. La franquicia de Boston llegaba solo a sesenta y cuatro millones, lo que dejaba a Brady ganando menos que otros cinco *quarterbacks* de la liga. Esto fue la gota que colmó el vaso. El 26 de agosto, antes de irse a dormir, el *quarterback* quería notificar sus intenciones al propio Robert Kraft, por lo que le escribió un correo electrónico donde dejaba clara su postura:

Mi idea es prepararme para la temporada y no tener que estar pensando más en este contrato. Anoche le dije a Don que estaba cansado de hablar y que, si no podemos encontrar una solución a principios de la próxima semana, jugaré este año sin ningún acuerdo. No hay ningún lugar en el que prefiera estar más que aquí, y no hay una persona para la que quiera jugar que no seas tú. Pero he trabajado muy duro toda mi carrera y seguiré haciéndolo, así que las ofertas que he recibido no las considero justas, ni por lo que hemos conseguido juntos ni por lo que podríamos conseguir. Me siento un poco enfadado y frustrado porque no lo veas de la misma manera. Estoy seguro de que lo ves justo, pero yo no.

No hay ninguna persona a la que respete más que a ti. Eres alguien en el que me he apoyado durante los últimos diez años para guiarme en las decisiones más importantes de mi vida, y por eso te estaré eternamente agradecido. Me siento un privilegiado por estar aquí y ser parte de tu familia. Siempre te desearé lo mejor, porque he sido realmente feliz durante cada segundo que he vivido aquí desde que me fichasteis.

Disculpa por el correo tan largo.

Espero que duermas bien.

TOM

Cuando Kraft terminó de leer el mensaje, quedó absolutamente devastado. Kraft entendía al jugador, pero también pensaba que Belichick tenía razón al estar preocupado por cómo podría afectar este contrato al nuevo convenio que se iba a firmar en 2011. Aun así, no iba a dejar que Brady se marchase a otro sitio. Kraft sabía que, si no hacía un último esfuerzo por retener al *quarterback*, iba a pesar en su conciencia el resto de sus días. Tom Brady no era otro gran jugador que había pasado por su franquicia. Tom Brady era el más importante de todos. Además, su relación personal con él iba mucho más allá de la simple amistad.

El 7 de septiembre, Robert Kraft quiso desatascar la situación y subió la oferta hasta los setenta y dos millones en los cuatro años de extensión. Esto hacía que Brady ganase dieciocho millones por año, cosa que le convertiría en el jugador mejor pagado de la historia según el salario medio anual. Ahora, las posturas entre ambas partes se habían acercado lo suficiente como para que el *quarterback* de California siguiese vistiendo la camiseta del equipo de su vida. Dos días después, Brady salió de casa sobre las seis de la mañana en dirección al Gillete Stadium. Su día iba a ser muy atareado. A pesar de que el entrenamiento con el resto del grupo sería sobre el mediodía, él quería ver algo de vídeo de su primer rival en la temporada, los Cincinnati Bengals, hacer algo de trabajo en el gimnasio con su entrenador personal y firmar el nuevo y jugoso contrato que tantos dolores de cabeza le había dado los últimos meses. De camino al estadio, al ver el semáforo en rojo, Brady paró su Audi A8 en la intersección de Commowealth y Gloucester, en la Back Bay de Boston. Cuando la luz del semáforo cambió a verde, Brady arrancó el coche y vio como un monovolumen Mercury Village se empotraba contra él. El conductor, un chico de veintiún años, se había saltado su semáforo en rojo y había colisionado contra el coche del jugador de Patriots, dando una vuelta de campana hasta que el coche quedó del revés. La gente que estaba en aquel cruce llamó al 911, ya que en el coche estrellado se encontraban dos personas con claros síntomas de dolor. Brady había resultado ileso y se encontraba en perfectas condiciones. A pesar de eso, cuando la ambulancia llegó, tuvo que ser examinado por los médicos para corroborar que todo estuviese bien. «Lo que hice fue acercarme al otro coche para saber si nadie corría verdadero peligro —le decía Brady a un reportero local días después—. Tras el impacto, me quedé sentado en el coche, mirando a mi alrededor y tratando de entender lo que había pasado. Tras unos segundos, solo podía pensar en que tenía que avisar a Belichick para decirle que quizá llegaría tarde al entrenamiento.» Cuando Brady llegó a casa tras el accidente, se dio cuenta de lo realmente grave que podía haber sido, se acercó a su mujer y estuvieron un rato abrazados y llorando. Una hora después, Brady volvió a coger sus cosas y se marchó a hacer lo que tenía planeado para ese día. Ese 9 de septiembre, Brady entrenó con total normalidad y firmó el contrato que tanto le había costado conseguir.

La temporada 2010 comenzó con un gran triunfo frente a los Cincinnati Bengals. Brady acabó ese encuentro con 258 yardas de pase, tres *touchdowns* y ninguna intercepción. Hernández había dejado buenas sensaciones y Gronkowski había conseguido un *touchdown* en el único lanzamiento que el *quarterback* le había enviado. Todo marchaba bien hasta que, en la rueda de prensa después del encuentro, Randy Moss expresó su deseo de abandonar el equipo. Cuando parecía que los Patriots habían sofocado el fuego del contrato de Brady, otro fuego explotaba en sus narices. Moss llevaba tiempo queriendo renovar su actual contrato y ganar más dinero del que recibía en ese momento. No se sentía lo suficientemente valorado por la franquicia y en su cabeza solo estaba la idea de abandonar el equipo. Moss vio a compañeros suyos como Brady, Wilkfork o Gostkowski renovar sus contratos y asegurarse su futuro, algo que él pretendía también. «Hay veces que necesitas que tu jefe te diga que estás haciendo un buen trabajo —dijo Moss en la rueda de prensa—. Si haces un buen trabajo, y lo sabes, necesitas ser apreciado. Y yo no siento que la franquicia me aprecie de esa manera.»

Mientras Randy Moss estaba con la mente puesta en conseguir un nuevo contrato, Bill O'Brien diversificó mucho más el esquema de ataque. Ya no eran solo Moss y Welker quienes recibían balones de Brady, ahora entraban en esa ecuación sus dos nuevos *tight ends*. También comenzaba a aparecer el talento de Julian Edelman y la siempre apuesta por el juego de carrera, con Green-Ellis como principal protagonista. Esta ofensiva ya no iba a ser la misma de los últimos años, especialmente el último, donde Moss podía recibir nueve o diez balones por partido. Bill O'Brien constató, en la derrota de la segunda semana frente a los Jets, que lo viejo no funcionaría en su nueva ofensiva. Los Patriots perdieron su primer partido del año el día que Brady buscó a Moss hasta en diez ocasiones. De esos diez pases, solamente dos fueron atrapados por el *wide receiver*, uno de ellos resultó uno de los *catches* más memorables de su carrera, batiendo a Darrelle Revis y atrapando el balón con una sola mano en la zona de anotación. Sin embargo, ese no era el espíritu que O'Brien y Belichick querían para su nuevo ataque. Dos semanas después, en la victoria frente a los Miami Dolphins en el Monday Night Football, Randy Moss tuvo discusiones con O'Brien durante todo el partido y acabó el encuentro con cero recepciones, algo que no había ocurrido en los cuatro años anteriores. En el avión de vuelta, Belichick intentó hablar con él, pero se encontró con un jugador reacio a entender cualquier consejo o posible acercamiento. Tres días después, el *wide receiver* era traspasado a los Minnesota Vikings.

Aquella victoria frente a los Dolphins hizo que Tom Brady se convirtiese en el *quarterback* más joven de la historia en alcanzar las cien victorias en liga regular, superando a su mayor ídolo, el gran Joe Montana. «He jugado en una gran franquicia durante toda mi carrera —dijo aquel día un emocionado Brady—. Soy un privilegiado por ser el *quarterback* de este equipo. Espero estar aquí para siempre.» El traspaso de Moss era un duro golpe para él. En los cuarenta partidos que habían jugado juntos, el *quarterback* le había lanzado 39 *touchdowns* a Moss. «Randy sabe cuáles son mis sentimientos hacia él. Lo adoro como persona y como jugador de *football*. Randy hizo grandes cosas por esta franquicia», decía Brady el día de la marcha del receptor.

Cambiar una de tus piezas más importantes, con la temporada empezada, no es fácil para ningún equipo, pero estos Patriots no eran un conjunto cualquiera. Belichick se encargaba de formar una plantilla donde el relevo de jugadores pudiese ser constante y sin apenas drama. Aun así, había que buscar en el mercado una pieza que pudiera usarse como O'Brien quería usar a Moss ese año; así pues, unos días después del traspaso de Moss, Belichick se trajo de vuelta a uno de los antiguos socios de Brady: Deion Branch. Branch había sido traspasado a los Seahawks con veintiséis años, pero su periplo en el equipo de Seattle había estado plagado de lesiones. Tras cinco temporadas allí, su productividad no había sido la esperada, y Belichick no dudó ni por un segundo en que Branch podía integrarse en el ataque de Patriots al momento. Seahawks era un conjunto que jugaba la West Coast Offense en ataque. El *quarterback* lanzaba a un *spot* en concreto, mientras que los Patriots lanzaban al receptor. Además, la terminología de la West Coast Offense era muy complicada de aprender y Branch aún recordaba el sencillo lenguaje que se usaba en la Erhardt-Perkins de su antiguo equipo. Esa ofensiva estaba aún dentro de él y solo harían falta un par de entrenamientos para que volviese a salir al exterior.

Belichick aprovechó la semana de descanso para hacer encajar a Branch. El 17 de octubre, el *wide receiver* volvía a ponerse el casco de los Patriots en el Gillete Stadium. El rival fueron los Baltimore Ravens y el encuentro se tuvo que dilucidar en la prórroga. El equipo de Boston logró la victoria y Branch fue el receptor que más pases vio de todo el ataque, dejando una tarjeta estadística de nueve recepciones para 98 yardas y un *touchdown*. Los Patriots lograban así su tercera victoria consecutiva.

De los últimos once partidos jugados en esa liga regular, los New England Patriots salieron vencedores en diez. Nunca se había visto a un Brady tan obsesivo en el cuidado del balón y tan fiero dentro del campo. Sus receptores y *runningbacks* se dieron cuenta de lo impaciente que podía llegar a ser si no se hacían las cosas como había que hacerlas. Le habían arrebatado un año entero de juego en 2008 y no iba a tolerar errores estúpidos de nadie. Gronkowski solía ser la diana del *quarterback* cuando no corría bien la ruta que le tocaba jugar. Brady le gritaba, lo corregía y lo atosigaba en cada entrenamiento. El *quarterback* había visto el talento del joven *tight end* y quería explotarlo al máximo. Él sabía que en ese cuerpo gigante tenían un diamante por pulir, pues sus cualidades le podrían llevar a ser uno de los mejores *tight ends* de la historia. A Gronkowski le llevó tiempo entenderlo, pero cuando lo comprendió ya nada pudo pararlo.

El ataque funcionaba como un reloj: anotaron más de treinta puntos en ocho partidos consecutivos. Fueron 39 puntos endosados a los Steelers en Pittsburgh, con un Gronkowski descomunal; 36 puntos a favor en Chicago, donde Gronkowski aparecía para poner otra anotación en su debe; 45 puntos en Detroit para aplastar a los Lions; y una semana después, otros 45 puntos frente a uno de sus rivales divisionales, los New York Jets, uno de los dos equipos que había conseguido derrotar a los Patriots esa temporada.

Pero esos mismos New York Jets fueron los verdugos de Brady y Belichick en el partido divisional que enfrentó a ambos en aquellos *playoffs*. Un año después de que a los Patriots ya se les considerara una dinastía, su récord de 14-2 los convertía en favoritos al anillo, pero sus esperanzas se fueron al traste a las primeras de cambio en esa postemporada. Lo último que vio Brady en el Gillete Stadium aquella noche fue a los jugadores de los Jets bailando sobre el logo de los Patriots. Aquello lo atormentó. En este estadio, en el mes de enero, los equipos visitantes se hacían más pequeños. Daba igual quienes fuesen sus estrellas o si llegaban con dinámicas muy positivas. Cuando pisabas el emparrillado de Foxboro, tus limitaciones salían al exterior. Sin embargo, los dos últimos años, Brady había visto como sus rivales salían de allí con la victoria en la mano.

Al finalizar el curso, Tom Brady fue galardonado con el MVP de la temporada. Sus 36 *touchdowns* y solo cuatro intercepciones hablaban por él. Por si esto no fuese suficiente, Brady había establecido un nuevo récord de pases sin ser interceptado. Desde aquel encuentro frente a los Ravens, donde Brady lanzó dos intercepciones, el *quarterback* había registrado 334 pases consecutivos sin que el rival consiguiese quitarle el balón. Todo esto, más las catorce victorias del equipo, convirtieron a Tom Brady en el primer MVP unánime en la historia de la liga. Aun así, su obsesión era ganar anillos, no conquistar premios individuales. El trofeo Vince Lombardi era lo que siempre tenía en la cabeza y, aunque la derrota frente a los Jets fue dura, Brady sabía que el ataque había encontrado el camino adecuado para seguir ganando partidos.

Los problemas entre propietarios y jugadores han estado siempre encima de la mesa. Es normal que en una liga tan poderosa como la NFL, con la enorme cantidad de beneficios que genera, cada parte intente ganar lo máximo posible. El convenio firmado en 2006 no tardó en ser un problema para la NFL, así que, en 2008, los propietarios optaron por salirse de ese convenio firmado y jugar la temporada 2010 sin límite salarial. La NFL argumentaba que el acuerdo de 2006 no reconocía adecuadamente el costo que generaban los ingresos, ya que los jugadores recibían la mayor parte. Los propietarios también hablaban del difícil clima económico que vivía al país, haciendo que los gastos cada vez generasen menos beneficios para ellos.

La NFL llevaba cinco años preparándose para librar esa batalla, mientras que los jugadores no habían tenido la oportunidad de hacerlo. Ambas partes eligieron el 3 de marzo de 2011 como fecha límite para alcanzar un nuevo acuerdo al tiempo que mantenían diferentes reuniones sobre cómo dividir los ingresos de la liga. Días antes de llegar a ese 3 de marzo, la liga y los jugadores acuerdan extender, hasta el 11 de marzo, la fecha tope, aunque ambas partes eran conscientes de que el paro laboral no tenía vuelta atrás. Ese último día de negociación, la Asociación de Jugadores de la NFL (NFLPA) renunció a su papel como representante de negociación colectiva de todos los jugadores de la liga, convirtiéndose así en una fuerza laboral no sindicalizada y permitiéndoles argumentar que la NFL era ilegal bajo la ley antimonopolio. A partir de ese momento, cualquier jugador podría demandar a la liga.

Tom Brady se había ganado el derecho a ser una de las voces más importantes dentro de la liga. Cada año que pasaba, se le podía ver mucho más involucrado con el sindicato de jugadores, así que a nadie le extrañó que fuese uno de los diez jugadores que se presentaron en el Octavo Tribunal del Distrito de Minnesota en la demanda antimonopolio contra la NFL. Drew Brees, Peyton Manning, Ben Leber, Brian Robinson, Vincent Jackson, Mike Vrabel, Logan Mankins, Osi Umenyiora y Von Miller fueron el resto de los demandantes en el movimiento que se denominó como «Tom Brady contra la NFL». Para los jugadores, tener al *quarterback* de los Patriots como cara visible de la demanda era más que positivo. Brady había sido proclamado MVP el último año y era el jugador actual con más títulos de la Super Bowl a sus espaldas.

Durante toda la disputa, Brady se mantuvo alejado de los focos y hablando lo justo y necesario cuando le tocaba hacerlo. No era la clase de persona que podría poner en aprietos al resto de los jugadores con alguna declaración fuera de lugar. Sin embargo, después de mes y medio sin poder realizar ninguna actividad con sus compañeros o en las instalaciones del equipo, Brady comenzaba a sentirse totalmente fuera de lugar. Es verdad que había seguido trabajando físicamente y que no paraba de hacer *scoutings* de los rivales y de sí mismo, pero el estar fuera de los terrenos de juego, otra vez más, lo dañaba por dentro. Necesitaba la acción de los entrenamientos y de los partidos, y la necesitaba ya.

Fueron meses muy largos y duros para las dos partes. Cuanto más se prolongaba en el tiempo, más pérdidas se podían ir produciendo, así que lo mejor para todos era llegar a un acuerdo antes de que comenzasen los partidos de pretemporada y con el tiempo suficiente para hacer funcionar los *training camps*. El 13 de julio, Brady, Brees y Manning, en un comunicado emitido a The Associated Press, fueron muy claros al respecto: «Creemos que la última propuesta hecha por los jugadores es justa para ambas partes, por lo que es hora de llegar a un acuerdo. En esta época del año, los jugadores solo pensamos en estar entrenando en nuestras instalaciones, con la mente puesta en el juego. Esperamos que los propietarios sientan lo mismo que nosotros».

El 21 de julio, la liga aprobó un convenio de diez años de duración que se acercaba mucho a lo que la Asociación de Jugadores estaba reclamando, dejando el posible final de la huelga en manos de ellos. Por fin, el 25 de julio, y tras un fin de semana repasando cláusulas y detalles, la NFLPA ratificó el acuerdo con los propietarios, con lo cual finalizó un proceso que se prolongó durante ciento treinta y dos días.

Para los New England Patriots, ese mes de julio trajo una noticia devastadora. Myra Kraft llevaba tiempo combatiendo contra el cáncer y los últimos meses habían sido muy duros para toda la familia, especialmente para Robert Kraft, que había tenido que estar lidiando con la huelga de jugadores mientras pasaba las noches en el hospital con su mujer. Cuando los médicos comunicaron a la familia que la enfermedad era terminal y que el final estaba cerca, la propia Myra pidió volver a su hogar para pasar allí sus últimos días. El 20 de julio, Myra Kraft murió.

Tom Brady recibió la noticia cuando estaba con su familia disfrutando de las vacaciones en Costa Rica. Para Brady, Myra había sido un apoyo vital en el devenir de su carrera. Incluso se había pasado por el hospital en los últimos meses para charlar largos ratos y disfrutar de su compañía. El golpe fue muy grande. En el funeral de Myra, Brady y Robert Kraft no se separaron ni un momento. El *quarterback* hizo lo que pudo para tranquilizar al inconsolable marido, que había perdido a su otra mitad. El dueño de la franquicia cayó en una depresión y la única manera que encontraba para salir de ella era pasar mucho tiempo en las instalaciones de los Patriots ayudando al equipo. El vestuario en pleno, con Tom Brady a la cabeza, había decidido que la temporada 2011 se jugaría en honor a Myra Kraft; por primera vez en la historia de la liga, el uniforme de un equipo NFL llevaría bordado un parche con las iniciales de la mujer de un propietario.

Uno de los mayores problemas derivados por la huelga de jugadores fue la falta de entrenamientos previos a comenzar la temporada. Esto, para un ataque engrasado como el de Patriots, suponía una ventaja. La idea de los dos *tight ends* había tenido bastante éxito en el curso 2010, pero explotó definitivamente en la temporada 2011. Tanto Belichick como O'Brien le habían dado una vuelta de tuerca más a su ofensiva Erhardt-Perkins para encontrar más situaciones donde Gronkowski y Hernández pudiesen hacer daño a las defensas rivales. En esta temporada, apareció con mucha más fuerza de lo habitual el *no-huddle* en el ataque «patriota».

Cuando un ataque juega en *no-huddle*, la mayor carga recae sobre el *quarterback*. Debe leer todo lo que ocurre sobre el campo al instante y buscar soluciones para lo que encuentra enfrente. Además, lo tiene que hacer de una manera en la que el rival no pueda recomponerse jugada tras jugada. Lo habitual es ver este tipo de juego cuando el equipo va por detrás en el marcador o cuando queda muy poco tiempo para finalizar el encuentro. La experiencia y el estudio del juego de Brady lo convertían en uno de los *quarterbacks* más peligrosos para llevar acabo esta ofensiva. Las formaciones con dos *tight ends* obligaban a la defensa a presentar jugadores grandes y pesados en su alineación, lo que convertía a Hernández y Gronkowski en dos amenazas en casi cualquier zona del campo. «Creo que el objetivo de jugar así es intentar que todo vaya muy rápido, y los jugadores son los que más rápidos deben ir —contaba Brady—. Para ello, tengo que ser capaz de comunicarme con ellos a esa velocidad también y así tenerlos preparados en la línea de *scrimmage* lo antes posible.» Nada mejor que una ofensiva Erhardt-Perkins para ejecutarlo, ya que los Patriots solo utilizaban una palabra para el *play call*. Una palabra para la formación, para el esquema de bloqueo, para la dirección en las jugadas de carrera, para las rutas de los receptores, para los *motions* y posibles alertas. Todo basado en una sola palabra. «Tenemos una ofensiva basada en una terminología muy pesada en cuanto a memorización —seguía explicando el *quarterback*—. Todo se basa en memorizar palabras, lo que hace que no sea un trabajo fácil para los que llegan nuevos. Hay que pasar mucho tiempo estudiando nuestra terminología, porque hay veces que las cosas no tienen mucho sentido. Hay términos universales en el *football* que pasan de equipo a equipo y que la defensa puede reconocer al instante. Por eso es necesario ir cambiando nuestra terminología para que los rivales no se aprendan nuestros términos, especialmente nuestros rivales divisionales. Ha habido temporadas en las que hemos tenido que cambiar hasta en tres ocasiones la palabra de una sola jugada. Necesitamos jugadores inteligentes para llevar a cabo nuestra *no-huddle.*»

En el primer partido de la temporada, Tom Brady pasó para 517 yardas y cuatro *touchdowns*, haciendo que la defensa de los Dolphins acabara el partido con la lengua fuera. Este *no-huddle* ponía demasiada presión en las formaciones defensivas. No había tiempo para cambiar jugadores entre los *snaps*, y el ritmo frenético al que Tom Brady sometía a sus rivales no encontraba respuesta. El equipo iba acumulando victorias, y se mostraba, otra temporada más, como uno de los conjuntos más complicados de batir. Aaron Hernández acabó el año con siete *touchdowns* de pase, mientras que Rob Gronkowski se fue hasta los 17 *touchdowns* de pase y otro más de carrera. Aunque Wes Welker seguía siendo el jugador con más recepciones del equipo, la producción de los *tight ends* se volvía fundamental para el éxito de la franquicia. En la racha final de ocho victorias consecutivas, los Patriots promediaron 36 puntos por partido, con Brady batiendo su marca personal de yardas de pase. El *quarterback* finalizó la liga regular con 5235 yardas de pase, a las que sumó 39 envíos de *touchdowns* y tres anotaciones por tierra.

El objetivo último de la «filosofía *no-huddle*» era no hacer jugadas que tuviesen pocas probabilidades de éxito, así que Brady seguía teniendo el poder de cambiar algo justo antes del *snap*. El *quarterback* podía modificar la dirección de la carrera si veía una formación defensiva u otra. Podía hacer que la jugada terrestre se convirtiese en una jugada de pase o al revés. Si Brady veía que la defensa se preparaba para el pase, podía hacer que su llamada cambiase a un acarreo de balón. Y si no había corredores, Aaron Hernández era la navaja suiza perfecta para este tipo de situaciones. Como sucedió en el primer partido de los *playoffs* de 2011.

En la semana previa al partido divisional frente a los Denver Broncos, Bill O'Brien aceptó la oferta de Penn State para ser su nuevo *head coach*. O'Brien llevaba tiempo deseando ocupar el puesto de mayor responsabilidad deportiva de un equipo y la Universidad Estatal de Pensilvania le iba a dar la oportunidad de cumplirlo. Justo esa semana, los Patriots anunciaron la contratación de un asistente para ayudar a O'Brien en los *playoffs*. Josh McDaniels había sido despedido como *head coach* de los Broncos un año atrás. Tras su despido, firmó con los Rams como coordinador ofensivo para la temporada 2011, y tras terminar el curso con un récord de 2-14, el equipo de St. Louis también decidió prescindir de sus servicios el día después del último partido de liga regular. McDaniels era libre para irse a donde quisiera, así que Belichick no desperdició la oportunidad de traerlo de vuelta, y más cuando la franquicia necesitaba un relevo en el *staff* técnico ante la futura marcha de O'Brien al final de esta temporada.

A McDaniels siempre le había rondado en la cabeza la idea de utilizar la versatilidad y virtudes de Hernández para poder hacerlo jugar en el *backfield*. Entre otras cosas, porque esto no era nada que el *tight end* no hubiese hecho antes. En su etapa de *high school*, Hernández había alternado partidos jugando como corredor. Su capacidad atlética y su visión del campo le hacían ser un *runningback* encubierto. Cuando la defensa de aquellos Broncos se encontró a Hernández formando en el *backfield* tras Tom Brady, su plan defensivo se fue al traste. Toda esa atención la aprovechó Rob Gronkowski para destrozar al equipo dirigido por John Fox. El exjugador de la Universidad de Arizona acabó el encuentro con 145 yardas de recepción, 10 capturas y 3 *touchdowns*. Nadie fue capaz de frenar al gigante de los Patriots. Por su parte, Hernández dejó una tarjeta de visita con 61 yardas de carrera y 55 yardas de recepción más un *touchdown*. Por primera vez en los últimos cuatro años, los New England Patriots ganaban su primer partido de *playoffs* y, aunque para el resto de los equipos de la liga esa era la norma, para los Patriots de Belichick y Brady tal sequía era algo totalmente nuevo. El rival en la final de conferencia serían los Ravens, quienes se pasearon por el Gillete Stadium dos años atrás.

Este partido, como los últimos Patriots-Ravens que se habían jugado, se convirtió en una batalla de trincheras. En los últimos dos meses y medio, Brady y su ataque habían sido un constante martillo pilón contra las defensas rivales, pero esta vez la historia era distinta. La mayor ventaja que tuvo cualquier conjunto en el encuentro la consiguieron los Patriots cuando, mediado el segundo cuarto, BenJarvus Green-Ellis anotó un *touchdown* de carrera para poner el marcador en un favorable 10-3. Sin embargo, un pésimo recuerdo sobrevoló el estadio cuando Gronkowski cayó al suelo sujetado por Bernard Pollard. El *safety* de los Ravens había sido el culpable de tener a Tom Brady fuera del campo en la temporada 2008 y ahora volvía a estar involucrado en lo que parecía ser una lesión grave en otro de los jugadores básicos para la franquicia de Boston. Gronkowski tuvo que ser ayudado para salir del campo. A falta de poco más de once minutos para acabar el encuentro, Tom Brady se jugó un cuarto *down* en la línea de anotación para realizar un *quarterback sneak*, anotó el *touchdown* y puso a su equipo por delante en el electrónico. Con 23-20 a favor del equipo local, los Ravens jugaron un magistral último *drive* que los dejaba a distancia de *field goal* de 32 yardas para que su *kicker*, Billy Cundiff, lo pateara y llevara el partido a la prórroga. Sin embargo, el *kick* no fue bueno y los Patriots se llevaron la victoria y el pase a su quinta Super Bowl en diez años. En palabras del propio Robert Kraft, «fue Myra la que sopló desde el cielo para desviar ese balón». Las lágrimas del dueño caían por su cara, en parte por la alegría de tener a su equipo en el gran partido otra vez y en parte por la soledad que aún sentía tras la marcha de su querida esposa.

La buena noticia para los Patriots era que, sin un ataque estelar, el equipo de Belichick había encontrado la manera de ganar a uno de los rivales más complicados de la liga. «No he jugado nada bien esta noche. La defensa nos salvó; lo que ahora siento es mucho orgullo por el equipo que tenemos y por el trabajo de mis compañeros —contestaba Brady en la rueda de prensa después de la final de conferencia—. Como *quarterback*, lo que quieres es poner un buen balón a tus receptores, no cometer intercepciones y saber capitalizar cada ataque. Hoy no he hecho bien mi trabajo, solo espero que dentro de dos semanas mi juego sea bastante mejor que el de hoy.»

La mala noticia para los Patriots era la imagen de su *tight end* estrella saliendo del campo sin poder caminar y con un aparato que inmovilizaba la pierna afectada. Para la Super Bowl XLVI, Gronkowski aún no estaba descartado, pero lo que sí sabían todos era que su rendimiento no sería el máximo, pues su estado físico no podría ser el óptimo y era una incógnita lo que ese día se vería de Gronkowski. El rival que esperaba a los Patriots en la final era el equipo que les había privado de la temporada perfecta en 2007. Aunque las ganas de revancha eran enormes, también asomaba una sombra de duda. Si los de Belichick volvían a perder con los de Tom Coughlin, serían reconocidos como el equipo que nunca ganó a los Giants en una Super Bowl.

A pesar de toda esa aura de magnificencia que poseía Belichick, Tom Coughlin nunca se había visto intimidado por él. La última vez que se habían visto las caras fue en noviembre, en el partido que acabó con la racha de veinte encuentros ganados de forma consecutiva en casa por parte del equipo «patriota». Parecía que el entrenador de los Giants supiese manejar muy bien a los equipos de Bill Belichick. Coughlin había ganado cuatro de los cinco encuentros disputados frente a Belichick, y en Indianapolis se iban a enfrentar en el partido que decidiría qué equipo se alzaría como nuevo campeón de la NFL. El camino del equipo neoyorquino para llegar aquí había sido muy meritorio. Contra todo pronóstico, se impusieron fuera de casa a dos conjuntos tremendamente poderosos: los Green Bay Packers y los San Francisco 49ers.

Los primeros puntos de aquel partido llevaron la firma de Tom Brady, pero no de la manera que a él le hubiese gustado. Con el equipo desde su yarda seis, Brady realizó un *dropback* largo que lo llevó hasta su propia zona de anotación. Mientras observaba las rutas de sus compañeros, la presión de la línea de los Giants llegaba hasta él, así que Brady prefirió soltar el balón antes de que un *sack* conllevara un *safety* y la suma de los dos primeros puntos para los Giants. El problema fue que el envío llegó a una zona del campo donde no había ningún compañero, por lo que la infracción señalada, *intentional grounding*, tuvo exactamente el mismo resultado. Los Patriots comenzaban perdiendo el partido y durante todo el primer cuarto fueron incapaces de anotar un solo tanto, mientras que su rival elevaba el marcador hasta los nueve puntos.

En el segundo cuarto, las tornas cambiaron radicalmente. Gronkowski aparecía con un vendaje muy aparatoso en su tobillo izquierdo. Era evidente que no estaba al cien por cien, pero el mejor *tight end* de la liga podía seguir haciendo daño incluso cojo. Con algo más de dos minutos por jugarse, Brady manejó un *drive* maravilloso finalizado con un excepcional pase a Danny Woodhead. Stephen Gostkowski había convertido un *field goal* al inicio del cuarto, por lo que esta anotación ponía por delante al equipo de Belichick justo antes de llegar al descanso. Los viejos fantasmas parecían haber desaparecido, y más cuando, en el primer *drive* del tercer cuarto, Brady encontró a Hernández para sumar seis puntos más. El *quarterback* se tocó con la mano derecha el parche en el pecho con las iniciales de Myra Kraft y alzó la mano izquierda al cielo para dedicárselo a su querida amiga. Todo iba por el camino correcto. La defensa conseguía minimizar daños y, en ese cuarto, solo permitió un par de *field goals* al conjunto de Nueva York.

El último periodo se inició con el balón en las manos de Brady. Desde su propia yarda 43, el ataque formaba abierto con solo Brady en el *backfield*. La presión volvió a aparecer y Brady salió del *pocket* para buscar un balón profundo hacia Gronkowski, pero el lanzamiento se quedó corto y fue interceptado por la defensa rival. Aun con este error, los pupilos de Belichick siguieron mostrando su poder frente al ataque comandado por Eli Manning y volvieron a provocar un mal *drive* por parte de los neoyorquinos.

El partido se encontraba en los últimos nueve minutos y medio cuando arrancó un nuevo *drive* de los Patriots. La línea defensiva de los Giants seguía sometiendo a la línea ofensiva de los de Belichick y, tras dos presiones donde Brady tuvo que salir del *pocket*, el ataque se encontró con un peligroso tercera y cinco. Brady recibió el *snap* y convirtió un pase rápido a Woodhead para conseguir el primer *down* y muchas yardas más. El primer escollo se había salvado. Pasados unos minutos, los Patriots volvían a encontrarse con un tercer *down* corto. Si en el anterior había sido Woodhead el protagonista, ahora le tocaba a Hernández. El *tight end* se alineó al lado de Brady, y eso produjo un desajuste en la defensa de Giants, dando ventaja a Hernández para atrapar el balón cerca de la línea de banda y traspasar el *stick* que marcaba el primer *down*.

Toda historia que se precie tiene un villano y, desgraciadamente para el equipo de Boston, este era el momento de descubrir el suyo. Apenas restaban cuatro minutos de partido y el electrónico seguía fijo en el 17-15 a favor de los Patriots. La ofensiva de Belichick se colocaba en la yarda 43 de su rival y Brady comenzó una de sus secuencias favoritas de aquella temporada: el *no-huddle*. Los Patriots formaban con un *runningback* y un *fullback* en el *backfield*. La primera acción fue una carrera donde Green-Ellis perdió una yarda. Rápidamente, Brady volvió a llamar a sus hombres para colocarlos de una manera completamente distinta al *down* anterior. Antes fue una formación cerrada, ahora era una formación abierta y sin nadie en el *backfield*. Como había sucedido durante todo el curso, esto dejaba a la defensa descubierta y sin capacidad de reacción. Brady lo sabía y tenía muy claro adónde iba a ir el próximo lanzamiento. Había leído a la defensa en escasos segundos, había detectado el agujero y se disponía a poner uno de los últimos clavos en el ataúd de los Giants. Desde el *slot*, Wes Welker inició su ruta vertical y se encontró completamente solo pasadas las primeras quince yardas. Todo iba según lo planeado en la mente del *quarterback*, y Brady puso un balón suave en las manos del receptor, pero el ovoide cayó al suelo ante la cara incrédula del propio Welker. De haberlo atrapado, el ataque hubiese avanzado hasta la yarda 20 rival y hubiese tenido el partido prácticamente amarrado. En el banquillo, Vince Wilkfork se echaba las manos a la cabeza sin poder creérselo. En el siguiente tercer *down* largo, Brady tuvo tiempo para buscar algún receptor abierto, pero su lanzamiento a Branch no fue todo lo bueno que debería haber sido y el balón terminó sobre el césped del Lucas Oil Stadium. Wes Welker era uno de los jugadores más queridos por los aficionados patriotas. A partir de ese momento, su historia cambiaría radicalmente.

Eli Manning y los Giants dibujaron un último *drive* sensacional que acabó con el *touchdown* de carrera de Ahmad Bradshaw para colocar el 21-17 en el marcador a favor del equipo neoyorquino. Con solo 57 segundos por jugar, Brady continuó viendo como sus receptores dejaban caer sus lanzamientos y hacían imposible el avance del ataque para buscar la anotación. El encuentro murió con un *hail mary* que nunca encontró las manos de Gronkowski.

Cuatro años antes, Tom Coughlin y los suyos habían perpetrado una de las mayores hazañas que se recordaban en la historia de la liga. El 5 de febrero de 2012, los New England Patriots habían vuelto a caer frente al mismo rival y de una manera casi igual de dramática. Fue la propia Gisele Bündchen quien dejó claro lo que todos los aficionados estaban pensando en ese momento cuando abandonaba el estadio y varios seguidores la increparon. «Mi marido no puede lanzar el balón y cogerlo al mismo tiempo», les gritó como respuesta. Tom Brady había encontrado un *quarterback* al que no podía ganar. Eli Manning siempre estaría presente en cada referencia a su carrera.

Las temporadas de 2012 y 2013 siguieron un curso similar en cuanto a resultados. Los New England Patriots seguían siendo un equipo muy complicado de batir, que ganaba su división y que avanzaba en *playoffs* hasta topar con un obstáculo insalvable en la final de conferencia. Baltimore Ravens fueron los que terminaron con el curso de 2012 y los Denver Broncos los que se pusieron en el camino del equipo de Belichick en 2013. Este último año, el otro Manning, Peyton, fue el verdugo de Tom Brady y los suyos.

El nombre de Manning siempre estará ligado al de Brady. Y esa historia, la de Peyton y Tom, es legendaria.

9

Brady & Manning

No creo que existiera el actual Tom si no fuera por Peyton y los Colts. Ambos van de la mano. Manning y Brady. ¿Qué habría pasado de haber jugado en diferentes momentos y no tener al otro para superarlo en pos de la victoria contra su equipo? Son las finales. Es Bird y Magic. Lo que todo el mundo está esperando ver.

*E*l *linebacker* Tedy Bruschi compartió vestuario con Brady durante muchos años y vivió de primera mano la rivalidad con Peyton y los Indianapolis Colts. Muchos de sus mejores recuerdos datan de esos encuentros en *playoffs* contra el otro gran *quarterback* de la liga. Sus palabras para Gary Myers, recogidas en su excelente libro *Brady vs Manning*, reflejan a las claras la importancia que cada uno de ellos tuvo en el otro y cómo la influencia de ambos ha marcado la evolución de la NFL y su imparable crecimiento económico. El *salary cap* para los equipos rondaba los cincuenta y cinco millones de dólares cuando Peyton llegó a la liga en 1998. Ahora está al borde de superar los doscientos millones.

En una era en la que el foco se ponía cada vez más en el *quarterback* era justo que la mayor rivalidad del deporte se produjese entre los dos mejores en dominar el arte. Peyton Manning, un número uno del *draft*, y Tom Brady, un número 199, dos estilos diferentes, dos maneras de entender el juego, pero con un nexo en común: la motivación por superar al otro. A lo largo de quince temporadas se vieron las caras en diecisiete ocasiones. Brady se llevó la victoria 9-3 en temporada regular; Manning, 3-2 en *playoffs*. Entre los dos acumularon ocho trofeos de MVP de la liga y siempre tuvieron a sus equipos en lo más alto. Para la NFL fue el mejor anuncio en un momento en el que cada vez eran más relevantes los ataques. Manning y Brady siempre estarán conectados, juntos hicieron más grande la competición.

«Para mí, es el más grande de la historia. Lo que ha conseguido, cómo se prepara y la forma en que estudia a sus oponentes. Además, también posee un instinto asesino. He tenido la fortuna de estar junto a él en muchas ocasiones y hemos trabado una gran amistad. Es alguien en el que siempre me fijo y a quien admiro porque en todo momento trabaja por mejorar y no se conforma con otra cosa que lo máximo.»

Cuando NFL Network debutó su ya tradicional top 100 de jugadores en el año 2011, Tom Brady fue el primer jugador que encabezó la lista. Peyton Manning le precedió en el número dos de la cuenta atrás. Durante quince años, estos dos jugadores se estuvieron persiguiendo en la distancia en pos del mismo objetivo. Uno lideró la carrera algunos años, antes de ser adelantado por el rival los siguientes y vuelta a empezar. Pese a recibir el honor de ser el primer número uno del programa anual, Brady tuvo esas palabras de elogio hacia su rival, a la par que amigo, Peyton Manning.

Por supuesto, Peyton tampoco se corta a la hora de hablar bien de Tom. «Juega la posición de *quarterback* como se supone que debe hacerse. Es un gran honor y ha sido siempre un privilegio haber competido contra Brady a lo largo de los dieciséis, diecisiete años que hemos estado juntos en la liga», comentó en su última temporada como profesional.

Cuando Brady atravesó el litigio contra la NFL por el caso *Deflategate*, Manning le apoyó públicamente: «Como digo, voy a hablar tan claro y tan despacio como pueda. Brady es mi amigo y siempre lo será. No sé qué pasó, pero eso es todo lo que tengo que deciros sobre él». Brady le devolvió el favor, unos meses después, cuando Peyton estuvo implicado en una controversia en relación con la hormona del crecimiento HGH: «Peyton es un buen amigo. Odias ver a tus mejores amigos pasar por algo así. Apoyo al cien por cien a Peyton y mi amistad con él. Es una persona con la que siempre he podido contar y alguien que me ha apoyado en todo momento. Tendremos una amistad para toda la vida».

Casi año y medio mayor que él, Peyton llegó a la NFL un par de temporadas antes que Brady. De hecho, ya era un jugador de élite en la liga antes de que Tom tomara un solo *snap* con los

Patriots. Brady lo admiraba no solo por lo bien que se desenvolvía dentro del terreno de juego, sino también por cómo se comportaba antes y después de los partidos y por su actitud ejemplar como hijo, ciudadano, marido y padre. En cierto modo, ha visto en él al hermano mayor que nunca tuvo, al criarse en una familia con tres hermanas. Pese a no tener la más remota posibilidad de jugar como *rookie*, Brady estudió todos los *snaps* de Manning durante sus primeras dos campañas como profesional, buscando trucos y estrategias que pudiera emplear él cuando llegara su momento. Este estudio del oponente se convirtió en un hábito que ambos compartirían durante todos sus años en la liga. No importaba quién fuera su siguiente rival, tanto Brady como Manning dedicaban un tiempo cada lunes para ver lo que había hecho su compañero y rival el día antes. Los padres de ambos, Tom y Archie, siempre intercambiaron mensajes cada jornada para ver cómo estaban sus respectivos hijos.

Su amistad fuera del campo se ha forjado a lo largo de los años, desde que se conocieron personalmente en su primer partido allá por el mes de septiembre de 2001. Juegan al golf juntos (en 2020 culminaron años de entrenamientos en un duelo televisivo por parejas junto a Tiger Woods y Phil Mickelson), han cenado juntos, sus mujeres pasan tiempo juntas, ambos han visitado y permanecido en la casa del otro cuando han viajado, se han reunido en el Derby de Kentucky… En definitiva, Peyton gusta de la compañía de Tom, y viceversa.

Es algo que tuvieron que manejar a lo largo del tiempo que fueron rivales en la liga, pues cuando empiezas a sentir aprecio por el oponente puedes cruzar la fina línea que te haga perder ese punto competitivo diferenciador. Brady ha usado las críticas y el menosprecio hacia él como gasolina para mantener ardiendo su motivación por ganar. Pero con Peyton era diferente, no podía odiarle por más que casi cada temporada fuera su principal escollo hacia el campeonato. Cuando Brady estuvo toda la campaña de 2008 lesionado de gravedad en la rodilla, Peyton le apoyó con innumerables mensajes de texto y llamadas de ánimo. «Creo que en los momentos duros es cuando encuentras quién está verdaderamente contigo —dijo Manning—. Todo el mundo quiere hablar contigo cuando estás jugando bien, lanzando *touchdowns*. Cuando pasas una mala racha, estás lesionado, la gente empieza a verte de otra forma. Yo me acerqué a Tom, le deseé buena suerte y me preocupé por él. Cuando yo me lesioné, sucedió lo mismo. Tuvo la oportunidad de hacer lo mismo por mí. Significa mucho.» En estas declaraciones, Peyton se refería a la temporada 2011, que se pasó en blanco por complicaciones originadas en su cuarta operación en el cuello que al final acabaron por sacarlo de Indianapolis.

Peyton tuvo que buscar equipo en la *offseason* de 2012 y acabó decantándose por Denver, donde ganó su último MVP, disputó dos Super Bowls y ganó la segunda de ellas, en la edición quincuagésima y en su último partido como profesional. En ambos viajes hasta la gran final se deshizo de su amigo Brady en la final de conferencia. Cuando Brady concluyó su legendaria etapa en Foxboro y probó nuevas experiencias, en el invierno de 2020, rememoró lo que le pasó a Peyton e incluso se apoyó en él para recibir consejos. Tom eligió a Tampa como su nuevo destino y en su primer año allí logró el campeonato. Era el segundo *quarterback* de la historia que ganaba Super Bowls con franquicias diferentes. Igualar a Peyton en ese hito es algo que también le sirvió de aliciente. Incluso con su viejo amigo retirado lo seguía tomando como referente en su juego y sus objetivos. Un día después de que Peyton accediera al Salón de la Fama, los Buccaneers de Tom Brady derrotaban a los Kansas City Chiefs en la Super Bowl LV, ¿casualidad? Brady y Manning, Manning y Brady, las dos únicas personas que estuvieron por encima de la liga durante su era. Dos nombres ligados para siempre, dos amigos para siempre... Pero tomémonos un momento para recordar dónde empezó todo.

Una de las cosas que Brady siempre más ha admirado de Manning ha sido su fortaleza mental para ser capaz de cumplir con las expectativas tan enormes que siempre se pusieron sobre él. Tom fue el suplente de un equipo que no ganó un solo partido ni anotó un solo *touchdown* en su año *freshman* en el instituto; cuando llegó a Michigan, era el séptimo *quarterback* en el *depth chart* y no fue titular hasta su cuarto año allí; salió elegido en el puesto 199 del *draft* y se situó como el *quarterback* cuatro de los New England Patriots, donde solo empezó a jugar por la lesión del titular, Drew Bledsoe. Cero expectativas por allí donde pasó. En cambio, Peyton era hijo de Archie Manning, el número dos absoluto del histórico *draft* de 1971, en el que por primera vez los tres primeros jugadores seleccionados fueron *quarterbacks* (algo que se repetiría en 1999 y más tarde en 2021). Peyton creció virtualmente en un vestuario NFL.

Mientras Brady iba con su padre a ver los partidos de los San Francisco 49ers, Peyton iba a ver jugar a su padre con los New Orleans Saints. Lo hacía con su madre Olivia y su hermano Cooper, dos años mayor que él, con quien siempre mantuvo una gran rivalidad. A Peyton siempre le frustró que no tuviera la velocidad de su padre, claramente el mejor atleta de la familia. Archie registró 2197 yardas de carrera en la NFL, más del doble de lo que conseguirían sus dos hijos juntos, Eli y Peyton. Esta falta de movilidad, unida a la admiración por lo que hacía su padre, condujo a Peyton a convertirse en un *quarterback* como él.

Al contrario que Brady, Peyton tuvo que desechar a decenas de universidades que querían contar con sus servicios. Incluso en su año sénior de instituto aún mantenía más de cuarenta ofertas sobre la mesa. Al final redujo sus opciones a cuatro: Ole Miss, Michigan, Florida y Tennessee. La primera era el *alma mater* de su padre, allí estableció multitud de récords, y es tan venerado que el límite de velocidad en el campus de la universidad es de 18 mph en honor a su número allí. Cuando años más tarde Eli batió casi todos sus récords, se colocó el límite de 10 mph en una de las calles del campus. Sin embargo, los Rebels estaban bajo investigación de la NCAA, y eso los eliminó de la carrera, para decepción de sus seguidores. Fue la decisión correcta, pues Ole Miss solo habría tenido acceso a las Bowls un año en la clase de Peyton. Michigan encantaba a Manning, y bien podría haber sido su opción. La historia habría cambiado de enrolarse en los Wolverines. ¿Habrían ido un año después por Brady y hubiesen acabado luchando por el puesto de *quarterback* titular? Sin embargo, pesó más en la decisión que quería jugar en la SEC; por eso, finalmente, se decantó por Tennessee. Allí empezó a entrar en acción en su año *freshman* en 1994; para su campaña *sophomore* ya era uno de los nombres más reconocibles en el panorama del *college football*. Tennessee ganó once de doce partidos, incluida la Citrus Bowl contra Ohio State, para finalizar número dos y tres en los *rankings*. Un año después, Manning completó otra gran temporada. De nuevo en la Citrus Bowl, lanzó para 410 yardas y 4 en el que pudo haber sido su último partido como jugador universitario.

Peyton meditó largo y tendido la posibilidad de saltarse su año sénior para ir directamente a la NFL, pero solo lo haría si tenía la seguridad de que sería el primer *pick* del *draft* de 1997.

Los New York Jets tenían esa selección, tras una lamentable campaña de 1-15 que provocó un cambio radical en la franquicia. Bill Parcells forzó su salida de los Patriots y, tras conducirlos a la Super Bowl XXXI, asumió el mando de los Jets en un controvertido movimiento en el que tuvo que mediar la NFL. Peyton instó a su padre a que mediara con el *head coach* para tantear su idea sobre ese *pick* 1. La respuesta que recibieron fue inconclusa; seguramente, Parcells no quería atarse con nadie tan pronto en el proceso *predraft*, y de esta forma Peyton, que siempre tuvo como opción predilecta regresar a Tennessee, anunció a primeros de marzo que completaría su elegibilidad universitaria. La noticia desató la locura en el estado. De nuevo, la historia habría cambiado mucho de haberse comprometido Parcells firmemente con Peyton en aquel momento. En lugar de quedarse con el *pick* 1 y elegir al mejor jugador de aquel *draft*, Orlando Pace, bajó en dos ocasiones hasta el puesto 11 para acumular *picks* y acabó seleccionando al *linebacker* James Farrior, quien terminaría teniendo una mejor carrera en los Pittsburgh Steelers. Parcells pronto vería que el *quarterback* que heredó, Neil O'Donnell, no era en absoluto de su gusto. Aunque nunca lo reconoció públicamente, es lógico pensar que, si pudiera volver atrás en el tiempo, apostaría por Peyton y por convencerle de dar el salto a la NFL. Parcells y Peyton Manning, dos personas obsesionadas con el *football*, habría sido un tándem digno de ver. Quién sabe si incluso Bill Belichick pudiera haber acabado siendo su *head coach*.

Manning tenía dos objetivos *in mente* para 1997, el trofeo Heisman y sobre todo el campeonato nacional, pero en ambos frentes se quedó corto. Sus 3819 yardas y 36 *touchdowns* de pase no le valieron para superar a Charles Woodson, el compañero de Brady en Michigan, en la votación. El *cornerback* se convertía en el primer jugador defensivo de la historia que recibía el galardón. Días más tarde, en el partido por el campeonato nacional ante Nebraska, su equipo era claramente superado en la Orange Bowl por el resultado de 42-17. Peyton jugó lastrado por una lesión que se produjo en la final de la SEC, pero poco importó aquella noche. Los Cornhuskers fueron superiores en todas las facetas del juego y acabaron compartiendo el título nacional con la Michigan de Brady, quien todavía no sabía lo que era ser *quarterback* titular en *college*.

La gran duda en el *draft* de 1998 era qué decisión tomaría Bill Polian, el nuevo presidente de operaciones de los Indianapolis

Colts, con la primera selección absoluta. El debate se centraba en dos *quarterbacks*: Peyton Manning de Tennessee y Ryan Leaf de Washington State. Polian prefería a Peyton, pero sus *scouts* estaban divididos. Incluso llegó a pedir consejo a Bill Walsh, quien tras estudiar todos los pases de ambos jugadores en *college* dio su voto a favor de Manning. Las entrevistas en la *combine*, que enseñaron a un Leaf muy inmaduro y un Peyton decidido a ser su hombre, le convencieron para tomar la decisión más importante y acertada de su carrera. Manning superaba a su padre y se convertía en el número uno del *draft*. El peso de la franquicia de Indianapolis recaía sobre sus hombros y él estaba dispuesto a asumir el desafío. Peyton tenía que demostrar que valía esa alta selección y que era mejor *quarterback* que Leaf. Las expectativas eran máximas. Tras lanzar catorce intercepciones en sus seis primeros partidos como profesional, Peyton se recompuso y finalizó su temporada *rookie* con 3739 yardas y 26 pases de *touchdown*. Volvió a ser segundo en otra votación, en este caso la de novato ofensivo del año, por detrás de Randy Moss. En las dos siguientes campañas, Manning elevó su juego a cotas mucho más altas. Fue segundo equipo All-Pro y Pro Bowler en ambas ocasiones, y segundo, una vez más, en la carrera por el MVP de la temporada de 1999, empatado con Marshall Faulk; Kurt Warner fue el ganador. Mientras tanto, Leaf había alienado a compañeros de equipo, entrenadores, *general manager* y aficionados de San Diego. Tras tres funestas temporadas, los Chargers le cortaron el 28 de febrero de 2001. Para ese año los Colts eran uno de los grandes aspirantes al título y lo demostraron en las dos primeras semanas, en las que anotaron un total de 87 puntos ante dos rivales divisionales, los Jets y los Bills. En la tercera semana viajaban a Foxboro para continuar su marcha imparable dentro de la AFC Este. Los New England Patriots, perdedores de sus dos primeros encuentros, con un *quarterback* que realizaba su primera titularidad en la NFL, eran su siguiente rival y aparente víctima. Nacía la rivalidad y la amistad entre Peyton Manning y Tom Brady...

30 *de septiembre de 2001*. Regular season, *semana 3*
Indianapolis Colts vs New England Patriots
Foxboro Stadium, Foxborough. Massachussetts

—Hola, Tom, ¿qué tal? Soy Peyton Manning.
   Así se presentó el *quarterback* de Indianapolis al desconoci-

do *quarterback* de los New England Patriots minutos antes del *kickoff* del partido. Durante la semana, Brady había estado dándole vueltas a cómo presentarse a Peyton en la previa del encuentro. Su sorpresa fue mayúscula cuando resultó ser el veterano Manning quien se acercó a él y se presentó, como si no supiese Brady quién era. Si alguien debería haber dicho su nombre era en todo caso él. Pero Peyton sabía perfectamente quién era y lo que había conseguido en su etapa de *college* en Michigan. Este detalle impactó a Brady y le animó más si cabe a seguir paso a paso las evoluciones de su rival de los Colts. Manning tomó de su padre la costumbre de presentarse a todo el mundo. «Por muy famoso que seas nunca consideres que alguien debe conocerte», fue su consejo. Peyton, por su posición social, está constantemente hablando con gente nueva, así que desde muy joven puso en práctica tal costumbre, muy característica de la zona sur de Estados Unidos.

Una vez que el balón comenzó a volar, el partido tuvo poca historia. Fue el único duelo entre Brady y Manning en el antiguo Foxboro Stadium. Al año siguiente los Patriots se mudarían al adyacente y mucho más moderno Gillette Stadium. Tom se mostró bastante impreciso en varios lanzamientos, pero alineó bien a sus compañeros y no cometió ningún *turnover*. Fue suficiente en aquella nublada tarde. Antowain Smith y Kevin Faulk hicieron mucho daño con sus carreras y recepciones fuera del *backfield*, y la defensa se mostró mucho más física y con más energía que el apagado ataque de los Colts. Bryan Cox puso la mesa con un placaje feroz sobre el receptor Jerome Pathon en una ruta cruzada en el primer *drive*, una acción completamente ilegal en la actualidad, pero que en aquel momento sirvió para decirle a Indianapolis que ese no sería su día. Peyton Manning tuvo poca ayuda de sus compañeros, que dejaron caer varios balones o directamente los entregaron al oponente en pases completados que se convirtieron en intercepciones, tres en total, dos retornadas para *touchdown*.

Brady tuvo poco que ver en el resultado, pero terminó más contento que unas castañuelas. Sus entrenadores también lo estaban, el debut fue modesto, pero exitoso. El coordinador ofensivo Charlie Weis estuvo con él en la banda en lugar de su puesto habitual en la cabina en lo alto del estadio. Cuando concluyó el choque, el *head coach* Bill Belichick le buscó para darle la mano. Era importante darle confianza y apoyo al chico joven.

Fue su primera victoria en la NFL. Peyton buscó a Drew Bledsoe y estuvo un rato charlando con él, interesándose por su salud tras el tremendo susto de la semana anterior. Ninguno podía imaginarse entonces que su carrera como *quarterback* titular en New England había terminado.

Indianapolis Colts 13, New England Patriots 44
Peyton: 20/34, 196 yardas, 1TD-3INT; 2 carreras, 14 yardas, 1TD
Tom: 13/23, 168 yardas, 0TD-0INT; 1 carrera, 2 yardas
Brady 1, Manning 0

21 de octubre de 2001. **Regular season,** *semana 6*
New England Patriots vs Indianapolis Colts
RCA Dome, Indianapolis. Indiana

En lo que sería una tónica a lo largo de su temporada, los Patriots llegaron a Indianapolis como claras víctimas en las apuestas, pese a haber derrotado con claridad a los Colts tan solo tres semanas antes. Brady maduraba a pasos agigantados y tras la remontada de la jornada anterior ante San Diego completaba su actuación más efectiva hasta entonces. Ya no necesitaba Charlie Weis estar a su lado en la banda y había vuelto a su puesto tradicional en la cabina. Su selección de jugadas fue sublime, especialmente en una primera mitad en la que New England anotó en tres *drives* de una única jugada: una carrera en *reverse* de David Patten, un pase de 91 yardas de Brady para Patten tras *play-action*, la jugada más larga en la historia de la franquicia, y finalmente un pase del propio Patten para Troy Brown de 60 yardas. Era la primera vez desde 1979 (Walter Payton) que alguien registraba un *touchdown* de pase, de carrera y de recepción en el mismo partido. La mirada de Drew Bledsoe denotaba preocupación pese al excelente rendimiento de sus compañeros, en el fondo empezaba a ver que estaba perdiendo el que era su equipo. Si Tom estuvo muy a gusto, lo mismo no puede decirse de Peyton, que sufrió ante una defensa que le tenía tomada la medida. Los *drives* de Indianapolis fueron largos, pero constantemente terminaron cortos de la *end zone*, insuficiente en un día en el que los equipos especiales y la defensa volvieron a estar por debajo de lo exigido. Manning considera la versión 2001 de los Colts como el peor equipo que lideró en su carrera en la NFL. Peyton acabó el choque discutiendo en la banda con sus entrenadores y haciendo gestos de negación con su cabeza. Estaba metido a fondo en el puzle de Belichick, un rompecabezas que tardaría unos años más en resolver. Más de una vez comentó que el problema de medirse a los Patriots era doble, por el duelo mediático contra Brady que era también para él un duelo personal con Belichick. Este monstruo de dos cabezas obligó a Peyton a trabajar al máximo para poder superarlos. Su frustración era doble también cuando veía la ayuda que tenía Tom en New England. Mientras la defensa de Colts solo dejaría a su oponente en diez puntos o menos una sola vez en sus primeros sesenta y cuatro partidos como profesional, Brady gozaría de esa ventaja un total de quince veces en el mismo lapso de encuentros. Indianapolis finalizó el año 6-10 y en la *offseason* reemplazó al excéntrico *head coach* Jim Mora con el siempre paciente Tony Dungy. Al principio, Manning se mostró receloso del fichaje, un hombre obsesionado con el *football* como él iba a colaborar con un entrenador cuya prioridad número uno era su familia y su labor social. Sin embargo, Dungy aportaba algo que no había tenido Peyton hasta ahora, una mente defensiva que pusiera en su cabeza un diferente plan de juego del que había llevado hasta ahora.

New England Patriots 38, Indianapolis Colts 17
Tom: 16/20, 202 yardas, 3TD-0INT; 2 carreras, -2 yardas
Peyton: 22/34, 335 yardas, 1TD-0INT; 2 carreras, 1 yarda
Brady 2, Manning 0

30 de noviembre de 2003. Regular season, *semana 13*
New England Patriots vs Indianapolis Colts
RCA Dome, Indianapolis. Indiana

Fue el primer encuentro en la serie con las franquicias separadas de la AFC Este. La entrada de los Houston Texans en 2002 provocó la reestructuración de la liga en ocho divisiones de cuatro equipos. Los Colts se movieron a la División Sur, pero no por ello la rivalidad entre estos dos conjuntos dejó de ser menos enconada; solamente desde 2003 a 2006 se enfrentaron siete veces, todas ellas con mucho en juego. Ese fue el caso de este clásico olvidado que tuvo enormes implicaciones de cara a los *playoffs*. Tanto New England como Indianapolis marchaban con idéntico récord de 9-2, el ganador tendría en su mano la ventaja de campo en una eventual revancha de *playoffs*, como a la postre acabó sucediendo. En lo que se estaba convirtiendo en una tónica en estos choques, los Patriots cobraron rápidamente una gran ventaja, 17-0, y los Colts tuvieron que ir a remolque. Al contrario que dos años atrás, cuando bajaron los brazos en los dos partidos, la paciencia de Dungy había instaurado en sus hombres una mentalidad de no rendirse. Unas semanas atrás, habían remontado una desventaja de veintiún puntos en casa de los campeones, Tampa Bay Buccaneers. Brady estuvo mejor en la primera parte, conectando sus doce primeros lanzamientos. Manning fue el dueño de la segunda, liderando tres *drives* seguidos para *touchdown*. Al final, la diferencia estuvo de nuevo en los equipos más que en los *quarterbacks*. Bethel Johnson registró retornos de *kickoff* de 92 yardas y 67 yardas, y la defensa se mostró inexpugnable en los últimos cinco minutos con dos paradas en la *goal line* en sendos *drives*. El placaje de Willie McGinest sobre Edgerrin James en cuarto *down* desde la yarda uno se celebró como una victoria en los *playoffs*.

New England Patriots 38, Indianapolis Colts 34
Tom: 26/35, 236 yardas, 2TD-2INT; 2 carreras, -1 yardas
Peyton: 29/48, 278 yardas, 4TD-1INT; 2 carreras, 1 yarda
Brady 3, Manning 0

18 de enero de 2004. AFC Championship Game
Indianapolis Colts vs New England Patriots
Gillette Stadium, Foxborough. Massachussetts

Peyton consiguió en 2003 el primero de sus cinco MVP. Lo hizo en una votación tan apretada que condujo al último Co-MVP hasta ahora: lo compartió con Steve McNair. Ambos consiguieron dieciséis votos, el doble que el tercero en la lista, Tom Brady. El *quarterback* de New England se empezaba a acostumbrar a ceder el protagonismo durante la *regular season* a su amigo, pero él lo retomaba en el momento más importante del año, los *playoffs*. Sin embargo, en esta ocasión, Peyton también quería adueñarse de la postemporada. En dos victorias previas a la final de conferencia, completó el 79 % de sus pases para 681 yardas y 8TD-0INT. Su *quarterback rating* era de

156,9 sobre un máximo de 158,3. Los Colts no chutaron un solo *punt* ni tuvieron una penalización ofensiva en 117 *snaps* combinados ante Denver y Kansas City. Para comprobar cómo de excepcional estaba siendo la ofensiva de Indianapolis, en trescientas noventa instancias anteriores en *playoffs* solo se habían producido tres partidos de no *punts*. Las condiciones meteorológicas en Foxboro no estaban para exhibiciones ofensivas, la lluvia y la nieve dificultaban el juego de pase y habían convertido el césped en un patatal. Por supuesto los locales se adaptaron mejor. Charlie Weis diseñó un encuentro casi perfecto y Brady lo ejecutó a las mil maravillas, salvo en la zona roja. Los Colts tuvieron cuatro posesiones en la primera mitad: tres de ellas acabaron en *turnover* y la otra en *safety* tras realizar un mal *snap* en el que habría sido su primer *punt* de los *playoffs*. Claramente, el *long snapper* había olvidado su labor en esas acciones. Indianapolis se mantuvo en distancia de remontar en el segundo tiempo, pero la defensa de Patriots ganó el partido para frustración de su oponente, que observó muchas penalizaciones en acciones decisivas. Peyton lanzó cuatro intercepciones, tres de ellas a Ty Law, y asumió todo el peso de la derrota en la rueda de prensa. Sin embargo, Polian y Dungy, dos miembros del comité de competición, batallaron toda la *offseason* para que la NFL revisara el reglamento en cuanto a *holdings* defensivos e interferencias de pase. Esa batalla la acabarían ganando, pero seguirían perdiendo la que cuenta sobre el terreno de juego.

Indianapolis Colts 14, New England Patriots 24
Peyton: 23/47, 237 yardas, 1TD-4INT; 2 carreras, 4 yardas
Tom: 22/37, 237 yardas, 1TD-1INT; 5 carreras, 1 yarda
Brady 4, Manning 0

9 de septiembre de 2004. Regular season, *semana 1*
Indianapolis Colts vs New England Patriots
Gillette Stadium, Foxborough. Massachussetts

Los Patriots elevaron la bandera de campeones de la NFL en 2003 en el partido que inauguró la siguiente temporada. La liga no escatimó con el rival y los emparejó con los Indianapolis Colts. La polémica alrededor del refuerzo en las penalizaciones defensivas fue la comidilla de la previa. Los árbitros estuvieron más estrictos, para ambos conjuntos, pero la nueva aplicación no afectó en absoluto al resultado. Brady estuvo casi impecable en el encuentro, emulando incluso a Peyton al inicio con el ataque *no-huddle*. No obstante, en esta ocasión los Colts igualaron el juego físico de New England y controlaron el partido en la primera mitad, que ganaron por un ajustado 17-13. En la segunda, los *fumbles* de Edgerrin James y el *field goal* fallado por Mike Vanderjagt (su primero en dos años) desnivelaron la balanza a favor de los locales. El lado positivo para Indianapolis es que por primera vez había jugado de tú a tú a los Patriots, las 202 yardas de carrera así lo probaban. Para Peyton fue un inicio amargo de lo que sería una temporada increíble en la que estableció el récord de pases de *touchdown* (49) y *quarterback rating* (121,1), superando a su ídolo de juventud (Dan Marino) y a uno de los de Brady (Steve Young) respectivamente. Brady se quedó en 28 lanzamientos de anotación y su *QB rating* fue casi treinta puntos inferior, pero su equipo acabó ganando dos partidos más en la *regular season* y por eso el siguiente duelo entre estos dos rivales volvería a ser en Foxboro. Tom sacrificaba números por el equipo, pero los analistas sabían que su rendimiento estaba al nivel de Peyton. Durante el partido, John Madden llegó a comentar que para ser un doble MVP de la Super Bowl estaba muy infravalorado. Esa noción del gran público estaba próxima a cambiar.

Indianapolis Colts 24, New England Patriots 27
Peyton: 16/29, 256 yardas, 2TD-1INT; 2 carreras, 18 yardas
Tom: 26/37, 335 yardas, 3TD-1INT; 1 carrera, -1 yarda
Brady 5, Manning 0

16 de enero de 2005. AFC Divisional Playoffs
Indianapolis Colts vs New England Patriots
Gillette Stadium, Foxborough. Massachussetts

Tras perder el encuentro inaugural de la campaña, Tony Dungy se disculpó con su *quarterback* titular: «Hemos desperdiciado la oportunidad de jugar contra ellos en casa en los *playoffs*, pero nos los volveremos a encontrar en la postemporada». Sus palabras fueron premonitorias: por segundo año consecutivo, los Colts debían viajar en enero a Foxboro. Por segundo año consecutivo, una climatología terrible los recibió: niebla, frío, nieve y un terreno de juego pesado nada comparable con el *turf* del RCA Dome. Por segundo año consecutivo, un equipo superior física y mentalmente terminó con su temporada. En su primera actuación en *playoffs* tras ocho años de carrera, Corey Dillon se aseguró de que sería la estrella del encuentro, pero sin duda de lo que todo el mundo habló al día siguiente fue del papel de una defensa que anuló por completo al mejor ataque de la competición. La semana anterior, en los Wild Cards, Peyton aniquiló la secundaria de los Broncos con 360 yardas de pase antes del descanso. Siete días después no hubo exhibición ofensiva ni victoria dominante. Los esquemas de Belichick volvieron a dejar sin palabras a un equipo de Indianapolis que tanto había hablado en la *offseason*. No importaron los cambios de reglas, no importaron las bajas en la secundaria de los Patriots: *pattern match, safety robber, jump cuts...* La coreografía de la defensa de New England fue tan rítmica como certera. El mismo ataque que produjo 11 pases de al menos 20 yardas contra Denver tuvo una jugada más larga de 18 yardas en todo el partido. La impotencia de Peyton, mandado a la banda perdiendo 6-3 con un cuarto *down* y 1 en territorio rival para chutar un conservador *punt*, fue doble. El año anterior había visto como Brady era refrendado por sus entrenadores, que buscaron en varias ocasiones el cuarto *down* sin importar la posición de campo. Confiaban en su *quarterback*. En un momento en el que tenían que ir a por todas y decirle a los Patriots que esta vez no, su entrenador prefirió despejar el balón y esperar... la derrota que acabaría llegando. La siguiente temporada, en el divisional contra Pittsburgh, Manning echaría literalmente al equipo de *punt* para jugarse un 4.º y 2 en su propia yarda 36 perdiendo 21-3. Aunque a la postre los Colts también perderían ese encuentro, sus compañeros comprobaron que con este *quarterback* no podían rendirse. Era el hombre que los acabaría por llevar a la tierra prometida. Quien lo hizo, por tercera vez, fue Brady. Tras la victoria en la Super Bowl XXXIX ante los Eagles ya no cabían más excusas ni desprecios: Tom era uno de los grandes *quarterbacks* de la liga por derecho propio.

Indianapolis Colts 3, New England Patriots 20
Peyton: 27/42, 238 yardas, 0TD- INT; 1 carrera, 7 yardas
Tom: 18/27, 144 yardas, 1TD-0INT; 4 carreras, 6 yardas, 1TD
Brady 6, Manning 0

7 de noviembre de 2005. **Regular season,** *semana 9*
Indianapolis Colts vs New England Patriots
Gillette Stadium, Foxborough. Massachussetts

Magic Johnson contra Larry Bird, Arnold Palmer contra Jack
Nicklaus, Rafa Nadal contra Roger Federer... Su rivalidad no
tendría sentido si siempre ganaba el mismo. La NFL continuaba por explotar el filón del duelo entre Tom Brady y Peyton
Manning, pero lo cierto es que, con el primero seis a cero arriba sobre el segundo, los aficionados empezaban a no tomarse
en serio la rivalidad..., incluso los propios jugadores de los
Patriots no lo hacían. Cuando llegaba la semana de preparar el
partido de los Colts, los entrenadores abrumaban a sus chicos
con información y consejos para afrontar de la mejor forma
posible la amenaza que representaban Peyton y sus compañeros. Observaban los innumerables gestos del *quarterback* en la
línea de *scrimmage,* ajustando y cambiando las jugadas o simplemente tratando de engañar a la defensa. El *linebacker* Tedy
Bruschi admitió que llegado un punto empezaron a pecar de
exceso de confianza y se tomaban estas sesiones de vídeo a
broma. Recordaban todos los gestos de negación con la cabeza
de Peyton tras una mala jugada ante ellos. Después de lo que
sucedió esta noche de noviembre, no volvieron a tomarse a risa
los enfrentamientos contra el mayor de los Manning. La rivalidad entre Tom y Peyton, entre los Patriots y Colts, nació
verdaderamente en este encuentro, el primero en el que los de
Indianapolis demostraron que podían ganar a su oponente.
Manning lanzó para más de trescientas yardas y tres *touchdowns.* Cuando hubo que arriesgar en cuarto *down,* Dungy le
dio la oportunidad a su ataque de convertir. Brady también
estuvo extraordinario, pero de poco importó. Los Colts eran
mejores y estaban más sanos. Abatido, acabó mirando al noc-
turno cielo de Foxboro en busca de una ayuda que no encontraba allá abajo. La casa de los horrores para Peyton dejó de
serlo y logró su primer triunfo en casa de los Patriots tras ocho
años de profesional. Se quitó un gran peso de encima. Ahora le

venía otro mayor, completar la temporada perfecta. Indianapolis avanzó hasta un 13-0 cuando los San Diego Chargers los sorprendieron en casa. Un mes después, tras perder en su primer partido de *playoffs*, Manning tendría que seguir contestando a la pregunta que quería evitar a toda costa: ¿cuándo sería capaz de ganar la Super Bowl?

Indianapolis Colts 40, New England Patriots 21
Peyton: 28/37, 321 yardas, 3TD-1INT; 3 carreras, 24 yardas
Tom: 22/33, 265yds, 3TD-0INT; 1 carrera, -1 yarda
Brady 6, Manning 1

5 de noviembre de 2006. **Regular season,** *semana 9*
Indianapolis Colts vs New England Patriots
Gillette Stadium, Foxborough. Massachussetts

Casi un año después de su último enfrentamiento, Indianapolis volvió a defender su imbatibilidad en la temporada en casa de su gran rival. De nuevo, los Colts dominaron en ataque y dejaron que los errores de New England decidieran el resultado. Brady cerró la noche con pésimas estadísticas, pero el peor error de los Patriots fue forzar demasiado las cosas ante un oponente que sufría mucho en defensa contra el juego más básico. Fue la mejor noche en estos duelos de Marvin Harrison. El veterano receptor acumuló 145 yardas ante una secundaria totalmente desbordada. Su acrobático *touchdown* en el tercer cuarto contrastó con los varios *drops* de los jugadores de New England en el choque. Peyton tenía un hombre en quien confiar una vez llegado a la *red zone*. Tom seguía esperando la venida de ese hombre. Y se notaba. También fue la noche del regreso de Adam Vinatieri a su antiguo hogar. Los aficionados en el Gillette Stadium abuchearon al *kicker*, que fuera decisivo en sus tres Super Bowls, cada vez que saltó al campo a chutar una patada. Los nervios puede que le jugaran una mala pasada al hombre de hielo, pues falló dos *field goals* poco habituales en él. Indianapolis mejoró su récord a 8-0, y la semana siguiente, a 9-0, pero solo dos de esos triunfos llegaron por más de una anotación. El equipo no era tan poderoso como el del año anterior. Tres derrotas en diciembre obligaron a los Colts a pasar por los *wild cards*, algo impensable tras su victoria en Foxboro. New England también tuvo que pasar por la primera ronda de los *playoffs*. Ambos despacharon en casa y con solvencia a sus rivales; tras lograr trabajados triunfos en la ronda divisional, volvieron a verse las caras en la final de conferencia. Era el partido que todo el mundo quería ver. Si Manning quería llegar por fin a su primera Super Bowl, tendría que pasar por encima de Brady.

Indianapolis Colts 27, New England Patriots 20
Peyton: 20/36, 326 yardas, 2TD-1INT; 3 carreras, -3 yardas
Tom: 20/35, 201 yardas, 0TD-4INT; 3 carreras, 13 yardas
Brady 6, Manning 2

21 de enero de 2007. AFC Championship Game
New England Patriots vs Indianapolis Colts
RCA Dome, Indianapolis. Indiana

«Son el equipo ruso de los Juegos Olímpicos de 1980. Han ganado siempre, son el equipo perfecto, pero esta vez no. ¡Es nuestro momento!» Así motivó el *center* Jeff Saturday a sus compañeros de cara al enfrentamiento ante los New England Patriots, rememorando la victoria del equipo norteamericano de hockey sobre hielo sobre el combinado soviético, cuatro veces campeón defensor de la medalla de oro. Durante los primeros veinte minutos de partido, no pareció que el momento de los Colts hubiera llegado. New England controló el tempo en ataque y en defensa. Cuando Asante Samuel interceptó a Peyton Manning y retornó el balón para *touchdown*, el marcador del RCA rezaba un 21-3 para los Patriots. Todo el estado de Indiana había enmudecido. Solo el *head coach* Tony Dungy creyó firmemente en la remontada. En la banda les prometió a sus muchachos que sí era su hora. Lo hizo con tal convicción que los jugadores terminaron por creerle e iniciaron la recuperación. Fue un partido increíble, en el que un *guard*, Logan Mankins, consiguió un *touchdown* recuperando un *fumble*; el *center* Jeff Saturday hizo lo propio; un *offensive tackle*, Charlie Johnson, retornó un *kickoff* y un *defensive tackle*; Dan Klecko anotó un *touchdown* de recepción. La segunda mitad fue un vendaval de jugadas espectaculares y decisivas. Indianapolis empató el choque con dos *touchdowns* seguidos. New England recuperó el mando. Indianapolis empató. New England volvió a adelantarse. Indianapolis volvió a empatar. Y los Patriots retomaron el control del electrónico, 34-31, con un *field goal* del sustituto de Vinatieri, Stephen Gostkowski.

Antes del *drive* decisivo, Peyton sufrió una lesión en el pulgar de su mano derecha tras impactar con el casco de su compañero Tarik Glenn. Por unos minutos, pareció que no podría acabar el partido. Sus pases de prueba en la banda fueron terribles. El *quarterback* reserva, Jim Sorgi, salió a calentar. Sin embargo, Peyton se recuperó, conectó con el *tight end* Bryan Fletcher en una ruta córner y luego en la clásica *slant* con Reggie Wayne. Una penalización contra los Patriots movió el balón hasta la yarda once justo a la llegada del *two-minute warning*. En el tiempo muerto obligatorio, Marvin Harrison recomendó a sus compañeros correr con la pelota. Que el receptor estrella del equipo, poseedor de todos los récords de la franquicia, dijera eso fue música para los oídos de la línea ofensiva. Estos no eran los Colts delicados que no podían competir con los físicos Patriots. Había llegado su momento. En primer *down*, corrieron con el novato Joseph Addai siguiendo el *tackle* derecho. En segundo *down*, corrieron con el novato Addai siguiendo al *guard* derecho. Finalmente, en tercer *down*, desde la yarda tres, corrieron con el novato Addai siguiendo al *center*. Jeff Saturday realizó el bloqueo clave sobre Vince Wilfork, y así Indianapolis tenía su primera ventaja en el encuentro, 38-34 a un minuto de la conclusión. En lo alto del estadio, en una de las cabinas, la familia Manning, Eli incluido, lo festejaba. Los Colts habían anotado 32 puntos en la segunda mitad a la segunda mejor defensa de la liga. Todavía quedaba el último intento de Brady, el maestro de las remontadas, el poseedor de un registro en *playoffs* de 12-1, 8-0 en partidos decididos por siete o menos puntos. Con dos pases movió a sus huestes hasta el territorio de Indianapolis. En la banda, Peyton no quería ni mirar. Había adoptado una posición de rezar, y eso es literalmente lo que estaba haciendo: «Querido Señor, no dejes por una vez que Tom haga una de sus remontadas. Permíteme ganar mi primera Super Bowl, que él ya tiene tres». Finalmente, a dieciséis segundos de la conclusión, sus plegarias fueron escuchadas cuando Marlin Jackson interceptaba el pase de Brady, muy presionado por el gran Dwight Freeney. Belichick observó impasible la jugada de principio a fin, los dos brazos metidos en el cuello de su sudadera sin mangas y el rostro inalterado. Hoy no sería su día. Los Colts iban a la Super Bowl. Peyton Manning iba a la Super Bowl. Dos semanas después, en Miami, en la casa de su ídolo Dan Marino, se certificaba el primer campeonato de Peyton en un encuentro bajo la lluvia. La final de la conferencia americana de 2006 es el encuentro más recordado en la brillante rivalidad de estas dos leyendas, un partido digno de la grandeza de estos dos jugadores; el único pero es que no fue en una Super Bowl.

New England Patriots 34, Indianapolis Colts 38
Tom: 21/34, 232 yardas, 1TD-1INT; 4 carreras, 1 yarda
Peyton: 27/47, 349 yardas, 1TD-1INT; 2 carreras, 0 yardas
Brady 6, Manning 3

4 de noviembre de 2007. **Regular season,** *semana 9*
New England Patriots vs Indianapolis Colts
RCA Dome, Indianapolis. Indiana

La temporada 2007 inició a Tom en la rivalidad completa con los Manning. Después de años peleando contra Peyton, ahora Eli se incorporaba a los duelos. Si hay un *quarterback* con el que Peyton podía hablar libremente durante la temporada, lógicamente ese era su hermano. Sus consejos ayudaron a que el pequeño de la familia ganara, aunque fuera la mínima de las ventajas, en sus desafíos contra los Patriots. En este día, Brady retomó la senda triunfadora en la serie tras tres derrotas seguidas. Esta vez sí tenía un arma diferencial en su ofensiva, Randy Moss; cuando las cosas pintaban peor en el último cuarto, acudió a ella para resolver el problema. Sin embargo, meses después, Tom volvería a ver su temporada y sus aspiraciones al anillo destrozadas por un Manning. Eli completó uno de los pases más memorables en la historia de la Super Bowl, escapándose del *sack* de tres jugadores de los Patriots para conectar con un David Tyree que sujetó el balón con su casco. Solo una acción así podría haber derrotado al equipo perfecto. Cuando, unas jugadas después, Eli encontraba a Plaxico Burress en la *end zone* al final de una *slant-&-go*, fue Peyton quien lo celebró en lo alto de una de las *suites* del University of Phoenix Stadium. Dos contra uno era demasiado, debió pensar Tom en esa *off-season*.

New England Patriots 24, Indianapolis Colts 20
Tom: 21/32, 255 yardas, 3TD-2INT; 5 carreras, 14 yardas
Peyton: 16/27, 225 yardas, 1TD-1INT; 1 carrera, 1 yarda, 1TD
Brady 7, Manning 3

15 de noviembre de 2009. Regular season, *semana 10*
New England Patriots vs Indianapolis Colts
Lucas Oil Stadium, Indianapolis. Indiana

En 2008 los Colts inauguraron su nuevo estadio, la casa que Peyton construyó, el Lucas Oil Stadium. Indiana siempre había sido un estado de baloncesto, pero desde la llegada de Manning el *football* había ido creciendo y ganando terreno. Profesionalmente, no cabía duda de que los Colts eran ya más populares que los Indiana Pacers. Peyton admite sentirse orgulloso de tener una pequeña cuota de responsabilidad en este cambio. En realidad, fue la parte principal e indiscutible. Por desgracia, el habitual duelo de primeros de noviembre contra los Patriots perdió su lustre con Tom fuera toda la temporada por su lesión de rodilla. Indianapolis también atravesaba sus propios problemas, su récord de 3-4 lo dejaba bien claro. Los Colts ganaron el partido y a partir de ahí el resto de sus encuentros de la *regular season*, pero llegados los Wild Cards no pudieron superar a unos Chargers que apenas terminaron el año al cincuenta por ciento de victorias. No obstante, Peyton ganó su tercer MVP, mientras Tom se recuperaba de su rodilla y trabajaba para volver a tope la siguiente campaña.

Para la previa del enfrentamiento de 2009, la NBC realizó una encuesta a los veinte *quarterbacks* vivos que tenían su lugar en el Salón de la Fama. La pregunta era clara: ¿Brady o Manning? De los veinte, cuatro se abstuvieron. Steve Young fue uno de ellos, afirmando que eso era como elegir entre Rembrandt y Van Gogh. Tan solo dos votaron a favor de Brady, en virtud de su ventaja de 3-1 en anillos. Fueron Terry Bradshaw y, curiosamente, John Elway, quien años después sería el jefe de Peyton en los Broncos. Un total de trece *quarterbacks* apostaron por Manning, dándole una ventaja clara al de Indianapolis. Para el de New England fue un motivo más para sentirse despreciado y seguir trabajando. Curiosamente, uno de los veinte decidió dividir su voto…, fue Joe Montana. Él abriría el partido con Brady y jugaría la segunda mitad con Manning.

Dos años sin verse las caras era mucho tiempo para la NFL, que promocionó el encuentro como nunca. Tom iba poco a poco recuperando la forma tras unos primeros partidos irregulares. Peyton conducía a unos imbatidos Colts (8-0), que tenían la defensa que menos puntos encajaba de toda la liga. Un triunfo de los hombres de Belichick les dejaba a tiro de sus mayores rivales; en caso contrario, Indianapolis cobraría una ventaja decisiva para hacerse con la ventaja de campo para los *playoffs* en la Conferencia Americana.

Manning abusó de la conexión con su receptor favorito, Reggie Wayne. Al final de la noche, la pareja acabaría combinándose diez veces para 126 yardas y 2 *touchdowns*. Sin embargo, Brady también tenía a su pareja de baile preferida, Randy Moss, para destrozar a la secundaria rival. El mejor *wide receiver* de su generación vivió su último día de gloria en la NFL. Terminó con 179 yardas y 2 *touchdowns* en 9 recepciones. Nunca más alcanzaría las cien yardas en su carrera. Los Patriots abrieron una brecha de 24-7 en la primera mitad gracias a una jugada en la que Brady recordó a su mejor versión. Mantuvo la compostura en el *pocket* como solo él sabe hacer, eludió a un defensor que ya tenía el *sack* en su cabeza, reseteó los pies y encontró a un desconocido novato que había sido *quarterback* en *college*. Fue su primer *touchdown* en la NFL y se llamaba Julian Edelman. Tom estaba de vuelta.

La segunda anotación entre Brady y Moss puso un 31-14 en el marcador que a poco más de catorce minutos de la conclusión parecía insuperable. Pero, claro, enfrente no estaba ningún cualquiera. En un par de *drives* fugaces, Manning redujo la diferencia a un 34-28 a 2.27 del final. Entonces llegó el momento más discutido del encuentro, uno que todavía varios años después es motivo de polémica. Con 4.º y 2 en su propia yarda 28 y 2.08 por jugar, Belichick decidió jugarse el todo por el todo e intentar convertir en ataque, en lugar de chutar el *punt*. Viendo como Manning estaba moviendo el balón ante su cansada defensa, pensó que tenía más posibilidades de ganar el partido jugándose ese cuarto *down* que devolviéndole el balón a los Colts. Indianapolis necesitaba un *touchdown* para ganar, ni siquiera un *field goal* le valía. La muestra de respeto de Belichick hacia su rival era enorme, igual que la poca confianza en una defensa que poco recordaba a la veterana y sólida unidad de los años anteriores. La apuesta le habría salido bien al *head coach* de haber atrapado Kevin

Faulk el pase de Brady a la primera. Cuando el balón llegó a sus manos estaba por delante del primer *down*, pero al escapársele de las manos y agarrarlo al cien por cien después de recibir un providencial placaje del *safety* Melvin Bullitt perdió la opción de mover las cadenas para su equipo. Rodney Harrison y Tedy Bruschi, ahora comentaristas de televisión, criticaron duramente la jugada. Con 29 yardas y dos minutos por delante, Manning jugó a la perfección, como esperaba Belichick. Gracias a un movimiento extraordinario, Wayne se zafó de su par y anotó el *touchdown* de la victoria a tan solo dieciséis segundos de la conclusión. Fue la primera vez en ochenta y ocho oportunidades que Belichick perdía una ventaja de trece puntos o más en el último cuarto. Peyton terminó el partido con 327 yardas y 4TD-2INT. Brady hizo 375 yardas y 3TD-1INT. Estadísticas aparte, su duelo más legendario siempre será el AFC Championship Game de la temporada 2006, pero en lo que a temporada regular se refiere ningún encuentro superó la intensidad y la emoción vividas en esta noche de otoño de 2009.

New England Patriots 34, Indianapolis Colts 35
Tom: 29/42, 375 yardas, 3TD-1INT; 3 carreras, 3 yardas
Peyton: 28/44, 327 yardas, 4TD-2INT
Brady 7, Manning 4

21 de noviembre de 2010. **Regular season,** *semana 11*
Indianapolis Colts vs New England Patriots
Gillette Stadium, Foxborough. Massachussetts

El anual enfrentamiento entre Colts y Patriots tuvo un sabor muy similar al de la temporada anterior. New England obtuvo una idéntica ventaja de 31-14 en el último periodo, solo para ver como Manning la devoraba en cuestión de minutos. Jugando sin la ayuda de varios compañeros clave, Peyton estuvo a punto de completar una increíble remontada hasta que un providencial *rush* de New England le afectó en el ángulo de pase y forzó la intercepción con los Colts ya en la zona roja. Tom no generó tantas yardas ni tantos *touchdowns*, pero protegió mucho mejor el balón. Manning lanzó tres intercepciones aquella tarde; Brady, cuatro en toda la temporada. Ese año ganó el MVP de forma unánime, su segundo. Por cuarta temporada consecutiva, el trofeo pasaba de las manos de uno a las del otro.

Contra todo pronóstico, aquel sería el último Brady-Manning con Peyton vistiendo la camiseta de los Colts. La campaña siguiente no podría jugar un solo *down* por sus dolores cervicales e Indianapolis se desplomó hasta el punto de ser el peor equipo de la competición. Pasó de ganar diez partidos y la división en 2010 a obtener solo dos victorias y el número uno del *draft* en 2011. Esa caída no hizo más que evidenciar la grandeza de Manning, que durante años elevó hasta cotas impensables a plantillas que no valían tanto. Cuando Tom se perdió la temporada 2008, New England fue capaz de registrar un meritorio récord de 11-5, aunque fuese con un *roster* que el año anterior había completado el famoso 16-0. Por eso Brady seguía perdiendo en muchos debates cuando se discutía el valor de los dos *quarterbacks* para sus respectivos equipos. Es la eterna lucha de Tom contra las críticas. Indianapolis empleó el *pick* número uno del *draft* de 2012 en otro *quarterback* generacional, Andrew Luck. La incertidumbre sobre el estado físico de Manning y la controversia que lógicamente se generaría en el vestuario y en la afición provocaron que ambas partes, gerencia y jugador, decidieran separar sus caminos tras catorce históricas temporadas para la franquicia. La rivalidad entre Tom y Peyton no había terminado. Siguieron jugando uno frente al otro cada temporada, pero con Manning vistiendo a partir de ese momento la camiseta naranja de los Broncos.

Indianapolis Colts 28, New England Patriots 31
Peyton: 38/52, 396 yardas, 4TD-3INT
Tom: 19/25, 186 yardas, 2TD-0INT; 4 carreras, -2 yardas
Brady 8, Manning 4

7 *de octubre de 2012*. Regular season, *semana 5*
Denver Broncos vs New England Patriots
Gillette Stadium, Foxborough. Massachussetts

En 2011, Brady derrotó con facilidad a unos Colts sin Peyton, pero sus duelos con la familia Manning no quedaron interrumpidos. Eli batió por dos veces a Tom en la campaña, primero en Foxboro en la temporada regular, en la que supuso la primera derrota de Brady en casa en *regular season* desde 2006, y luego en Indianapolis en la edición XLVI de la Super Bowl. Ese partido habría sido, en un mundo ideal para la NFL, la coronación de Peyton en su casa, pero en lugar de prepararse para disputar el encuentro, su papel fue el de embajador de todos los visitantes que genera la gran final. A esas alturas ya tenía claro que no iba a seguir en Indianapolis. Tras el anuncio en rueda de prensa unas semanas después de que no continuaría en el equipo, Denver fue la franquicia que más fuerte apostó por Peyton. Los Jets también llamaron, pero no estaba interesado en compartir Nueva York con su hermano. Seattle, Tennessee, donde jugó en *college*, y San Francisco estuvieron en la pelea también. Finalmente, Manning decidió continuar su carrera con los Broncos. Su *head coach*, John Fox, bailó en las oficinas cuando Elway le comunicó el fichaje, literalmente.

A los aficionados de Boston les daba igual la camiseta, iban a abuchear a Peyton igualmente cuando retornara al Gillette Stadium. Fue un partido jugado a un ritmo frenético, con los *quarterbacks* de treinta y seis y treinta y cinco años liderando ataques *no-huddle* que constantemente movieron el balón en todas las direcciones. New England estableció su récord en un encuentro con 35 primeros *downs*. Tanto Manning como Brady cumplieron con las expectativas creadas y solo un *fumble* postrero de Willis McGahee privó de otro final de infarto en la serie. Anecdóticamente, aquel día los Colts remontaron un 21-3 adverso ante los Packers de Aaron Rodgers de la mano del nuevo héroe en la ciudad, el novato Andrew Luck. Denver no volvería a perder en la temporada hasta que una mala decisión defensiva los privó de avanzar hacia la final de conferencia. Baltimore dejó a Peyton en el camino y una semana después haría lo propio con Brady, rumbo a la segunda Super Bowl de la franquicia. Manning ganó ampliamente el trofeo de *comeback player* del año, igual que había hecho su amigo Tom tres campañas antes. Hasta en eso mantenían un duelo particular.

Denver Broncos 21, New England Patriots 31
Peyton: 31/44, 337 yardas, 3TD-0INT; 2 carreras, 9 yardas
Tom: 23/31, 223 yardas, 1TD-0INT; 4 carreras, -2 yardas, 1TD
Brady 9, Manning 4

24 de noviembre de 2013. **Regular season,** *semana 12*
Denver Broncos vs New England Patriots
Gillette Stadium, Foxborough. Massachussetts

Los Broncos completaron una fabulosa temporada en el plano ofensivo durante el año 2013. La adquisición de Wes Welker, el mejor amigo de Brady hasta entonces, así como la irrupción del *tigth end* Julius Thomas elevaron el juego de un Peyton Manning físicamente recuperado hasta unas cotas numéricas nunca vistas en la historia de la NFL. El *quarterback* abrió la liga lanzando veinte pases de *touchdown* antes de su primera intercepción, y marchaba camino del récord de yardas y *touchdowns* en una campaña. En diez partidos acumulaba 34 lanzamientos de TD y solamente había bajado de las 300 yardas una vez, en la que aun así registró 295 yardas. En una noche de mucho viento y ante la siempre complicada defensa de Bill Belichick, finalizaría el encuentro con sus peores números de todo el año, 150 yardas de pase y un *quarterback rating* de 70,4.

Aun así, los Broncos se marcharían al descanso con una increíble ventaja de 24-0 a su favor. La lograron gracias a tres *fumbles* en las tres primeras posesiones de los Patriots, que fueron responsables de los primeros diecisiete puntos. Von Miller fue el gran protagonista al comienzo. Retornó el primero de los *fumbles* 60 yardas para *touchdown* y provocó el segundo con un *sack* marca de la casa sobre Brady. Un pase de *touchdown* de Manning para Jacob Tamme establecía el resultado final al descanso.

New England fue incapaz de poner un solo punto en el electrónico en ocho posesiones durante los dos primeros cuartos, pero evidentemente Brady no se iba a rendir fácilmente. Tras la salida de los vestuarios, el *quarterback* comenzó a abusar de la defensa combinando con el imparable Rob Gronkowski y con su nuevo amigo, el pequeño receptor Julian Edelman. Las cuatro posesiones de los Patriots tras el descanso resultaron en *touchdown, touchdown, touchdown, touchdown*. Así tomaban el mando del partido. Edelman anotó el primer y el último de los *touchdowns* camino de una noche de 9 recepciones y 110 yardas. Acabaría la temporada 2013 con 105 capturas, superando las 69 que había logrado en sus cuatro primeros años en la liga. En el otro lado, Welker quedaba en el anonimato con cuatro recepciones para apenas 31 yardas. La afición de los Patriots no podía disfrutarlo más.

Los Broncos lograron levantarse tras semejante avalancha y gracias a un *drive* de diez jugadas y 80 yardas, el mejor de la noche, enviaron el partido al tiempo extra. Pese a ganar el sorteo, Belichick decidió conceder la primera posesión de la prórroga (y con ello la opción de ganar el choque) a su rival, con el objetivo de tener el viento a favor con su ofensiva. Cuatro años después de jugarse aquel 4.º y 2, el *head coach* no dudó en entregarle el balón a Manning. La decisión se demostró buena cuando Denver tuvo que chutar un *punt,* pero tras él llegó otro de New England. La secuencia se repitió cuando los Patriots tuvieron que despejar vía patada el balón por segunda vez en el tiempo extra (en aquel entonces, todavía era de quince minutos). En esta ocasión, un fallo de comunicación entre el retornador, Welker, y su compañero Tony Carter generaba un *muff* que era recuperado por Nate Ebner para New England. Con apenas dos minutos para finalizar la prórroga, Stephen Gostkowski liquidaba el eterno enfrentamiento con un *field goal* de 31 yardas que desataba una noche más la locura en el Gillette Stadium.

Fue la primera prórroga en la rivalidad Manning-Brady y la primera vez que Tom ganaba en una gran remontada, desquitándose en parte de las derrotas de 2006 y 2009, cuando los Colts de Peyton vinieron desde dieciocho y diecisiete puntos atrás para vencer. Esta, veinticuatro puntos, sería la mayor de la serie. La NBC volvió a realizar una de sus encuestas previas al choque; en esta ocasión solo preguntó a tres históricos entrenadores retirados: Don Shula, Bill Parcells y Joe Gibbs. La cuestión no podía ser otra, ¿Manning o Brady? Peyton ganó 2-1; solo Parcells votó por Tom. Incluso con la gran victoria, Brady tendría que seguir trabajando para, de una vez por todas, desnivelar la opinión de los expertos en su favor.

Denver Broncos 31, New England Patriots 34 OT
Peyton: 19/36, 150 yardas, 2TD-1INT; 1 carrera, 0 yardas
Tom: 34/50, 344 yardas, 3TD-0INT; 2 carreras, 0 yardas
Brady 10, Manning 4

19 de enero de 2014. *AFC Championship Game*
New England Patriots vs Denver Broncos
Sports Authority Field at Mile High, Denver. Colorado

En 2004 Peyton estableció el nuevo récord de pases de *touchdown* en una temporada, superando por uno a su ídolo de juventud, Dan Marino. El envío histórico número cuarenta y nueve llegó en el partido quince de su campaña. Manning solo lanzó dos pases en el único *drive* que disputó del encuentro final. Con la mirada puesta en los *wild cards,* Dungy no quiso arriesgar una lesión de su estrella y la marca se quedó ahí. Peyton se arrepintió cuando tres años después Brady asaltó su récord. A mitad de campaña ya llevaba treinta pases de *touchdown* y estaba a solo uno de su plusmarca, a falta de su encuentro final de *regular season* ante los Giants. Peyton habló con Eli y prometió invitar a cenar a los defensores del equipo de su hermano si conseguían mantener a cero a Brady, cosa que mantendría a salvo su récord. Eli transmitió el mensaje al capitán de la defensa, Antonio Pierce. No es que necesitaran más motivación, batir a los invictos Patriots ya era suficiente aliciente, pero sin duda que un plus como ese no les perjudicaría. La defensa de Nueva York jugó un gran partido, durante tres cuartos limitó a Tom a un solo envío de *touchdown*. Peyton mantenía la esperanza de al menos compartir el récord. Sus ilusiones se rompieron en mil pedazos cuando Brady y Moss enlazaron para el *touchdown* 50 del *quarterback* y 23 del *wide receiver* en 2007. El récord cambiaba de manos, de Manning a Brady. Que solo hubiera podido saborearlo durante tres años le dolió especialmente.

Manning abrió la temporada 2013 con siete pases de *touchdow*, en el encuentro inaugural de la NFL aquel año. Para su partido número decimoquinto, ante los Houston Texans, había superado a Tom con cuatro lanzamientos de anotación más que le daban cincuenta y uno en la campaña, uno más que Brady. Sin embargo, Peyton no descansó esta vez en la última jornada de *regular season*. Los Broncos no iban a pasar por la ronda de *wild cards*, por lo que tenía el descanso de la semana siguiente asegurado. Manning disputó la primera mitad al completo, lanzó cuatro pases de *touchdown* y dejó el nuevo récord en un total de cincuenta y cinco, cinco más de los logrados por Tom en 2007. Ahora sí podía respirar tranquilo, superar ese registro supondría un esfuerzo titánico. De hecho, todavía nadie ha podido siquiera superar los cincuenta de Brady, tan solo igualarlos, cosa que hizo Patrick Mahomes en 2018.

Los Patriots habían ganado a Denver en la *regular season* en un encuentro con frío y mucho viento, condiciones climáticas ideales para el chico que se formó jugando en Ann Arbor muchos años atrás. Durante ese mismo tiempo, Peyton creció mucho como jugador de *football* en Tennessee, disputando partidos en condiciones perfectas. El día de la final de conferencia de 2013 el cielo le dedicó una sonrisa a Manning; había alguna que otra nube, pero, por lo general, el día los recibía con tiempo soleado y buenas temperaturas para ser el mes de enero en Denver. En el primer *drive* del choque, Peyton no atrapaba bien la pelota desde el *shotgun*, hacía unos malabares con la bola, se recomponía, miraba hacia la izquierda, luego hacia la derecha, hasta que completaba un pase de primer *down* para Eric Decker. En esa secuencia pasaron varios segundos sin que la defensa se acercara al *quarterback*. Belichick sabía que tenía un problema. Cuando en el segundo cuarto su mejor *cornerback*, Aqib Talib, se iba a los vestuarios tras un golpe con Wes Welker, Belichick sabía que estaban perdidos. El *head coach* calificó el impacto de Welker con Talib como una de las acciones más sucias que había presenciado en cuarenta años como entrenador; quedaba claro que su pelea de la *offseason* que provocó la salida de Welker de New England estaba todavía en la mente de Belichick. Sin *pass-rush* y sin su mejor hombre de cobertura, los Patriots fueron un juguete en manos del que sería nombrado MVP de la liga, que lanzó para 400 yardas. Las 507 yardas de ataque de Denver fueron el peor registro encajado por una defensa de Belichick en su etapa como *head coach* en New England hasta ese momento. Brady no pudo igualar el ritmo ofensivo de su rival. Fue un año muy complicado en Foxboro entre lesiones e incidentes extradeportivos. Los más críticos aprovecharon las circunstancias para empezar a escribir el final de su *quarterback*, por primera vez.

A Denver, todos los récords de la temporada no le sirvieron para nada en la Super Bowl, donde Seattle logró una abultada victoria. Peyton no pudo conquistar el anillo en el estadio de su hermano, como sí hizo Eli tres años antes en Indianapolis. En la última previa de la gran final, se podía leer en la portada de NFL.com: «¿El mejor de todos los tiempos?». Al texto acompañaba una foto de Peyton, del que se esperaba que conquistara su segunda Super Bowl unas horas después. En los siguientes meses, la historia iba a cambiar.

New England Patriots 16, Denver Broncos 26
Tom: 24/38, 277 yardas, 1TD-0INT; 2 carreras, 7 yardas, 1TD
Peyton: 32/43, 400 yardas, 2TD-0INT; 1 carrera, -1 yarda
Brady 10, Manning 5

2 de noviembre de 2014. Regular season, *semana 9*
Denver Broncos vs New England Patriots
Gillette Stadium, Foxborough. Massachussetts

Dos semanas antes del que acabaría siendo su último enfrentamiento en temporada regular, Peyton estableció el récord histórico de la liga de pases de *touchdown* que ostentaba Brett Favre con 508. Mientras, Tom había iniciado su asalto contra los críticos que le daban por acabado tras una dura derrota en Kansas City. En los cuatro encuentros previos a este, lanzó 14 pases de *touchdown* por ninguna intercepción. Fue una noche especialmente fría para la época, incluso hablando de Foxboro, pero, aun así, los dos celebrados *quarterbacks* se combinaron para lanzar un total de 110 pases para 771 yardas y 6 *touchdowns*. Unos meses antes, Denver se había mostrado como el equipo superior, ahora era New England quien demostraba su candidatura al título con una actuación sobresaliente en ataque, defensa y equipos especiales.

En la previa del partido, la ESPN preparó una pieza especial repasando las carreras de ambos e intentando pronosticar cuántos años más podrían jugar, quién ganaría otro campeonato o quién volvería a ser MVP. Especialistas y antiguos compañeros de ambos como Jeff Saturday o Christian Fauria hicieron sus pronósticos. Los resultados fueron diversos, como cabía esperar, salvo en la cuestión del jugador más valioso, en la que había unanimidad por que Brady ya no volvería a estar a ese nivel. El artículo llegó a Tom a través de un correo electrónico de un amigo. Una de sus respuestas llegó a filtrarse en los medios: «A mí me quedan siete u ocho años más. Peyton tiene apenas dos años más. Fin de la historia». Brady envió un mensaje privado a Manning para disculparse. Sin embargo, en el fondo, Tom estaba en lo cierto.

Peyton sufriría una lesión muscular en un cuádriceps que le restaría movilidad y, sobre todo, más potencia de brazo, el *skill* que más había erosionado en su juego desde sus operaciones de cuello unos años atrás. Lo que parecía una formalidad, otro duelo entre Broncos y Patriots en los *playoffs*, se acabó truncando por el estado físico de Manning. Denver perdió en los divisionales ante el antiguo equipo de su *quarterback*, los Indianapolis Colts. Brady y los Patriots no tendrían ningún problema con ellos en la ronda siguiente y dos semanas más tarde alzarían su cuarto campeonato en una intensa final contra Seattle. Manning meditó durante un mes si continuar un año más, hasta que al final le dio el sí a Elway, que renovó por completo a su cuerpo técnico. Un buen amigo suyo, Gary Kubiak, sería el nuevo *head coach*. Sin embargo, su esquema ofensivo encajaba poco con Peyton, cosa que sería motivo de debate durante los siguientes meses.

Denver Broncos 21, New England Patriots 43
Peyton: 34/57, 438 yardas, 2TD-2INT; 2 carreras, 3 yardas
Tom: 33/53, 333 yardas, 4TD-1INT; 2 carreras, 4 yardas
Brady 11, Manning 5

24 de enero de 2016. *AFC Championship Game*
New England Patriots vs Denver Broncos
Sports Authority Field at Mile High, Denver. Colorado

Uno de los grandes puntos de discusión en el eterno debate entre Manning y Brady se ha centrado en los actores de reparto que han tenido a su alrededor. Los valedores de Tom siempre han comentado a su favor que no ha podido lanzar a las grandes superestrellas que habitualmente ha tenido Peyton, como Marvin Harrison, Reggie Wayne o Demaryius Thomas. En el otro lado, los mayores críticos de Brady han apuntado siempre que, mientras él ha tenido la ventaja de jugar para un único entrenador (hasta ese momento), el mejor de la historia para muchos, Bill Belichick, Peyton ha vivido hasta cuatro cambios de *head coach* en su carrera. De Jim Mora a Tony Dungy y a Jim Caldwell en Indianapolis; de John Fox a Gary Kubiak en Denver. Este último movimiento resultó bastante traumático para un Manning que siempre había estado acostumbrado a llevar el control total de la ofensiva. El ataque de Kubiak situaba al *quarterback* bajo el *center* y le obligaba a salir del *pocket* más a menudo de lo que desearía alguien al final de su carrera como Peyton. Sin embargo, el principal elemento distorsionador entre ambos es que Kubiak programa unas jugadas que anticipan la mayoría de las respuestas defensivas; es lo que se llama un sistema amigable para el *quarterback*, pues le facilita las lecturas. Limítate a ejecutar las acciones ordenadas desde la banda y todo irá bien. Manning era todo lo contrario: situaba pronto a sus compañeros en la línea de *scrimmage* y entonces organizaba, cambiaba y realizaba él mismo la jugada. Ambos mantuvieron discrepancias internas al inicio de la temporada; el equipo ganaba los partidos, pero era más por la defensa. El ataque sufría por cada yarda y Peyton estaba completando la peor temporada estadística de su carrera. Un agravamiento de una lesión en el pie que arrastraba desde el verano lo relegó al banco durante seis semanas entre noviembre y diciembre, por lo que se perdió el habitual duelo de *regular season* ante Brady y los Patriots. Volvió en la última jornada de temporada regular y recuperó su puesto de titular para los *playoffs*. En ese tiempo fuera ambos llegaron a un acuerdo: el destino de los Broncos estaba en su defensa, así que el ataque jugaría a no cometer errores en un sistema más cercano a lo que enseñaba Kubiak, pero con la posibilidad de que Peyton utilizara algo de su proceso *pre-snap* en la línea de *scrimmage*.

Era la quinta vez que Manning y Brady se veían las caras en los *playoffs*, la cuarta en final de conferencia y la decimoséptima en total; unos registros récord. Por primera vez, el foco del encuentro no recaía en los dos *quarterbacks*, sino en las defensas, especialmente la de Denver, que se había mostrado como una unidad capaz de ganar el campeonato casi por sí misma. Peyton no iba a protagonizar el *show*, en esta ocasión le tocaba ser actor secundario. Tom se preparaba para uno de los mayores desafíos de su carrera. Cuando se vieron las caras por primera vez quince años antes, Manning era la estrella, y Brady, el recién llegado. En el que sería su último enfrentamiento, Tom era el candidato al MVP (que acabaría ganando Cam Newton) y Peyton poco más que un *game manager*. Las tornas habían cambiado.

Por al menos un *drive*, Manning recordó al de antaño. Completó cuatro pases para 60 yardas a cuatro receptores diferentes y adelantó a Denver 7-0 en su primera posesión. A partir de ahí, la defensa de los Broncos dominó el encuentro. Aparte de una carrera de 12 yardas, la más larga desde 2010, Peyton no sacó la capa de superhéroe que había solido lucir. Quien ese día debió convertirse en alguien de otro planeta fue Brady, asediado por un *rush* que hizo parecer a su línea ofensiva de tercera división. Tom encajó una cantidad de golpes brutal (hasta veintitrés derribos), pero se levantó de todos y cada uno de ellos en una actuación épica. Dos conversiones de cuarto *down* en su último *drive* para Gronkowski colocaron un 20-18 a 12 segundos de la conclusión. Sin embargo, en la conversión de dos puntos, McDaniels ordenó una jugada para Edelman y Brady no pudo centrarse en su *tight end*, que por primera vez en muchas jugadas no había recibido una doble cobertura. El pase de Brady fue interceptado, y Peyton se clasificó para su cuarta Super Bowl, cada una de ellas con un *head coach* diferente. Un récord que tal vez ni su amigo Tom pueda igualar.

Manning se abrazó con Belichick y tuvo un último apretón de manos con Brady. A ambos les comentó que «si este es mi último rodeo, quiero que sepas que ha sido todo un placer». Dos semanas más tarde lograba su segundo anillo, y el 7 de marzo de 2016 anunciaba su retirada del *football* profesional tras dieciocho gloriosas temporadas. «Voy a echar de menos los apretones de mano con Tom Brady..., incluso echaré de menos a los aficionados de los Patriots en Foxborough, y ellos me deberían echar de menos también, pues me ganaron unas cuantas veces.» Peter King entrevistó a Brady el día antes del anuncio de Manning. Allí comentó cómo sería para él jugar por primera vez sin su amigo en la NFL: «*That part sucks*» (esa parte va a joder). El *quarterback* de New England alabó todos sus logros, en especial por la presión con la que había tenido que lidiar: «Fue el reclutamiento top en el instituto. Fue el *quarterback* más grande en *college*. Fue el primer *pick* del *draft* de la NFL. ¿Quién ha podido cumplir todas las expectativas creadas año tras año tan bien como Peyton?».

Tom nunca generó tal *hype* en el instituto, en *college* o en su llegada a la liga profesional, pero, sin duda, cuando empezó a ganar con los Patriots la presión fue subiendo. Su rivalidad con Peyton y su batalla personal para estar siempre a su altura sin duda añadió presión a Brady. Su rivalidad hizo que ambos salieran ganando, igual que la liga y sus aficionados. Lo que Brady no le comentó a Peter King en esa entrevista fue el nivel extra de estrés que él había sufrido esa temporada por un incidente que habría acabado con la carrera de cualquiera que no tuviera una mentalidad como la suya, tan fuerte.

New England Patriots 18, Denver Broncos 20
Tom: 27/56, 310 yardas, 1TD-2INT; 3 carreras, 13 yardas
Peyton: 17/32, 176 yardas, 2TD-0INT; 3 carreras, 11 yardas
Brady 11, Manning 6

TOM BRADY			PEYTON MANNING		
REGULAR SEASON	PLAYOFFS	TOTAL	TOTAL	PLAYOFFS	REGULAR SEASON
9	**2**	**11**	**6**	**3**	**3**
29,2 puntos por partido; 64,7 Comp%, 4323yds, 32TD-15INT, 92.8 QB rating; 3 touchdowns de carrera			24,2 puntos por partido; 61,3 Comp%, 4985yds, 35TD-22INT, 87.7 QB rating; 3 touchdowns de carrera		

CUARTO CUARTO

10

Resurrección

Eh, Jimmy, soy el entrenador Belichick. ¿Cómo estás? Enhorabuena, acabamos de elegirte para ser parte de los Patriots.

$\mathcal{D}$esde 2004, los New England Patriots habían jugado cada año los *playoffs*, a excepción de 2008, cuando su *quarterback* titular estuvo fuera del emparrillado por la lesión de rodilla. También habían jugado cinco finales de conferencia y dos Super Bowls, algo que no estaba al alcance de casi ningún equipo de la liga. Sin embargo, con esto no bastaba. Ni Brady ni Belichick podían estar contentos de llevar nueve años sin ganar un anillo. Ambos vivían por y para ganar campeonatos, y lo demás no les importaba lo más mínimo. El 19 de enero de 2014, en el Sports Authority Field de Mile High, algo se había roto. En aquel partido, frente a los Denver Broncos de Peyton Manning, el equipo de Boston sufrió una derrota de las que hacen daño.

Cuando la temporada de 2014 diese su pistoletazo de salida, Brady cumpliría los treinta y siete años, una edad donde los jugadores profesionales empezaban su cuesta abajo o, simplemente, ya estaban retirados. Nadie en el equipo conocía a Belichick mejor que Brady, así que el *quarterback* tenía claro todo lo que estaba pasando por la mente de su *head coach*. Los casos de Lawyer Milloy, Ty Law, Richard Seymour o Wes Welker le habían servido a Brady para saber que Belichick no tendría ningún problema en prescindir de él si su rendimiento no se adecuaba al estatus que su contrato reflejaba. De hecho, el nombre de Drew Bledsoe rondaba su cabeza cada vez que el objetivo no se cumplía. De la boca de Brady siempre salían las mismas palabras: «No me sorprenderé de nada de lo que puedan hacer los Patriots. De nada en absoluto». Todos estos años le sirvieron de experiencia para comprender a sus compañeros, a su entrenador, a la franquicia y a la propia liga. La única manera que conocía para seguir siendo el dueño de su futuro era la de trabajar más que nadie. Y eso, por muchos años que cumpliese, no iba a cambiar.

Las dos primeras selecciones de los Patriots en 2014 eran los *picks* 29 y 62. Tras una agencia libre sorprendente, donde los de Belichick se habían llevado a Darrelle Revis, el *draft* era el siguiente paso para seguir rellenando huecos y para volver a construir una plantilla apta para seguir peleando por el anillo. Con la primera elección, los Patriots reforzaron algo que siempre estaba en la mente de su entrenador, su línea defensiva. Para sorpresa de muchos, Bill Belichick reclutaba a otro jugador de la Universidad de Florida con ciertos problemas de actitud. Dominique Easley se convertía en la primera ronda de los New England Patriots para el nuevo curso.

El segundo día de *draft* dejaba a los Patriots con el *pick* 62 y el *pick* 93, uno en cada ronda de la que se debían celebrar esa jornada. Los Jacksonville Jaguars, justo delante del equipo de Belichick, eligió a Allen Robinson, *wide receiver* estrella de Penn State. Era el turno de los Patriots, quienes habían premiado a Willie McGinest para que cantara la elección en el atril del Radio City Music Hall. La gente congregada allí lo recibió con sonoros abucheos mientras McGinest mostraba una sudadera roja de su equipo con orgullo y, por qué no, con aires de provocación. «Gracias, Nueva York, sois muy amables, os amo», decía con ironía el antiguo *linebacker* del equipo de Boston. «Con el *pick* 67 del *draft* de 2014, vuestros New England Patriots y mis New England Patriots.» Los abucheos se hacían más fuertes mientras nadie se había dado cuenta del error en el número de *pick* de Willie. «Eligen a Jimmy Garoppolo, *quarterback* de Eastern Illinois.» Lo siguiente que se escuchó en la retransmisión de NFL Network fue un sonoro «woooow» de Rich Eisen mientras le pedía a Mike Mayock que le contase las bondades del nuevo pasador de los New England Patriots. Con Belichick al frente de la franquicia, nunca se había elegido tan arriba a un *quarterback*, por lo que las señales para Brady eran más que evidentes.

«Desde el punto de vista organizativo, no vamos a formar un equipo de la manera que los Colts lo hicieron cuando perdieron a Peyton Manning. No es eso lo que queremos —explicaba Belichick tras el *pick* de Garoppolo—. Queremos ser competitivos en cualquier posición del campo, y la profundidad de banquillo es fundamental para nosotros. Nunca sabes cuándo la vas a necesitar. Sabemos cuál es la edad de Tom y su situación contractual. No queremos tener un solo *quarterback* en el equipo y no creo que eso sea responsable para la organización.»

Es verdad que Brady había insistido en querer jugar más allá de los cuarenta años, pero también era cierto que sus números habían bajado considerablemente en la última temporada. En ese curso, el *quarterback* lanzó 25 *touchdowns*, su marca más baja desde 2006. Había recibido 40 *sacks* por primera vez en toda su carrera desde que en 2001 sufrió 41, y su *passer rating* era el peor desde 2003. Las reacciones a la selección del *quarterback* de Eastern Illinois no se hicieron esperar y los medios comenzaron a hablar del más que probable final de Tom Brady. En la mente del *quarterback* siempre estuvo presente la imagen de Joe Montana siendo traspasado por sus 49ers para darle paso a Steve Young. En su interior sabía que Garoppolo sería su Steve Young si no volvía a jugar a su nivel. Sobre todo, si no conseguía volver a ganar con los Patriots.

El 2 de junio de 2014, el mundo NFL sufrió uno de los mayores temblores que se recuerdan en los últimos años. Sam Monson, creador de la web Pro Football Focus, uno de los proyectos más ambiciosos del momento, publicó un artículo en la ESPN titulado: «Tom Brady ya no está entre los cinco mejores *quarterbacks* de la NFL».

Tom Brady, Peyton Manning, Drew Brees y Aaron Rodgers. El monte Rushmore de los *quarterbacks* de élite ha sido inamovible desde hace mucho tiempo. Esto fue una agradable constante en una NFL llena de cambios y pérdidas importantes. Pero podría ser el momento de borrar una de esas cuatro caras de nuestra montaña de jugadores de élite. El Tom Brady de 2014 ya no pertenece a este monumento.

A bote pronto, puede sonar como una locura. Brady ha sido parte de la realeza en su posición desde que irrumpió en escena en 2001, cuando Drew Bledsoe cayó lesionado y él ocupó su lugar. Desde esa temporada, junto con el anillo y el MVP de aquella Super Bowl, Brady ha sido una constante en la cima de la posición de *quarterback*. Y, sin ninguna duda, es un futuro miembro del Salón de la Fama.

Sin embargo, su declive está en marcha, y esto se está mostrando en un aspecto clave de su juego. Echemos un vistazo a por qué

Brady ya no es uno de los cinco mejores *quarterbacks* de la NFL, los que deberían considerarse que están por delante de él y lo que significa para los Patriots esta temporada.

Así comienza el artículo del que todo el mundo habló en esos meses de *off-season* antes de que el ovoide comenzase a volar en los entrenamientos. Durante todo el texto, el autor no dejaba de plasmar estadísticas que indicaban un deterioro en el rendimiento y la productividad del *quarterback*. Además, comparaba sus números con los otros pasadores y ponía el ejemplo de Peyton Manning, un año más veterano, quien demostraba, según Monson, saber manejar mucho mejor todo lo que rodea a esta posición. El autor daba por hecho que Brady seguía siendo un buen *quarterback*, pero afirmaba rotundamente su declive y salida de la clase alta a la que había pertenecido durante sus años como titular del equipo de Boston.

Brady sigue siendo lo suficientemente bueno para mantener a los Patriots en la pelea por ganar el anillo, ya que no se ha convertido en un mal jugador de la noche a la mañana. Pero, por primera vez, parece que la carrera del *quarterback* tiene fecha de caducidad. Quizá la elección de Jimmy Garoppolo haya llegado en el momento justo.

A Tom Brady le habían dado una razón más para seguir demostrando su valía. Ya no solo le martirizaba pensar en cómo le habían dejado caer hasta el *pick* 199 de su *draft*. Ahora también pensaba en cómo se menospreciaba todo lo que había conseguido en catorce años por haber jugado una única temporada a un nivel algo menor.

El curso se inició con una derrota en Miami y dos victorias frente a Vikings y Raiders. La defensa conseguía forzar pérdidas de balón al rival, pero el ataque no encontraba caminos fáciles para anotar. En esos tres partidos, el *quarterback* de los Patriots sumó 632 yardas y tres *touchdowns* en total. Es cierto que no había sido interceptado en ninguno de esos primeros encuentros, pero las sensaciones no eran buenas. El próximo partido sería en casa de los Chiefs, el lunes por la noche y televisado para todo el país.

Al acabar el segundo cuarto, el equipo local lideraba el marcador por un amplio 17-0. Era la primera vez en ocho años que los de Belichick se quedaban a cero después de los dos primeros periodos. Además, las 303 yardas de los Chiefs al descanso era la mayor cantidad de yardas que habían recibido nunca los Patriots desde la era Belichick-Brady. En la reanudación, el marcador se fue hasta un 27-0 que empezaba a dejar claro el descalabro de todo el equipo. Nada funcionaba y Brady se mostraba errático, confuso y, por primera vez desde hacía muchísimo tiempo, superado por la situación. A falta de poco más de diez minutos para que el partido acabase, Brady lanzó un balón a las manos de Husain Abdullah, *safety* de los Chiefs, quien retornó para *touchdown*. La lectura del *quarterback* fue horrenda y en ningún momento se percató de la presencia del defensor. Con 41-7 en contra, Belichick decidió sentar a Brady y dio paso a los primeros minutos de Jimmy Garoppolo como jugador de los New England Patriots.

En esos últimos diez minutos, las cámaras de la televisión tenían un objetivo claro. Tom Brady estaba sentado en el banquillo y con la mirada al frente, como si fuese el hombre más solo del mundo. Hacía semanas que en la cabeza del *quarterback* comenzaban a darse cierto tipo de pensamientos. Brady había comentado a sus más allegados que, si no mejoraba su rendimiento, existía la posibilidad de que Belichick no esperase mucho para darle la oportunidad al chico nuevo. Exactamente lo mismo que había ocurrido trece años atrás. Se había generado mucho ruido alrededor del equipo. Se decía que Brady ignoraba a receptores abiertos en profundo para buscar pases más cortos y más efectivos. Era cierto que el juego de los Patriots en ataque se había volcado a situaciones de corto y medio rango, donde el *quarterback* parecía sentirse más seguro, pero se seguía viendo a Belichick en los entrenamientos animando a Brady para que lanzase más vertical. Al acabar el encuentro, en la rueda de prensa del *head coach*, un reportero hizo la pregunta que todos estaban esperando: «¿La situación de los *quarterbacks* va a ser evaluada esta semana?». Belichick lo miró, ladeó su cabeza un poco e hizo una pequeña mueca incrédula. Ni siquiera respondió a la pregunta.

Por su parte, Brady salió del estadio, se subió al autobús del equipo, se sentó en su asiento y sacó el iPad para ponerse a examinar a su próximo rival, los Cincinnati Bengals. Durante todo el trayecto hacia el aeropuerto no hizo otra cosa. Se subió al avión y siguió estudiando al equipo que se iba a enfrentar la siguiente semana. No habló con nadie. No había nada que decir, lo único que tenía que hacer era trabajar. Su único miedo, en todo el tiempo que había sido *quarterback* titular de los Patriots, era el de pensar que alguien podría ser mejor que él y ocupar su lugar. En su cabeza, ese momento parecía estar más cerca que nunca, por lo que sus esfuerzos tendrían que doblarse para mantener lo que tanto le había costado conseguir. Su iPad seguía delante de él cuando el autobús los llevó desde el aeropuerto de Boston al Gillete Stadium. Una vez allí, cada jugador cogió su coche y se fue a su casa a descansar. Tom Brady abrió las puertas de las instalaciones y se fue derecho a la sala de vídeo para recopilar más información de los Bengals.

Es completamente visible lo ineficaces que son estos Patriots y muy fácil observar todos los fallos horrorosos que tienen. La increíble dinastía de los New England Patriots ha muerto en Arrowhead. Nunca se han visto tan incompetentes en la era Brady-Belichick.

Así comenzó la semana para los de Boston en los medios de comunicación. Parecía claro que todo el mundo estaba de acuerdo en que había llegado el final de uno de los equipos más ganadores de la historia de la liga. Las críticas se centraban en el *quarterback* y en un declive que cada vez era más notorio. Al menos, esto era así para los que vivían fuera de las instalaciones del equipo. «Lo mejor de todo lo que se estaba diciendo era ver a la prensa arremeter contra Brady —decía Robert Kraft años después—. ¿Acaso no conocían el carácter competitivo de nuestro *quarterback*? ¿Es que no habían estado mirando todos estos años? Por eso les doy las gracias a todos aquellos que se atrevieron a darnos por muertos, sobre todo a los que lo hicieron con Tom.»

A pesar de la derrota, el entrenador no se fue del todo descontento cuando el encuentro llegó a su fin. Había visto luchar a su equipo a pesar de saber que no se llevarían el partido. El miércoles, Belichick acudió a su cita semanal con la prensa; la primera pregunta fue la esperada: «Bill, mencionaste la edad de Brady en el *draft*…», comenzó a decir uno de los reporteros. Belichick lo cortó antes de que pudiera acabar para contestar con un simple «*We're on to Cincinnati*» (solo estamos pensando en Cincinnati). Otro reportero levantó su mano para pedir turno. «¿Crees que tener a un *quarterback* de treinta y siete años…?» De nuevo Belichick interrumpió la pregunta para responder:

«Solo pensamos en Cincinnati. No pensamos en el pasado ni en el futuro, nuestra preparación es para Cincinnati». Los medios de comunicación siguieron preguntando al entrenador sobre lo que había pasado en la noche del lunes y acerca de posibles cambios en el puesto de *quarterback*. La respuesta seguía siendo la misma: *We're on to Cincinnati.* «Lo dije cuatro o cinco veces, pero lo podría haber dicho cien veces. Mi equipo necesitaba centrarse en el siguiente partido y olvidar lo ocurrido frente a los Chiefs. Era lo que pensaba en ese momento y sé que era lo correcto», contaba Belichick al finalizar la temporada.

El mensaje era muy claro y cada jugador que vio la rueda de prensa lo interiorizó a la perfección. Era un buen grupo, con mucho talento y con la experiencia suficiente como para darle la vuelta a todo lo que se estaba hablando. El primero de ellos, su *quarterback*. Ese mismo día, Tom Brady entró en la sala de *quarterbacks* y le dijo a su entrenador de posición: «Vamos a jugar muy bien este domingo y yo voy a hacer todo lo que pueda para ayudar al equipo a ganar». Si algo separaba a Brady de cualquier otro *quarterback* era su fortaleza mental, su competitividad y su incansable actitud para mejorar.

La noche del 5 de octubre de 2014, Brady se mostraba más hambriento que nunca. En la primera jugada del partido, el *quarterback* lanzó un pase de más de veinte yardas a Brandon LaFell. Tras dos jugadas de carrera, Brady conectó con Tim Wright en un pase de otras treinta yardas. Cuando en la siguiente secuencia de *downs*, los Patriots se encontraron con un *4th&1* a solo seis yardas de la *end zone*, el *quarterback* quiso jugarse él la oportunidad de seguir manteniendo vivo el *drive*, y lo consiguió con uno de sus siempre eficaces *QB sneaks*. Tras cinco minutos de partido, 80 yardas y una decena de jugadas, Stevan Ridley ponía los seis primeros puntos en el marcador con una carrera. En la siguiente posesión, y con un lanzamiento de 27 yardas a Gronkowski, Tom Brady se convirtió en el sexto jugador de la historia que superaba las cincuenta mil yardas de pase. En el siguiente *down*, con un lanzamiento preciso a Tim Wright, los Patriots se ponían con un claro 14-0 en el marcador. El Gillete Stadium se volvió completamente loco viendo como su *quarterback* estaba totalmente desatado. El chico de California acabó el encuentro con 292 yardas de pase, dos *touchdowns* y ninguna intercepción. En la banda, un sonriente Belichick chocaba la mano de su *quarterback*. En el vestuario, le entregaba el balón de la victoria mientras el resto de los compañeros coreaban su nombre. Cuando la celebración acabó, Robert Kraft se acercó a Brady y lo abrazó. «¿Sabes qué? —le dijo el propietario al *quarterback*—, te lo mereces.» Brady contestó que todo el equipo lo merecía, no solo él. «Es verdad, pero lo que tú has hecho por este equipo no lo ha hecho nadie», terminó diciéndole.

Tras ganar los siguientes cuatro partidos y disfrutar de su semana de descanso, los Patriots viajaron a Indianapolis para enfrentarse a unos Colts que ya no contaban con Peyton Manning en sus filas. Ahora, Andrew Luck, un muy talentoso joven *quarterback*, era quien lideraba a un grupo que estaba dejando buenas sensaciones. Belichick sabía cómo jugarle a Chuck Pagano. La primera vez que sus Patriots se habían enfrentado a los Colts de Pagano fue en 2012, y el resultado fue de 59-24 a favor del equipo de Boston. La segunda vez, en 2013, los de New England le endosaron 43 puntos y 234 yardas de carrera. En esta ocasión, la victoria volvió a caer del lado de los Patriots con un marcador de 42-20, tras volver a correr para 246 yardas. Parecía claro que los Colts se llevarían su división y que el camino de ambos conjuntos podría cruzarse en los *playoffs*, así que la superioridad de los de Belichick mostró una serie de debilidades que podrían resultar clave en un futuro enfrentamiento.

A la siguiente semana, y tras derrotar a los Detroit Lions, Tom Brady tuvo una entrevista con alguien muy especial. Randy Moss, que actuaba como analista para la Fox, fue el anfitrión perfecto para que Brady contestase a sus preguntas con toda la sinceridad posible. Brady se mostraba muy cómodo delante de las cámaras y aceptaba las bromas que su excompañero le lanzaba. Quedaba bastante claro el respeto y cariño mutuos que sentían. «Realmente, y si lo piensas bien, nunca he tenido demasiadas críticas en toda mi carrera deportiva —contestó Brady a la pregunta de Moss sobre lo acontecido los días después del partido de Arrowhead—. El primer año que fui titular ganamos el anillo. En los siguientes tres años, volvimos a ganar otros dos más. Después de eso, hemos tenido años muy buenos en los que hemos seguido ganando la división y llegando muy lejos en los *playoffs*, así que esta es la primera vez que la gente se me ha echado encima. No es tan grave.»

La temporada regular dejó a los Patriots con un récord de doce partidos ganados y solo cuatro perdidos; acabaron primeros en la Conferencia Americana. Si alguien quería llegar a la Super Bowl, tendrían que ganar a los de Belichick en Foxboro, y los primeros en intentarlo serían los Baltimore Ravens. El conjunto de John Harbaugh era uno de los rivales más duros a los que Belichick se había enfrentado desde que era el *head coach* de los Patriots. Desde el año 2001, de los tres partidos de *playoffs* perdidos como locales, dos llevaban la firma «RAVEN».

Los primeros diez minutos de encuentro fueron una tortura para el equipo local; el ataque de Baltimore consiguió anotar en sus dos *drives* iniciales. Tras el segundo pase de *touchdown* por parte de Joe Flacco, el marcador reflejaba un inquietante 0-14. Tom Brady comenzó a mover cadenas y, a falta de algo más de tres minutos para llegar al descanso, conectó con Danny Amendola para empatar el duelo. Sin embargo, y después de que la defensa le diera otra oportunidad al ataque, el *quarterback* de los Patriots fue interceptado por Daryl Smith, quien dejó a los Ravens con una buena posición de campo. Flacco lideró a la ofensiva hasta la *end zone* rival, y los Ravens se fueron a los vestuarios con ventaja en el electrónico. Al inicio del tercer cuarto, y tras un tres y fuera de los locales, Baltimore volvió a poner tierra de por medio anotando el cuarto *touchdown* de la noche para ellos. Estaba claro que el partido necesitaba algo distinto si el equipo de Belichick quería llevarse el triunfo final y acceder a la final de conferencia.

Lo normal en un equipo NFL es que la línea ofensiva la compongan cinco jugadores que lleven en su camiseta números del 50 al 79. Además, estos jugadores se marcan como «inelegibles» para atrapar un pase. Es decir, ninguno de ellos puede recibir el balón. Esa noche, mientras la defensa de Ravens conseguía frenar el ataque de Patriots, Belichick quiso darle una vuelta al libro de normas y, sin infringir la ley, tomó una decisión nunca vista antes en los profesionales. Michael Hoomanawanui, *tight end* del equipo local y número 47, saltó al campo y se colocó en la línea ofensiva como si fuese el *tackle* izquierdo. Al otro lado del campo, Shane Veeren, *running back* y número 34, se declaró «inelegible» al árbitro y se alineó en el *slot*. Los de Boston formaban con cuatro líneas ofensivos solamente. El quinto línea, al parecer, era un *tight end*. El árbitro comunicó la información dada por Vereen al resto de los jugadores, pero la defensa de Ravens quedó confundida al ver la formación de los Patriots. Brady lo aprovechó para lanzarle al propio Hoomanawanui un balón mientras sus rivales no entendían por qué el hombre de la línea ofensiva salía a recibir. Fueron 16 yardas, pero lo más importante era ver cómo el equipo de Harbaugh no reaccionaba a lo que estaba pasando. Dos jugadas después, Hoomanawanui volvió a saltar al campo y se colocó abierto, pero declarándose «inelegible». En el lado izquierdo de la línea ofensiva, esta vez, aparecía Gronkowski como *tackle*. La defensa no entendía absolutamente nada, pero veía como Edelman corría totalmente abierto entre sus jugadores para recibir un envío de otras once yardas. Si algo te sale bien dos veces, no pasa nada por volver a intentarlo una tercera, así que los Patriots, dos *downs* después, volvieron a formar con Hoomanawanui haciendo las veces de *tackle* izquierdo mientras se declaraba «elegible». En ese momento, las asignaciones defensivas habían saltado por los aires y los jugadores de Ravens no sabían a quién defender. Brady consiguió otro lanzamiento de 14 yardas a un Hoomanawanui completamente solo en el medio de la defensa «raven». Harbaugh gritaba a los árbitros sin saber muy bien qué estaba pasando, y el partido cambiaba radicalmente a favor de los de Belichick. Ese *drive* acabó con *touchdown* de Gronkowski a pase de Brady, la defensa «patriota» consiguió un tres y fuera y el balón volvió a las manos del *quarterback* de California.

La defensa visitante apenas había descansado cuando tenía que ocupar de nuevo el emparrillado. Brady conectó con Edelman y con Vereen para colocar a su equipo en la zona media del campo, a solo una yarda de las cincuenta. En el siguiente *down*, Edelman se movió hacia la izquierda de la formación y recibió el lanzamiento de Brady por detrás de la línea de *scrimmage*. Sin embargo, en vez de avanzar con el balón, lo que hizo fue plantarse y mandar el ovoide en profundidad a un Amendola que corría solo hasta la *end zone*. Otra vez, una de las mejores defensas de toda la liga había sido burlada por la capacidad de sorpresa del *staff* técnico de los Patriots. El Gillete Stadium explotaba y convertía el ambiente en un verdadero infierno. El partido volvía a estar empatado a falta de un cuarto por jugarse, pero la sensación era la de que ya nada podía frenar a Brady y sus huestes. A falta de cinco minutos para el final, los Patriots se ponían por delante en el marcador tras un pase de Brady a LaFell, y no dieron más opciones a unos Ravens que aún se preguntaban qué había pasado en el tercer cuarto.

Harbaugh llegó a la rueda de prensa posterior hecho una furia. Hablaba de cómo los Patriots habían usado un truco ilegal y de que había sido un claro engaño; llegó a decir que la propia liga debería asegurarse de que estas cosas no pasasen más. Aunque no quiso afirmarlo, Harbaugh dejó entrever que esa acción había sido sucia y tramposa. «Lo que tienen que hacer es estudiarse el libro de reglas y averiguar cómo se hace —decía Brady tras ser preguntado por las palabras del entrenador rival—. No sé qué tiene de engañoso lo que hicimos, porque nosotros sí sabíamos que se podía hacer», concluyó. El último rival por batir serían los Colts de Chuck Pagano. Esos Colts a los que llevaban tres años pasando por encima y a los que sabían perfectamente cómo jugar. La final de conferencia no tuvo más historia que la de ver a un ataque haciendo yardas por tierra y aire sin respuesta alguna de la defensa rival. Una vez finalizado el encuentro, y con el Lamar Hunt Trophy (el trofeo de campeón de la conferencia americana) en las manos, el entrenador de los Patriots respondía a las preguntas de Jim Nantz sobre el partido. Su respuesta no podía ser otra: «Bueno, Jim, solo tengo una cosa que decir: *We are on to Seattle*». Brady y Belichick alcanzaban su sexta Super Bowl y se la jugarían contra los actuales campeones de la competición, los Seattle Seahawks de Pete Carroll.

Berj Najarian es, posiblemente, la persona en quien más confía Bill Belichick de todo su *staff* en los New England Patriots. Desde que el *head coach* llegó a la franquicia, Najarian no se ha separado ni un minuto de él y, dentro de ese secretismo que siempre ha caracterizado a este equipo, nadie lo ha hecho mejor que Berj Najarian. Su posición dentro del organigrama del equipo lleva asociado el título de «director de administración de *football* y *head coach*», o como Bill O'Brien lo había llamado una vez: «el *Consigliere* de los New England Patriots».

Cuando se llegó al descanso de aquella final por la AFC, Najarian se acercó a Belichick y le expuso que miembros de la liga querían revisar todos los balones que se estaban utilizando en el partido. Belichick lo miró extrañado, ya que Najarian no le molestaría si no fuese por algo realmente importante. Sin embargo, el *head coach* no puso ningún impedimento y le dijo a Najarian que hiciese lo que le estaban pidiendo. Belichick tenía cosas más importantes en las que pensar que unos simples balones de juego. Además, ¿qué interés podría tener la liga en sus balones?

Antes de 2006, el procedimiento habitual de la NFL respecto a los balones de juego consistía en que el equipo local proporcionaba todos los que se iban a utilizar en cada partido. Las reglas se modificaron en 2006 para que cada equipo usase sus propios balones cuando la ofensiva estaba en el campo. A partir de ahí, la única manera que tiene el rival de tocar los balones del otro equipo es que se produzca algún *fumble* recuperado o alguna intercepción. Tom Brady, junto con Peyton Manning, fueron los precursores de este cambio, ya que les hacía sentir más cómodos jugar con balones que se ajustasen más a sus gustos personales. Quitarle algo de aire a un balón de *football* hace que sea más fácil agarrarlo, lanzarlo y atraparlo. Por ejemplo, en los días fríos y lluviosos, un balón de *football*, duro como una piedra, es mucho más complicado de manejar que un balón algo más desinflado. Si le quitas una libra de presión a los balones, eso podría llegar a ser una diferencia significativa en su manejo. En los Patriots, los dos hombres que se encargaban de tener preparados los balones de juego para Tom Brady se llamaban John Jastremski, empleado a tiempo completo de la franquicia, y Jim McNally, trabajador a tiempo parcial.

Jastremski comenzó como chico de los balones unos doce años antes de aquella noche y, durante todo ese lapso de tiempo, se había convertido en uno de los hombres de confianza del *quarterback* californiano. Siempre había sido alguien que se tomaba su trabajo muy en serio y al que no le gustaba que se cometiesen errores. Una semana antes del encuentro, el *quarterback* había elegido doce balones para que se usasen el domingo y otros doce para tenerlos en la recámara. Como cada semana desde que estaba allí, Jastremski les dio el tratamiento que más le gustaba a su *quarterback*. Al mediodía del domingo, Brady le dijo que quería ver los balones del partido. Todo parecía correcto, pero el *quarterback* expresó su preocupación por el aceite que se había puesto en el cuero, que podría ser inadecuado por que se preveían lluvias y tal vez volvieran resbaladizos los balones. Jastremski sacó cada balón y lo acondicionó de la mejor manera posible para que el clima no afectara a su manejo. Después de eso, cogió el inflador y dejó cada ovoide a una presión de 12,6 PSI. Los metió en una bolsa y los dejó en la sala del material para que Brady los revisara. El *quarterback* regresó a las instalaciones sobre las 14.30, comprobó el estado de sus balones, eligió los doce del partido y, junto con Jastremski, los situaron en la habitación donde los árbitros verificarían que todo estuviese correcto.

A mitad del segundo cuarto del enfrentamiento con los Colts, Tom Brady inició su *dropback* para jugar el *play action* y buscar a Gronkowski en una de esas clásicas jugadas entre ambos.

El *quarterback* lanzó un pase algo corto que fue interceptado por D'Qwell Jackson. Era la primera vez, en los últimos cuarenta y ocho partidos, que Jackson había interceptado un lanzamiento, con la peculiaridad de que, además, lo había hecho frente a uno de los mejores *quarterbacks* de la historia. Jackson quería ese balón para ponerlo en una vitrina cuando llegase a su casa, por lo que fue hasta la banda y se lo entregó a uno de los asistentes que llevaban el equipamiento del grupo. Mientras en el emparrillado todo continuó como debía, en la banda comenzaron una serie de conversaciones entre el *staff* de material de juego. El balón que Jackson había cogido parecía algo desinflado.

La semana antes de disputarse este partido, Sean Sullivan, gerente de equipamiento de los Colts, había avisado a Ryan Grigson, *general manager* del equipo de Indianapolis, de un correo electrónico recibido por parte de los Ravens donde se hablaba de ciertas irregularidades con el estado de los balones en el Gillete Stadium.

> En lo que respecta a los balones de juego, en la liga se sabe que, después de que los árbitros revisen los balones de los Patriots y los lleven al campo para usarlos en el partido, los chicos que se encargan de su custodia dejan salir algo de aire con una aguja porque a su *quarterback* le gusta que el balón sea algo más pequeño, ya que así puede agarrarlo mejor. Sería bueno que alguien pudiera controlar el aire de los balones a medida que avanza el partido para que el equipo local no obtenga algún tipo de ventaja ilegal.

Grigson leyó el correo y lo puso en conocimiento de Mike Kensil y Dave Gardi, miembros del Departamento de Operaciones de la NFL. La respuesta de ambos fue que se ocuparían de ello, que lo pondrían en conocimiento de los oficiales que fuesen a estar en Foxboro y que el propio Kensil estaría presente en el partido. Este correo, que alguien mandó desde las oficinas de los Ravens, confirmaba las sospechas que existían dentro de la franquicia de los Colts de que algo raro sucedía con los balones de los Patriots. Antes de aquella final de conferencia, en el partido que enfrentó a ambos equipos en la semana 11, ya se había dado una circunstancia similar cuando Mike Adams interceptó a Brady y el balón llegó a la banda de los Colts. Los encargados del material habían notado que ese balón estaba algo blando, esponjoso y recubierto de alguna extraña sustancia pegajosa. La historia se repetía y Grigson quiso tomar cartas en el asunto, así que, en el mismo instante en que se le notificó el problema con el balón de Jackson, el *general manager* de los Colts avisó a los oficiales de la NFL presentes en este partido. Cuando Mike Kensil y Troy Vincent, vicepresidente ejecutivo de operaciones de la NFL, recibieron la llamada de Grigson sobre lo que estaba ocurriendo en la banda, decidieron bajar en el descanso del encuentro y pesar los balones de ambos equipos.

El reglamento de la NFL establece que los balones deben estar inflados entre 12,5 y 13,5 libras por pulgada cuadrada (PSI), lo que equivale a entre 0,88 y 0,95 kilos por centímetro cuadrado y un peso de unos 400 gramos aproximadamente. Para medir los balones que se estaban usando, los árbitros y los oficiales de la liga utilizaron dos manómetros diferentes. Después de testar todos los balones de los Patriots, once de ellos midieron por debajo de los 12,5 PSI mínimos que se exigían, aunque sin que coincidiesen las mediciones en cada uno de los manómetros. El balón que había interceptado D'Qwell Jackson se midió tres veces distintas y el resultado dio unos valores de 11,45, 11,35 y 11,85 PSI. El tiempo de descanso se estaba acabando y los balones debían volver al terreno de juego, así que los oficiales de la liga solo pudieron pesar cuatro balones de los Colts. En uno de los manómetros, los cuatro ovoides dieron unas medidas entre los estándares mínimos y máximos que la norma reflejaba, cosa que no se dio con el otro manómetro utilizado. En este último, tres de los balones estaban algo por debajo de los 12,5, mientras el cuarto balón sí ofrecía el valor correcto. Todos los balones de los Patriots fueron inflados hasta las medidas legales y se devolvieron al equipo de Boston, mientras que ninguno de los balones de los Colts fue manipulado. Mike Kensil, que había ocupado el cargo de director de operaciones de *football* en los New York Jets, se acercó a Dave Schoenfeld, gerente de equipamiento de los Patriots, y le dijo: «Hemos inflado vuestros balones. Estáis metidos en un buen lío».

Mientras el equipo celebraba la contundente victoria sobre los Colts, el periodista Bob Kravitz llegaba a su hotel después del partido y recibía una llamada de una de sus fuentes. Tras hablar largo y tendido con su interlocutor, Kravitz escribió el siguiente tuit: «Una fuente de la liga me ha dicho que la NFL está investigando a los Patriots por la posibilidad de haber jugado con balones desinflados». Lo que se había intentado llevar con sigilo acababa de saltar a la prensa. En un instante, el rumor se disparó y las consecuencias comenzaron a producirse. Siete años después del *Spygate*, la sombra de la duda volvía a cernirse sobre un equipo de Belichick.

A la mañana siguiente del partido, Tom Brady escuchaba incrédulo a un periodista que le estaba preguntando por los balones desinflados y por el caso que ya se había bautizado como «*Deflategate*». «Acabo de enterarme de todo esto —decía el *quarterback*—. Es la última de mis preocupaciones en este momento. No voy a contestar a cosas así.» Nada más acabar la entrevista, Brady recibió un mensaje de texto donde le urgían a devolver la llamada lo más rápido posible. El autor del mensaje era John Jastremski.

«No entiendo qué ha pasado. No puedo explicar por qué en el descanso había balones por debajo de los 12,5 PSI», le dijo Jastremski. Brady trató de tranquilizarlo diciéndole que alguna explicación habría. Sin embargo, Jastremski sabía que la cosa no acabaría aquí y que esos balones traerían muchos problemas.

Brady se fue para el estadio en medio de todo el revuelo que se había levantado en las últimas horas. Allí, Robert Kraft lo estaba esperando para saber qué diantres había pasado. El *quarterback* insistía en que él no tenía la más remota idea de por qué los balones estaban desinflados ni había dado órdenes a nadie para que lo hiciera. Kraft quería todas las cartas encima de la mesa y pidió a Belichick y a su *quarterback* que fuesen sinceros con él. Si algo se había hecho mal, Kraft intentaría salvarlo de la manera que fuese. Ni entrenador ni jugador admitieron haber infringido norma alguna. Tras esta charla con las dos personas más importantes de la franquicia, el dueño ordenó a todo el *staff* técnico, a toda la gerencia, a todos los jugadores y a todos los empleados del edificio máxima cooperación con la investigación.

Dos horas más tarde, Brady escribió a John Jastremski para saber cómo se encontraba tras el alboroto generado a raíz de las últimas informaciones surgidas. El chico de los balones le confesó estar muy nervioso, a lo que Brady terminó diciéndole que no se preocupara, que no había hecho nada malo y que todo esto pasaría más pronto que tarde. Lo único que el *quarterback* pretendía era mostrar su apoyo a un chico que iba a sufrir todo tipo de comentarios y al que se le sometería a un millón de preguntas los próximos días. Sobre el mediodía, Brady volvió a escribir a Jastremski para pedirle que se acercase a la sala de los *quarterbacks*, algo que, según el propio Jastremski, no había hecho ni una sola vez desde que formaba parte de la franquicia. La reunión duró varios minutos y en ella no se habló de los balones desinflados de la final de conferencia. Al menos, eso fue lo que contaron los dos involucrados en su posterior declaración ante los investigadores de la liga. Según ambos, en esa sala solo se habló de los balones que los Patriots iban a llevar a la Super Bowl XLIX.

Durante los dos siguientes días, todo el país debatía sobre balones desinflados. En los medios de comunicación aparecían expertos científicos que hablaban de la presión en los balones y de cómo afectaba todo esto al juego. A cada hora que pasaba, más y más voces defendían que los Patriots habían hecho trampas y que, por lo tanto, deberían ser descalificados de la Super Bowl. La escalada del *Deflategate* fue tan rápida que ese mismo jueves comparecieron Belichick y Brady ante los medios de comunicación. El primero en hacerlo fue el *head coach*, quien dejó algunas palabras que sorprendieron a Brady y a su entorno. «En toda mi carrera como entrenador, jamás he hablado con nadie de mi equipo sobre la presión de aire en los balones de *football*. En los entrenamientos solemos usar balones mojados, pegajosos o resbaladizos para que los jugadores se acostumbren a asegurar el ovoide en condiciones adversas y así no lo usen como excusa cuando no hagan una jugada», explicaba Belichick. Sin embargo, lo que nadie esperaba es que el discurso continuase hablando de su *quarterback*. «Todos sabemos que los *quarterbacks*, *kickers* y demás especialistas tienen ciertas preferencias por el estado del balón. Ellos saben mucho más que yo sobre este tema. Los he escuchado varias veces hablando sobre esto, pero puedo deciros, y ellos os lo dirán también, que nunca he mostrado el mínimo interés en el tema de la presión en los balones. Cero interés. Las preferencias personales de Tom sobre sus balones de juego es una información que él os dará mucho mejor que yo.» El entrenador de los New England Patriots, en una rueda de prensa plagada de periodistas que esperaban un titular, había puesto el foco del problema en su *quarterback*, en el hombre que llevaba catorce años a su lado consiguiendo todo tipo de éxitos. Todo el mundo esperaba que Belichick cubriese las espaldas de Brady en un momento como ese, pero la reacción del entrenador fue la de quitarse responsabilidades y ponerlas todas en las espaldas de su jugador. En el *Spygate*, Brady había sido el primero en salir a defender a su *head coach* ante las acusaciones públicas, así que no entendía la reacción de Belichick en un momento así. La verdad era que el entrenador estaba furioso con el *quarterback*, y lo estaba porque él pensaba que Brady sí había tenido algo que ver con todo este lío. A pocos días de jugar su sexta Super Bowl y de poder hacer historia, Belichick veía como todo estallaba por los aires. Siempre se había jactado de tener hasta el mínimo detalle controlado en toda la organización, pero la realidad era bien distinta, ya que alguien, en algún momento, había hecho las cosas de otra manera, y las consecuencias podían ser terribles. Él se llevó todas las culpas en el *Spygate*, algo que su legado podría aguantar. Lo que no iba a hacer era asumir las del *Deflategate*. Esas irían unidas al nombre de Tom Brady.

Uno de los que más atentos había estado a esa conferencia de prensa de Belichick era Will McDonough, director personal de los negocios de Brady. Él sabía lo que había ocurrido en esa sala y no tenía tiempo que perder. Se puso en contacto con la sede en Boston de la BIA (Asesores de Inteligencia Empresarial) para saber qué impacto estaba teniendo el *Deflategate* en su cliente. Ellos le contestaron con un correo en el que, entre otras cosas, exponían una gran preocupación porque, tanto el *quarterback* como el entrenador, habían levantado todo tipo de sospechas con su comportamiento, ya que les hacía parecer comprometidos en retener algún tipo de información en sus primeras declaraciones públicas al respecto. McDonough escribió a Brady nada más leer el correo electrónico. «Deberías leer esto antes de dar cualquier entrevista —decía el mensaje de McDonough—. Belichick acaba de poner la pelota en tu tejado ahora mismo. No te tomes este caso a la ligera.»

Tom Brady apareció en la rueda de prensa con un suéter gris y con un gorro de lana con los colores de los New England Patriots. El *quarterback* no había visto nunca a tantos reporteros apostados al otro lado del atril, ni siquiera el día que Aaron Hernández fue acusado de asesinato. Sus primeras palabras fueron para saludar a los presentes y para explicar que «preferiría estar aquí hablando de los Seahawks y del siguiente partido, que es lo que llevamos intentando preparar estos últimos días, pero el entrenador Belichick habló con vosotros esta mañana y yo quería ofreceros mi versión de los hechos dándoos la oportunidad de que me preguntéis lo que queráis. Haré lo que esté en mi mano para entregaros toda la información que poseo». Tras estas palabras, comenzó el turno de preguntas.

El jugador del equipo de Boston estuvo más de media hora contestando a las sesenta y una preguntas que se le hicieron. Repetía una y otra vez que siempre había seguido las normas, que no tenía ni idea de por qué los balones estaban algo por debajo del mínimo PSI y que él no había alterado ningún balón ni había ordenado que se alterasen. «Creo en el juego limpio y respeto a la liga por lo que están haciendo, por intentar crear un juego tan competitivo para todos los equipos de la NFL. Es una liga muy competitiva y cada equipo intenta hacerlo lo mejor posible para poder ganar. Siempre creeré en el juego limpio mientras siga jugando a este deporte», respondía Brady. Una sala de prensa no era un emparrillado, pero el *quarterback* estaba peleando al igual que lo hacía en el verde. Stacey James, vicepresidente de Comunicación de los Patriots, había estado intentando terminar con el interrogatorio durante diez minutos, pero Brady lo había ignorado una y otra vez, dando la oportunidad a todo el mundo de hacer su pregunta. El *quarterback* tenía claro que había un problema y se quedaría allí hasta resolverlo. Cuando Brady abandonó la sala, la sensación en el ambiente era la de que no estaba contando toda la verdad. Incluso el propio *quarterback* sabía que no había hecho un buen trabajo. El *Deflategate* no parecía un dolor de cabeza para los Patriots, sino que era un problema único y exclusivo de Tom Brady.

Los Seattle Seahawks eran el primer equipo que intentaba repetir título desde que lo hicieran los Patriots en 2003 y 2004. Su defensa se había consolidado como una de las mejores en toda la historia de la NFL. Tenían una secundaria impenetrable a la que ellos mismos apodaban la «*Legion of Boom*» y venían de aniquilar, en la pasada Super Bowl, a uno de los mejores ataques que se habían visto desde hacía mucho tiempo. Posiblemente, era el rival más duro al que Tom Brady se enfrentaría esta temporada, y la preparación no estaba siendo la idónea. Durante toda la semana que el equipo estuvo en Phoenix, no se habló de otra cosa que no fuese la investigación que la propia NFL estaba llevando a cabo sobre los balones desinflados. A pesar del ruido, Belichick, McDaniels y Brady seguían concentrados en cómo hacer daño a una defensa capaz de ganar partidos. La idea de juego que más gustaba al cuerpo técnico era la de utilizar un juego de pase muy rápido y emplear las zonas medias para buscar posibles agujeros en un rival que apenas daba oportunidades. En un principio, estaban descartados los balones profundos.

Desde aquel artículo de la ESPN en junio, y tras el encuentro de la semana cuatro frente a los Chiefs, la temporada 2014 se había convertido en una misión personal del propio Brady. Las sospechas por el *Deflategate* habían aumentado por mil las ansias que tenía de ganar ese partido. La mayoría de las veces, Brady tiende a ver las cosas desde el prisma que le dan las opiniones de los demás sobre él. Escucha a quien critica sus habilidades como jugador, al que lo hace con su edad o con la legitimidad de sus logros. Todo eso lo recoge, lo guarda en su cabeza y lo convierte en energía para seguir adelante. En ese momento, la opinión pública también estaba poniendo en duda su integridad. Antes de salir al emparrillado para disputar su sexta Super Bowl, Brady reunió a todos sus compañeros y los arengó de la mejor manera que pudo. «Es nuestra hora. Todo comenzó hace siete u ocho meses, ¿verdad? Todo lo que hemos hecho, todo el esfuerzo, es por este momento. Esto va de honor y de respeto. Si ganamos este partido, seréis honrados por todos. Vuestros hijos y vuestras familias serán honrados también. Nadie nunca nos quitará eso», gritó Brady a toda la plantilla antes de salir al campo.

Aunque el primer cuarto acabó sin anotación por parte de ninguno de los dos equipos, los Patriots se estaban sintiendo muy bien en el campo. Las características rutas cruzadas de Edelman y Amendola, y las salidas del *backfield* de Shane Vereen, hacían daño a una defensa que no podía tocar a Brady por lo rápido que estaba soltando el balón desde el *pocket*. Sin embargo, en la última posesión del equipo de Boston en ese primer periodo, y cuando el *drive* se encontraba en la yarda diez de su rival, Brady, ante la inminente llegada de un defensor, se apresuró en soltar un balón que acabó en las manos de Jeremy Lane, *cornerback* de los Seahawks. Era el primer error grave de un *quarterback* que hasta ese momento se había mostrado bastante sólido.

Nada cambió al inicio del segundo cuarto. Tras seis minutos de juego, Brady completaba un lanzamiento de once yardas para que Brandon LaFell anotara el primer *touchdown* de la noche. Los Seahawks se rehicieron bien y consiguieron volver a poner las tablas en el marcador tras una carrera de Marshawn Lynch. Con poco más de dos minutos por jugar, antes de llegar al descanso, el ataque de los Patriots comenzó su *drive* desde su propia yarda 20. La receta seguía siendo la misma. Edelman por aquí,

Amendola por allá, carrera de Blount o pase a Vereen atacando a sus *linebackers*. Así, a falta de 36 segundos en el electrónico, Brady abrió a Gronkowski en la formación, aislándolo frente a K.J. Wright, uno de los *linebackers* del equipo de Seattle. Tras recibir el *snap*, el *quarterback* dibujó un fantástico arcoíris en el aire con su lanzamiento, que cayó mansamente en las manos de un abierto Gronkowski. La ventaja estaba ahí desde antes de comenzar el *snap*. El *quarterback* lo había leído bien y la ejecución había sido perfecta. Con este lanzamiento, Tom Brady marcaba un nuevo récord en su carrera al completar veinte pases en una primera mitad. Y lo había hecho frente a una de las defensas mejor estructuradas contra el juego aéreo. Sin embargo, el descanso aún tendría que esperar; en un visto y no visto, Russell Wilson, *quarterback* rival, consiguió encontrar a Chris Matthews para empatar el partido antes de que todos se fueran a los vestuarios.

En el tercer cuarto, las tornas cambiaron y los Seahawks anotaron un *field goal* para liderar el marcador. Seattle se mostró mucho mejor en el campo y pudo imponer su estilo más fácilmente. Los ajustes de Pete Carroll parecían comenzar a funcionar y su defensa, de la mano de Bobby Wagner, conseguía interceptar de nuevo a Brady. A falta de cinco minutos, un *touchdown* de Doug Baldwin colocaba a los «halcones marinos» con una diferencia de diez puntos en el electrónico. Hasta ese momento, Chris Matthews, *wide receiver* de Seahawks, había sido una pesadilla para la defensa de los Patriots, y más en concreto para su *cornerback* número 25, Kyle Arrington. Belichick, cansado de ver cómo el receptor batía a su jugador, decidió darle la oportunidad al *rookie* Malcolm Butler.

En 2010, cuando los Patriots *draftearon* a Rob Gronkowski, Butler trabajaba en el servicio a domicilio del restaurante Popeyes Chicken, en Mississippi. Un año antes, en su primer curso en el Hinds Community College, había sido expulsado después del quinto partido jugado y lo habían transferido a la Universidad de Alcorn State. Tras volver a su antigua universidad en 2011, Butler cogió las maletas en 2012 y se fue a la Universidad de West Alabama para terminar sus estudios antes de presentarse al *draft* de 2014, donde salió *undrafted*. En mayo de ese año, los New England Patriots lo invitaron a su campamento para *rookies*. La impresión que dejó fue realmente buena, así que, el 19 de ese mismo mes, firmó su contrato con el equipo de Bill Belichick. Malcolm Butler le dio otro aire a la secundaria «patriota» en el partido frente a los

Seahawks. Browner, más grande y con mejor físico que Arrington, se estaba haciendo cargo de Matthews, mientras que el *rookie* solventaba la papeleta frente a Baldwin, Lockette o Kearse. Con un tres y fuera del ataque de Patriots, comenzó el último cuarto. A estas alturas, todas las buenas sensaciones de principio de partido se habían esfumado. Los Seahawks tenían el balón y la oportunidad de poder ampliar las diferencias en el marcador. El equipo de Belichick necesitaba que su defensa hiciera una buena jugada para poder tener de nuevo el balón. Rob Ninkovich fue el encargado de conseguirlo con un *sack* a Wilson en tercer *down*. Antes de saltar al campo de nuevo, Belichick instruyó a su *quarterback* en la idea de no realizar jugadas negativas. La defensa de Seattle estaba jugando muy bien y no se lo estaba poniendo fácil a Brady, así que no podían permitirse más errores. Sin embargo, nada más recibir el primer *snap*, Bruce Irvin cazó a Brady para restar otras ocho yardas. En todo lo que se llevaba jugado de segunda parte, los Patriots no habían sumado más que 20 yardas en ataque. Y había que tener en cuenta que ningún equipo hasta esa fecha había logrado remontar diez puntos en el último cuarto. Además, en los anteriores ocho partidos disputados por el equipo de Carroll, su defensa, en el último periodo, había recibido, entre todos los equipos a los que se habían enfrentado, la suma de siete puntos en total. Todo parecía en contra del equipo de Belichick.

Sin embargo, estos eran los New England Patriots de Tom Brady, alguien que nunca bajaba los brazos, que jamás se rendía y que siempre peleaba. Como había peleado otras muchas veces en el campo de juego o como había peleado una semana atrás en una sala de prensa repleta de reporteros. Tom Brady no era un jugador normal y lo iba a demostrar una vez más.

Desde su yarda 24, el *quarterback* orquestó un *drive* casi perfecto que dejó a su equipo en la yarda cuatro de su rival. Tras un primer mal pase a Edelman, en el siguiente *snap*, el *quarterback* encontró a Danny Amendola en la *end zone*. Brady celebró la anotación y se fue corriendo a la banda, donde su coordinador ofensivo ya estaba pensando en el siguiente *drive*. «La jugada de Edelman hay que repetirla —le dijo a su entrenador—. Es una situación que tenemos que repetir luego, porque hay ventaja.» McDaniels lo miró y afirmó con la cabeza. Un minuto después del *touchdown* de Amendola, el ataque de Patriots saltaba otra vez al campo.

Brady estaba desatado frente a una defensa que era incapaz de resolver los problemas que la ofensiva «patriota» les estaba proponiendo. Shane Vereen se desplegaba por todo el ataque y los Patriots movían cadenas al ritmo que marcaba su *quarterback*. De nuevo, y tras cuatro minutos de *drive*, Brady situaba a su equipo a pocas yardas de la *end zone* de Seattle. McDaniels le habló por el interfono del casco para ordenarle la misma jugada que anteriormente había errado en el pase a Edelman. En esta ocasión, el *quarterback* fue mucho más certero y puso un excelente lanzamiento para que el pequeño receptor consiguiera anotar. Los New England Patriots volvían a estar por delante en el marcador con solo dos minutos por jugarse. «Esto ha sido un *drive* que vale un campeonato, Jules», le dijo Brady a Edelman mientras caminaban hacia la banda. «Pero no significa nada si no ganamos», contestó Edelman. «Vamos a ganarlo seguro», acabó diciéndole el *quarterback*.

El reloj iba consumiendo su tiempo y los Seahawks aún no habían pasado el medio campo. Cuando faltaba poco más de un minuto para llegar al final, Russell Wilson buscó un lanzamiento profundo a Jerome Kearse, quien estaba defendido por Malcolm Butler. Justo antes de atrapar el balón, la mano de Butler consiguió desviar el pase en lo que parecía que iba a ser un envío incompleto. Sin embargo, el ovoide nunca tocó el suelo. Primero cayó sobre la rodilla izquierda de Kearse, rebotó y, tras dos intentos, acabó descendiendo suavemente a las manos del *wide receiver* de Seahawks. Nadie se lo podía creer. Por tercera vez, la historia se repetía. Jerome Kearse estaba en el sitio que antes habían ocupado David Tyree y Mario Manningham.

Las cámaras se giraron hacia un Tom Brady que negaba con la cabeza, incrédulo, y al que solo le salía una palabra de sus labios: «*Man...*». Había jugado un último cuarto brutal ante la mejor defensa de la liga. Su partido finalizaba con 328 yardas y cuatro *touchdowns*. Estaba a un paso de ganar su tercer MVP de una Super Bowl y, lo que era más importante, a punto de igualar con cuatro anillos a su ídolo de la infancia, Joe Montana. Todo parecía esfumarse por otra recepción milagrosa. Se giró hacia McDaniels y suplicó por una última buena jugada defensiva.

En el primer intento para los Seahawks desde la yarda cinco, Marshawn Lynch encontró el camino libre para anotar, ayudado por los bloqueos de su línea ofensiva. Sin embargo, Dont'a Hightower apareció de la nada para conseguir parar al *run-*

ningback en la misma yarda uno. Hizo un esfuerzo descomunal para deshacerse del bloqueo y poder llegar hasta su oponente. El drama seguía vivo. En la banda, el *staff técnico* de Patriots observaba a los jugadores de Carroll para ese segundo *down*. A pesar de ser una formación orientada a la carrera, los Seahawks colocaban a tres receptores en la alineación, por lo que Brian Flores, entrenador de secundaria del equipo de Belichick, llamó a Butler para que entrase en el campo y así tener a tres *cornerbacks* para la siguiente jugada.

En el último entrenamiento antes de la Super Bowl, Malcolm Butler había sido batido varias veces en una jugada que se podría dar en el partido. En ella, el ataque formaba con dos receptores en un lado, uno detrás de otro, los cuales se cruzaban para generar espacio y así darle un objetivo más sencillo al *quarterback*. En ese cruce de rutas, Butler había insistido en ir por detrás del receptor, lo que hacía prácticamente imposible que estuviese cerca para evitar la recepción. Ernie Adams había estudiado como nadie ese partido, y sabía que esta situación podía darse en algún momento importante del duelo. Tanto él como Belichick le habían pedido a Butler que no persiguiese por detrás, sino que saltase por encima para anticipar la ruta.

Cuando los Seahawks rompieron el *huddle*, Butler vio como esa formación que tanto habían entrenado estaba delante de él. Kearse era el jugador que se colocaba primero; Ricardo Lockette, el que se situaba detrás. Su trabajo era saltar por encima de Kearse y evitar el tráfico generado. Para ello, Brandon Browner, su compañero, y el que estaba asignado con Kearse, debería jugar muy duro y chocar contra el atacante para romper el *timing* de las dos rutas y así facilitar el camino de Butler hacia el balón. Los dos *cornerbacks* de los Patriots hicieron su trabajo a la perfección. Wilson mandó el ovoide en dirección a Lockette, pero Butler llegó una milésima de segundo antes e interceptó un pase que valía un campeonato. Daba igual lo que hiciese el resto de su carrera, Malcolm Butler, en ese mismo momento, había pasado a la historia de la NFL.

Tom Brady saltaba en la banda como un niño pequeño. El milagro defensivo que le pedía a McDaniels se había convertido en realidad. Incomprensiblemente, Pete Carroll se había jugado un pase cuando todo el mundo esperaba una carrera de su *runningback* estrella, y ese envío había acabado en la intercepción que finiquitaba el encuentro. Una vez en el podio de los campeones, y con el trofeo Vince Lombardi entre sus manos, Brady solo quería dar las gracias a la gente que le había apoyado en los momentos más duros de su carrera como *quarterback* de los Patriots. Entre lágrimas, se dirigió a sus compañeros para decirles lo mucho que los quería. Se había convertido en el tercer *quarterback* que ganaba cuatro anillos y acompañaba a Terry Bradshaw y Joe Montana en ese selecto grupo. Aun así, su legado no iba a quedarse aquí. Tom Brady tenía mucho más que ofrecer a este deporte y nada ni nadie podía evitarlo. Ni siquiera una investigación que seguía su curso y que añadía a un nuevo protagonista: Ted Wells.

La primera vez que la NFL contactó con el abogado criminalista Ted Wells fue para investigar las acusaciones de *bullying* en el vestuario de los Miami Dolphins. Aquel incidente terminó con un informe del que se extraía un patrón de acoso por parte de Richie Incognito. Dieciocho meses después de eso, Roger Goodell volvía a llamar a su puerta para que ofreciese luz al escándalo de los balones desinflados. Wells trabajaba para la prestigiosa firma Paul, Weiss, Rifkind, Wharton & Garrison, con sede en Nueva York, y era uno de los abogados defensores más exitosos de todo el país. Su clientela era bastante extensa y contaba con el apoyo del exsenador Bill Bradley. Además del caso Incognito, Wells traía más experiencia en el mundo del deporte, ya que había sido partícipe de algún conflicto con la Asociación de Jugadores de la NBA y respecto a las acusaciones sexuales contra el exasistente del entrenador de baloncesto Bernie Fine, en la Universidad de Siracusa.

La NFL dejó claro que la investigación sería exhaustiva, objetiva y que se estaba llevando a cabo sin ningún tipo de obstáculo. Jeff Pash, vicepresidente ejecutivo de la NFL, ayudaría a Wells en todo lo que necesitase para llegar lo antes posible a la raíz del problema. La teoría que el equipo de Wells perseguía más era la que se centraba en los dos hombres que custodiaron los balones antes de que empezara el encuentro. Tanto Jim McNally como John Jastremski estaban en el centro de todas las miradas efectuadas en la investigación. Existía un vídeo, grabado por una cámara del Gillette Stadium, que mostraba a McNally llevando los balones desde el vestuario de los árbitros hasta el terreno de juego. En ese trayecto, McNally se había detenido en un baño y había permanecido allí durante unos noventa segundos. El vídeo recogía la salida de McNally del baño y su camino hasta llegar al túnel que daba acceso al emparrillado. Wells interrogó sobre esto al propio McNally, que negó con rotundidad haber desinflado los balones en esa parada.

Ted Wells había cogido una pista y no pensaba soltarla. Pidió que se revisaran los teléfonos de ambos trabajadores: el resultado fue, cuando menos, inquietante. Es cierto que no había nada referido a la final de la AFC de esa temporada, pero existían mensajes entre ambos que invitaban a la reflexión. En ellos se hablaba de un partido frente a los Jets donde los árbitros inflaron unos balones que estaban por debajo de los 12,5 PSI para darles una presión de casi 16 PSI. Ese día, Jastremski había escrito a McNally para decirle que Brady se había enfadado por cómo estaban de hinchados los balones de juego. «Tom da asco —le había respondido McNally—. El próximo día voy a hacer que los balones parezcan globos.» En otro mensaje, McNally se llamaba a sí mismo *the deflator* (el desinflador), aunque siempre en tono jocoso y bromeando con su compañero. Tras varios interrogatorios, ambos fueron explícitos al señalar que ninguno de los dos había desinflado balón alguno aquel día.

Tom Brady siempre había sido muy cuidadoso con todo lo relacionado con su imagen. Cualquier decisión que tomaba estaba supeditada a no crearle ningún problema a él, a su familia o a la propia franquicia de los New England Patriots. Sin embargo, la petición de Ted Wells hizo que cambiara sus prioridades por una vez, sin saber que ese sería su principal problema dentro de la investigación. Días antes de su cita con el investigador, Brady recibió una notificación de Wells requiriendo su teléfono móvil para revisar los mensajes de texto, llamadas o correos entre él y McNally, o entre él y Jastremski. Don Yee, agente de Brady, contestó a la petición vía correo electrónico explicando que lo habían considerado, pero que declinaban hacerlo. Fue una sorpresa para Wells, que pensaba que tal negativa socavaba la credibilidad del jugador. La entrevista entre ambos fue rápida. El *quarterback* contestó a cada una de las preguntas de Wells, y el abogado cerró la cita agradeciendo lo cooperativo que se había mostrado Brady. Sin embargo, en la cabeza de Wells seguía sonando muy fuerte el rechazo a entregar el móvil por parte del entrevistado.

Después de cuatro meses de investigaciones, entrevistas y estudios, Ted Wells depositó su resultado final en la liga. El 6 de mayo de 2015, la NFL publicó las doscientas cuarenta y tres páginas de dicho informe. En el texto se podían encontrar todo tipo de observaciones, desde las más científicas hasta las más personales, pero las palabras que más se usaban eran las de «más probable que no».

> Por las razones descritas en este informe, y después de una exhaustiva investigación, hemos concluido que, en conexión con el partido del Campeonato por la AFC, es más probable que no que el personal de los New England Patriots participase en violaciones del libro de reglas y estuviese involucrado en deliberados esfuerzos por evitar las normas. En particular, hemos concluido que es más probable que no que Jim McNally y John Jastremski participasen en un deliberado esfuerzo por liberar aire de los balones de los Patriots después de que fuesen examinados por los árbitros. Basados en la evidencia, a nuestra vista también es más probable que no que Tom Brady era al menos generalmente consciente de las actividades inapropiadas de los señores McNally y Jastremski en la liberación de aire de los balones de juego de los Patriots.

El 11 de mayo de 2015, Roger Goodell sancionó a los New England Patriots con un millón de dólares, la pérdida de la primera ronda del *draft* de 2016 y la cuarta ronda del *draft* de 2017. A su vez, exigió a la franquicia suspender a McNally y a Jastremski. Por último, señaló el castigo a Tom Brady: suspendido cuatro partidos de empleo y sueldo. Es decir, que el *quarterback* se perdería los cuatro primeros partidos de la temporada 2015; además, dejaría de cobrar los dos millones de dólares que le correspondían de su contrato con la franquicia.

Don Yee fue el primero en salir públicamente a defender a su cliente. Calificó las sanciones de ridículas y dijo que el resultado de la investigación había estado pactado en todo momento. Acusó a Ted Wells de tener un conflicto de intereses debido al trabajo previo que había ejercido con la liga. Ni Yee ni Brady veían prueba alguna en el informe que probase lo que se decía. Según ellos, todo estaba manipulado y se conjeturaba sobre situaciones que no eran reales. El *quarterback* no tenía intención de quedarse parado y de aceptar la culpa. Mientras Robert Kraft aceptaba la sanción para la franquicia, Tom Brady, secundado por el sindicato de jugadores, apelaba la sanción. Su orgullo y su reputación estaban en juego, por lo que decidió luchar contra Goodell y la NFL.

Uno de los primeros problemas que se encontró en su recurso inicial fue la figura del propio Goodell. El comisionado de la liga, el que había dictaminado la sanción, era el mismo que iba a arbitrar la apelación del *quarterback*. Goodell iba a ser juez y jurado, por lo que las expectativas no eran nada halagüeñas. Las peticiones de Brady en esta apelación fueron las de poder preguntar a Jeff Pash sobre su rol en la investigación y la de ver los documentos que la liga había manejado en todo el proceso. Ambas fueron denegadas por Goodell, y el 23 de junio de 2015 se celebró la vista.

A la salida, Brady se mostraba confiado en que le redujeran la sanción. El único problema había venido cuando el comisionado había insistido en la razón de por qué Brady había destruido su teléfono móvil particular justo después de su entrevista con Wells. El *quarterback* explicó que la compañía de teléfonos le suministraba uno nuevo cada cierto tiempo y que le habían aconsejado destruir el viejo para evitar sacar a la luz información personal que podía dañar a su familia, amigos u otros jugadores de la liga. Además, Brady explicó que, si hubiese algún mensaje de texto, llamada o correo electrónico a McNally o Jastremski, también aparecería en los teléfonos de cada uno de ellos. A pesar de este pequeño inconveniente, la sensación que había entre Don Yee y su equipo de abogados era buena. Sin embargo, el comunicado de Goodell, tras el cara a cara con Brady, ratificaba la sanción, e incluso llevaba la culpabilidad del *quarterback* más lejos de lo que se había expuesto en el informe de Wells. El 29 de julio de 2015, Tom Brady emitió un comunicado donde mostraba su preocupación y su reticencia por cómo se había desarrollado todo aquel asunto; además, avisaba de lo que estaba por venir:

> Estoy muy decepcionado por la decisión de la NFL de mantener la suspensión de cuatro partidos en mi contra. No hice nada malo, y nadie en la organización de los Patriots lo hizo. Tras haberme sometido a horas de interrogatorios durante los últimos seis meses, es decepcionante que el comisionado confirmara mi suspensión basándose en una información donde se decía que era «probable» que yo fuera «en general consciente» de la mala conducta que se produjo aquella noche. El caso es que ni yo ni ningún técnico hicimos nada de lo que se nos acusa. También estoy en desacuerdo con la narrativa que rodea a mi teléfono móvil. Reemplacé mi teléfono Samsung

roto por un nuevo iPhone 6, después de que mis abogados dejaran bien claro a la NFL que mi dispositivo telefónico real no estaría sujeto a investigación bajo ninguna circunstancia. Como miembro de un sindicato, no tenía la obligación de sentar un nuevo precedente en el futuro, ni supe en ningún momento durante la investigación del señor Wells que no someter mi teléfono móvil a una investigación resultaría clave en cualquier medida disciplinaria.

Lo más importante es que nunca he escrito, enviado mensajes de texto o correos electrónicos a nadie en ningún momento sobre nada relacionado con la presión del aire en los balones antes de que se planteara este problema en el partido por el AFC Championship Game el pasado enero. Sugerir que destruí un teléfono para evitar dar la información que la NFL solicitó es completamente incorrecto. Para tratar de cooperar plenamente con la investigación, después de mi sanción en mayo, entregamos páginas detalladas de registros de teléfonos móviles y de todos los correos electrónicos que solicitó el señor Wells. Incluso contactamos con la compañía telefónica para averiguar si había alguna forma de recuperar algunos o todos los mensajes de texto reales de mi teléfono anterior. En resumen, agotamos todas las posibilidades para darle a la NFL todo lo que pudimos, y nos ofrecimos a revisar la identidad de cada mensaje de texto y llamada telefónica durante el tiempo relevante.

El señor Goodell descartó mis horas de testimonio, y es muy decepcionante que lo encontrara poco fiable. No voy a aceptar que esta sanción siente un precedente entre algunos de mis compañeros de la liga. No sin pelear antes.

Brady decidió llevar su caso a la corte federal y presentó, junto al sindicato de jugadores, una orden judicial contra la NFL en Minnesota. La última vez que había ido a juicio en ese estado, la asociación de jugadores había conseguido lo que se había propuesto. Esta vez, Richard Kyle, juez de un distrito en Minnesota, trasladó la demanda al Distrito Sur de Nueva York, donde el juez Richard Berman tendría la última palabra. Tras escuchar a ambas partes por separado y estudiar todo el informe de Wells, el 3 de septiembre de 2015, mientras Belichick preparaba a Jimmy Garoppolo para ser su *quarterback* titular, el juez Berman revocaba la sanción a Brady y le permitía empezar la temporada con los New England Patriots. La pesadilla del *Deflategate* parecía llegar a su fin.

Υ

Si alguien esperaba que, tras lo sucedido en los últimos dos meses, Tom Brady no fuese a estar preparado para el *kick-off* de la temporada 2015, es que no conocía al *quarterback*. La noche del 10 de septiembre, frente a los Pittsburgh Steelers, se pudo ver al mismo Tom Brady hambriento de los últimos años. Los Patriots se llevaron la primera victoria de la temporada y Brady acabó con 288 yardas de pase, cuatro *touchdowns* y ninguna intercepción. Los siguientes nueve partidos continuaron la senda triunfal de un equipo que parecía seguir con ánimos de venganza.

La primera derrota llegó de la mano de unos Denver Broncos sin Peyton Manning, quien parecía estar cerca de su final como jugador de *football*. A pesar del tropiezo, el equipo de Belichick acabó el año con doce partidos ganados y como campeón de su división un año más. Sin embargo, esa derrota en Denver los privó de ser el mejor equipo de la Conferencia Americana. Los mismos Broncos fueron los verdugos de Patriots en la final de la AFC. Brady fue sometido a uno de los mayores castigos que había sufrido en toda su carrera, y el equipo de Boston se quedó fuera de la Super Bowl en favor de un Peyton Manning que se retiraría con su segundo anillo tras vencer a los Carolina Panthers en el gran partido.

Con la temporada acabada y con la franquicia metida de lleno en el *draft*, la noticia que todos parecían haber olvidado volvía a salir a la luz. Roger Goodell había insistido en su apelación por la resolución del juez Berman en favor de Brady y llevó el caso al Segundo Circuito de la Corte de Estados Unidos. Allí, un tribunal formado por tres jueces reinstauró la sanción de cuatro partidos al *quarterback*, anulando así el veredicto que había pronunciado, siete meses atrás, el juez Berman. Este tribunal de apelaciones determinó que Goodell tenía amplia discreción para sancionar a los jugadores. El fallo del tribunal se basaba en el último convenio firmado por los jugadores y por la liga, donde se había decidido, de mutuo acuerdo, que el comisionado investigase las posibles violaciones en las reglas, impusiese las sanciones apropiadas y pudiese presidir los arbitrajes que se diesen en contra de estas sanciones. Roger Goodell se convertía así en el hombre más poderoso de la NFL.

Los abogados del jugador se pusieron manos a la obra para volver a presentar un recurso que nunca llegó a su destino. Fue el propio Tom Brady quien, después de pensarlo mucho, decidió dar por zanjado el asunto. Su naturaleza competitiva le pedía a gritos que siguiese peleando, pero su cabeza le insistía en que, hiciese lo que hiciese, no podría ganar. Brady estaba cansado de tener que levantarse cada mañana con una llamada de la Asociación de Jugadores, de la prensa o de algún amigo preguntando qué iba a ser lo siguiente. Así que, el 15 de julio de 2016, sacó un comunicado aceptando la sanción y agradeciendo el apoyo recibido todo este tiempo. Sabía que no jugaría el primer mes de la temporada 2016, por lo que decidió utilizar esta sanción como una oportunidad para tener vacaciones en septiembre y disfrutar de su familia, algo que no había hecho desde hacía más de dieciséis años.

Por otro lado, Bill Belichick estaba ante la ocasión de saber, a ciencia cierta, si la elección de Jimmy Garoppolo había sido un acierto. La idea que rondaba su cabeza, en el *draft* de 2014, estaba más cerca que nunca de hacerse realidad.

En la cabeza de Tom Brady

CUARTA PARTE

*D*esde 2013 a 2015, los Seattle Seahawks crearon escuela con sus defensas de un solo *safety* profundo. Pete Carroll encontró la fórmula para ir dominando a sus rivales con una secundaria que daba miedo. Los nombres de Earl Thomas, Kam Chancellor o Richard Sherman pasarán a la historia de la liga como una de las unidades más espectaculares que se recuerdan. Su obra cumbre fue la Cover 3, en la que mostraban todo tipo de variantes y desde la que ganaban partidos.

La Cover 3 es una defensa zonal que divide la zona media en cuatro partes y la zona profunda en tres. En teoría, las tres zonas profundas corren a cargo de los dos *cornerbacks* y de un *safety*, mientras que las cuatro zonas del medio tienen que ser ocupadas por el otro *safety* y por los tres *linebackers* (o por dos *linebackers* y un *nickelback* si la defensa cuenta con cinco *defensive backs*).

Sin embargo, la Cover 3 que más y mejor jugaban estos Seahawks era la variante «Buzz». En ella, los de Pete Carroll mostraban una defensa con dos *safeties* profundos antes del *snap*. Cuando la jugada comenzaba, uno de los *safeties* caía a una de las zonas más interiores de la cobertura y dejaba al otro *safety* patrullando su zona profunda. Tenéis la imagen de este tipo de cobertura en la siguiente ilustración.

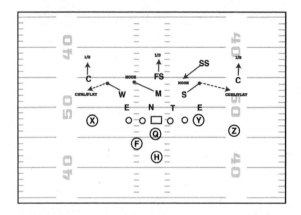

Cuando los New England Patriots se enfrentaron a los Seahawks en la Super Bowl XLIX, la Cover 3 era su mayor reto.

00.40 segundos en el reloj para llegar al descanso
1st&10
Yarda 28 de Seahawks

El marcador reflejaba empate a siete puntos en este último *drive* de los Patriots antes de que finalizara el segundo cuarto. Tom Brady había sido capaz de mover bien las cadenas durante los más de dos minutos que se estaba prolongando ese ataque. Cuando el equipo de Belichick se plantó en la yarda 28 del campo de su rival, los Seahawks formaron con su Cover 3 Buzz. McDaniels alineó a Rob Gronkowski aislado en el exterior mientras tres *wide receivers* se situaban al lado contrario de la línea ofensiva, como podéis ver en la siguiente imagen.

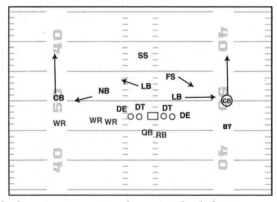

Richard Sherman ocupó su lugar en la defensa y se enfrentó al *tight end*, aunque sin responsabilidades individuales, ya que esa defensa sería zonal. Un pase corto de Brady al *running back* les dio otras cuatro yardas. La idea de McDaniels era saber cómo reaccionaba Carroll a esa formación en el siguiente *down*. Si los Seahawks cambiaban a su defensa individual y Richard Sherman se marchaba al interior con uno de los *wide receivers*, la ventaja estaría en Gronkowski frente a un *linebacker* en el exterior.

00.36 segundos en el reloj para llegar al descanso
2nd&6
Yarda 22 de Seahawks

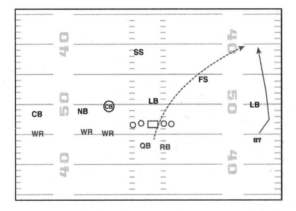

Cuando Tom Brady rompió el *huddle* y vio a Sherman moverse hacia dentro, supo que su lanzamiento tenía que ser a la ruta profunda de Gronkowski. La ventaja de esa jugada iba a estar en el enfrentamiento individual de su *tight end* contra K.J. Wright, *linebacker* del equipo de Pete Carroll.

Los Seahawks habían cambiado su defensa más tradicional por otra que, debido al talento físico y táctico de sus componentes, también le solía dar muy buen resultado. Con el movimiento de Sherman, Tom Brady reconocía una defensa individual con solo un *safety* en la zona profunda, o lo que era lo mismo, la Cover 1 de Pete Carroll.

El *snap* le llegó a Brady y no dudó ni un solo instante. Levantó su cabeza, armó el brazo y lanzó un pase perfecto a las manos de Gronkowski, quien había batido en vertical a su defensor. El plan de McDaniels había salido a la perfección y Brady había entendido todo lo que estaba pasando en el emparrillado en esos pocos segundos. Los Patriots habían terminado el *drive* con siete puntos más en el marcador.

11

Do your job

Siempre trato de hacer todo lo que está en mi mano para ganar. No soy una persona que se deje llevar, porque luego me voy a arrepentir de no haber hecho lo suficiente. Sé que, a veces, voy demasiado lejos en mi empeño, y esto me hace volver a mirar atrás para saber lo que he hecho bien y lo que no. Cualquier *quarterback* puede lanzar un buen pase, cualquier *runningback* puede tener una buena carrera, cualquier *wide receiver* va a ser capaz de tener un buen *catch*, pero la dureza mental de cada uno es lo que determina su competitividad. Varias veces me he encontrado con jugadores bendecidos con mucho talento, pero que no han sido capaces de desarrollar la actitud necesaria para triunfar. Por el contrario, he visto jugadores que, sin ese don, han demostrado tener una gran competitividad y un corazón gigante, lo que les ha hecho llegar a lo más alto.

*T*odos hemos escuchado, en algún momento, que la práctica conduce a la perfección. En 2008, Malcolm Gladwell, en su libro *Outliers*, usó la regla de las diez mil horas para subrayar cuánto tiempo es el empleado por una persona para alcanzar la grandeza. En el libro se explicaba que el número 10 es mágico. Si quieres alcanzar la excelencia en una determinada área, necesitas practicarlo durante más de 10 000 horas. 10 horas por semana en 20 años, 20 horas por semana en 10 años o 40 horas por semana en cinco años. Esta regla nos enseña el valor de la constancia y de la capacidad para enfocarnos en un mismo asunto durante periodos prolongados de tiempo. El estudio de Gladwell, a su vez, se basa en otro de 1993, dirigido por el psicólogo Anders Ericsson, donde se afirmaba que el tiempo de práctica era la diferencia entre los músicos de élite y los aficionados.

Este estudio especificaba que la práctica deliberada solía implicar una retroalimentación inmediata y un enfoque en los puntos débiles que forman el componente crucial de la mejora. Sin embargo, otros autores rechazan la idea. Evidentemente, la práctica te hace mejor que ayer la mayoría de las veces, pero esto no implica que te haga ser mejor que otro. Cuando se trata de la habilidad humana, una combinación compleja de factores ambientales, genéticos, así como las interacciones que ellos tengan, explican las diferencias de rendimiento entre las personas.

Cuando, en el año 2000, Tom Brady entró en la liga, supo que tendría que trabajar lo indecible para superar todas las barreras que le iban a surgir en el camino. Su determinación, concentración, ética de trabajo y confianza en sí mismo construyeron el jugador que es hoy en día. Es cierto que, como decíamos antes, solo con trabajo no hubiese llegado hasta aquí. El debate sobre si Brady es un *quarterback* de sistema o no, sobre si fue Belichick el auténtico artífice de la dinastía Patriots o no, estuvo más presente que nunca en el inicio de la temporada 2016.

Tras los cuatro partidos de suspensión que tuvo que asumir Brady, el equipo de Boston salió con tres encuentros ganados y uno perdido. Jimmy Garoppolo había asumido el papel de titular en los dos primeros duelos, donde los Patriots salieron victoriosos de sus enfrentamientos contra Arizona Cardinals y Miami Dolphins. En este último encuentro, Garoppolo terminó lesionado de su hombro y no pudo jugar en lo que le restaba de sanción a Brady. Para el partido frente a los Houston Texans, el titular fue el tercer *quarterback* de la plantilla, Jacoby Brissett. Y el equipo volvió a ganar. Todo el éxito cosechado por Belichick en este inicio de temporada se empleó para criticar y desacreditar a Tom Brady. Los medios de comunicación hablaban de la temporada de su lesión, la de 2008, para asegurar que, sin Brady, Belichick también había llegado a ganar once partidos. Sin embargo, omitían el resultado final, el instante de grandeza que solo se alcanza cuando, además de trabajar hasta la extenuación, tienes el talento y el don de ser el mejor en el momento en el que se requiere la excelencia, donde se separan los buenos jugadores de los extraordinarios.

Es justo decir que, quizá, Tom Brady no tendría tantos anillos si hubiese jugado con otro entrenador diferente. Pero esta afirmación es válida para cualquier otro *quarterback* con un éxito parecido al del chico de California. Todo jugador necesita de un gran entrenador y de un gran sistema para llegar a la meta final. Joe Montana tuvo a Bill Wash; Terry Bradshaw, a Chuck Noll; y Troy Aikman, a Jimmy Johnson. Y todos contaban con un gran equipo a su alrededor. Sin embargo, también ha habido muchos *quarterbacks* muy buenos, con grandes equipos y que no han sido capaces de mantener el éxito durante tantas temporadas seguidas. Belichick tiene un gran sistema en todas las fases del juego. Sabe sacar el máximo rendimiento a cada miembro de su plantilla, maximizar sus puntos fuertes y minimizar los débiles. Además, es muy bueno encontrando distintas formas de ganar, haciendo que jugadores como Matt Cassel o Jacoby Brissett aparezcan como buenos *quarterbacks*. Posiblemente, sea el mejor entrenador que ha pisado un emparrillado de *football*. Cuando insertas a Tom Brady en esta ecuación, los Patriots se van a otro nivel. Él eleva la jerarquía del equipo hasta la idea de ser prácticamente imparables, como ocurrió en los últimos quince minutos de la Super Bowl LI.

«Vamos a ganar este partido por tu mamá», le decía Robert Kraft a su *quarterback* antes de saltar al campo. «Sé lo importante que es tu madre para ti y sé que va a estar en las gradas después de mucho tiempo.» Durante cualquier otra temporada de *football*, Galynn Brady, madre de Tom Brady, rara vez se perdía algún partido de su hijo. En la temporada 2016, la Super Bowl sería la primera vez que iba a estar en las gradas, ya que, en junio de ese año, le habían diagnosticado un cáncer de mama. Aunque su médico le dijo que estaba en la fase 2 y que podría ganar la batalla contra la enfermedad, este tipo de cáncer se consideraba muy agresivo y de muy rápido crecimiento. El tratamiento consistía en varias cirugías, quimioterapia y radiación. El proceso no sería fácil, por lo que tendría que pasar momentos muy duros. El jueves de cada semana comenzaba el tratamiento. Al día siguiente iba encontrándose bien, pero el sábado y el domingo el sufrimiento era constante. Aun así, cada domingo se sentaba delante de la televisión para ver los partidos de los Patriots. Todos los días, Tom Brady contactaba por videollamada tres o cuatro veces con su madre para hablar con ella y animarla en los momentos más duros que la familia Brady había pasado nunca. «Ella lo es todo para mí», había dicho un millón de veces Tom Brady. «Te tienes que recuperar para ir a la Super Bowl, porque voy a jugarla y ganarla por ti», le decía el *quarterback* a su madre en el mes de noviembre.

Galynn luchó muchísimo para cumplir el deseo de su hijo. Completó la quimioterapia, peleó contra la neumonía y los herpes zóster, y consiguió la autorización de su médico para ir a Houston, donde se celebraría el gran partido. Cuando el electrónico señalaba el 3-28 a favor de los Falcons, Galynn tenía el corazón roto por lo que estaría pensando Tom. Sin embargo, su hijo, el mejor *quarterback* de la historia de la NFL, solo pensaba en la siguiente jugada y en qué hacer para dar la vuelta a un marcador que parecía insalvable. Si el momento de grandeza te llega, tienes que saber cómo atraparlo. No es suficiente solamente con diez mil horas de entrenamiento.

Los New England Patriots tardaron cuarenta y tres minutos de juego en conseguir el primer *touchdown* del partido. James White anotó un pase de Brady para cinco yardas en un *drive* que necesitó de un cuarto *down*, transformado por Amendola, para seguir vivo. Gostkowski falló el *extra point* y el electrónico reflejaba un 9-28 inquietante para los de Boston. Sin embargo, no parecía que los Patriots estuviesen entrando en pánico. «En el descanso habíamos hablado de que no lo estábamos haciendo tan mal —recordaba Brady—. En la primera parte, habíamos tenido veinte minutos de posesión de balón, habíamos hecho 45/46 jugadas y estábamos moviendo muy bien las cadenas. El único problema habían sido errores muy puntuales en momentos importantes. Mi intercepción retornada para *touchdown*, el *fumble* perdido y ese *3rd&1* que no habíamos sido capaces de convertir. Nuestro juego en zona roja había tenido una pobre ejecución, pero llevábamos casi doscientas yardas de ataque y movíamos el balón. Solo teníamos que ejecutar mejor para conseguir anotar.»

El último cuarto comenzó con otro gran *drive* de los chicos de Belichick. Tal y como decía Brady, la ofensiva generaba primeros *downs* y hacía que su ataque avanzase hasta la zona roja rival. De nuevo, en otro tercer *down* importante, la línea ofensiva se caía y Grady Jarrett cazaba a Brady para obligar a los Patriots a patear un *field goal* si querían seguir sumando puntos. En esta ocasión, Gostkowski no falló y recortó distancias en el marcador. El resultado era de 12-28 y restaban algo más de nueve minutos para finalizar el encuentro.

Todo el poder que había demostrado el ataque de Kyle Shanahan durante esa temporada 2016 había quedado claro durante los primeros dos cuartos y medio de esta Super Bowl, pero algo empezaba a cambiar. Desde la última anotación de Coleman, la que marcaba ese famoso 28-3, los Falcons habían tenido el balón en sus manos poco más de dos minutos. Los Patriots habían conseguido forzar dos «tres y fuera» consecutivos, y el balón, a falta de ocho minutos y medio, volvía a las manos de Brady. En ese último tercer *down* de los Falcons, se jugó, posiblemente, el *down* más importante del encuentro. El equipo de Dan Quinn había sido capaz de correr más o menos bien el balón con sus *running backs*, y el *3rd&1* que se les presentaba invitaba a volver a darle el balón a los corredores para seguir manteniendo a Brady en el banco. Sin embargo, Kyle Shanahan eligió la opción de pasar, en vez de la de correr. Al igual que pasó en 2014, el rival optaba por buscar el pase, en lugar de hacer lo que parecía más sencillo, lo que significaba correr en una situación ventajosa para ello. El resultado fue parecido, ya que Dont'a Hightower golpeó a Matt Ryan, provocando el *fumble* y haciendo que el balón llegara a las manos de Alan Branch, línea defensivo de los Patriots. Cinco jugadas después, Brady encontraba a Amendola para sumar otros seis puntos más, que se transformaron en ocho tras la conversión de dos puntos de James White. En ese *touchdown* de Amendola, Brady cambió la jugada veinte segundos antes de iniciar el *snap*. Cuando la defensa se alineó con cada receptor, Brady vio a Jalen Collins, *cornerback* de Falcons, situado en el hombro interior del receptor «patriota». Brady hizo una señal a Amendola para que se abriera un par de pasos más hacia fuera. «Quise darle a Danny una mejor oportunidad para ganar separación —contaba Brady de esa jugada en particular—. Cambié su ruta porque vi a Collins en una posición que le daba ventaja a Danny. Al mover a Danny, observé que Collins se quedaba quieto, así que supe adónde iría mi lanzamiento en cuanto tuviese el balón en las manos. Mi única duda era saber si el *cornerback* más exterior saltaría a la ruta exterior de Danny o se iría profundo con la ruta vertical de Mitchell. Por eso, en cuanto vi caer a ese *cornerback*, lancé el balón a Danny. Una decisión sencilla.» Quedaban cinco minutos en el reloj y el marcador reflejaba un 20-28.

La respuesta de Matt Ryan y los Falcons llegó de inmediato: en el siguiente *drive*. Devonta Freeman transformó un pase corto de su *quarterback* en una carrera de 39 yardas, lo que dejaba al equipo de Dan Quinn en la yarda 49 propia. Tras una carrera de dos yardas, Ryan recibió el *snap* y la defensa de

Patriots se abalanzó sobre él. Consiguió salir del *pocket* como pudo y mandó el balón a donde casi ningún ser humano podría cogerlo. «Vi a Matt saliendo del *pocket* y correr hacia nuestra banda. Vi como soltaba el balón al exterior y como Julio parecía haberlo atrapado, pero era imposible que hubiese cogido ese pase. Entonces vi que los árbitros corrían hacia allí y marcaban la recepción. No me lo podía creer hasta que no vi la repetición en los videomarcadores del estadio. Mi mente visualizó la siguiente portada de *Sports Illustrated* con aquella imagen —relata Brady—. Lo alto que tuvo que saltar y la concentración que tuvo que tener para bajar con los dos pies dentro del campo. Fue una locura.» Julio Jones había hecho la recepción del año, algo que era imposible de superar en ese partido. O quizá no.

Después del *catch* de Jones, los Falcons arrancaban el siguiente *down* desde la yarda 23 de los Patriots. Con una carrera para una pérdida de una yarda, las decisiones de Quinn y Shanahan marcaron el duelo. De nuevo, cuando todo llevaba al rival a correr, quemar reloj y convertir un *field goal* que le pondría el anillo en bandeja, la banda de Atlanta decidió pasar. Trey Flowers derribó la línea ofensiva y consiguió el *sack* en el segundo *down*, complicando algo más la posible patada. En el tercer *down*, se mandó otra jugada de pase y los Falcons fueron penalizados con *holding* en la línea ofensiva, lo que les echaba fuera del rango para intentar el *field goal*. Atlanta Falcons tuvo que despejar el balón y rezar para que su exhausta defensa fuese capaz de parar la avalancha que se le avecinaba.

Daba igual que los Patriots empezasen el *drive* en su yarda nueve. Daba igual que solo quedasen tres minutos y medio en el reloj. Daba igual que necesitasen anotar un *touchdown* y una conversión de dos puntos. Todos los que estaban viendo el partido en ese instante sabían lo que iba a ocurrir. La expresión en los ojos de Tom Brady era la de alguien que reconoce la grandeza cuando llega y no la deja pasar. Ese *drive* tuvo a siete jugadores de los Patriots en contacto directo con el balón, y ninguno de los siete fue elegido, en sus respectivos *drafts*, entre los cien primeros *picks*. Danny Amendola, David Andrews y Chris Hogan fueron *undrafted*. Julian Edelman fue el 232. James White salió elegido con el 130, y Malcolm Mitchell, con el 112. El último de ellos era el *pick* 199 de la sexta ronda en el *draft* del año 2000, el *quarterback* del equipo que con treinta y nueve años lideraba el que probablemente sería el último *drive* del partido. Esto se convirtió en un monumento a la Patriot Way y a la manera que tiene Belichick de identificar el talento que puede servir en su sistema y que rara vez lo hace en el de los demás.

Tras dos pases incompletos, Brady encontró a Hogan para ganar el primer *down* del *drive*. En el siguiente *snap*, Edelman no logró atrapar el envío de su *quarterback*, algo que sí hizo Mitchell en el segundo *down*. En las cinco Super Bowl anteriores de la era Belichick-Brady, ningún *rookie* había atrapado un solo lanzamiento. En la Super Bowl LI, Malcolm Mitchell acabó el partido con seis recepciones para 70 yardas. «Él mismo se ganó la confianza con su trabajo diario —decía Brady—. Si Malcolm era el que tenía que hacer la jugada, la hacía. Si yo tenía que buscarlo a él porque ahí estaba la ventaja, Malcolm no fallaba. Así es como te ganas la confianza de todo el equipo. Así que, en ese momento del partido, yo sabía que tenía ventaja sobre Collins en esa ruta.» En el *scouting* de los Patriots sobre la defensa de Falcons, había un claro objetivo en Jalen Collins para atacarlo con rutas que requerían parar y arrancar. Collins era muy grande y le costaba reaccionar al corte del receptor rival. Mitchell corrió 12 yardas, frenó y se giró para recibir el pase de Brady. Las cadenas seguían moviéndose.

Meses antes del *draft* de 2009, Belichick recibió una llamada de su amigo Rick Gosselin, que trabajaba en el *Dallas Morning News* cubriendo el *football* y que era un reconocido analista del *draft*. «Hay un chico de Kent State al que deberías ver. En la universidad ha jugado de *quarterback*, aunque no creo que su posición en la NFL vaya a ser esa. Me parece un sensacional jugador de *football*», le dijo Gosselin. El chico del que hablaba era Julian Edelman.

Todos los informes antes del *draft* hablaban de un jugador demasiado pequeño y poco convencional. También había grandes precauciones sobre su físico, pues consideraban que Edelman podría tener problemas de lesiones. Sin embargo, Belichick quiso verlo con sus propios ojos, así que comenzó a observar una serie de partidos de Kent State para tener una opinión más clara del jugador. Hubo un partido que le gustó especialmente. Ohio State era una de las universidades más fuertes del *football* universitario y su partido frente a Kent State fue casi un paseo. Sin embargo, Belichick veía a Edelman intentarlo una y otra vez. A pesar de que le superaban en tamaño y fuerza, el chico seguía corriendo y peleando contra todos y cada uno de ellos. A pesar de ir perdiendo por cuatro *touchdowns* de diferencia, Edelman batalló hasta el pitido final.

Cuando Belichick les habló de Edelman a su equipo técnico y de analistas, quiso saber dónde podría jugar. Adoraba su tenacidad y conocimiento del juego, pero necesitaba darle un sitio desde el que comenzar a crecer. Había miembros de la organización que lo veían como un retornador de *punts*, otros como parte de la secundaria y otros como *wide receiver*, pero nadie se atrevía a dar un claro argumento. Nadie excepto Jim Nagy.

Nagy era *scout* del equipo en aquellos años y se encargaba de ojear a los chicos que jugaban en el territorio que ocupaba la Universidad de Kent State. «Los años anteriores a ese *draft*, Josh Cribbs jugaba allí, y a mí me interesaba seguir fortaleciendo amistades con gente de esa universidad. Yo vivía en el lado oeste de Cleveland, así que, en el camino a casa desde Pittsburgh, West Virginia o Akron, no me importaba parar allí y ver alguno de sus partidos. Es probable que estuviese en su estadio unas tres veces en 2008 —recordaba Nagy—. En el primer *scouting* que hice de él, estaba bastante claro que no podría jugar de *quarterback* en la NFL; para esa posición nosotros buscábamos a chicos que midiesen entre 1,92 y 1,95. Pero Julian era un gran jugador de *football* y no puedes descartar a chicos así.» En su informe final, Nagy detalló la increíble rapidez que mostraba en espacios cortos, lo bien que jugaba los cortes cuando tenía que reaccionar a la jugada, mostraba muy buenos instintos en su visión espacial y era tremendamente duro con el balón en las manos. Además, uno de los puntos clave de su evaluación era el de la competitividad. Crecer en California y ser capaz de adaptarse a una escuela en Ohio no era fácilmente asimilable.

Cuando Scott Pioli le pidió a Nagy una lista con posibles receptores de cara al *draft*, este no dudó ni un segundo en incluir a Julian Edelman. Poco después de la Combine de 2009, Pioli y Nagy abandonaron los Patriots con destino a Kansas City Chiefs, pero el nombre de Edelman lo recogió Nick Caserio, que se aseguró de tener a gente de su *staff* en los entrenamientos privados de Kent State antes de que llegara el *draft*. Finalmente, los New England Patriots eligieron a Julian Edelman en la séptima ronda, y lo hicieron pensando en él como *wide receiver*.

En su primer partido de pretemporada, Edelman consiguió llamar la atención por muchas cosas, pero la principal fue por la rápida conexión que tuvo con un Brady que jugaba sus primeros *snaps* desde la terrible lesión de rodilla que lo tuvo parado en 2008. Pocos minutos antes de comenzar el encuentro, Belichick supo que Wes Welker no participaría por problemas musculares. Julian Edelman tenía la misma complexión física que Welker, era rápido y mostraba unas manos seguras en el juego aéreo, así que ocupó el lugar de Welker, tanto en el ataque como en el equipo de retorno. En el segundo cuarto, Edelman saltó al emparrillado para retornar un *punt*. El balón cayó en sus manos en la yarda 25 y el pequeño receptor lo acarreó hasta la zona de anotación rival mientras evitaba placajes, tal y como le había visto hacer Belichick aquel día frente a Ohio State. No había nada ni nadie que pudiese evitar la evolución y progresión de Julian Edelman.

Sin embargo, Edelman tuvo que esperar un par de años para tener su oportunidad, ya que por delante de él tenía a Wes Welker como máximo receptor del equipo y a Deion Branch, que pudo estancar algo sus posibilidades. A pesar de esto, y como siempre ha hecho Edelman, convirtió aquel contratiempo en una ocasión fantástica de aprender de dos de los mejores receptores veteranos que jugaban en la liga. Ambos ayudaron a Edelman a pulir sus habilidades en el *route-running* y en el entendimiento de un sistema que potenciaría todas sus virtudes.

Cuanto más trabajaba Edelman, más llamaba la atención de su *quarterback*. La historia de Brady y del pequeño receptor se parecían en algo especial. Ambos habían salido de California y se habían ido a estudiar a la otra punta del país. Ambos fueron elegidos muy abajo en el *draft* y ambos habían convencido a su entrenador, a base de esfuerzo y talento, para hacerse con un sitio en la alineación titular. A cada pase que Brady lanzaba a Edelman, se iba construyendo una relación personal dentro del terreno de juego, pero también fuera. Con el paso del tiempo, Brady y Edelman se han hecho prácticamente inseparables. «Sí, somos como Goldie Hawn y Kurt Russell. Nunca nos hemos casado, hemos tenido alguna que otra relación por ahí, pero siempre nos hemos querido muchísimo», contaba riendo Edelman. Siempre ha habido cosas positivas y cosas negativas en su relación, pero eso no ha hecho sino que fortalecerla aún más. «A Tommy le gustaba gritarme porque sabía que yo no me hundiría. Sabía que, si se lo hacía a otro, podía no ser de ayuda y que podía lastimar al chico. Conmigo eso no pasaba», decía Edelman. «Un día, tras una discusión, Brady se acercó a mí y me dijo: "Si te grito, sabes que es porque te quiero", y se alejó. Yo me quedé pensando que tenía que quererme de verdad… por cómo me gritaba.»

Faltando 2.28 para acabar la Super Bowl LI, Brady vio correr la ruta de Edelman y decidió mandarle el balón como lo había hecho cientos de veces. Lo hizo porque sabía que si alguien en ese equipo podía cogerlo, ese alguien era él. Julian Edelman, una vez más, y como llevaba haciendo toda su vida, aceptó el desafío.

El primer jugador en tocar el pase fue Robert Alford, quien ya había atrapado un lanzamiento del *quarterback* en la primera mitad y lo había retornado para *touchdown* en el segundo *pick-six* más largo de la historia de la Super Bowl. Sin embargo, en esta ocasión no pudo cogerlo, sino que el balón giró y cayó entre un tumulto de tres defensores Falcons y el propio Edelman. Durante toda la noche, Dan Quinn había puesto énfasis en la conexión Brady-Edelman. Y, en realidad, había tenido un éxito relativo en minimizar el daño que ambos solían hacerle al rival. En esta acción, tres jugadores de los Falcons habían saltado a la ruta profunda del *wide receiver* «patriota». De esa pequeña melé apareció Edelman con el balón en las manos y gritando: «¡La he cogido, la he cogido!». Rápidamente, Jeff Seeman, uno de los árbitros, apareció en la imagen gesticulando y confirmando que el lanzamiento había sido completado. Todos miraron a las pantallas del estadio para saber qué había pasado. Y lo que vieron los dejó atónitos.

Tras tocarlo Alford, el balón cayó sobre su rodilla izquierda mientras Edelman ponía uno de sus guantes rojos por debajo del balón y con el otro completaba la acción. Aun así, volvió a salir de las manos del receptor «patriota» tras chocar con sus rivales. Edelman vio como el ovoide estaba a punto de tocar el suelo cuando, con otro inimaginable esfuerzo, consiguió volver a poner sus dos manos sobre él. Sí, lo había cogido. Dan Quinn tiró el pañuelo rojo casi suplicando que los árbitros viesen una mínima evidencia de que ese balón había tocado el suelo y fuese declarado incompleto. Carl Cheffers, árbitro principal del encuentro, se giró hacia la cámara, encendió su micro y las palabras que salieron de su boca fueron como un puñal en el corazón de los Atlanta Falcons: «Después de revisar la acción, confirmamos la jugada que hemos señalado. Las manos del receptor estaban debajo del balón. El balón nunca tocó el suelo. Atlanta pierde sus tiempos muertos. Patriots tiene el primer *down*». Los Patriots avanzaban más allá de la yarda 50 y se metían de lleno en territorio rival.

Ante el cúmulo de emociones que se estaban produciendo, el único que permanecía con las ideas claras era Brady. Volvió a formar filas y comenzó a encontrar receptores con una facilidad pasmosa. Primero Amendola para veinte yardas y después, en dos ocasiones, con James White. Tom Brady y sus New England Patriots se situaban a solo una yarda de la zona de anotación. El ataque era imparable y a nadie le extrañó que White anotara el *touchdown* que ponía el 26-28 en el electrónico. Aún faltaban dos puntos para empatar y poder llevar el encuentro al tiempo extra. McDaniels quiso que el balón fuera para Amendola en una situación donde Edelman y Hogan bloquearían a la defensa para permitir al receptor convertir la opción de los dos tantos. Dicho y hecho. Brady soltó el balón muy rápido y sus compañeros hicieron el resto. El partido se iba a la prórroga después de que los Patriots fuesen perdiendo por 25 puntos a falta de diecisiete minutos para acabar el encuentro. Jamás se había jugado una prórroga en ninguna de las cincuenta Super Bowls anteriores y nunca se había dado una remontada como la de Houston aquella noche. El milagro se había producido.

De acuerdo a una información facilitada por el equipo estadístico de la ESPN, los Falcons habían tenido el noventa y nueve por ciento de opciones de ganar en al menos veinte momentos distintos del duelo, y ahora, justo antes de empezar la prórroga, sabían perfectamente que iban a perder. La única oportunidad a la que querían agarrarse era la de que la moneda del sorteo previo a comenzar el tiempo extra cayese de su lado. Matthew Slater, capitán de los Patriots, eligió cara. La moneda voló y giró hasta estrellarse en el suelo. Había salido cara y el balón era para el equipo de Belichick. Aquello era el principio del fin.

El *drive* comenzó en la yarda 25 de los Patriots y recorrió las otras 75 de una manera agónica para la defensa rival. Los Falcons veían como Brady encontraba receptores por todo el campo. Tras cinco lanzamientos completados consecutivamente, el equipo de Boston se plantaba en campo contrario. White corría para otro primer *down* y dos penalizaciones seguidas de la defensa de

Atlanta dejaban a los Patriots a solo dos yardas de la gloria. El propio White fue el encargado de dar la puntilla al conjunto de Dan Quinn. Los New England Patriots se proclamaban campeones de la NFL por quinta vez en su historia.

Mientras por todo el estadio se celebraba la victoria, Brady pensaba en los ciento once entrenamientos que había realizado ese año. «Imagínate los pases que hay que hacer en ciento once entrenamientos. Son muchísimos pases», decía Brady, emocionado. Aquella noche, Brady había completado 43 de 62 pases para 466 yardas y dos *touchdowns*. Nunca un jugador había lanzado ni completado tantos pases en la historia de una Super Bowl. Había conseguido enviar el balón con una anticipación que nunca se le había visto antes, y esta fue la diferencia entre ganar o perder. La química que había generado el *quarterback* con sus receptores había sido fantástica, y esto solo se alcanzaba con mucho trabajo. Los jugadores de los Patriots reconocen abiertamente que Brady no flaquea en momentos así. El oponente no puede hacer que cambie, como tampoco lo hacen las circunstancias. Pase lo que pase, Brady se apega al plan. Una vez terminado el partido, los reporteros pedían a los jugadores que contaran anécdotas sobre el comportamiento de Brady durante la remontada y durante el tiempo extra. Amendola dijo que Brady tenía la misma energía de siempre, que no hubo nada distinto a lo que ya había hecho en otras situaciones parecidas. Eso puede ser malo para la narrativa final, pero fue genial para los Patriots. «Hay mucha confianza del pasador en sus receptores detrás de estas acciones —cuenta Brady—. Tienes que creer en tu receptor y pensar que va a estar en el sitio adecuado en el momento preciso, porque, si no lo está, el balón puede ser atrapado por un defensor. Para llegar ahí, hay que pasar por un proceso largo y tedioso. Hay que asistir a muchas reuniones y sesiones de vídeo. Debes trabajar en muchos entrenamientos y cometer muchos errores hasta llegar a este punto. Todo tiene que ir como un reloj, y necesitas de una ejecución casi perfecta.» Las diez mil horas de Gladwell no lo hicieron todo, pero ayudaron bastante.

Roger Goodell bajaba por las escaleras del podio cuando se encontró con Brady abrazado a su mujer y a sus hijos. El comisionado palmeó el hombro del *quarterback* para que este se diera la vuelta. Cuando Brady lo miró, Goodell estrechó su mano mientras le decía que su partido había sido algo extraordinario. Brady sonrió, afirmó con la cabeza y salió corriendo a abrazar a su madre, que acababa de llegar al césped. Puso sus brazos alrededor de ella y la besó.

Tom Brady ganaba su quinto anillo y dejaba atrás a Joe Montana y Terry Bradshaw. Se situaba en la cima histórica de los *quarterbacks*; tras la exhibición de ese 5 de febrero de 2017, muy pocos eran los que no pensaban en él como el más grande la historia. Ya en el vestuario, cuando el equipo al completo celebraba la victoria y Robert Kraft bailaba, un hombre miraba desde las sombras orgulloso. Parecía pensativo y totalmente ensimismado en sus pensamientos. Todo estaba yendo como su plan marcaba. Un periodista llamó su atención y le preguntó, para lo cual tenía muy clara la respuesta: «La gente aún no nos cree cuando decimos que Tom puede jugar hasta los cuarenta y cinco años o más allá. De verdad, no sé si os lo creéis, pero Tom y yo sí lo creemos», contestó Alex Guerrero.

Desde que Tom Brady llegó a los New England Patriots, Robert Kraft y él habían traspasado las barreras de cualquier relación dueño-jugador. Eran muchas las veces que el *quarterback* había denominado a Kraft como su segundo padre. A su vez, el dueño no había dejado nunca de mostrar, tanto en la intimidad como públicamente, todo su amor por Brady. Por el cumpleaños de Galynn, la madre de Brady, Kraft le había enviado un regalo muy especial. Mientras aún seguía en tratamiento, Tom Brady viajó con la familia a casa de sus padres y allí le entregó un pequeño obsequio de parte del dueño de la franquicia. Las lágrimas de Galynn brotaron de sus ojos al ver que el regalo era un anillo idéntico al que tenían los jugadores por haber ganado la Super Bowl LI. Kraft llamó a la madre de Brady para agradecerle todo el esfuerzo que hizo por estar ese día en Houston con el equipo. Tom Brady, a su lado, no podía dejar de llorar.

A Kraft le fascinaba el Brady jugador, pero aún le gustaba más el liderazgo y el respeto que producía en sus compañeros. La manera que tenía el *quarterback* de liderar a su equipo se basaba en el más absoluto de los respetos. Dentro del edificio de los Patriots, nunca se ha visto a Brady como un jugador que quisiera estar por encima de nadie. Jamás se había puesto por encima de ningún compañero, de nadie del *practice squad*, de nadie del *staff técnico*, ni siquiera de nadie de los trabajadores de la franquicia. Él respetaba a todos y cada uno de ellos. De hecho, era conocido por ser, a veces, excesivamente cariñoso con sus compañeros. El *quarterback* no dudaba en expresar sus sentimientos si la ocasión lo requería, y era habitual ver a Brady decir «te quiero» a todos los que compartían vestuario con él. Además, había conseguido ser la cara pública de la franquicia sin que esto se viese como una amenaza dentro del vestuario. Por todo esto, además de por su talento dentro del campo, Kraft sabía que sería imposible encontrar a otro jugador como él. Sin embargo, esa relación no se parecía en nada a la que unía al *quarterback* y a su entrenador.

Belichick no manejaba las relaciones como Kraft. Con nadie. Y eso incluía al mejor jugador de la historia de la franquicia y con quien había compartido los últimos dieciséis años. En todo este tiempo, Belichick y Brady no habían tenido una sola cena juntos. Nunca habían quedado para charlar fuera de las instalaciones del equipo. Su relación era un negocio. Y esto es algo que Brady, por cómo había sido educado, no terminaba de entender, aunque se hubiese habituado a ello, lo respetara y lo hubiese sabido llevar. Para el *quarterback*, había sido otro proceso de aprendizaje para llegar hasta donde estaba en ese momento de su carrera. Ambos tenían suficientes amigos, así que lo que cada uno necesitaba del otro era rendimiento por un lado y enseñanza por otro. Y los dos habían ejercido su papel de la mejor manera posible. Belichick era, probablemente, la mayor mente *footballística* de toda la historia, y Brady había sido el alumno más aventajado sobre el terreno de juego. La filosofía del entrenador muchas veces había beneficiado a su equipo y a su *quarterback*, pero parecía claro que, sin el trabajo de su *quarterback*, no se habrían alcanzado tales cotas de éxito. La era Belichick-Brady era la más dominante que jamás se había visto. Pero las cosas cambiaron en el verano de 2017.

Robert Kraft había visto cómo Belichick trataba a los jugadores más emblemáticos de la franquicia cuando comenzaban a ser veteranos. Los casos de Bledsoe, Milloy, Law, Vinatieri o Wilkfork le venían a la mente cada vez que otro de los importantes entraba más allá de la treintena. Con Brady no parecía ser distinto. Kraft se había involucrado en la renovación del contrato del *quarterback* en 2010 y lo había vuelto a hacer en 2016, cuando renovó a Brady por cuatro años y sesenta millones de dólares. Belichick ejecutaba contratos, para bien o para mal, pensando única y exclusivamente en el equipo, en lo que era mejor para los New England Patriots. Tom Brady y su familia siempre habían pensado que Belichick no iba a dudar a la hora de intercambiar al *quarterback* cuando llegase a la edad en la que se encontraba ahora. «No creo que Tom vaya a acabar su carrera en los Patriots», respondía sobre la situación el padre de Tom Brady a un periodista. «Tommy quiere jugar otros cuatro o cinco años, y es Bill quien tiene que decidir si quiere seguir con él todos esos años. Mucha gente no cree que se pueda mantener ese nivel con esa edad, pero no creo que haya un atleta tan dedicado a su profesión como Tommy, porque él se compromete los trescientos sesenta y cinco días del año. Lo hace con su físico, con su nutrición y con todo lo que le rodea para llegar a ser aún mejor. No creo que estemos preparados para lo que nos va a mostrar Tommy con cuarenta y tres, cuarenta y cuatro o cuarenta y cinco años.»

En aquel verano, Jimmy Garoppolo entraba en su cuarta temporada como *quarterback* de los New England Patriots. Con el nuevo convenio firmado en 2011, los jugadores elegidos en primera ronda tendrían la posibilidad de firmar un quinto año de contrato si la franquicia así lo determinaba. Para ello, había que ejercer esa opción en su cuarto año. Es decir, Garoppolo tendría que firmar su opción de quinto año en marzo de 2018. Si Brady seguía en el equipo en esa fecha, los contratos de ambos *quarterbacks* serían un gasto demasiado grande contra el *salary cap* de la franquicia. Esto iba totalmente en contra de los principios que habían regido a los Patriots desde que Belichick estaba al mando, por lo que se empezó a especular sobre la posibilidad de intercambiar ya a Garoppolo por rondas del *draft*. A pesar de todo el ruido que se generó esos meses, Belichick sorprendió manteniendo en la plantilla al joven *quarterback*. Habían llegado jugosas ofertas por él, pero Belichick seguía viendo en Garoppolo el sucesor ideal de Brady. El entrenador seguía pensando que el declive de su actual *quarterback* titular estaba a punto de llegar, y no quería encontrarse en una situación en la que tuviese que construir desde cero la posición más importante en el *football*. Sin embargo, el propio entrenador sabía que Robert Kraft no le permitiría intercambiar a Brady.

Durante toda la *offseason*, Kraft había estado escuchando los rumores sobre un posible *trade* de Garoppolo. Se habían dado antes del *draft*, donde incluso se habló de equipos dispuestos a ofrecer una o dos primeras rondas. Se habló durante los meses de verano, donde se insistía en la posibilidad de que, por el chico, entrase, al menos, una primera ronda. Su entrenador no aceptó ninguna de estas ofertas, por lo que a Kraft le comenzaban a aparecer viejos fantasmas del pasado. Para intentar solucionar la cuestión, Robert Kraft le propuso a Belichick la posibilidad de firmar una extensión amplia con Garoppolo mientras Brady seguía siendo el *quarterback* titular. Con esto, ambos bandos podrían quedar satisfechos. Sin embargo, Don Yee, agente de Brady, y a su vez de Garoppolo, no pensaba lo mismo. El trabajo de un representante es mantener contentos a sus clientes, y Garoppolo estaba cansado de ver pasar sus primeros años sentado en el banquillo; no quería estar más tiempo así. La idea de Brady de seguir jugando hasta los cuarenta y cinco o más allá dejaba sin opciones de titularidad a Garoppolo. Todo apuntaba a que la decisión estaba tomada, y Jimmy Garoppolo tendría que salir del equipo dijese lo que dijese Belichick. El equipo de destino no fue algo casual. El propio Belichick sabía que Garoppolo podría rendir a un buen nivel de la mano de Kyle Shanahan, algo que dejaría al descubierto el talento del chico y daría a Belichick la razón por la elección hecha en aquel *draft* de 2014. Además, la buena relación con John Lynch, *general manager* de los 49ers y antiguo jugador del *head coach*, había hecho que el trato se cerrase de manera rápida y por una compensación nada elevada, así que los 49ers se llevaron a su futuro *quarterback* titular por solo una segunda ronda. En ese mismo instante, Tom Brady se había convertido en el único jugador capaz de derrotar a Belichick en un campo donde el entrenador jamás había perdido. Antes que él, cada estrella del equipo que había luchado por conseguir un mejor contrato, por evitar que lo despidieran o por, simplemente, no ser una moneda de cambio, se había encontrado con un muro infranqueable. Esta vez las cosas fueron distintas. Jimmy Garoppolo llegó en 2014 para ser su sustituto, para completar el círculo que Brady había visto en la trama Montana-Young, pero Belichick no había podido hacer lo que llevaba pensando mucho tiempo. En ese periodo, Brady había ganado dos anillos en tres años y veía a su relevo salir por la puerta. La victoria era estruendosa. Tanto que el ruido se hizo insoportable.

Con el inicio de la temporada 2017, Tom Brady y Alex Guerrero publicaron su libro *TB12 Method*, donde el *quarterback* explicaba su secreto para estar en activo y jugar a un nivel desconocido en personas de su edad. También impartía nociones y consejos para mantener una vida larga, duradera y saludable para todos los que se quisieran acercar a ella. Un mes antes, Brady cumplía cuarenta años y mantenía su deseo de seguir jugando por muchos años más. Tanto Guerrero como Brady estaban desarrollando un tipo de entrenamientos que creían conveniente hacer público. Además, era un trabajo que también practicaban dentro de los propios Patriots. Desde 2013, Guerrero tenía permiso de Belichick para tratar a sus jugadores y acceso a las reuniones médicas del equipo. El terapeuta de Brady también tenía la posibilidad de estar en la banda del equipo en los partidos y podía viajar en el mismo avión. En principio, todo esto era un acto de buena fe hacia su jugador más importante; además, como Guerrero quería lo mejor para Brady, quería lo mejor para la franquicia. Cada vez más y más jugadores deseaban que los tratara Alex Guerrero, no los servicios médicos de los Patriots, ya que, según ellos, el socio de Brady los dejaba en mejores condiciones para rendir dentro del terreno de juego. El entrenador comenzaba a pensar que todo aquello había sido un error y que tenía que atajarlo cuanto antes, por lo que, en diciembre de 2014, ya no se dejó que Alex Guerrero asistiera a las reuniones del equipo médico, aunque se le mantenía como consultor del equipo. A partir de ahí, Tom Brady comenzó su defensa de Alex Guerrero en todos los ámbitos posibles. Lo defendía públicamente mientras aconsejaba a sus compañeros visitarlo en cuanto sintiesen cualquier molestia. A medida que la figura de Guerrero crecía, los miedos y las paranoias de Belichick también lo hacían. El entrenador se había cansado de ver cómo sus jugadores hacían oídos sordos a sus servicios médicos, pero seguían a rajatabla las indicaciones de Brady y Guerrero. En diciembre de 2017, Belichick restringió el acceso de Guerrero al Gillette Stadium. No volvería a volar con el equipo, no volvería a estar en la banda los días de partido y no podría tratar a ninguno de los jugadores de los New England Patriots en las instalaciones de la franquicia. Lo único que le estaba permitido era visitar y tratar a Tom Brady. El *quarterback* no encajó nada bien la noticia. Cortar de raíz todos aquellos privilegios le pareció un ataque hacia él, alguien que había hecho todo lo posible por seguir ayudando al equipo a ganar títulos. Brady se lo tomó como algo personal.

Dentro del campo, todo iba como siempre. Los Patriots acabaron la temporada regular con un récord de 13-3, cosa que los convertía en campeones de su división y mejor equipo de toda la

AFC. Una vez más, los *playoffs* pasarían por Foxboro. Brady acabó con más de 4500 yardas de pase, 32 *touchdowns* y 8 intercepciones, lo que le valió para ganar su tercer MVP. Su rendimiento seguía estando entre la élite de la liga, y el discurso sobre su longevidad seguía más vivo que nunca. Aun así, la guerra entre Belichick y él era más palpable que nunca. Ambos rehusaban hablar del otro en público. Mientras Belichick denominaba la relación con el *quarterback* como «diferente cada año», Brady respondía, a preguntas similares, con alguna que otra evasiva. «Solo intento salir al campo y hacer las cosas bien. Lo único que me importa es ganar partidos. Dejaré que mi juego hable por mí», contestaba Brady a algunas de las cuestiones. El primer partido de *playoffs* sería el duelo divisional y se disputaría en el Gillette Stadium el 13 de enero, así que el grupo tenía dos semanas para descansar y prepararse para la batalla.

Sin embargo, los New England Patriots ya no eran un equipo cualquiera. La franquicia de Robert Kraft se había convertido en el foco de atención durante estos años de grandeza, y eso es algo que tienes que pagar de alguna manera. Días antes de jugar frente a los Tennessee Titans, un artículo de la ESPN sacudió la aparente paz y tranquilidad del conjunto de Boston. En él, Sam Wickersham contaba con todo lujo de detalles los problemas internos que existían en los Patriots, la lucha de poder que mantenían Belichick y Brady, así como los intentos de Robert Kraft por evitar la fractura que podría suponer el final de la dinastía más grande en la historia de la NFL. En el texto de Wickersham se podía leer que la figura de Alex Guerrero había separado a entrenador y jugador. Según el periodista, la gota que había colmado el vaso había sido la negativa de Brady y Guerrero a atender al, por entonces, *quarterback* suplente de los Patriots, en su clínica TB12 cuando este se lesionó tras su segunda titularidad con el equipo de Belichick. Según Wickersham, Garoppolo concertó una cita con ellos, pero cuando llegó nadie le abrió la puerta ni le contestó al teléfono. Garoppolo se lo contó a los entrenadores de los Patriots, y Belichick tomó cartas en el asunto. El artículo seguía contando historias de todo tipo, e incluso dejaba la puerta abierta a que Belichick se retirara al final de ese año. Kraft y los Patriots no tardaron en responder a todo el revuelo que se había montado, y lo hicieron con una declaración que venía firmada por los tres protagonistas: Robert Kraft, Bill Belichick y Tom Brady.

Durante los últimos dieciocho años, los tres hemos disfrutado de una relación de trabajo muy buena y productiva. En los últimos días, ha habido informaciones en los medios que han especulado sobre teorías que no están fundamentadas, que son muy exageradas o, directamente, que son falsas. Los tres compartimos un objetivo común. Estamos deseando poder competir en una nueva postemporada y tener la oportunidad de seguir trabajando juntos en el futuro. Es lamentable que necesitemos esta declaración para responder a estas falacias. Como han demostrado siempre nuestras acciones, los tres estamos muy unidos.

A pesar del comunicado conjunto, los rumores continuaron durante la semana. La principal incógnita sobre todo ese asunto era si de verdad Kraft había obligado a Belichick a deshacerse de Garoppolo para intentar que Brady acabase su carrera como «patriota». Muchas voces apuntaban a que Brady le había confesado a Kraft que temía que a final de temporada lo traspasasen. También decían que Brady nunca había sido capaz de digerir la llegada de Garoppolo y que su relación con él no había sido la adecuada. Todo aquello seguían siendo habladurías, pero lo que sí era cierto era que Kraft estaba completamente obsesionado con que Brady acabase allí su carrera. Cuando se le preguntaba por el deseo del *quarterback* de seguir jugando hasta los cuarenta y cinco años, Kraft siempre contestaba lo mismo: «Entonces será el *quarterback* de los Patriots más allá de los cuarenta y cinco». Sin embargo, Kraft sabía perfectamente lo que el entrenador había hecho en su carrera con los Patriots. Con él al mando, el equipo de Boston promediaba 12,3 victorias por temporada, había ganado quince títulos de división y cinco anillos. Era imposible no aceptar cada una de sus decisiones, porque se merecía ese derecho. Aunque desde la franquicia se le quisiese quitar hierro al asunto, parecía más claro que nunca que algo se había roto allí dentro. Y no tenía arreglo. «Cada uno tiene su verdad —decía Brady—. Cuando se habla de cómo veo las cosas yo, de cómo las veis vosotros, de cómo las ve tal o cual periodista o de cómo las ve *coach* Belichick, cada uno tiene su propia verdad basada en sus propias perspectivas. Yo me ocupo de lo mío y me gusta hablar por mí mismo, porque es como lo he hecho siempre. No voy a ponerme a decir lo que piensa otra persona, pues no tengo la menor idea de ello.»

Υ

Los Jacksonville Jaguars llegaban a la final de conferencia con la mejor defensa de la liga. Era un equipo joven, es cierto, pero rebosaba talento en cada una de las líneas defensivas, y en este lado del campo era donde desnivelaban los encuentros. Por si fuera poco, el mayor enemigo que los Patriots de Belichick habían visto también se encontraba en los engranajes de la franquicia de Florida. Tom Coughlin, único entrenador capaz de batir a los de Boston en dos Super Bowls, era el vicepresidente de operaciones de los Jaguars. La idea de que, a pesar de jugar en casa, el partido no iba a ser nada fácil, estaba en la cabeza de todos y cada uno de los «patriotas».

El miércoles de esa semana, en el entrenamiento, Brady comenzó un *snap* donde tenía que entregar el balón a Rex Burkhead para ensayar una jugada de carrera. Al hacer el *hand-off*, el balón se quedó enganchado entre el pecho del *running back* y la mano de Brady, haciendo que el dedo pulgar sufriera una hiperextensión con tal fuerza que provocó un desgarro en la piel de la palma de la mano. Tom Brady se agarró la mano, de la que no paraba de manar sangre, y se dirigió a la banda pidiendo ayuda. Un escalofrío recorrió el cuerpo de los integrantes del equipo.

En la primera exploración del personal médico, la mano de lanzar del *quarterback* presentaba una enorme laceración abierta y lo suficientemente profunda para ver algunos de los huesos y tendones. El noventa y nueve por ciento de las veces que se produce una hiperextensión así, el diagnóstico incluye algún desgarro en los ligamentos o tendones de la mano, o incluso alguna dislocación o rotura ósea. Rápidamente, los servicios médicos llamaron al doctor Matt Leibman para que se personara en las instalaciones de los Patriots. Cuando Liebman recibió la foto de la mano de Brady en su teléfono móvil, ordenó urgentemente que trasladaran al jugador al hospital: iba a necesitar una operación de urgencia. Sin embargo, Brady no quería ir allí, él quería que las pruebas se realizasen en las instalaciones de la franquicia. Liebman cogió su coche y condujo hasta el Gillette Stadium.

Llegar a los cuarenta años como deportista de élite es muy complicado. De hecho, resulta casi imposible, y no todo el mundo es capaz de aceptar el sufrimiento que puede implicar hacerlo. Para Tom Brady, cualquier golpe, herida o lesión podía significar el final de su carrera, algo que no entraba en sus planes en ese momento. Mientras estaba tumbado en la camilla de la sala de rayos X del estadio, su cabeza no paraba de pensar que todo se había acabado. Miraba su mano envuelta en la toalla, ensangrentada: estaba claro. La lesión iba a ser lo suficientemente grave como para no permitirle cumplir su sueño. En ese instante, Brady se derrumbó y comenzó a llorar. Alex Guerrero lo acompañaba como cada día. Su cara era de preocupación, pero hacía lo posible por mantener calmado al *quarterback*. Ambos ya habían pasado por un proceso de lesión larga cuando Brady se había roto la rodilla en 2008, pero esta vez era diferente. Por muy bien que se encontrara a esa edad, haberse hecho tanto daño en la mano de lanzar lo ponía todo muy difícil. En aquella habitación también se encontraba su entrenador, aunque algo alejado de los demás.

Cuando Liebman entró en la sala, había un silencio sepulcral. Se sentó en la mesa y comenzó a examinar las pruebas que le habían hecho hasta ese momento. «Tengo buenas noticias —les comunicó Liebman—. No hay nada dislocado ni nada roto.» Aún así, nadie habló. «Parece que los ligamentos están intactos y no veo ningún daño estructural en los tendones.» Liebman se giró hacia Belichick y le dijo que estaba muy sorprendido, porque, en este tipo de lesión, los huesos deberían haberse dislocado y, como consecuencia, haber partido algún tendón o ligamento. «De verdad, no entendéis la suerte que hemos tenido. Es increíble que nada esté dañado, salvo la piel de la mano. Es literalmente imposible que pase esto en una hiperextensión así», terminó diciendo el doctor.

Aunque las noticias parecían buenas, la tensión se seguía palpando en el ambiente. Estaban a cuatro días de jugar la final de conferencia y la probabilidad de que Brady no jugase ese partido seguía siendo muy alta. La mano del *quarterback* precisaba cirugía y la piel necesitaba entre ocho y diez días para cerrar bien. Cualquier golpe o caída sobre la zona afectada provocaría que la herida se volviese a abrir y que la operación no sirviese para nada. En cualquier otro jugador de campo, un vendaje fuerte y varias protecciones harían que la mano estuviese lo suficientemente protegida para no sufrir más daño. Pero, en este caso, el jugador afectado era el *quarterback*, y Brady necesitaba tener la mayor parte de su mano libre de vendas para no perder tacto con el balón.

El doctor Liebman comenzó la operación inyectando anestesia en varias partes del dedo afectado, limpió la herida y empezó a coser la piel abierta de la mano del *quarterback*. Liebman usó un hilo mucho más grueso del que se suele usar en este tipo de operaciones, ya que necesitaba que la zona estuviese más reforzada y segura. La herida precisó de veinticinco puntos de sutura. La cirugía acabó con la colocación de una férula recubierta con otro vendaje y con la advertencia del doctor a Brady. «El dedo se va a inflamar y se volverá doloroso —continuó Liebman, mirando esta vez a Guerrero—. Así que no podéis hacer nada de lo que hacéis habitualmente en vuestros masajes. No lo muevas, no lo toques, no hagáis nada. La férula no se puede quitar y hay que guardar reposo absoluto. Queremos inmovilizar la zona.» Ni Brady ni Guerrero pensaban lo mismo.

Sobre el mediodía, los Patriots sacaban un comunicado donde explicaban que Tom Brady estaba siendo examinado por el cuerpo médico y que no podría atender a la prensa. Nadie dentro de la franquicia quería que la verdad saliese de sus instalaciones, así el entrenador o los jugadores siempre respondían: «Ha sido solo un golpe y Tom estará preparado para el partido del domingo». La principal preocupación, en ese momento, era la de no dar ninguna pista a los Jaguars sobre el estado físico del *quarterback*.

A la mañana siguiente, el doctor Liebman llegaba a la casa de Brady para supervisar el vendaje y ver cómo avanzaba la herida. Cuando llegó, se encontró a Brady sin vendaje, sin la férula y con un balón de *football* en la mano. Liebman no se lo podía creer. Se habían saltado todas y cada una de las instrucciones que les había dado el día anterior. «No te preocupes, Matt —le dijo Guerrero—, lo tenemos todo controlado.»

En el entrenamiento del jueves, Brady apareció con su armadura y su casco, pero no pisó el emparrillado. Los periodistas empezaban a creer que la lesión no era tan poco importante como se había dicho. El viernes, el equipo declaraba que Brady era «duda», en el informe semanal de lesiones. Las alarmas saltaban entre los seguidores y la prensa de Boston. Cuando a Brady se le preguntó sobre el estado de su mano, el *quarterback* declinó contestar. Acto seguido, se fue a uno de los campos de entrenamiento con Guerrero y se puso a lanzar pases, volviendo a hacer caso omiso a Liebman.

El domingo, antes de que comenzara el partido, Tom Brady entró en la sala médica del Gillette Stadium para hablar con Liebman. En el calentamiento, el *quarterback* no había estado nada cómodo con el vendaje que se le había hecho. Sabía que su tacto con el ovoide no sería igual que siempre, pero no era consciente de lo malo que iba a ser hasta que lo comprobó por sí mismo. No tenía la intención de jugar un partido así, con la sensación de no controlar el balón en sus manos. «¿Podrías recortar los extremos de los puntos de sutura? No quiero que toquen el balón», le dijo Brady a Liebman. El doctor no estaba dispuesto a hacerlo. Su mayor preocupación era que las suturas se deshicieran y la herida se volviese a abrir, así que se negó en rotundo. «Confío en ti, Matt. Necesito que lo hagas», volvía a insistir Brady. Liebman tenía claro que cualquier negociación con Brady era misión imposible. Siempre terminaba saliéndose con la suya: así pues, estudió todas las opciones y decidió cortar un par de milímetros de unos veinte puntos de sutura del exterior de la mano. Brady se puso en pie, agarró el balón y se sintió mejor que antes. Sonrió. «Gracias, amigo», dijo mientras salía de la sala y dejaba al doctor dándole vueltas a que posiblemente había cometido un gran error.

El primer *drive* del partido dejó a Brady con seis de seis pases completados. A pesar de haber sido cazado en el último *down* del *drive* y de tener que conformarse con un *field goal*, su mano no le había dado muchos problemas. Es cierto que le dolía y que las sensaciones no eran las de siempre, pero el *quarterback* parecía capaz de manejarse con soltura en el juego. El primer cuarto finalizó con 3-0 a favor de Patriots. A la salida del segundo cuarto, los Jaguars anotaron su primer *touchdown*, consiguieron un «tres y fuera» en defensa y volvieron a convertir otro *touchdown* en su siguiente *drive*. En un abrir y cerrar de ojos, el equipo local se encontraba 3-14 por debajo en el electrónico, pero lo más preocupante era que su ataque estaba completamente atascado. El poderío defensivo del rival se mostraba tal y como lo había hecho durante toda su temporada. La presión llegaba al *quarterback*, y la secundaria de Jaguars se movía como un acordeón ante los ojos de Brady. No había tiempo ni espacio para encontrar a sus receptores. La herida de la mano ya no era el principal problema. El gran inconveniente era que no conseguía mover las cadenas como siempre había podido hacer. Por si eso fuera poco, a minuto y medio de acabar el segundo cuarto, Gronkowski sufría un tremendo golpe en el casco que lo dejaba fuera del partido por conmoción cerebral. Edelman se había perdido todo el curso por una lesión de rodilla que se había hecho en la pretemporada y el equipo había sabido buscar alternativas para solventar una baja de tal calibre, pero la de Gronkowski tenía una solución mucho más complicada. Cuando todo parecía venirse abajo, Brady completó cuatro de sus últimos cinco pases y dejó al ataque a una yarda de la zona de anotación. James White completó el trabajo con una carrera y los Patriots cerraron la primera mitad con un marcador de 10-14.

La defensa de Jaguars siguió mandando en el partido durante el tercer cuarto, aunque también era cierto que el ataque del equipo visitante había dejado de ser un problema para los de Belichick. A pesar de haber anotado otro *field goal*, los Patriots comenzaban a atosigar a Blake Bortles de todas las maneras posibles. La ofensiva de McDaniels, con Brady a la cabeza, debía dar un paso al frente si querían seguir vivos en la temporada.

Al inicio del último cuarto, Josh Lambo, *kicker* de los Jaguars, anotaba su segundo *field goal* de la noche y ponía al equipo de Doug Marrone con una ventaja de diez puntos. Si su defensa continuaba frenando a Brady de la misma manera que lo había hecho en los cuarenta y cinco minutos previos, el triunfo era cosa hecha. Sin embargo, el *quarterback* de los Patriots tenía otros planes.

El siguiente *drive* de los Patriots comenzó en su propia yarda 27. Brady completó pases a Cooks, Amendola y Dorsett de 18, 21 y 31 yardas respectivamente, y tardó menos de cinco minutos en poner el 17-20 en el marcador con otro pase a Amendola de nueve yardas. La grada del Gillette Stadium volvía a rugir mientras veía a su *quarterback* gritar y animar a sus compañeros uno por uno. En la mirada de los jugadores de los Jaguars aparecía lo que muchas veces antes había asomado en los rivales de los Patriots: el miedo a ver cómo los de Boston se levantaban de la lona cuando parecían estar muertos para darle la vuelta al resultado.

Tras sendos *drives* para cada equipo, la defensa de Belichick devolvió el balón a su ataque con casi cinco minutos para que el encuentro llegase a su final y en la yarda 30 de su rival. Brady completó dos pases y un *quarterback sneak* para poner a su equipo muy cerca de la zona de anotación. En el siguiente primer *down*, White solo pudo correr para una yarda. En el segundo *down*, Brady recibió el *snap*, leyó a la defensa y adivinó un hueco por donde lanzar el balón para que Amendola lo atrapase. El *wide receiver* de Patriots se estiró para llegar al envío y clavó sus dos pies dentro de la *end zone* para completar el pase. A falta de dos minutos, los Patriots volvían a ponerse por delante, y el 24-20 que reflejaba el luminoso no se movería hasta el pitido final. Los New England Patriots llegaban a su octava Super Bowl, la tercera en cuatro años.

Ya en el vestuario, Brady se acercó a Matt Leibman para abrazarlo efusivamente. La cara del doctor parecía relajada después de haber vivido con miedo las últimas tres horas y media. El resultado de todo el proceso no podía haber terminado mejor. Brady jugó el partido completo y finalizó con 290 yardas de pase, tres *touchdowns* y ninguna intercepción. «Pensé que esta lesión era el final de mi carrera», le dijo el *quarterback* a Liebman mientras lo sujetaba en sus brazos. Todos y cada uno de los jugadores iban pasando al lado del doctor y agradeciendo el trabajo que había hecho con su compañero. Sin embargo, Liebman le daba todo el crédito a Brady. «Todavía no sé cómo ha podido jugar. No tiene sentido que haya jugado con una cirugía así en su mano de lanzar. Es increíble», repetía Liebman una y otra vez.

Por su parte, Belichick se presentó en la rueda de prensa pospartido alabando el rendimiento de Danny Amendola. Durante la temporada, el receptor había atrapado únicamente dos *touchdowns* en los quince partidos que había jugado. Sin embargo, sus *playoffs*, cuando más lo necesitaba su equipo, estaban siendo realmente fabulosos. «Danny es un competidor excepcional —explicaba Belichick—. Si buscaras en el diccionario la definición de "muy buen jugador de *football*", la foto de Danny debería aparecer al lado. No importa la situación que se dé en un partido, porque Danny hace lo necesario para que salga bien. Tiene grandes instintos, es muy duro jugando e inteligente. Hoy consiguió jugadas realmente importantes para nosotros», terminó diciendo. Un periodista cambió de tema y le preguntó al entrenador por cómo había visto a Brady después de la lesión sufrida en la mano solo cuatro días antes del partido, y la expresión del técnico cambió radicalmente. «Todos hemos preparado muy bien el encuentro. Tom hizo su trabajo muy bien. Creo que todos competimos a gran nivel e hicimos las jugadas necesarias para ganar», respondió. Otro periodista alzó la mano y siguió insistiendo en el tema. Belichick comenzó a impacientarse. «A ver, Tom hizo un gran trabajo porque es un chico muy duro. Todos los sabemos, ¿verdad? Tampoco estamos hablando de una operación a corazón abierto.»

El ganador de la Conferencia Nacional y próximo rival de la franquicia de Boston fueron los Philadelphia Eagles, quienes habían perdido a Carson Wentz, su *quarterback* titular, a principios de diciembre, cuando muchos apostaban a que sería el MVP de la temporada. A pesar de eso, Nick Foles, su relevo, se había erigido en el guía y foco de un ataque que seguía jugando a gran nivel. Los Eagles llegaron a la Super Bowl tras derrotar a Falcons en el partido divisional y tras destrozar a unos favoritos Vikings en la final de conferencia. Que los Eagles fuesen el rival de Patriots tenía trazos místicos. En el primer tramo de la dinastía «patriota», el equipo de Belichick había jugado y ganado al campeón de la NFC Oeste (los Rams en 2001), al campeón de la NFC Sur (los Panthers en 2003) y a los Philadelphia Eagles en 2004. Diez años después, los Patriots habían ganado al campeón de la NFC Oeste (los Seahawks en 2014), al campeón de la NFC Sur (los Falcons en 2016) y se volvían a encontrar con los Philadelphia Eagles, en 2017. Además, tras aquel tercer anillo en 2004, los dos coordinadores principales del equipo, Charlie Weis y Romeo Crennel, abandonaron la franquicia para seguir caminos distintos. Tras esta temporada 2017, Matt Patricia se iría a los Detroit Lions como entrenador principal y Josh McDaniels ya tenía apalabrada su marcha a los Indianapolis Colts. Sin embargo, cuando todo parecía ir sincronizado, cuando el destino parecía sellado, todo se vino abajo.

Entre los jugadores de los Eagles se encontraba una de las voces más destacadas y prominentes del movimiento iniciado por Colin Kaepernick meses atrás. Malcolm Jenkins había desafiado a la liga y a los propietarios con sus protestas debido a las injusticias raciales que se estaban cometiendo por todo el país. Lideraba una coalición de jugadores para dialogar con gente de la comunidad, con la policía y con miembros del Congreso, para intentar llegar a un tipo de acuerdo o reforma que buscaba resolver el problema. A modo de protesta, Jenkins se arrodillaba durante el himno estadounidense antes de los partidos, tal y como había hecho anteriormente el propio Kaepernick. En su equipo era uno de los capitanes y uno de los jugadores más respetados dentro del vestuario, y varias veces diversos jugadores blancos le habían acompañado en la protesta durante el himno. En el otro lado de la balanza, se situaban los New England Patriots, quienes contaban en sus filas con tres miembros que con anterioridad se habían declarado amigos personales del presidente Trump. A principios de septiembre, Donald Trump había ordenado mano dura a los propietarios de la NFL. El presidente de los Estados Unidos pretendía que las franquicias expulsasen a todo jugador que se arrodillara y levantara el puño ante su himno.

Robert Kraft, Bill Belichick y Tom Brady habían mantenido una relación estrecha con Trump desde principios de siglo, algo que había dañado su imagen una vez que el empresario comenzó su carrera electoral en 2015. Brady conoció a Trump tras su primer anillo, y en 2002 Trump lo invitó a ser juez de un concurso de belleza que él patrocinaba. Mientras Donald Trump era un ejecutivo inversor que construía rascacielos y un magnate de los negocios al que le encantaba jugar al golf, la relación con Tom Brady no presentaba ningún tipo de peligro para el *quarterback*. Cuando esa amistad se transformó en un posible apoyo a su candidatura, la cosa cambió drásticamente. Al inicio de la temporada 2015, después de un entrenamiento, Brady comenzó a responder cuestiones de la prensa en el vestuario de los Patriots. Mientras el *quarterback* contestaba a las preguntas, detrás de él, en su propia taquilla, se veía una gorra roja donde se podía leer el lema principal del discurso de Trump («*Make America Great Again*»). A partir de ahí, el *quarterback* midió mucho sus palabras en este asunto, ya que las repercusiones de aquella imagen se hicieron notar en la sociedad estadounidense. «Claro que lo he llamado, y él me ha llamado muchas veces a mí después de los partidos, dándome diferentes tipos de discursos motivacionales», explicaba Brady sobre el malentendido de la gorra. «Una vez que inició su carrera a la presidencia, su equipo electoral envió un par de gorras al señor Kraft y él hizo que me llegara una al vestuario. Trump siempre ha sido alguien que ha sabido conectar con la gente. Sin embargo, desde que el aspecto político apareció, se me quiso incluir en algún tipo de bando porque eso podría provocar mejores resultados. Es algo que me ha resultado muy incómodo, porque no es fácil deshacer una amistad. Trato de mantener las cosas en contexto. Si conoces a alguien y eres su amigo, esto no significa que estés de acuerdo con él en todo lo que dice o hace. Tengo muchos amigos y hablo con mucha gente. ¿Por qué se hace un problema de esto? Lo que sí tengo claro es que no me voy a meter en política, porque no voy a sacar nada bueno al respecto. Además, mi mujer me ha ordenado que no vuelva a hablar de política», terminaba diciendo el *quarterback* entre risas. Durante la campaña de 2016, Donald Trump pidió al *quarterback* su intervención en la Convención Nacional Republicana para buscar apoyo, cosa que Brady rechazó al instante. «El apoyo político es muy diferente al apoyo a un amigo», se justificaba Brady. Justo antes de las elecciones presidenciales, Trump afirmó que contaba con el apoyo de Tom Brady y de Bill Belichick. En un mitin en la localidad de Nuevo Hampshire, Trump citó un supuesto mensaje de Brady: «Donald, te apoyo, eres mi amigo y votaré por ti». Al instante, Gisele Bündchen apareció en redes sociales para negarlo categóricamente y confirmar que no eran partidarios de su candidatura. La mujer del *quarterback* ha sido una de las caras más visibles en numerosos actos en contra de Donald Trump. Siempre se ha mostrado contraria a su postura política y a su idea de hacer «América más grande». Incluso se le atribuye una frase a su marido donde le decía: «Si Trump hubiese sido presidente antes, seguramente yo no podría vivir aquí». Tom Brady supo que era el momento de desmarcarse aún más de su compañero de golf.

El 24 de septiembre de 2016, en el partido disputado entre Texans y Patriots en el Gillette Stadium, dieciséis jugadores afroamericanos del equipo local se arrodillaron mientras sonaba el himno de los Estados Unidos. Brady, junto con otros compañeros, se unían por los brazos en solidaridad con ellos. Ante esa imagen, muchos de los aficionados del propio equipo abuchearon el gesto de la plantilla. La relación entre el presidente Trump y el *quarterback* de Patriots fue enfriándose poco a poco. El 18 de abril de 2017, Tom Brady no acudió a la visita del equipo a la Casa Blanca tras la consecución del quinto anillo, algo que provocó el enfado de Trump. Aquel día, en su discurso, Trump no nombró ni una sola vez al *quarterback* y terminó diciendo a la prensa que «su amistad con Brady se había enfriado bastante y que se sentía muy decepcionado».

Muchas eran las voces que decían que dentro del vestuario aparecieron rifirrafes por el tema político. Los Patriots tenían jugadores muy críticos con la Administración Trump y no veían con buenos ojos las relaciones de Brady y Belichick con el presidente. Devin McCourty ya había declarado con anterioridad que esto no iba a ser un problema para el equipo. «La política no va a dividir nuestro vestuario. Tenemos un trabajo que hacer y la gente tiene derecho a apoyar a quien quiera», zanjaba el *safety*. Durante el himno de la Super Bowl LII no hubo ningún jugador arrodillado en señal de protesta, ni siquiera Malcolm Jenkins. Ambos equipos permanecieron en pie durante la actuación de la cantante Pink. Sin embargo, sí hubo una imagen que llamó la atención. Malcolm Butler, *cornerback* de los Patriots, y héroe de la Super Bowl XLIX, lloraba desconsoladamente en la banda. Bill Belichick le acababa de decir que no jugaría en todo el partido.

La decisión de Belichick cogió a todo el mundo por sorpresa, incluso a sus propios jugadores. Nadie sabía qué había ocurrido con el *cornerback* titular y con uno de los jugadores que más *snaps* había disputado en la temporada 2017. Butler completó el 97,8 % de los *snaps* en liga regular y el cien por cien en lo que se llevaba de *playoffs*. Para suplir a Butler, Belichick subió a Eric Rowe al equipo titular, mientras que Johnson Bademosi y Jordan Richards, jugadores de secundaria que apenas habían participado en los dos partidos de *playoffs* frente a Titans y Jaguars, serían los encargados de entrar en la rotación. Butler no había podido viajar el lunes a Minnesota con el equipo por enfermedad, pero consiguió llegar un día después a la ciudad y entrenó como uno más el miércoles, único entrenamiento con contacto de la semana. Supuestamente, en ese entrenamiento, Butler tuvo más que palabras con el entrenador de secundaria, Steve Belichick. En un momento de la práctica, el hijo de Belichick le pidió al *cornerback* que se uniese al grupo de equipos especiales para ensayar una situación en particular, algo en lo que Butler casi nunca participaba. El jugador se negó, Steve Belichick lo increpó y Butler respondió. Nadie del equipo supo lo que se dijo ni la tensión que hubo. Ningún miembro de la franquicia confirmó lo que había sucedido. La supuesta insubordinación de Butler y su llegada tardía a la ciudad pudo desembocar en la elección final de su *head coach*.

Belichick había movido del equipo titular a una de sus piezas más fiables y se enfrentaba a un equipo donde el juego aéreo resultaba más que peligroso. La explicación del entrenador, una vez acabado el encuentro, se centró en aspectos exclusivamente del juego y del plan de partido. Pero Malcolm Butler no era un jugador como otro cualquiera.

Muy probablemente, sin Butler, a Belichick y Brady no se los consideraría los más grandes de la historia. Butler había interceptado a Russell Wilson en una jugada que, de haber acabado en anotación, hubiese significado la tercera Super Bowl perdida de manera consecutiva por los Patriots. La gente hubiese criticado a Belichick por un muy mal manejo de la situación, por no haber pedido el tiempo muerto antes de ese último *snap*. Por otro lado, Brady sabía mejor que nadie lo que significa haber ganado ese partido. El propio *quarterback* le había regalado a Butler la camioneta Chevy que se llevaba el MVP del encuentro. El desprecio hacia Butler en la Super Bowl LII se podría convertir en otro clavo en el ataúd de la relación entre el *quarterback* y su entrenador.

Una vez iniciado el partido, no hizo falta mucho para darse cuenta de que la idea de Belichick respecto a sus *cornerbacks* no había sido buena. En el primer *drive* del duelo, Nick Foles fue encontrando receptores abiertos por todo el campo hasta llegar a la yarda siete de los Patriots. Una vez allí, la defensa de Belichick pudo frenar la primera embestida y forzar el *field goal*. Durante siete minutos, los Eagles habían sido capaces de doblegar a la defensa rival, pero no consiguieron partirla. Tom Brady saltó al campo e hizo exactamente lo mismo que había hecho Nick Foles. Condujo el ataque hasta amenazar la *end zone*, pero sin encontrar el premio de los seis puntos. El partido quedaba empatado a tres tantos.

En solo tres *snaps*, los Eagles anotaron su primer pase de *touchdown*. El *drive* del equipo de Doug Pederson consistió en un pase de siete yardas completado a Agholor, una carrera de LeGarrette Blount (quien había salido de Patriots el año anterior) de 36 yardas y el pase final a Jeffery de 34 yardas. El receptor de los Eagles había batido con suma facilidad a Eric Rowe en su ruta vertical.

Las malas noticias no se quedarían ahí. En un lanzamiento profundo de Brady hacia Brandin Cooks, el *wide receiver* caía inconsciente al suelo tras un duro golpe de Malcolm Jenkins en el casco. Cooks, a quien los Patriots habían fichado tras dar su primera ronda del *draft* a los Saints, quedaba fuera del partido por conmoción cerebral. Más adelante, en ese mismo *drive*, McDaniels quiso sorprender a la defensa de Eagles con un tercer *down* en el que Danny Amendola intentó un pase a Brady que corría solo tras una jugada de engaño. El balón se le deslizó entre las manos y cayó al suelo. El *drive* moriría en un cuarto *down* donde el *quarterback* no pudo completar el pase a Gronkowski. El ataque de Pederson volvió a salir al campo, y Blount, con una carrera de 21 yardas, subía otros seis puntos al marcador.

Los Patriots y Tom Brady encontraron algo de calma en los siguientes *drives*. Primero fue un *field goal* de Gostkowski y luego un muy buen *drive* de Brady que finalizó con una carrera de 26 yardas de White para *touchdown*. Tras ese inicio horrible de segundo cuarto, el equipo de Belichick dejaba el electrónico en 12-15 a favor de su rival. Pero Nick Foles y Doug Pederson aún no habían acabado con el cuarto. En solo un minuto y medio, los Eagles recorrieron el campo sin que la defensa de Patriots diese señales de vida. A ocho yardas de la zona de anotación, los chicos de Belichick aguantaron los tres primeros *downs*, dejando a su rival al borde de la línea de *goal*. Solamente una yarda separaba al ataque de Foles de anotar en un cuarto *down* dramático. El *quarterback* se acercó a su banda y le preguntó a su entrenador si quería jugar la «Philly, Philly». Pederson miró a su jugador y afirmó con la cabeza. «Venga, vamos a hacerla», le dijo. Foles llegó al *huddle* y comenzó a gritar a sus compañeros, «Philly Special, Philly Special». Alineado en *shotgun*, Foles mandó a Corey Clement que se colocase a su izquierda y se aproximó a la línea ofensiva dando órdenes. Se situó detrás del *tackle* derecho y el *snap* salió volando hacia las manos de Clement, que aún seguía en el *backfield*. Clement corrió hacia su izquierda con el balón, pero se lo entregó a Trey Burton, el *tight end*, que corría en sentido contrario. Burton levantó la cabeza y vio a Nick Foles completamente solo en la zona de anotación. El pase que no había atrapado Brady, Foles sí lo cogió, y los Philadelphia Eagles se iban a vestuarios con una ventaja de diez puntos. Belichick había decidido poner el partido en las manos de un *quarterback* suplente y el resultado era que su defensa había recibido 215 yardas en el juego aéreo. Por otro lado, Tom Brady se fue al descanso con 276 yardas de pase y con la sensación de poder seguir sumando muchas más.

En el comienzo del tercer cuarto, conectó hasta cinco veces con Gronkowski en el primer *drive*. El último de ellos conllevó un *touchdown* que volvía a apretar el electrónico. El *quarterback* de Patriots había recorrido setenta y cinco yardas en menos de cuatro minutos y sumaba casi trescientas cincuenta yardas de pase cuando faltaba por jugarse más de cuarto y medio.

«Cuando eres miembro de un equipo, el que mejor lo hace es el que juega. Así que siempre quiero ser el mejor jugador sobre el campo, y así poder darle una oportunidad de ganar a mi equipo.» Tom Brady era el mejor jugador de su equipo en ese momento. El *quarterback* tenía cuarenta años, había sido nombrado MVP de la competición, venía de ganar su quinto anillo y aún poseía ese fuego en los ojos que buscaba una nueva victoria.

Philadelphia volvió a anotar en su *drive*, pero eso no hizo cambiar los planes de Brady. Otro *drive* de 75 yardas terminado en pase de *touchdown*, un *field goal* de los Eagles y un nuevo *drive* de 75 yardas con premio final para Gronkowski. Cuando Stephen Gostkowski anotó el *extra point*, los Patriots se ponían por delante en el marcador a falta de nueve minutos para acabar el encuentro.

Todos estos años hemos visto a los New England Patriots ser superiores en los momentos de más ansiedad en los partidos. Eran capaces de mantenerse en línea con su plan y no salirse de él por muy mal que pareciesen ir las cosas. Sin embargo, estos Philadelphia Eagles jugaban con un talante distinto al de otros rivales con los que se habían topado las huestes de Belichick. Los Eagles arriesgaban, no tenían miedo a fallar y rehusaban jugar a no perder. Desde el minuto uno de partido, la idea de Perderson fue ir al cuello de su oponente, y eso fue lo que Nick Foles hizo en el siguiente *drive*. Fueron 75 yardas y catorce jugadas, con un cuarto *down* convertido y un pase de *touchdown* a Zach Ertz incluidos. Se jugaron la conversión de dos puntos, pero no la consiguieron transformar. El electrónico reflejaba un 38-33 y 2.21 por jugarse. El balón volvía a las manos de Tom Brady.

Los Patriots no habían jugado un solo *punt* en todo el partido ni habían cometido una sola pérdida de balón. Aunque su *quarterback* llevase todo el partido lanzando pases, su línea ofensiva tampoco había permitido ningún *sack* en lo que llevaban de encuentro. En el segundo *down* de ese *drive*, todo se vino abajo. Brady recibió el *snap* y no vio como Brandon Graham llegaba por su derecha. El línea defensivo de los Eagles golpeó el brazo de Brady y el balón salió disparado fuera de su control. Derek Barnett, otro línea defensivo del conjunto de Pederson, se lanzó al suelo para cogerlo y darle de nuevo la posesión a su equipo. Todos los allí presentes se imaginaban una nueva remontada final de Brady en un momento estelar, pero, en esta ocasión, «the Comeback Kid» no iba a lograrlo.

Y

«Obviamente, no hemos hecho bien nuestro trabajo. Yo no he hecho un buen trabajo, hemos perdido oportunidades en ataque, la defensa no ha jugado bien y los equipos especiales tampoco. Ha sido una manera muy dura de acabar un año donde hemos hecho muchas cosas muy bien, pero este partido es especial y hay que jugarlo de forma distinta para ganarlo», decía un abatido Belichick en la rueda de prensa. El entrenador mantenía que la decisión sobre Malcolm Butler se debió, única y exclusivamente, a factores deportivos. «Pusimos a los jugadores que pensábamos que podían jugar mejor en el plan que diseñamos para este partido. Como siempre hacemos, salvo que hoy no salieron las cosas como queríamos», explicaba. Preguntado por si la suplencia se debía a comportamientos extradeportivos por parte del jugador, Belichick contestaba con un tajante «no». El *head coach* siguió insistiendo, durante el resto de la rueda de prensa, en que el motivo fue estrictamente deportivo. A los jugadores se les preguntaba por lo mismo según iban pasando por los medios, y nadie podía dar una respuesta porque ninguno sabía lo que había pasado. «Es una decisión del entrenador», decía Devin McCourty. Sin embargo, la sensación era la de que los jugadores no estaban muy de acuerdo con lo que había pasado. Para ellos, Butler hubiese sido de gran ayuda contra el ataque de los Eagles. «Se rindieron conmigo —decía el propio Butler al periodista de la ESPN—. Joder, es lo que es. No sé por qué fue. Quizá no estaba jugando bien o ellos no pensaban que yo pudiese hacerlo mejor. No lo sé. Lo que sí sé es que yo podría haber cambiado el signo de este partido.» Las críticas hacia Belichick fueron muy duras las horas siguientes a la derrota.

Por su parte, Tom Brady estaba muy decepcionado. Había conseguido 505 yardas de pase, algo que era histórico en una Super Bowl, tres *touchdowns* y ninguna intercepción. Su equipo había hecho 613 yardas de ataque sin patear un solo *punt* y había anotado 33 puntos. Sin embargo, él había perdido el balón más importante del duelo. La jugada le pasaba por la cabeza una y otra vez. ¿Cómo es posible que no viese a Graham acercarse por ese lado? ¿Cómo había permitido que eso pasase? Tampoco entendía la decisión sobre Butler. De hecho, hasta después del partido, el *quarterback* no se había dado cuenta de que el *cornerback* no había jugado ni un solo *snap*. Para él, Butler era un buen jugador, conocía el sistema y se había ganado el derecho a ser titular. Además, su relación con él, desde la Super Bowl XLIX, era muy buena, por lo que se acercó a su compañero para que le diera alguna explicación. Butler le contó lo mismo que ya le había dicho a la prensa y le aseguró que su futuro estaba muy lejos de Boston.

Al rato, el propio Butler subió un mensaje a redes sociales donde pedía perdón por haber usado la palabra «joder» en su entrevista pospartido, agradecía el trato de la familia Kraft, de sus compañeros y de los técnicos en los años que había estado allí, y explicó a los aficionados que él no había hecho nada durante la semana de la Super Bowl que pudiese comprometer las opciones de ganar del equipo. Se despedía diciendo que le hubiese gustado haber ayudado a su equipo en ese partido y que ya estaba preparado para la nueva oportunidad que se le abriría a partir de ese momento. Brady no tardó en contestar a este mensaje escribiendo en redes sociales: «Te quiero, Malcolm. Eres un jugador, compañero y amigo increíble. ¡Siempre!». Esta respuesta puso más el foco en el posible error de Belichick con Butler.

En el mes de enero, el cineasta Gotham Chopra sacó a la luz el documental *Tom vs Time*, protagonizado por el propio Tom Brady. Constaba de seis capítulos cortos donde una cámara seguía al *quarterback* durante toda la temporada 2017. Brady hablaba con mucha franqueza a la cámara, mostraba a su familia y permitía al director meterse en su casa. Según transcurría el curso, Brady, su familia y sus amigos iban contando cómo veían al jugador y a la persona.

«Estos dos últimos años han sido un gran desafío para él —decía Gisele Bündchen en uno de los capítulos—. En una ocasión, me dijo que le gustaba tanto que solo quería ir a pasárselo bien y sentirse apreciado.» Brady no era solo alguien obsesionado con ganar anillos, también era como cualquiera de nosotros. Lo que quería era pasárselo bien y sentirse apreciado. En ese momento, todo empezaba a tener mucho más sentido para él. «¿Para qué estamos haciendo todo esto?», se preguntaba Brady, en otro capítulo del documental, mientras se veía a Guerrero dándole uno de sus curativos masajes. «¿Por qué lo hacemos? Tienes que tener respuestas a este tipo de preguntas. Y debes dar respuestas convincentes. Cuando pierdes tu convicción, es el momento de buscar otra cosa.» En otro momento del documental, Brady hablaba sobre cómo él veía el liderazgo en un entorno deportivo. «Mi conexión con mis compañeros se basa en la diversión y en el amor. No se basa en el miedo ni en los insultos. No es así como me gusta liderar al equipo.» Este tipo de declaraciones parecían ir dirigidas en la misma dirección, algo de lo que el propio *quarterback* era consciente y que no quiso ocultar.

El contrato de Brady no le permitía irse en 2018. Para ello, tendría que forzar el *trade*, algo que no se le pasaba por la cabeza. Eran muchos años siendo uno de los Patriot, muchos años conviviendo con los aficionados de Nueva Inglaterra, siendo un ídolo para ellos; no quería que eso cambiara. Además, su relación con Robert Kraft hacía imposible cualquier tipo de movimiento que implicase defraudar al dueño de la franquicia. Brady no iba a dañar su amistad con Kraft por nada del mundo. Sin embargo, esto tampoco significaba que el *quarterback* regresase como si nada hubiese pasado. El enfrentamiento con su entrenador era cada vez más evidente, y eso tampoco iba a cambiar.

Fue Kraft quien invitó a Brady y a Bündchen a su casa para mantener una charla con ambos. El jefe del equipo veía cómo la distancia entre el *quarterback* y Belichick crecía y crecía. Su única misión era poder arreglar una relación que había sido exitosa para todos y cada uno de ellos. La reunión no salió como él pensaba, ya que Brady no parecía dispuesto a soportar, ni un segundo más, las formas y los pensamientos de su *head coach*. «Es ridículo ver cómo, tras todos estos años, Belichick sigue tratando a Tom como si fuera "el puto Johnny Foxboro"», le decía Bündchen a Kraft. El matrimonio Brady tenía claro que la situación precisaba cambios.

En marzo de 2018, Danny Amendola se convertía en agente libre y firmaba por los Miami Dolphins cansado de esperar a que Belichick le hiciese una oferta mejor a la que le había hecho llegar meses antes de acabar su contrato. Amendola ya se había rebajado el sueldo antes, y quería que, tras cinco años en el equipo y dos anillos ganados, el técnico lo tratase mejor. Como muchísimas veces antes había pasado en estos Patriots, otro jugador importante salía de la franquicia por no sentirse apreciado. Días después de la firma, Amendola apareció en un programa de ESPN para hablar de su situación. «A veces, es un poco capullo», decía el receptor cuando le preguntaron por Belichick. Cuando la entrevista giró a la controvertida decisión sobre la suplencia de

Butler, Amendola fue lo más sincero posible: «Nadie tiene una respuesta ni explicación para ello. Yo tengo mi propia idea, pero nadie me la confirma. Estuve esa noche sobre el campo sudando sangre para ganar el partido, y uno de nuestros mejores jugadores no estaba. Pregunté a todo el mundo por qué había sido y nadie pudo contestarme. Solo te puedo decir que Malcolm es un gran chico y que ha trabajado muy duro para llegar hasta donde ha llegado. Me fastidia que no pudiese tener la oportunidad de jugar y que nadie le diera una explicación».

Gronkowski era otro de los jugadores más castigados. Cada año, su espalda le daba auténticos quebraderos de cabeza y los golpes acumulados le hacían estar más tiempo en la sala del médico que en la sala de vídeo. Sus coqueteos con Hollywood y con la WWE eran conocidos y muchos apuntaban a ciertas desavenencias con su entrenador, la mayor de ellas, una disputa en la que Belichick recriminaba al *tight end* sus visitas al centro TB12 para recuperar lesiones que se podía tratar con los médicos de la franquicia. Cuando Danny Amendola subió a sus redes sociales una carta de despedida para sus excompañeros y aficionados de los Patriots, Gronkowski no dudó en responder:

> Fue un honor jugar estos cinco años contigo. Gracias por los abrazos y los recuerdos. Sigue así. Sé LIBRE. Sé FELIZ. Tu trabajo, la dureza con la que juegas a pesar de tu tamaño, el dolor con el que peleaste día a día, los golpes que recibes y cómo te levantas para intentarlo otra vez. Todo eso lo aprecio mucho. Disfruta de Miami.

El mensaje dejaba dos palabras muy sonadas y escritas en letra mayúscula: «libre y feliz». Después de todo lo que se había hablado sobre Belichick, aquello parecía la puntilla final. Y más cuando, acto seguido, Tom Brady respondió a este texto de Gronkowski con un clamoroso: «¡¡Bien dicho, Gronk!!».

Robert Kraft entendió que no era solo Brady quien parecía tener problemas con el carácter de su entrenador. Las redes sociales de los jugadores generaban noticias por doquier y el ambiente estaba más enrarecido que nunca. Kraft debía tomar una decisión, porque la tensión seguía en aumento y no se le veía un final feliz para todas las partes. El dueño de la franquicia volvió a reunirse con Tom y Gisele para comunicarles que si el *quarterback* quería abandonar el equipo, él no iba a ser un impedimento.

Brady estuvo hablando horas con su mujer para ver cómo podía resolver esta situación sin moverse de Foxboro. Su mente seguía ocupada las veinticuatro horas con el *football*, pero era cierto que su tarea como padre cada vez le hacía alejarse más de su amado deporte. Con cuarenta años, lo más importante para él pasaban a ser su mujer y sus hijos. No habría nada que pudiese interponerse en eso, así que lo primero que quería hacer era aprovechar el tiempo para estar en familia. Brady habló con Kraft y fue totalmente sincero. El chico de California ya no era ese jovencito que salía de Michigan. Ahora era un hombre que se había ganado el derecho a decidir sobre todo lo que le rodeaba. La primera petición de Brady fue la de saltarse los entrenamientos voluntarios de la *offseason*. Desde su llegada a Boston, el *quarterback* no se había perdido ni uno solo de estos entrenamientos, ya que, para él, eran de vital importancia para fomentar la química con sus receptores. En vez de eso, pasó el verano viajando con su familia y divirtiéndose con ellos. Además, Kraft le aseguró que se restaurarían muchos de los privilegios que se le habían negado a Alex Guerrero. A pesar de todas las diferencias y de todos los problemas, el propio Brady sabía que las posibilidades de ganar otro anillo se multiplicaban exponencialmente si a su lado estaba el mejor entrenador de la historia, así que en la temporada 2018 no se movería de Boston.

Después de haber pasado uno de los veranos más preocupantes de toda la era Brady-Belichick, los Patriots volvían al trabajo con el equipo al completo. Julian Edelman retomaba los entrenamientos después de haber estado fuera de los terrenos de juego por una lesión de rodilla que se hizo el año anterior, pero recibía la noticia de una suspensión por consumo de sustancias prohibidas. Los primeros cuatro partidos del curso 2018 los tendría que ver desde la grada. La noticia de la sanción a Edelman llamó la atención a la prensa de Boston porque el jugador había estado toda su recuperación tratándose en el edificio TB12. Su entrenador personal había sido Alex Guerrero, así que los rumores que apuntaban a que el recuperador le hubiera facilitado una sustancia prohibida no tardaron en correr como la pólvora. Justo cuando Kraft había conseguido que Belichick aceptase a Guerrero otra vez en el edificio, saltaba una nueva controversia. El socio de Brady no tardó en sacar un comunicado donde explicaba que en su centro solo se tomaban sustancias naturales, holísticas y, por encima de todas las cosas, legales. Guerrero acusaba a los creadores de este rumor de gente irresponsable y equivocada.

Tras un comienzo algo dubitativo de curso, donde el equipo perdió dos partidos seguidos, los de Belichick consiguieron ganar los seis encuentros siguientes, incluido el enfrentamiento contra unos Kansas City Chiefs que, tras cinco jornadas, habían llamado la atención de todo el planeta NFL. Alex Smith ya no era su *quarterback* titular, pues ese papel era para un joven Patrick Mahomes, quien había empezado el año maravillando a sus aficionados partido tras partido. Sin embargo, a partir de noviembre llegaron resultados no del todo satisfactorios. Los Titans acabaron con la racha de seis victorias consecutivas en un partido donde pasaron por encima de los Patriots antes de tener la semana de descanso. A partir de ahí, se sucedieron dos victorias y otras dos derrotas, hasta llegar a las dos últimas fechas de competición, donde sellaron un nuevo campeonato divisional tras ganar a Bills y a Jets. Era la décima ocasión consecutiva que los New England Patriots ganaban su división. Antes de este último duelo contra los Jets, al finalizar el calentamiento y cuando los equipos se dirigían a vestuarios a recibir las últimas instrucciones antes de volver a saltar al emparrillado, se produjo una imagen esclarecedora de lo que estaba por venir en los *play-offs*. Belichick caminaba cabizbajo y pensativo hacia el túnel de vestuarios cuando se encontró con una figura que parecía estar esperándolo. Tom Brady lo miró a los ojos y le extendió la mano sin decir una sola palabra. Belichick asintió, agarró la mano del *quarterback* con su mano derecha y posó la mano izquierda sobre los hombros de su jugador. Fueron solo unos segundos, pero ambos sabían lo que el otro estaba pensando. Entre ellos, nunca habían hecho falta las palabras. No necesitaban estar hablando continuamente para saber qué era lo que cada uno quería. Eran la pareja más exitosa que había dado la liga y tenían por delante un desafío aún mayor. Todo lo que hubiese pasado antes, como otras muchas veces, ya no importaba. Lo único que existía para ellos era la posibilidad de seguir haciendo historia, de seguir sumando grandeza a sus carreras. Soltaron sus manos y Brady se marchó trotando al interior del Gillette Stadium.

El primer rival en los *playoffs* serían Los Angeles Chargers, equipo que había acabado el año con doce partidos ganados y solo cuatro perdidos. Además, llegaban a este partido tras conseguir una victoria importante en su duelo de *wild cards* frente a los nuevos Baltimore Ravens de Lamar Jackson. Aunque el duelo fuese en Foxboro, la calidad en la plantilla del equipo angelino hacía que las apuestas estuviesen muy igualadas, incluso muchos daban como favoritos a los Chargers. El mes de diciembre de los Patriots se había saldado con tres victorias y dos derrotas, y su récord final de 11-5 era el peor en los últimos nueve años, así que la sensación con ellos era la de seguir siendo un equipo poderoso, pero vulnerable en ciertos aspectos. O, al menos, eso era lo que muchos analistas veían en el equipo de Belichick.

El encuentro comenzó con los Patriots atacando. Por norma general, Belichick prefiere empezar los partidos defendiendo, pero aquí cambió de estrategia y el resultado de este primer *drive* fueron quince jugadas, casi ocho minutos de posesión y un *touchdown* en una carrera de una yarda completada por Sony Michel. Tom Brady abusó de la defensa con siete de nueve en pases y guiando a su equipo hasta la zona de anotación. Los Chargers devolvieron el golpe en el siguiente *drive* con otro *touchdown* en un pase de 43 yardas de Rivers a Keenan Allen. A partir de ahí, se acabaron las opciones del equipo visitante.

Los New England Patriots anotaron 28 puntos seguidos antes de llegar al descanso y dejaron el encuentro finiquitado mientras los equipos se dirigían a los vestuarios. Los arrasaron tanto en ataque como en defensa, donde los pupilos de Belichick no dejaron de presionar al *quarterback* rival en ningún momento. El duelo acabó 41-28 a favor de los locales; Tom Brady lanzó para 343 yardas y un *touchdown*. Por octava vez consecutiva, los Patriots se colaban en la final de la AFC. Esta vez su rival sería el equipo que acabó con mejor récord de la conferencia ese año, unos Kansas City Chiefs que ya habían puesto en muchos problemas a los de Belichick cuando se enfrentaron en liga regular. Tom Brady jugaría su decimotercera final de conferencia en diecisiete temporadas como titular. Esto hacía que su porcentaje de apariciones en este tipo de encuentros fuese del 76,5 %, algo que era una absoluta locura e improbable en una liga como es la NFL. «Será un buen partido, seguro —respondía Brady tras el duelo con los Chargers—. Los Chiefs son un muy buen equipo. Ya hemos jugado contra ellos este año y lo sabemos. Creo que todo el mundo piensa que nosotros apestamos y que no podemos ganar estos partidos. Pero ya lo veremos. Va a ser divertido.» Brady acababa de ponerse la piel de cordero.

El duelo se disputaría en Arrowhead, en un ambiente frío y con una afición que caldeaba mucho los partidos. Si, para muchos, no habían sido favoritos ante los Chargers en casa, menos lo serían jugando en un entorno así. La narrativa sobre el favoritismo o no de los Patriots en este encuentro colapsó la sección de los medios de comunicación durante la semana. En las televisiones, periódicos o redes sociales, solo se hablaba del extremadamente explosivo ataque de los Chiefs, donde un joven Mahomes parecía ser el elegido para tomar el relevo de Brady como mejor *quarterback*. Las declaraciones de Brady fraccionaron en dos las reacciones públicas. Por un lado, los aficionados «patriotas» creían firmemente en la infravaloración que se cometía año a año con su franquicia. Tras el *Deflategate*, los rumores y las noticias sobre las malas relaciones entre el entrenador y el *quarterback*, así como después de la irregularidad en el último mes de competición, los fans de los Patriots veían la oportunidad de cerrar muchas bocas. Por otro lado, los medios de comunicación hablaban irónicamente sobre las palabras de Brady. Nadie ahí dentro se podía creer que el *quarterback* dijese que el equipo apestaba. Era imposible, porque venían de ganar una Super Bowl y de perder otra. Llamaba mucho la atención el cartel de víctima que Tom Brady le había dado a su equipo.

Pocos minutos antes de que el partido comenzase, Robert Kraft no se encontraba en el palco que los Chiefs le habían asignado en su estadio para ver el encuentro. Kraft estaba a pie de campo mirando a sus chicos. Brady lo vio, se acercó hasta él, le dio un beso en la mejilla y le dijo lo que muchas veces antes de jugar partidos importantes le había dicho: «Vamos a ganar esto hoy». Brady se colocó el casco y volvió con sus compañeros.

El primer *drive*, como la semana anterior frente a los Chargers, fue una exhibición de ataque de Josh McDaniels. La línea ofensiva de los Patriots marcaba los tiempos y Sony Michel lo trasformaba en primeros *downs*. Con esta receta y con un fantástico lanzamiento de Brady a Edelman en un tercer *down* complicado a mitad de *drive*, el equipo visitante se puso 7-0 arriba en el marcador. Tras estos ocho minutos de posesión y una superioridad manifiesta en este lado del campo, el ruidoso público que abarrotaba el estadio quedó en silencio. El griterío en las gradas había sido ensordecedor al principio del partido, pero fue descendiendo a medida que pasaban los minutos. A falta de treinta segundos para llegar al descanso, Brady lanzaba un pase de 29 yardas a Dorsett que suponía el 14-0 después de que Gostkowski anotara el correspondiente *extra point*. El silencio en el estadio era casi total. Los Kansas City Chiefs habían anotado más de treinta puntos en trece de los diecisiete partidos que habían jugado hasta ese momento en 2018. Cuando los dos equipos se iban a vestuarios, el ataque del conjunto local no había sido capaz de subir un solo punto al electrónico. Los de Belichick habían dominado el duelo en todas y cada una de las fases del juego. Los Patriots mostraron muchísima más dureza en sus acciones que el equipo local, cosa que había hecho que los Chiefs no obtuvieran respuesta a lo que se les planteaba desde el otro lado. Sin embargo, el partido cambiaría tras el descanso.

En el inicio del tercer cuarto, Mahomes mostró toda su calidad y los Chiefs anotaron su primer *touchdown* tras solo dos minutos. Tras un *field goal* de Gostkowski, el equipo local sumó 14 puntos sin respuesta; por primera vez, se puso por delante en el marcador a falta de 7.45 para concluir el encuentro. Ambos conjuntos intercambiaron *touchdowns* en los dos siguientes *drives* y el balón retornó a las manos de Brady con 24-27 en contra y solo dos minutos por jugar. Desde su yarda 35, el *quarterback* guio al ataque hasta la zona de anotación para volver a darle una vuelta más al electrónico, que reflejaba ahora un 31-28 a favor de los visitantes.

Cuando parecía que todo llegaba a su fin, Mahomes apareció una vez más para colocar a su equipo en la zona de pateo y dejar a Harrison Butker un *field goal* de 39 yardas. El *kicker* hizo su trabajo y el encuentro se fue a una prórroga agónica.

Matthew Slater eligió cara cuando los capitanes se reunieron en el círculo central para sortear quién elegía el balón en el primer *drive* del tiempo extra. La moneda voló y cayó al césped con la cara mirando hacia el cielo. Slater se giró hacia el colegiado y le indicó que ellos serían los que empezarían atacando. El miedo recorrió todo el estadio de Arrowhead.

Solo fueron cinco minutos, pero fueron cinco minutos extraordinarios. Tom Brady orquestó un *drive* perfecto, moviendo las cadenas y encontrando receptores abiertos ante una defensa que se iba cayendo a pedazos con cada yarda perdida. Fue Rex Burkhead quien, con una carrera de dos yardas por el interior, fulminó las esperanzas de los locales. Tom Brady se quitaba el casco y lo lanzaba al suelo mientras corría a abrazar a sus compañeros. Entre el último cuarto y la prórroga, el *quarterback* había completado 14 pases para 180 yardas y había liderado a su equipo hacia una victoria contra el mejor equipo de la conferencia, en campo rival, en unas condiciones climatológicas muy adversas y con cuarenta y un años. La victoria frente a los Chiefs, además, significaba que los Patriots, por séptima vez en esta era, habían derrotado en *playoffs* al reinante MVP de la temporada regular. Lo habían hecho con Kurt Warner en 2001, con Peyton Manning en 2003 y 2004, con Steve McNair en 2003 (compartió premio con Manning), con LaDainian Tomlinson en 2006, con Matt Ryan en 2016 y ahora con Patrick Mahomes. Los New England Patriots jugarían su tercera Super Bowl en tres años y lo harían frente a Los Angeles Rams de Sean McVay.

Mientras sus jugadores celebraban un nuevo título Lamar Hunt (nombre que se le da al trofeo de campeón de la AFC), Robert Kraft veía de lejos a Joe Montana despedirse entre aplausos de los seguidores de los Chiefs. Montana había pasado solo dos años en Arrowhead y había ido a ese partido a animar al conjunto de Missouri. A Kraft le pareció algo extraño, pues el *quarterback* había sido el alma de unos 49ers que fueron leyenda del *football*; sin embargo, ahora apoyaba a los Chiefs. Por un momento, pensó que algo similar podría suceder si Brady jugaba en otro sitio de aquí al final de su carrera. Aquel era su mayor miedo y cada vez parecía estar más cerca de hacerse realidad. De repente, Robert Kraft sintió el peso del mundo sobre sus hombros.

La mañana del 27 de enero de 2019, todos los miembros de los New England Patriots se encontraban ante una multitud que quería darles su último aliento antes de emprender su viaje hacia Atlanta, donde se disputaría la Super Bowl LIII. Tom Brady fue el último en coger el micrófono y dirigirse a su público:

> Os estoy profundamente agradecido. Tenemos muchas ganas de conseguir otro título y espero que a vosotros os pase lo mismo. Durante este último año, he estado repitiendo unas palabras. Ahora vamos a hacer que se oiga de aquí a Atlanta. ¡¡Todavía estamos aquí!!

Ese «Todavía estamos aquí» *(We're still here)* había sido el mantra que acompañó a Brady y al equipo durante todo el año. En ese podio, y ante miles y miles de seguidores, lo gritaba una y otra vez delante de una afición totalmente entregada a su ídolo y que veía como su *quarterback* seguía con las mismas ganas de siempre de seguir jugando y ganando. El autobús del equipo salió en dirección al aeropuerto con un claro objetivo: igualar a los Pittsburgh Steelers como el equipo con más trofeos Lombardi en la historia de toda la NFL.

El rival, Los Angeles Rams, venía de ser uno de los equipos de moda. Su entrenador, Sean McVay, era el más joven de la competición con solo treinta y tres años. Aun así, su *football* era uno de los más divertidos de ver y con un ataque capaz de destruir defensas sin aparente esfuerzo. Promediaban 32,9 puntos por partido en la ofensiva y habían acabado el año con trece victorias y tres derrotas. En la mente de todos estaba aquel duelo de lunes por la noche en el que habían anotado 54 puntos para doblegar a los Kansas City Chiefs, o los 48 puntos frente a los San Francisco 49ers en el último encuentro de liga regular. El desafío para Belichick y su defensa era mayúsculo.

Por su parte, el ataque de los Patriots venía de promediar 35 puntos en las últimas cuatro victorias, por lo que todo hacía indicar que los ataques tendrían mucho que decir en el encuentro. Sin embargo, la tónica del partido fue otra, y el ejemplo más claro fue el primer *drive* de los Patriots. Tom Brady se encontraba en la yarda 34 del campo de su rival después de que su juego terrestre hubiese ganado 28 yardas en cuatro *downs* consecutivos. Este iba a ser el primer pase del *quarterback* en el partido. Tras recibir el *snap*, Brady erró en la lectura de la rotación defensiva y su lanzamiento a Hogan fue desviado por Robey-Coleman y atrapado por Corey Littleton, *linebacker* de los Rams. La cara de Brady lo decía todo tras esa temprana intercepción.

El partido se volvió muy tosco y físico. Las defensas eran infinitamente superiores a unos ataques que no encontraban la tecla para avanzar en sus posesiones y anotar. Al descanso se llegó con solo tres puntos en el marcador de los Patriots, y no fue hasta los dos últimos minutos del tercer cuarto cuando otra anotación se reflejó en el electrónico. Greg Zuerlein anotaba un milagroso *field goal* desde 53 yardas que ponía el empate en el encuentro.

La tela de araña que había tejido Belichick era una de sus mayores obras de arte de su carrera. Jared Goff, *quarterback* rival, no podía quitarse la presión de encima de la defensa «patriota», no encontraba receptores abiertos y el juego de carrera había sido totalmente aniquilado. Avanzar en ataque era una misión casi imposible para los Rams, y Sean McVay no tenía recursos contra lo que estaba viendo: era incapaz de ayudar a sus chicos. En el otro lado ocurría casi lo mismo, pero los Patriots contaban con Tom Brady. A falta de 9.49 para finalizar el duelo, Brady mandó a los suyos en *no-huddle* desde su propia yarda 31. En los tres primeros pases encontró a Gronkowski, Edelman y Hogan para 18, 13 y 7 yardas respectivamente. Los jugadores del ataque «patriota» se volvieron a alinear mientras veían como la defensa rival resoplaba de cansancio. Brady recibió el *snap*, leyó el desajuste defensivo y mandó un lanzamiento perfecto a la ruta vertical de Rob Gronkowski, completando el envío de 29 yardas con su *tight end*. Los de Belichick se situaban a solo dos yardas de la *end zone*, algo que no habían hecho en todo el duelo. Allí, Sony Michel fue el encargado de anotar el *touchdown* y de colocar el 10-3 en el marcador.

La respuesta de los Rams fue hacer su mejor *drive* del partido. Cuando más y mejor estaban moviendo las cadenas, Goff cometió un error en el pase que provocó la intercepción de Stephon Gilmore. Apenas quedaban cuatro minutos para acabar y el balón volvía a las manos de Tom Brady. Los Patriots corrieron en los siete *snaps* que tuvieron, haciendo que el reloj no se detuviese y avanzando hasta una zona donde Gostkowski pudiese cerrar la victoria. Y eso es lo que sucedió cuando, desde 41 yardas, el *kicker* convirtió la patada que dejaba a los Rams con un 13-3 en contra y sin tiempo para intentar darle la vuelta.

Bill Belichick hizo exactamente lo mismo que había hecho en su primer título como *head coach* de un equipo NFL. Había arruinado al mejor ataque de la competición en un ejercicio fantástico de conocimiento y ejecución. La defensa de Patriots fue la verdadera artífice de una victoria que significaba el sexto anillo para la franquicia de Boston. Con este título, Belichick se convertía en el entrador más viejo en ganar una Super Bowl y en el único de la historia con seis trofeos Lombardi.

Por su parte, a Tom Brady le restaba aún un año más de contrato con el equipo de su vida. En su cabeza no cabía otra posibilidad que no fuera seguir jugando. Ahora mismo, estaba en la cima después de casi veinte años y no tenía la sensación de estar decayendo en su juego. Al revés, cada vez se veía en mejores condiciones físicas y mentales. Tenía cuarenta y un años..., y lo increíble es que aún podía seguir ganando más. Jim Nantz, periodista de la CBS, se dirigió al *quarterback* mientras el confeti caía en el Mercedes Bentz Stadium. «¿Qué te motiva para volver?», le preguntó. Brady miró a su afición, señalándola, y contestó: «¿Cómo podría esta gente no motivarte? Ellos nos motivan». Porque al final, cuando Tom Brady miraba para atrás, solo podía dar gracias a una afición que había estado a su lado en todo momento, que nunca le había dado la espalda, que le había hecho sentirse uno más dentro de su comunidad, y eso, para alguien como Brady, era pura gasolina para seguir compitiendo. Claro que iba a volver. Por ellos, por sí mismo y, sobre todo, por los que decían que su tiempo se estaba acabando:

> Lo que me motiva es que debería hacer las cosas mejor de lo que las hago. Pienso en todos los años que llevo jugando, en todo el conocimiento que he ido adquiriendo o en todos los partidos que he jugado. He tenido muchos técnicos y mucha experiencia, por lo que debería ser perfecto. Salgo al campo y me digo a mí mismo: «Tío, hago esto mejor que antes». Así pues, ¿por qué debería dejarlo?

En la cabeza de Tom Brady

QUINTA PARTE

$\mathcal{M}$uy pocas veces hemos visto a Brady incapaz de ejecutar su ataque. Por norma general, siempre lo hemos visto resolver los problemas que el rival le iba proponiendo en los partidos. En la Super Bowl LIII, Wade Phillips, coordinador defensivo de Los Angeles Rams, estuvo a punto de hacer el partido perfecto frente al mejor *quarterback* de la historia. Sin embargo, Brady tenía reservado su último as en la manga para el final. Faltando nueve minutos para la conclusión del encuentro, y con el marcador empatado a tres puntos, los New England Patriots jugaron su famosa «Hoss y Juke».

Esta jugada ha sido uno de los vértices del ataque de los Pariots desde hace años. Josh McDaniels y Bill O'Brien lo han usado en sus distintas etapas como coordinadores ofensivos del equipo de Boston. Hay tres elementos que todo concepto ofensivo de pase debe tener: espacio, emparejamientos y ventajas. Lo que hace tan efectivo el «Hoss y Juke» es su simplicidad. Una vez que el *quarterback* señale la protección de pase correcta a su línea ofensiva, lo más probable es que una de las lecturas previas al *snap* esté abierta. La jugada consiste en tres rutas distintas con el *quarterback* en *shotgun* y con *backfield* vacío. La combinación de rutas está marcada, desde fuera hacia dentro, por la *hitch route* en el exterior, la *seam route* y la *juke route*. Las tenéis en la siguiente imagen.

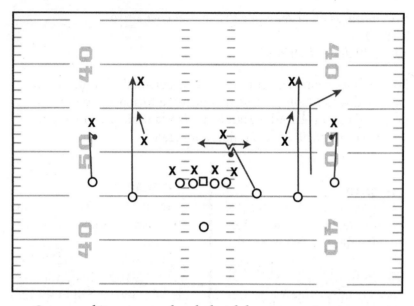

Como podéis ver, a ambos lados del campo se juegan exactamente las mismas rutas, salvo por la *juke route*, que es la clave para hacer daño al rival. Si la defensa presenta dos *safeties* profundos, la *juke route* va a dejar al *slot receiver* en uno contra uno frente a uno de los *linebackers*. El *quarterback* tiene que leerlo con facilidad y buscar el pase rápido a este receptor. La *juke* es una ruta que se juega según el defensor dé la ventaja, por lo que está considerada una *option route*. Si el atacante lee al *linebacker* cerrando el interior, puede girar sobre sus pasos y volver al exterior para generar separación. Si el *linebacker* cae unas yardas para detrás, el atacante frenará y jugará una *stick* a la cara de su pasador. Dependiendo de lo que la defensa marque, el *slot* y el *quarterback* tendrán que reaccionar al unísono.

Cuando la defensa solo tiene un *safety* en la zona profunda, el *quarterback* debe llevar su lectura a la *hitch* exterior o a la *seam*, ya que la defensa tendrá que elegir cómo caer y ahí surgirá la ventaja. Si los *cornerbacks* dan espacio al receptor abierto, la *hitch* puede darle un objetivo rápido y fácil al pasador. Si es individual, las *seam* buscarán la ventaja contra el defensor más lento.

Tom Brady y Josh McDaniels se dejaron su serie de Hoss y Juke para cuando todo lo demás estaba fallando. Si esto tampoco podía batir a la defensa de Wade Phillips, nada lo haría.

8.51 minutos en el reloj para acabar el encuentro
1st&10
Yarda 49 de los Patriots

Los Patriots comenzaron el *drive* con personal 22 (dos *running backs* y dos *tight end*) y, tras una primera formación en I para un primer *down* de Gronkowski, comenzó la serie del Hoss y Juke. Tenéis la secuencia en la siguiente imagen.

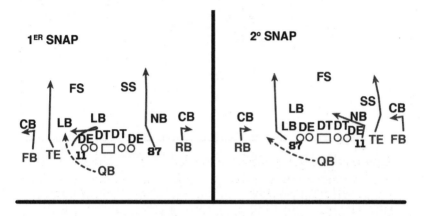

Con el mismo personal, pero en una formación abierta, el primer *snap* iría hacia la *juke route* de Julian Edelman. Los Rams presentaban cobertura con dos *safeties* profundos, por lo que Brady sabía que la ventaja tenía que estar en su *slot receiver*. Edelman atrapó el balón y lo llevó más allá de los *sticks* que marcaban el primer *down*.

En el segundo *snap*, la defensa de Wade Phillips cambió y se mostró con solo un *safety* en profundidad y con sus *cornerbacks* dando espacio a los receptores abiertos. De nuevo, la lectura de Brady era relativamente sencilla. Cuando recibió el *snap*, giró su cabeza hacia la izquierda y encontró a Rex Burkhead para ganar siete yardas.

Para acabar la secuencia, en el tercer *snap*, los Rams volvieron a cambiar su defensa y se colocaron en individual y con un *safety* patrullando toda la zona profunda. Brady jugaba en *no-huddle* y no permitía que desde la banda rival pudiesen cambiar jugadores para lo que se les estaba viniendo encima. Y aquí es donde entraba el desequilibrio de un jugador tan excepcional como Gronkowski. Justo antes de lanzarse el *snap*, Brady observó cómo un *linebacker* se hacía cargo de la marca individual con Gronkowski, por lo que su ruta vertical sería la ventaja que aparecería cuando tuviese el balón en las manos.

3ᴱᴿ SNAP

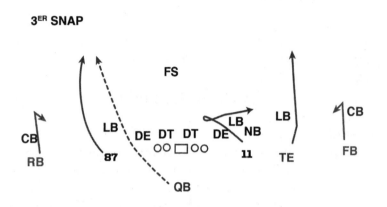

El *quarterback* de los Patriots lanzó un perfecto pase a las manos de su *tight end*, que se quedó a tan solo dos yardas de la *end zone* rival.

Con la misma formación, con el mismo personal y con la misma jugada, Tom Brady encontró a tres receptores distintos leyendo diferentes ventajas en cada *down*. Sony Michel finalizó el trabajo con una carrera de dos yardas para el *touchdown* que rompería el partido.

12

Más allá de los límites

¿Qué significa cambiar? ¿Y desafiarte a ti mismo, una y otra vez? Ya sea hace un mes, hace un año, cinco o diez, el hecho es que cada persona y cada atleta encara cambios. Todo el mundo se enfrenta a desafíos. Ya sean físicos, mentales o emocionales, son parte de nuestras vidas. Yo no soy una excepción.

Pocos días después de anunciarse la salida de Brady de los New England Patriots, tras veinte temporadas en la franquicia, y conocerse su fichaje por los Tampa Bay Buccaneers, el *quarterback* publicó una carta en la web *The Players' Tribune*, en la que se dirigió a sus aficionados y a todo aquel que estuviera interesado. Fue una carta escrita a corazón abierto. Brady reconocía haberse sentido perdido la primera vez que visitó la Costa Este; de hecho, ni siquiera sabía si Nueva Inglaterra existía como tal o no. Acostumbrado a observar el océano Pacífico al oeste, notaba que le faltaba algo cuando se movió al Atlántico. Todo estaba al revés. Con el tiempo se fue acostumbrando a la belleza y al carácter único de la región, así como a sus placeres culturales, ya fuera Martha´s Vineyard, la isla de Nantucket, el cabo Cod, las montañas Berkshires o simplemente conducir al norte hasta Maine.

Su viaje de veinte años en Nueva Inglaterra había sido increíble, un largo camino del que no cambiaría nada. Ahora le tocaba hacer la transición hacia otro capítulo de su vida y de su carrera, moverse a una nueva costa, una parte diferente del país y con una cultura distinta. En su carta, que era una despedida directa para sus fans en Boston, tuvo palabras de agradecimiento para Robert Kraft y su familia. Se acordó de sus compañeros de equipo y de sus entrenadores, de sus amigos, de sus vecinos y de los aficionados, sobre todo de ellos. A quien no citó particularmente fue al único *head coach* de su carrera profesional, un detalle imposible de obviar para cualquier seguidor de la NFL y que subrayaba cuánto se había deteriorado su relación durante las tres temporadas anteriores.

Sin embargo, Brady no miraba solo hacia atrás, también tenía muy claro lo que tenía por delante y cuál era su siguiente objetivo:

> Cuando juegas para un equipo durante dos décadas, el cambio es emocionante. También supone un desafío. Empaquetas todo lo que has acumulado a lo largo de los años y resulta natural preguntarte: «¿Dónde voy a poner todo esto en mi nuevo espacio?». En una mudanza te das cuenta de que algunas cosas encajan perfectamente y otras no lo hacen de ninguna manera. Las tienes que dejar atrás o hacer un esfuerzo extra para encajarlas.
>
> Los cambios y desafíos que ahora encaro son físicos, mentales y emocionales. Voy a tomar todo lo que he aprendido hasta ahora como atleta para este nuevo capítulo, mientras prosigo mi viaje como marido y padre de familia. ¿Lo más importante? Disfrutar de cada momento. Porque la vida pasa rápido.
>
> Voy a intentar hacer cosas que nunca se han conseguido en mi deporte. Es algo divertido para mí, también porque sé que puedo hacerlas. Cuando un equipo te da la oportunidad de llegar a esas metas con ellos, bueno…, si no es con ellos, ¿con quién si no?
>
> Llega un punto en el que tienes que dedicar todo tu esfuerzo a lo que estás haciendo. Has de decirte: «Montémonos y veamos hasta dónde llegamos».
>
> Quiero mostrarle a todo el mundo hasta dónde puedo llegar.

Ese equipo que le daba la oportunidad no eran los New England Patriots, sino los Tampa Bay Buccaneers. Brady era muy claro en su carta y hacía recaer toda la responsabilidad de su salida en el mandamás deportivo de la franquicia, el entrenador Belichick. ¿Qué había pasado en el poco más de un año que transcurrió desde la consecución del sexto campeonato en febrero de 2019 hasta el extraño periodo de agencia libre, marcado por la pandemia, de marzo de 2020? ¿Cómo se había podido cumplir la peor de las pesadillas de Robert Kraft? Porque Brady no cerraría su carrera en Foxboro.

En agosto de 2018, Brady recibió una revisión de su contrato que incluía incentivos con valor de hasta cinco millones de dólares. No consiguió ejecutar ninguno de ellos: se correspondían a la finalización en el top 5 de la liga en *rating* de pasador, a porcentaje de pases completados, a media de yardas por intento, a lanzamientos de *touchdown* y a pases de anotación; era un millón de dólares por cada uno de ellos. Brady finalizó en los puestos duodécimo, decimoctavo, decimotercero, décimo y séptimo respectivamente. En la Super Bowl LIII, ante Los Angeles Rams, la defensa de Wade Phillips lo frenó, salvo por un postrero *drive* final en el que completó su última gran conexión con Rob Gronkowski como jugadores de los Patriots. Ese pase y recepción sirvieron el *touchdown* decisivo de la sexta Super Bowl de New England. Sin embargo, por primera vez en nueve finales disputadas, no entró en consideración siquiera para ser el MVP del partido.

En realidad, aquella victoria tal vez les dijo a los dirigentes de la franquicia que podían competir al máximo nivel sin él. Los Patriots siempre habían sido extremadamente sinceros en sus evaluaciones internas de jugadores. Sus informes habrían dejado impactados a sus fans, de haberlos podido ver, incluso los enfocados en Brady. Así pues, conquistar una sexta Super Bowl implicó otra difícil renegociación de contrato. No iba a ser la primera vez que cediera en sus pretensiones económicas. Durante toda aquella década había estado firmando extensiones que le dejaban muy por debajo de lo que se podía pagar en el mercado; y todo para que el equipo pudiera adquirir mejores jugadores. Los Patriots jugaban una carta inmejorable con los agentes libres al no poder ofrecerles más dinero que a su *quarterback* estrella. Era un negocio en el que ganaban todos. En 2016, Brady fue el vigésimo séptimo jugador mejor pagado con 13,7 millones de dólares, por detrás del *cornerback* Trumaine Johnson y del *linebacker* Lawrence Timmons. En cuanto a *quarterbacks*, Colin Kaepernick y Jay Cutler estaban más de tres millones por encima de esa cifra. El equipo salvó quince millones de dólares en espacio salarial en un periodo de dos años gracias a la reestructuración de 2013, pero Brady también se benefició, al añadir tres temporadas más a su contrato. El *quarterback* también ganó tres millones en salario futuro cuando renegoció de nuevo tras la campaña 2014. En ese trato, el equipo generó veinticuatro millones de dólares de *salary cap* al renunciar a garantías relacionadas con su actuación por únicamente en caso de lesión. Con ese dinero, que Brady cobró igualmente, New England ganó el margen inmediato necesario para retener a piezas fundamentales en ataque (Nate Solder) y en defensa (Devin McCourty). «Mis decisiones personales están siempre basadas en lo que funciona para mí y en lo que creo que es más importante en mi vida. Ahí es donde ha estado siempre mi atención. Lo más importante para mí es ganar», dijo Brady tras la reestructuración. Antes de su gran año en 2016, se produjo una nueva negociación: su bajada de salario base a cambio de añadir años al contrato y tomar un mayor *signing bonus* beneficiaron a la franquicia y al jugador. El movimiento permitió a Brady salvar dos millones de dólares en salario perdido cuando le suspendieron por el caso del *Deflategate*.

Toda esta serie de contratos amistosos entre ambas partes llegó a un abrupto final en 2019. Durante la *offseason*, Gronkowski anunció su retirada por problemas físicos. El *tackle* Trent Brown, quien había sido básico en la carrera hacia la Super Bowl, no recibió ni de lejos la oferta que le hizo marcharse a los Oakland Raiders. El equipo no empleó el dinero que permitía el bajo impacto salarial de su *quarterback* en traer ninguna pieza ofensiva de renombre. Brady estaba furioso: cuando llegó el *training camp*, estaba preparado para marcharse y dejarlo todo. Un ataque que la temporada anterior ya había retrocedido en muchos aspectos estadísticamente hablando iba a arrancar un nuevo año con piezas muy inferiores. Su desgastada relación con Belichick no ayudaba. Pese a todo, no quería dejar a los Patriots. Sabía que el *head coach* se desharía de él en cuanto su producción comenzase a flojear, algo que él mismo había visto en primera persona a lo largo de los años. Tanto Brady como su padre eran conscientes de que terminar su carrera en New England tal vez sería complicado. No obstante, a lo largo de toda la *offseason*, buscó una extensión de contrato que añadiera varias temporadas a su relación. En el otro lado, Belichick no estaba dispuesto a comprometerse en un contrato largo con un *quarterback* que tenía más de cuarenta años. Su sugerencia fue firmar por dos años. Brady declinó la oferta y finalmente aceptó lo que en realidad era un contrato de un año, con una cláusula «antietiqueta franquicia», cosa que le aseguraba llegar a la agencia libre en 2020 por primera vez en su carrera. Le habría gustado que su relación con los Patriots hubiera tenido un final feliz, pero un impulso más fuerte le hizo dejar atrás ese objetivo: continuar jugando y compitiendo el mayor tiempo posible.

Acompañando a la firma de su nuevo acuerdo, Brady puso su mansión de Brookline, Massachusetts, en venta, algo que también hizo Alex Guerrero. El *quarterback* que una vez se refirió a sí mismo en un anuncio como «¡el jodido *quarterback*!» ahora decía que era, simplemente, un «empleado de los Patriots». Quizás en ese momento de la extensión, el 4 de agosto, Brady no sabía exactamente si quería marcharse, pero al menos quería darse la opción. En esa última temporada en los Patriots sería el séptimo *quarterback* mejor pagado de la competición, con un salario base de 1,75 millones de dólares y un bonus de *roster* por partido de 62 500 dólares. Cuando los periodistas le preguntaron por el nuevo acuerdo contractual, Brady se limitó a responder: «Es lo que es».

Al menos durante las dos primeras semanas de la temporada regular, Brady pareció confiado y reanimado en relación con el devenir del equipo. En el partido inaugural lanzó para 341 yardas y tres *touchdowns* en una clara victoria sobre uno de sus, en teoría, principales rivales, los Pittsburgh Steelers. Un día antes, los Patriots le dieron a su disgustado *quarterback* un objetivo de categoría con la firma de Antonio Brown, que apenas unas horas antes había sido cortado por los Raiders tras una serie de incidentes deportivos y extradeportivos sucedidos a lo largo de la pretemporada. Brady vio en Brown no solo una ventaja poderosa en muchos *matchups*, en el molde de sus antiguos socios como Randy Moss y Gronk, sino también un proyecto de rehabilitación de una causa perdida. Lo acogió en su casa, le aconsejó y posó con él en *selfies* para las redes sociales. En la segunda semana, la pareja se combinó para cuatro recepciones, 56 yardas y un *touchdown* en otro tajante triunfo sobre los Miami Dolphins. Brady lanzó para 264 yardas y dos *touchdowns*, acompañando otra anotación de carrera. En dos encuentros, New England había acumulado un marcador global de 76-3. La defensa del título no podía comenzar mejor.

Sin embargo, el debut de Brown en los Patriots también resultó ser su final. El receptor recibió una acusación por violación. Tras un artículo de *Sports Illustrated* en el que se profundizaba en su problemática personalidad —se detallaban, por ejemplo, mensajes de texto amenazantes enviados a la mujer que le había acusado—, Kraft dio un paso adelante e insistió en que el equipo lo cortara. Era una decisión de negocios, tomada por un propietario que siempre había proclamado que no se involucraba en las decisiones deportivas. Cuando Brown se disculpó ante los Patriots en las redes sociales, pidiendo por favor otra oportunidad, Belichick dejó claro que no había sido una decisión suya. «Tendréis que hablar con Robert sobre eso», comentó a los periodistas cuando le preguntaron al respecto. El 20 de septiembre, apenas trece días después de su fichaje, Brown ya no formaba parte de la organización.

Aunque la defensa de los Patriots marchaba a ritmo de récord, el ataque se estancaba más y más. A media temporada, pese al récord de 8-0, las perspectivas no eran buenas en la visita a Baltimore para el partido de la jornada. Brady confesó a Al Michaels y Cris Collinsworth en la previa que «se sentía el *quarterback* de 8-0 más miserable de la historia de la NFL». Por un lado, la declaración era una mezcla de la impotencia por no poder liderar una ofensiva que estuviera más a la altura de sus compañeros del otro lado del balón; por otro, la expresión más clara de que se sentía cada día más solo en la franquicia. Sorprendentemente, la NBC se guardó aquella frase, la primera que lanzó Brady en la entrevista; solo la relevó varias semanas después. Los Ravens ganaron con claridad bajo una dominante actuación del futuro MVP de la temporada, Lamar Jackson, casi veinte años más joven que el *quarterback* de New England.

En el siguiente tramo de cinco encuentros, Brady realizó la peor secuencia de pases completados de su carrera. Conectó tan solo 101/196 lanzamientos, apenas por encima del cincuenta por ciento (51,5 %). Su media de yardas por intento de pase era una microscópica 5,3, la mayor prueba de que la ofensiva no encontraba su lugar. En una derrota en Houston en diciembre, Brady fue grabado en la banda reclamando a sus receptores ser «más rápidos, más explosivos y menos jodidamente robóticos». La prensa empezaba a sospechar e insinuar que el declive del *quarterback* había llegado. A esas alturas estaba claro que el equipo llegaría tan lejos como lo llevara su defensa.

A pesar de todas las frustraciones y la bajada de rendimiento durante la segunda mitad de campaña, los Patriots llegaron al partido final de la *regular season* con las opciones intactas para sellar su habitual pase directo hacia la ronda divisional de los *playoffs*. Lo único que necesitaban era derrotar a los Miami Dolphins en casa, el equipo al que habían aplastado al inicio de liga. Sin embargo, por una vez fue la defensa la que no pudo rematar el trabajo: resultó incapaz de frenar los pases de Ryan

Fitzpatrick en un postrero *drive* que completó una de las grandes sorpresas de la temporada. New England tuvo que pasar por los *wild cards*, algo que no sucedía desde hacía diez años. El rival serían los Tennessee Titans, liderados por una vieja gloria del equipo, Mike Vrabel. El antiguo pupilo de Belichick, ahora *head coach*, planteó un encuentro muy físico a ambos lados del balón: en ataque percutirían duramente con su corredor estrella, Derrick Henry, y en defensa presionarían al hombre y con intensidad a los receptores de los Patriots. El *runningback* cumplió su labor, ganando 182 yardas en 34 intentos. Su *touchdown* al filo del descanso puso a los Titans por delante: 14-13. Aquel resultado sería suficiente para avanzar de ronda. Brady y su ofensiva no pudieron poner un solo punto en el marcador en una frustrante segunda mitad que resultó fiel reflejo de la temporada. Edelman, el único *wide receiver* de confianza, se dejó caer un pase clave en el último cuarto. En un postrer y desesperado intento, Brady observó como sus compañeros eran incapaces de ganar separación con sus oponentes. Su último pase con la camiseta de Patriots lo desvió la cobertura de Tramaine Brock sobre Mohamed Sanu; Logan Ryan acabó por interceptarlo y retornó para *touchdown* el envío de su antiguo compañero de equipo. Tennessee había derrotado a la gran dinastía de la NFL. Además, la relación de Brady con los Patriots había terminado. Su mirada, sus gestos y su actitud en la rueda de prensa posterior al choque lo dejaban claro: había llegado el final.

Por primera vez en su carrera, Brady sería un agente libre. Y esa última palabra resonaba en sus oídos. Hasta que llegara ese momento, al menos ya se sentía liberado. Con su hija pequeña dormida en sus brazos y acompañado por su esposa y sus asistentes, abandonó el Gillette Stadium caminando por el túnel que tantas veces había recorrido camino de una gran actuación o una gran victoria. Aunque todavía no fuera oficial, cuando llegó al aparcamiento, en aquella oscura y lluviosa noche de enero en Foxboro, parecía evidente que una relación que había durado más de dos décadas se había roto.

Brady estuvo en Miami para la Super Bowl LIV como parte de las celebraciones por el centenario de la liga. En aquel momento, nadie, ni siquiera los más cercanos a su círculo de confianza, sabían qué pasaría. Kraft estaba igual. Los ejecutivos de la liga que conversaron con él salieron con la impresión de que su sueño de ver a Brady retirándose como un Patriot era poco probable. Ninguna de las dos partes quería ceder. El *quarterback* demandaba un compromiso, el equipo ofrecía una relación anual. El principio que había convertido a New England en la franquicia más odiada y a la vez exitosa de la NFL, su inquebrantable persecución de la victoria a costa de cualquier sentimiento personal, parecía que por fin iba a afectar al intocable *quarterback*.

En los días previos al encuentro, Brady tuiteó una foto que sugería que había tomado una decisión que tendría muchas implicaciones para su futuro. Tras mucha especulación y debate, el mundo descubrió que no era más que una promoción para su anuncio de la Super Bowl con Hulu, un servicio de suscripción a la carta de vídeo. Cuando terminó la publicidad con las palabras: «¿Yo? No me voy a ninguna parte», muchos pensaron que estaba asegurando que continuaría en los Patriots. Tras la finalización de la Super Bowl, que supuso la coronación de los nuevos reyes de la liga, Patrick Mahomes y sus Kansas City Chiefs, Brady volvió con su familia a Boston, a una casa que prácticamente ya habían vaciado.

Pese a la incertidumbre y la acritud entre ambas partes, Brady intentó buscarle un lado divertido a su inminente salida a la agencia libre. En un partido de baloncesto de la NCAA entre North Carolina y Syracuse, las cámaras grabaron unas curiosas palabras que intercambiaron en la grada Brady y Edelman. El receptor le comentaba al cámara de televisión que iba a volver, lo dijo dos veces. Unos momentos después, Tom le respondía con un escueto: «No va a hacerlo».

Algunas semanas después de su derrota ante los Titans, finalmente Bill Belichick y Tom Brady hablaron. Lo hicieron por teléfono y, según pudo saberse después, la conversación no acabó nada bien. Era la primera vez que Belichick había contactado con Brady para hablar de su situación contractual y de los planes de futuro de los Patriots. No llegaron a acuerdo alguno, ni siquiera acercaron posturas. Belichick, siendo Belichick, no se mostró acogedor o comprensivo. Cuando se trata de negocios, no se desvía un milímetro de su faceta de *head coach* y *general manager*. Aquello no sentó bien al número 12, que buscaba un gesto de su entrenador que le indicara que realmente le quería de vuelta.

En caso de marcharse, Brady dejaría un *cap hit* de trece

millones y medio de dólares en los libros de los Patriots en 2020. El equipo esperaba evitar esa carga y convencer a su *quarterback* para que regresara tras probar la agencia libre. Según informó el *Boston Globe*, New England le ofreció un número que él no quiso aceptar. Sin embargo, para la delegación de Boston de la NBC Sports, «nunca hubo un esfuerzo concreto de los Patriots para mantener a Tom Brady». No hubo negociación. Solo le dijeron que pusiera sobre la mesa aquello que solicitaba. Era una postura que para el *quarterback* resultó completamente significativa.

Los rumores empezaron a circular: Colts, Raiders, Chargers, Titans, Dolphins, Panthers, Broncos… Incluso se habló de los New Orleans Saints, en el caso de que Drew Brees anunciara su retirada para hacerse comentarista. Brady a los Saints para jugar con Sean Payton, en el Superdome. Finalmente, Brees apostó por volver una temporada más, pensando que Brady haría lo mismo con los Patriots. A escasos días del inicio de la agencia libre, barajaba tres opciones: New England, Tennessee y San Francisco. Sin duda, regresar a casa para jugar con el equipo de su infancia era su opción preferida. Además, los 49ers habían estado a escasos minutos de ganar la Super Bowl, contaban con una gran defensa y un entrenador que le pondría las cosas muy fáciles en ataque. San Francisco lo discutió, pero al final decidió anteponer su apuesta por Jimmy Garoppolo, que había completado una brillante campaña hasta los fatídicos últimos *snaps* de la derrota en la Super Bowl. De nuevo Garoppolo se cruzaba en el futuro de Brady, como en 2017, y en esta ocasión se llevaba el gato al agua.

Los Titans quedaron en una situación parecida a la de los Niners. Mike Vrabel estuvo con Brady y Edelman en aquel partido de baloncesto universitario, lo cual provocó la histeria en el estado de Tennessee ante un posible fichaje del seis veces campeón. Pero los Titans también prefirieron a su *quarterback* titular, Ryan Tannehill, sobre Brady, en una decisión que habría sido totalmente impensable apenas unos meses antes: la temporada anterior, Tannehill ni siquiera había empezado como titular.

La noche del lunes 16 de marzo, Brady llamó a Kraft y caminó hasta su casa para mantener una conversación que llevaba un tiempo preparando. El propietario pensaba que Brady venía de visita para arreglar un nuevo contrato, «como había estado haciendo durante los últimos diez años». Sin embargo, Brady le contó a Kraft que se había acabado, y ninguno se molestó en esconder el porqué de la marcha. En la NFL Network, el dueño reveló lo que le dijo: «Imagínate querer a tu mujer y que, por alguna razón, haya algo (su madre o su padre) que te hace la vida imposible hasta tal punto que tienes que dejarla».

A la mañana siguiente, en Instagram, Brady hizo una serie de publicaciones bajo el título de «Para siempre un Patriot», en la que informó al mundo de ya que no sería un Patriot de por vida. Tres días más tarde, el 20 de marzo, los Buccaneers colgaron una foto de Brady en su cocina, vistiendo una sudadera negra, firmando su nuevo contrato. Los Angeles Chargers estuvieron también en la cabeza del *quarterback* hasta el último momento, pues apenas unas semanas antes había inaugurado una compañía productora de Hollywood, 199 Productions (en referencia a su *pick* en el *draft*), pero pesó más el mantenerse en la Costa Este, cerca de su familia en Nueva York:

> Emocionado, humilde y hambriento… Si algo he aprendido sobre el *football* es que a nadie le importa lo que hiciste el año pasado o el anterior…, te ganas la confianza y el respeto de los que te rodean por lo que haces cada día. Voy a iniciar un nuevo viaje *footballístico* y estoy agradecido a los Buccaneers por darme la oportunidad de hacer lo que me gusta.

A pesar de que los Bucs no jugaban *playoffs* desde 2007, cuando los Chargers lo habían hecho apenas dos años antes, Brady estaba ansioso por ponerse a las órdenes de Bruce Arians, que había sido elegido un par de veces entrenador del año y que tenía una vasta experiencia con *quarterbacks* de élite, entre ellos su buen amigo Peyton Manning. Tampa notó de inmediato el impacto de la llegada de Brady: se montaron colas de entre cinco y siete mil personas para adquirir unos abonos de temporada cuyo precio el club aprovechó para incrementar un quince por ciento.

A partir de entonces, Brady y Belichick iban a tener un gran peso sobre sus hombros: ser capaz de ganar sin el otro. El *quarterback* había conseguido una vez más un motivo por el que generar dudas en el mundo del *football*. Podría ser el mejor *quarterback* de la historia, pero ¿conseguiría triunfar sin beneficiarse de una plantilla construida y entrenada por Belichick?

Todo el mundo estaba expectante por averiguarlo y Brady les iba a dar una respuesta.

Brady firmó con los Buccaneers un contrato de dos años y cincuenta millones de dólares completamente garantizados que incluía dos cláusulas por las que no podía ser traspasado ni etiquetado como jugador franquicia. El *wide receiver* Chris Godwin, que llevaba el número 12, pasó a lucir el 14 tras ofrecerle el dorsal a su nuevo compañero. Apenas un mes después, poco antes de la celebración del *draft*, los Patriots, que aún tenían los derechos de Gronkowski, lo traspasaron a Tampa Bay, junto a una séptima ronda, a cambio de una cuarta compensatoria. Con tal movimiento, orquestado en la sombra por Brady, los dos excompañeros de equipo volvían a unir sus caminos.

Los primeros días del nuevo *quarterback* de los Buccaneers no estuvieron exentos de polémica. Primero entró en la casa de un desconocido cuando buscaba el hogar de su nuevo coordinador ofensivo, Byron Leftwich. Poco después, fue expulsado de uno de los parques locales cuando entrenaba con algunos de sus nuevos compañeros, al estar cerrado como parte de las nuevas normativas provocadas por la pandemia de la Covid-19. Nuevamente, Brady se lo tomó con humor en las redes sociales: «Entrar ilegalmente en parques, allanamiento de morada…, simplemente poniéndome cómodo en Tampa Bay». Esa faceta de la personalidad del *quarterback*, su sentido del humor y sus ganas de bromear, que durante tantos años quedó oculta para el público general en New England, aparecía con frecuencia en su nueva casa.

Toda la expectación que generó el fichaje de Brady no se pudo materializar en la *regular season*. El normal desarrollo de la temporada quedó completamente alterado por la crisis del coronavirus. Las instalaciones de las franquicias se cerraron hasta el *training camp*. Cuando este llegó, los habituales intercambios en los entrenamientos y reuniones semanales se modificaron, los jugadores se sometieron a controles diarios y tuvieron que acostumbrarse a llevar mascarillas en los interiores y un chip que monitorizara sus movimientos como prevención en caso de surgir un brote. Todos los partidos de la pretemporada se cancelaron; cuando llegó septiembre y el inicio de la *regular season*, los estadios quedaron cerrados a los aficionados. Eso sí: al menos, los partidos seguirían su curso. El país estaba paralizado, pero la NFL supondría un oasis de diversión para sus ciudadanos.

Un vacío Superdome de Nueva Orleans fue testigo del debut de Brady con su nuevo equipo. Su duelo contra Drew Brees era el primero de dos *quarterbacks* cuarentones en toda la historia de la NFL. El partido acabaría siendo el más visto por televisión de toda la campaña, pero resultó un desastre para los Buccaneers, que cometieron una larga serie de errores de comunicación y ejecución. Los Saints ganaron 34-23. Brady lanzó dos intercepciones, la segunda de ellas fue retornada para *touchdown*. Etiquetados en verano como contendientes a la Super Bowl, los críticos no tardaron en aparecer para cuestionarles tras este primer revés.

La marejada alrededor del barco de los Bucs por el difícil estreno fue bajando con el paso de las semanas. Tampa Bay ganaría seis de los siete siguientes encuentros, entre ellos cabe destacar un notable triunfo sobre los Green Bay Packers. El equipo más anotador de la temporada, con el que sería MVP de la competición en sus filas, Aaron Rodgers, apenas pudo generar diez puntos en una dura derrota por 38-10. El único tropiezo llegó en la quinta semana en Chicago, cuando Brady malinterpretó el conteo de *downs* en su último *drive* y lanzó un incompleto voluntario en un cuarto *down* que él pensó que era el tercero. Fallos mentales aparte, el *quarterback* completó una gran primera mitad de temporada con veinte pases de *touchdown* por solo cuatro intercepciones. Como premio, la franquicia cumplió otro de sus deseos el 27 de octubre: firmó con Antonio Brown un contrato por un año y un millón de dólares, con otro millón y medio por ganar en incentivos. Brown se reunía así con su antiguo coordinador ofensivo en los Steelers, Arians, y sobre todo con el que fue su *quarterback* durante una semana en New England, Tom Brady. Sin su empuje, seguramente nadie habría dado otra oportunidad en la NFL al polémico receptor. Mientras tanto, su antiguo equipo, los Patriots, sufría todo tipo de problemas y marchaba con un inaudito récord de 2-5. Sus *quarterbacks* habían lanzado tan solo dos pases de *touchdown* en toda la campaña.

A pesar de lo que dijera su balance de victorias y derrotas, los Buccaneers sabían que todavía no estaban al nivel del que hablaban los más optimistas, ni tampoco eran el equipo poderoso en el que se convertirían unas semanas más tarde. Nunca es fácil cuando un *quarterback* nuevo llega a una franquicia, la adaptación a su nuevo entorno, compañeros y entrenadores requiere de un tiempo hasta que la maquinaria está perfectamente engrasada. En el caso de Tampa Bay, en 2020 este proceso se había retrasado por la pandemia, que impidió cualquier contacto oficial previo a los *training camps*. Aún había momentos de desconexión en el equipo, pequeños detalles que marcan la diferencia ante los rivales de mayor categoría. Esto se puso en evidencia el 8 de noviembre con la visita de los Saints. La defensa de Nueva Orleans presionó constantemente a Brady, moviéndolo de los puntos del *pocket* donde se encuentra más cómodo, golpeándolo constantemente y forzándole a lanzar algunos de los peores pases de su carrera. El *quarterback* acabó con tres intercepciones, mientras en la otra banda Drew Brees disfrutaba enviando cuatro pases de *touchdown* en la victoria por 38-3. En la rueda de prensa posterior al encuentro, retransmitido para todo el país, el *quarterback* trató de poner la cara más «belichikiana» posible, desviando la mayoría de las preguntas al «tenemos que centrarnos en el próximo partido contra Carolina». Fue la peor derrota en la carrera de Brady.

Los Buccaneers encararon su semana de descanso tras llevarse sendos varapalos más ante Los Angeles Rams y Kansas City Chiefs. La defensa, especialmente contra el pase, sufrió mucho en las coberturas. Primero Jared Goff les endosó 376 yardas; luego Patrick Mahomes, otras 462. En una increíble demostración, el receptor Tyreek Hill casi saca por sí solo a Tampa Bay de su estadio con siete recepciones, 203 yardas y un par de *touchdowns* en el primer cuarto. Con un récord de 7-5, comenzaron a florercer una serie de artículos que buscaban explicaciones al rendimiento del equipo o que cuestionaban la decisión de Brady de apostar por los Bucs en la *offseason*. Los más osados se atrevían incluso a realizar memes pidiendo el despido de Bruce Arians.

En esos momentos, una franquicia tiene dos opciones, bajar la cabeza y asumir la senda negativa como inevitable, o bien levantarse, continuar trabajando y sobre todo confiar los unos en los otros. Puede que el equipo tuviera problemas dentro del campo, pero fuera de él la cultura era sólida. Arians no había tenido problemas para cortar mediada la temporada anterior a Vernon Hargreaves, una antigua primera ronda, tras no mostrar una actitud correcta en un partido. Con aquel gesto el *head coach* plantó una semilla para indicar que todo el mundo debía estar disponible para la causa si querían triunfar como grupo. Los jugadores creían en su entrenador, y cuando Tom Brady, el *quarterback* más laureado en la historia de la competición, se unió al equipo, esta fe ciega en el triunfo creció de forma exponencial. Entre ambos, Arians y Brady, podían convencer a sus compañeros de que todavía había tiempo para reconducir la temporada. Ellos mismos empezaron con varias reuniones para solucionar los problemas de la ofensiva aérea. En un punto de la mala racha, Brady llegó a errar hasta en diecinueve pases seguidos que volaron más de veinte yardas por el aire. Arians apostaba por la constante amenaza del envío profundo, mientras el *quarterback* intentaba llevar el juego a su serie de movimientos, más pequeños y constantes, que terminan desmoralizando una defensa. Cada uno tuvo que ceder a las pretensiones del otro para llegar a un punto intermedio: con ese acuerdo se inició la recuperación. Arians y Brady, dos líderes capaces de convencer a una sala repleta de gente para hacer lo que ellos dicen, iban a conducir a los Buccaneers de 2020 más allá de sus propios límites.

En los cuatro partidos finales de la temporada regular, Brady lanzó doce pases de *touchdown* por tan solo una intercepción. Finalizó su primer año en Tampa con 4633 yardas y 40 pases de *touchdown*, su mejor marca de envíos de anotación desde su gloriosa campaña de 2007. Los Buccaneers ganaron los cuatro compromisos anotando 37 puntos por encuentro. Sin embargo, el *sprint* final no les otorgó el título divisional, la NFC Sur, honor que recayó en los 12-4 Saints. Si Tampa iba a volver a casa para disputar la Super Bowl LV en su propio estadio, tendría que ganar tres partidos seguidos fuera de casa.

Cuando el cuadro de *playoffs* quedó conformado tras la finalización del último choque de la temporada regular, un extraño *Sunday Night* entre Philadelphia y Washington, el novato defensivo del año, Chase Young, mostró su satisfacción ante el emparejamiento de su equipo en *wild cards* con los Buccaneers y especialmente con su *quarterback* estrella. «¡Tom Brady, voy a por ti! ¡Quiero a Tom!», gritó el joven *edge rusher* mientras dando saltos de alegría abandonaba el césped del Lincoln Financial Field. Con un récord de 7-9, el equipo de Washington, sin nombre oficial durante toda la temporada, había sorprendido a propios y extraños al llevarse la división sobre equipos en teoría más cualificados como Cowboys e Eagles. Por supuesto, Tom no tardó en pasarle el mensaje a sus compañeros de la línea ofensiva, que se tomaron como un reto personal sacar a Young del partido. Sus tres placajes fueron lo único significativo en una noche en la que no logró ni un *sack* ni un placaje para pérdida de yardas, ni tan siquiera un golpe al *quarterback*. Brady lanzó para 381 yardas en la victoria por 31-23, pero al final tuvo un bonito gesto con el chico que le había retado:

—Oye, Chase, bien jugado, hermano —le comentó en el saludo pospartido.
—Te lo agradezco. Eres el verdadero *goat*. Necesito algo de ti.
—¿Qué necesitas?
—Necesito tu camiseta.
—Haré que te llegue. Te la enviaré.

Y así chocaron las manos y se fundieron en un abrazo. En la NFL todo pasa muy rápido: este intercambio apenas duró diez segundos, pero sus recuerdos son imborrables. Young, nacido apenas un año antes de la selección de Brady en el *draft* por los Patriots, jamás olvidará ese momento, sin duda. Había aprendido una lección del más grande.

La siguiente parada en el viaje fue Nueva Orleans. Los Saints los habían barrido en temporada regular, una humillación que Brady jamás había sufrido en veinte años en Foxboro. La diferencia de 46 puntos a favor de los Saints era la mayor de la historia para dos contendientes en *playoffs*. Además, iba a ser el primer y probablemente último duelo en postemporada entre los dos primeros *quarterbacks* históricos en yardas de pase y lanzamientos de *touchdown*, Drew Brees y Tom Brady. El diferencial de *turnovers* en esos dos partidos había sido de +4 para los de Sean Payton, pero en esta ocasión sería de +4 para los visitantes. Brees lanzó tres intercepciones en la que a la postre sería su despedida de la NFL, pero la recuperación más importante para Tampa Bay resultó ser el *fumble* que provocó el novato Antoine Winfield Jr. sobre Jared Cook. Perdiendo 20-13 y cuando se acercaba el cuarto periodo, ese *turnover* anuló lo que tenía pinta de convertirse en otra anotación de New Orleans al final del *drive* y con ella dos anotaciones de diferencia en el marcador. Brady había jugado contra Winfield sénior veintidós años atrás en el *college*; ahora era su hijo quien mantenía viva su llama del séptimo campeonato. Tampa Bay se impuso 30-20; curiosamente, la mejor jugada del partido para los Saints la protagonizó Jameis Winston, quien lanzó un pase de *touchdown* de 56 yardas en una acción de engaño. El antiguo número uno del *draft* de 2015 por los Buccaneers veía como sus antiguos compañeros se las apañaban mucho mejor con su nuevo *quarterback*. A la conclusión del choque, después de las protocolarias conferencias de prensa, Brady compartió un momento muy especial con Brees y sus hijos sobre el césped del Superdome. Las dos leyendas se dieron un abrazo y probablemente cada uno le deseó al otro lo mejor en su futuro, que iba a ser muy distinto a partir de ese momento. Antes de coger su mochila y reunirse con sus compañeros, Brady lanzó un pase de *touchdown* para uno de los niños de Drew. Llegará el día que Tom solo pueda jugar al *football* con sus hijos, pero de momento tenía algo mucho más importante e inminente a la vista.

En la final de conferencia, Brady continuó su asalto al libro de los récords, por decimocuarta ocasión iba a disputar el partido previo a la Super Bowl. De nuevo tendría enfrente a un histórico *quarterback* con el que nunca se había batido en duelo en *play-offs*, Aaron Rodgers. A diferencia de Brees, Rodgers sí estaba en el mejor momento de su carrera y pronto sería nombrado MVP de la temporada por tercera vez, igualando el registro de Brady. Sus 48 pases de *touchdown* en *regular season* fueron la única marca por encima del registro de Brady.

Una de las claves a las que aludió Arians cuando le cuestionaron por la recuperación del equipo tras la semana de descanso fue que eran más agresivos con la pelota desde el minuto uno de partido. Estaba contento con el juego de pase corto, pero no tanto con la carrera, así que apostó por darle más protagonismo a lo que estaban haciendo mejor, con un toque extra de su filosofía «*no risk it, no biscuit*», que viene a significar que si no te arriesgas no vas a conseguir tu recompensa. «Siempre intento alcanzar los pares cinco en dos golpes, por eso acabo mandando muchas bolas al agua, pero si no buscas el golpe nunca lo vas a realizar. Quiero aspirar a la grandeza, porque si no lo haces serás un mediocre el resto de tu vida», comentó el veterano entrenador en su rueda de prensa de presentación como *head coach* de los Buccaneers. Tampa Bay salió al partido con el cuchillo entre los dientes. En su primera posesión, Brady convirtió tres terceros *downs* clave camino del *touchdown* que abrió el marcador. En el segundo cuarto, después de que Rodgers empatara el choque con un perfecto envío de 50 yardas, Brady encontró a Chris Godwin en 3.ª y 9 para una acción de 52 yardas, que precedió al *touchdown* de Leonard Fournette y al 14-7 en el electrónico. Los Packers recortaron distancias con un *field goal*, pero tras una intercepción le cedieron un último balón a los Bucs antes del descanso. Arians no se olvidó de su mantra en el momento más importante de su carrera deportiva, y en 4.º y 4 en el centro del campo buscó el *green* del par cinco en dos golpes. En lugar de chutar un *punt* y contentarse con una ventaja de cuatro puntos al descanso, puso el destino del equipo en las manos de su mejor jugador, que no defraudó. Brady conectaba con Fournette para el primer *down*. Tras un tiempo muerto, enviaba un perfecto pase de 39 yardas para Scotty Miller en la *end zone* de Green Bay. En el Lambeau Field no había más de ocho mil personas aquella tarde, pero aun así el silencio que se hizo fue revelador. Tampa se iba al intermedio con una renta de once puntos.

La diferencia se amplió a dieciocho a la vuelta de los vestuarios cuando Devin White recuperó un *fumble* de Aaron Jones y lo retornó hasta la yarda ocho de su oponente. Brady encontraba a Cameron Brate completamente abierto para su tercer *touchdown* de la tarde. Pero las cosas no iban a ser sencillas, el MVP de la temporada no iba a arrojar la toalla tan pronto. Una intercepción de Brady fue la mantequilla de un sándwich de dos pases de *touchdown* de Rodgers que recortaron las distancias a cinco puntos, 28-23. Normalmente estoico en estas situaciones, Brady lanzó dos intercepciones más en el último cuarto, pero Shaquille Barrett resolvió la papeleta con sendos *sacks* en los siguientes dos *drives* de Green Bay. Finalmente, la ofensiva de Tampa se calmó y recorrió 44 yardas para poner al *kicker* Ryan Succop en disposición de anotar un *field goal*. 31-23 para los Bucs a menos de cinco minutos de la conclusión.

Los Packers tendrían la oportunidad de llevar el partido a la prórroga. Tres envíos completos de Rodgers pusieron la pelota en la yarda ocho de su oponente, punto en el que llegaron tres pases incompletos. En 4.ª y *goal*, el *head coach* de Green Bay, Matt LaFleur, debía tomar una decisión trascendental: buscar el *touchdown* del empate o chutar el *field goal* y esperar que la defensa neutralizase rápidamente al ataque de los Buccaneers. Lo segundo pudimos saber que no sería posible, lo primero quedará para siempre como una incógnita. Al contrario que Arians en la primera mitad, LaFleur no puso el destino de su equipo en las manos de su mejor jugador. Sin riesgo no hay galleta, y en este caso la galleta era el trofeo George Halas que se entrega al campeón de la Conferencia Nacional. Por segunda vez en su historia, Tampa Bay levantaba el prestigioso galardón. Por segundo año consecutivo, Rodgers y los Packers se quedaban a un paso de la Super Bowl. La decisión de LaFleur sería discutida durante semanas. El 5 de abril de 2021, durante la grabación del famoso *show* televisivo norteamericano ¡Jeopardy!, presentado por Rodgers, uno de los concursantes hizo referencia aquella jugada de marras del cuarto *down*: «¿Quién quería chutar aquel *field goal?*». Mientras la audiencia se reía a carcajadas, Rodgers comentaba: «Es una gran pregunta. Debería ser correcta, pero, por desgracia, en este juego de hoy es incorrecta».

Mientras levantaba el trofeo de campeón de la NFC por primera vez en su carrera, Brady señaló el esfuerzo que había hecho el equipo para imponerse a su rival. Habló de la dificultad de ganar tres partidos seguidos fuera de casa, pero que ahora tenían la recompensa de jugar la final en su propio estadio. Cuando ya había respondido más cuestiones de las necesarias, Brady le gritó al presentador de la FOX: «¡Vamos a sacar a otra gente aquí a hablar, venga!». A la solicitud de que saliera el *coach* Arians, su *quarterback* gritó en la celebración: «*Come on, baby!*», y le entregó el trofeo como si fuera un *handoff*, antes de irse a celebrarlo con sus compañeros. Unos minutos antes había lanzado tres intercepciones casi seguidas que habrían destruido la mentalidad de cualquiera; Brady, en cambio, saboreaba la victoria como si fuese la primera de su carrera y ya empezaba a pensar en el siguiente partido.

Los Buccaneers llegaron a la Super Bowl LV sin perder un partido desde el mes de noviembre. Su rival, los Kansas City Chiefs, fueron los responsables de esa derrota. Por primera vez en la historia de la final se verían las caras dos *quarterbacks* que ya habían sido MVP de la temporada regular y de la Super Bowl, Brady y la nueva sensación de la liga, Patrick Mahomes. Dieciocho años menor, Mahomes podía convertirse a sus veinticinco primaveras en el *quarterback* más joven en conquistar dos anillos. En aquel partido de *regular season*, los Chiefs construyeron una ventaja de 17-0 en el primer cuarto que fue imposible de recuperar para los Buccaneers. Sin embargo, su reacción en los minutos finales inspiró al comentarista de la CBS, Tony Romo, a pronunciar unas palabras proféticas: «Este encuentro bien podría ser el enfrentamiento de la Super Bowl en febrero». En aquel encuentro, el coordinador defensivo, Todd Bowles, realizó unos ajustes en el descanso que ralentizaron la poderosa ofensiva de Kansas City. Con eso *in mente*, la mejoría de la ofensiva y el hecho de jugar en casa, aunque fuera con menos apoyo del habitual, creció la confianza en unos Buccaneers que no eran favoritos en las casas de apuestas.

Fue la Super Bowl con menos público de la historia: apenas veinticinco mil espectadores pudieron presenciar el partido en directo. No obstante, en la temporada más caótica de todas fue el partido al que asistió más gente aquel año. Los cañones del emblemático barco del Raymond James Stadium solo sonaron en las presentaciones de los equipos y en el pospartido. Para la NFL, la final siempre ha de ser en terreno supuestamente neutral, así que no habría «disparos» tras una anotación de los Buccaneers, como es protocolario. El ataque de Tampa Bay no comenzó el encuentro con buen pie: sus dos primeros *drives* generaron ocho yardas en siete jugadas. Sin embargo, el primer cuarto fue un éxito por lo que demostró la defensa. Tras encajar 229 yardas de pase en los quince minutos iniciales del choque de *regular season*, Mahomes finalizó el cuarto número uno con apenas nueve yardas de vía aérea. Antes de que finalizara el periodo, Brady encontraba a Gronkowski para su decimotercer *touchdown* en *playoffs*, superando la plusmarca de Joe Montana y Jerry Rice. Incluso con cuarenta y tres años, Brady seguía batiendo récords de su ídolo de juventud. Era la primera vez en sus diez Super Bowls que lanzaba un pase de *touchdown* en el cuarto inaugural.

El segundo periodo mostró la peor cara de los campeones, que estaban a un par de horas de ceder su corona. Penalizaciones en defensa y equipos especiales fueron responsables de dos *touchdowns* más de Tampa Bay, mientras la ofensiva seguía sin encontrar el camino de la *end zone*. Brady tuvo un agitado intercambio con el *safety* Tyrann Mathieu. El nivel de frustración del defensor de los Chiefs fue creciendo a medida que los *snaps* pasaban, especialmente después de que una intercepción suya fuese anulada a causa de una penalización. Mathieu le dirigió un gesto de cuatro dedos con la mano a Brady, al que este respondió con un «¡voy a por ti!». Dicho y hecho, en la siguiente posesión, un pase en la *end zone* provocó una interferencia defensiva del *safety*, y en el siguiente *snap*, Brady conectó con Antonio Brown para su tercer *touchdown* de la noche. Por supuesto era Mathieu quien estaba en la cobertura. Tan pronto como Brown atrapó el balón, Brady corrió para decirle algo al oído al defensor. Mathieu respondió casi metiéndole un dedo en la máscara del casco, queriendo dar a entender que era la última vez que le decía eso. Brady, como el insaciable competidor que es, corrió hacia el *safety* para volver a decirle algo y quedarse así con la última palabra. Después del partido, Mathieu expresó en un tuit que lo que le dijo Brady era algo que no podía repetir, cosa que dio lugar a que se especulara con que le hubiera dedicado un insulto racista. El *quarterback* se disculparía, pero el tema quedaría zanjado cuando Michael Irvin, exjugador y ahora analista para NFL Network, lo desmintió cuando tuvo acceso al audio del intercambio. Polémicas aparte, el cuarto no pudo ser más productivo para los Buccaneers, que se marcharon al descanso 21-6 arriba.

Los Chiefs estaban muy acostumbrados a remontar situaciones adversas. En los *playoffs* del año anterior levantaron una desventaja de veinticuatro puntos ante los Houston Texans. Más tarde, en la Super Bowl LIV, firmaron un parcial de 21-0 en el último cuarto para dejar estupefactos a los San Francisco 49ers. En la final de conferencia previa al duelo contra Tampa Bay, habían recuperado nueve puntos sobre los Buffalo Bills. Sin embargo, esta vez la situación parecía distinta. Brady controlaba el encuentro muy bien en ofensiva, y lo peor es que Mahomes se veía cada vez más desbordado por el *rush* de los Buccaneers. Su línea ofensiva, compuesta por cuatro de cinco jugadores que no empezaron el año como titulares, se estaba cayendo a pedazos. Kansas City abriría el tercer cuarto con un nuevo *field goal* para colocarse a doce puntos, pero eso sería lo más cerca que volvería a estar de Tampa Bay. A continuación, Brady condujo a un preciso *drive* que culminó Leonard Fournette con una gran carrera. El resto de la Super Bowl fue una eterna agonía para Mahomes, que constantemente tuvo que escapar del *rush* rival. El *quarterback* registró la friolera de 497 yardas de distancia total recorrida, entre sus *dropbacks* y *scrambles*, hasta que soltó el balón o encajó un *sack*, en un continuo esfuerzo por encontrar una jugada que no llegaba. Y lo hizo con una dolorosa lesión en una articulación de la base del dedo gordo del pie (*turf toe*) que arrastraba desde el enfrentamiento de los *divisional playoffs*. El resultado final de 31-9 a favor de los Buccaneers dejó en evidencia a la mayoría de la gente que había hecho sus apuestas. Ciertamente, a pesar de las lesiones en la línea de ataque, nadie podría haber previsto que una ofensiva liderada por Mahomes no llegase siquiera al doble dígito de anotación. Fue algo que no le había pasado en dos temporadas en el instituto, tres en *college* o cuatro en los profesionales.

El plan de Bowles funcionó a la perfección. Atacó los puntos débiles de la protección de Kansas en las esquinas con diferentes juegos con los hombres del frente, salpicados por algún que otro *blitz* desde la secundaria para tener al oponente siempre alerta. En la cobertura, mantuvo más del ochenta por ciento de *snaps* a dos *safeties* profundos, evitó los *big-plays* de Tyreek Hill, que le costaron el partido de *regular season*, y ordenó al *linebacker* LaVonte David a ser extremadamente físico con Travis Kelce. Sabiendo que siempre tendría el apoyo de algún compañero por detrás de él, logró romper durante la mayor parte del choque la sincronía entre el *tight end* y Mahomes. El resultado, mezcla de táctica y ejecución, resultó magistral, algo que Brady había vivido muchas veces en su etapa con los Patriots.

El *quarterback* con el mejor récord de todos los tiempos había conseguido hacer revivir a la franquicia con el peor balance de la historia de la NFL. Tras vivir una temporada negativa con New England, tuvo que marcharse a Tampa Bay; heredó un registro de 7-9 del año 2019 y consiguió hacer campeón a un equipo perdedor. Y no lo hizo con Bill, sino con Bruce, que se convirtió en el *head coach* que ganaba una Super Bowl a una edad más avanzada. A la finalización del choque se fundieron en un abrazo. El *head coach* le dijo a su *quarterback*: «Sabía que esto acabaría así». Por supuesto, Brady también se convirtió en el jugador con más años que lograba el campeonato. Lo hizo conquistando de paso su quinto MVP de la final, al tiempo que intentaba sobreponerse a una lesión de rodilla que le lastró durante buena parte de la temporada y que le hizo pasar por el quirófano cuando acabó. Mientras les llovía encima el confeti de los campeones, Mahomes le dijo al oído: «Eres una leyenda, eres una leyenda».

En el podio, con el trofeo Vince Lombardi en su brazo derecho, Brady no se atrevió a clasificar este triunfo dentro de los acumulados a lo largo de su carrera. «Cada año es especial», explicó, antes de comentar lo que ya todos sabían a esas alturas: «¡Volveremos!». A la mañana siguiente de la Super Bowl, apenas unas horas después de dejar la fiesta del equipo, Brady llamó al entrenador de *quarterbacks*, Clyde Christensen, para decirle que el equipo tenía margen de mejora para el año siguiente. «Me dijo: "Oye, no te pude ver tras el partido. Quería agradecerte todo lo que has hecho esta temporada en este viaje tan increíble"», declaró Christensen para el *Tampa Bay Times*. «Lo segundo que me dijo fue: "Estaba aquí pensando…, creo que podemos ser mejores la próxima temporada. Creo que vamos a ser un mejor equipo". Ya estaba emocionado por 2021. Es increíble. Así es como funciona su mente.»

Y así es como se consigue un anillo de campeón para cada día de la semana.

En la cabeza de Tom Brady

SEXTA PARTE

*E*n el momento que se supo el destino de Tom Brady en 2020, la decisión trajo dudas entre los analistas del juego. Bruce Arians, entrenador de los Tampa Bay Buccaneers, era una gran mente ofensiva, pero su idea de *football* chocaba con lo que se había visto de Brady en sus últimos años en los Patriots.

Arians era un coordinador ofensivo agresivo en su juego y con un punto suicida en las decisiones sobre el campo. Los lanzamientos profundos estaban a la orden del día en su *playbook*, y eso era algo que no parecía encajar con el juego corto y controlado que había mostrado Brady en los esquemas de Belichick.

Una de las jugadas de cabecera en los ataques de Bruce Arians son los 3 verticales. Arians no es un entrenador que quiera extender sus *drives*. Él prefiere las jugadas que puedan generar grandes ganancias de yardas, y muy pocas hay mejores que la que manda a tres receptores campo abajo buscando la zona profunda. Para realizar este tipo de llamadas, el ataque necesita de máxima protección a su *quarterback*, y así darle tiempo suficiente a los receptores que recorren el emparrillado. Con todo esto, el concepto profundo de Arians necesita de hasta siete atacantes bloqueando el *pass-rush*.

Las tres rutas verticales pueden salir desde distintos *spots* del ataque. Sin embargo, hay una norma muy clara para el *quarterback*: la ruta interior le da la lectura adecuada para saber dónde ir con el pase. Esta ruta en el *playbook* de Arians se llama Delta y se juega dependiendo de cuántos hombres defiendan la zona profunda.

Si la defensa muestra un MOFO (medio del campo abierto, lo que significa dos *safeties* profundos), la ruta Delta atacará el medio de ambos defensores haciendo un corte hacia el interior para fijar a los *safeties*. Esta será la primera lectura del *quarterback* y el lanzamiento más probable. Si los *safeties* se cierran, el pasador buscará una de las rutas exteriores.

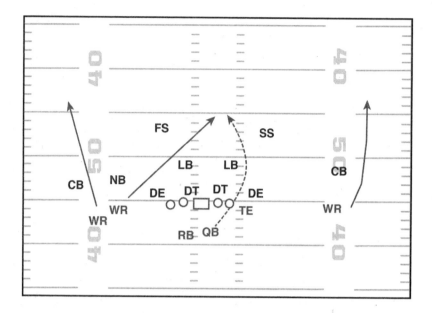

Si el equipo rival muestra una defensa MOFC (medio del campo cerrado, lo que significa un solo *safety* profundo), la ruta Delta servirá para congelar a ese defensor y evitar que pueda arrancar a una de las dos rutas exteriores, las cuales serán el objetivo del pase por parte del *quarterback*.

En la final de conferencia de la NFC frente a los Green Bay Packers, Arians y Brady encontraron el momento adecuado para jugar estos 3 verticales justo antes de que se acabara el segundo cuarto.

00.06 segundos en el reloj para llegar al descanso
1st&10
Yarda 39 de Packers

El ataque de Buccaneers formó en 3x1, con *bunch formation* en el lado izquierdo de la línea ofensiva y un solo receptor aislado en el lado derecho. Brady se situaba en *shotgun* con su *runningback* próximo a él.

El *tight end* de la *bunch formation* y el *running back* se quedarían en protección de pase, mientras que los tres *wide receivers* saldrían en rutas verticales. Mike Evans jugaría por el exterior desde la derecha, Chris Godwin correría por el interior la ruta Delta y Scotty Miller atacaría el exterior por el lado izquierdo.

Brady reconoció la defensa de un solo *safety* profundo que jugaba Packers, por lo que su primera lectura tendría que ir a una de las dos rutas exteriores. Evans estaba defendido por Jaire Alexander, excepcional *cornerback* quesero, así que el *quarterback* decidió buscar al otro *cornerback*, Kevin King.

Allí, Miller batió en profundo a su defensor y atrapó el maravilloso lanzamiento de Brady para anotar un *touchdown* que hizo mucho daño al equipo local y que marcó el camino a la victoria final.

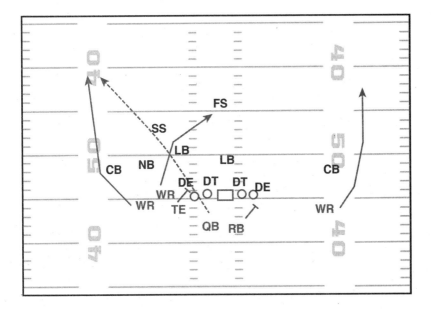

Brady supo adaptarse a Arians a lo largo de su primera temporada en Tampa, pero también fue capaz de hacer que el entrenador se ajustara a situaciones del juego donde el *quarterback* se sentía más cómodo.

Los genios siempre terminan entendiéndose.

Directorio estadístico

1997 - MICHIGAN WOLVERINES

FECHA	OPONENTE	COMP	ATT	%	Yds	TD	INT	LONG	ATT	Yds	TD	LONG
					Passing					Rushing		
13/09/1997	Colorado	2	2	100,0	26	0	0	17	0	0	0	0
20/09/1997	Baylor	4	5	80,0	18	0	0	7	0	0	0	0
4/10/1997	@ Indiana	6	8	75,0	59	0	0	26	1	-9	0	0
9/11/1997	@ Penn State	0	0	0,0	0	0	0	0	1	-5	0	0
TOTALES	0-0 W-L	12	15	80,0	103	0	0	76	2	-14	0	0

1998 - MICHIGAN WOLVERINES

FECHA	OPONENTE	COMP	ATT	%	Yds	TD	INT	LONG	ATT	Yds	TD	LONG
					Passing					Rushing		
5/09/1998	@ Notre Dame	23	36	63,9	267	0	0	51	5	-11	1	17
12/09/1998	Syracuse	13	24	54,2	104	1	1	20	1	-7	0	0
19/09/1998	Easter Michigan	14	19	73,7	128	1	1	34	0	0	0	0
26/09/1998	Michigan State	15	26	57,7	208	1	1	48	6	1	1	4
3/10/1998	@ Iowa	14	24	58,3	146	1	2	21	5	-10	0	2
17/10/1998	@ Northwestern	12	20	60,0	139	1	0	30	7	-9	0	3
24/10/1998	Indiana	18	27	66,7	210	2	1	51	4	-4	0	16
31/10/1998	@ Minnesota	19	27	70,4	282	1	0	76	8	-42	0	2
7/11/1998	Penn State	17	30	56,7	224	2	1	41	1	-2	0	0
14/11/1998	Wisconsin	15	24	62,5	202	1	1	32	6	7	0	6
21/11/1998	@ Ohio State	31	56	55,4	375	1	2	40	9	-29	0	3
28/11/1998	@Hawai	9	10	90,0	142	2	0	49	2	1	0	2
1/04/1999	Arkansas	14	27	51,9	209	1	2	33	5	-3	0	10
TOTALES	10-3 W-L	214	350	61,1	2.636	15	12	76	59	-108	2	17

1999 - MICHIGAN WOLVERINES

FECHA	OPONENTE	COMP	ATT	%	Yds	TD	INT	LONG	ATT	Yds	TD	LONG
					Passing					Rushing		
4/09/1999	@ Notre Dame	17	24	70,8	197	0	0	28	1	-7	0	0
11/09/1999	Rice	10	15	66,7	115	0	0	26	1	2	0	2
18/09/1999	@ Syracuse	5	10	50,0	26	0	0	9	0	0	0	0
25/09/1999	@ Wisconsin	17	27	63,0	217	2	1	40	4	-2	0	6
2/10/1999	Purdue	15	25	60,0	250	2	0	56	2	2	0	6
9/10/1999	@ Michigan State	30	41	73,2	285	2	0	37	0	0	0	0
23/10/1999	Illinois	23	38	60,5	307	2	2	32	7	-15	0	9
30/10/1999	@ Indiana	17	29	58,6	226	1	0	46	2	5	0	6
6/11/1999	Northwestern	12	23	52,2	185	3	0	45	0	0	0	0
13/11/1999	@ Penn State	17	36	47,2	259	2	3	35	10	-8	1	15
20/11/1999	Ohio State	17	27	63,0	150	2	0	32	7	-8	0	16
1/01/2000	Alabama	34	46	73,9	369	4	0	57	3	-16	0	0
TOTALES	10-2 W-L	214	341	62,8	2586	20	6	57	37	-47	1	16

2000 - NEW ENGLAND PATRIOTS

FECHA	OPONENTE	Passing							Rushing			
		COMP	ATT	%	Yds	TD	INT	LONG	ATT	Yds	TD	LONG
23/11/2000	@ Detroit	1	3	33,3	6	0	0	6	0	0	0	0
TOTALES	0-0 W-L	1	3	33,3	6	0	0	6	0	0	0	0

2001 - NEW ENGLAND PATRIOTS

FECHA	OPONENTE	Passing							Rushing		
		COMP	ATT	%	Yds	TD	INT	Sk	ATT	Yds	TD
23/09/2001	New York Nets	5	10	50,0	46	0	0	0	0	0	0
30/09/2001	Indianapolis	13	23	56,5	168	0	0	1	1	9	0
7/10/2001	@ Miami	12	24	50,0	86	0	0	4	2	9	0
14/10/2001	San Diego	33	54	61,1	364	2	0	3	1	0	0
21/10/2001	@ Indianapolis	16	20	80,0	202	3	0	0	2	-2	0
28/10/2001	@ Denver	25	38	65,8	203	2	4	2	2	-1	0
4/11/2001	@ Atlanta	21	31	67,7	250	3	0	3	3	0	0
11/11/2001	Buffalo	15	21	71,4	107	1	1	7	4	-1	0
18/11/2001	St. Louis	19	27	70,4	185	1	2	2	2	6	0
25/11/2001	New Orleans	19	26	73,1	258	4	0	4	4	14	0
2/12/2001	@ New York Jets	20	28	71,4	213	0	0	3	3	0	0
9/12/2001	Cleveland	19	28	67,9	218	0	2	3	4	-3	0
16/12/2001	@ Buffalo	19	35	54,3	237	0	1	5	3	13	0
22/12/2001	Miami	11	19	57,9	108	1	0	3	3	-5	0
6/01/2002	@ Carolina	17	29	58,6	198	1	2	1	1	2	0
Regular season	11-3 W-L	264	413	63,9	2.843	18	12	41	36	43	0
19/01/2002	Oakland	32	52	61,5	312	0	1	2	5	16	1
27/01/2002	@ Pittsburgh	12	18	66,7	115	0	0	2	2	3	0
3/02/2002	St. Louis	16	27	59,3	145	1	0	1	1	3	0
Playoffs	3-0 W-L	60	97	61,9	572	1	1	5	8	22	1

2002 - NEW ENGLAND PATRIOTS

FECHA	OPONENTE	Passing							Rushing		
		COMP	ATT	%	Yds	TD	INT	Sk	ATT	Yds	TD
9/09/2002	Pittsburgh	29	43	67,4	294	3	0	2	0	0	0
15/09/2002	@ New York Jets	25	35	71,4	269	2	1	0	2	5	0
22/09/2002	Kansas City	39	54	72,2	410	4	1	4	1	2	0
29/09/2002	@ San Diego	36	53	67,9	353	2	2	0	1	3	0
6/10/2002	@ Miami	17	31	54,8	240	2	2	3	1	0	0
13/10/2002	Green Bay	24	44	54,6	183	1	3	2	5	26	0
27/10/2002	Denver	15	29	51,7	130	1	0	5	2	5	0
3/11/2002	@ Buffalo	22	26	84,6	265	3	0	1	1	-1	0
10/11/2002	@ Chicago	36	55	65,5	328	3	1	2	3	16	0
17/11/2002	@ Oakland	18	30	60,0	172	0	0	4	1	1	0
24/11/2002	Minnesota	21	34	61,8	239	3	0	2	6	4	0
28/11/2002	@ Detroit	18	30	60,0	210	0	1	0	4	12	0
8/12/2002	Buffalo	15	27	55,6	183	2	0	0	5	-5	0
16/12/2002	@ Tennessee	14	29	48,3	134	0	1	3	2	10	1
22/12/2002	New York Nets	19	37	51,4	133	1	1	2	4	24	0
29/12/2002	Miami	25	44	56,8	221	1	1	1	4	8	0
Regular season	9-7 W-L	373	601	62,1	3.764	28	14	31	42	110	1

2003 - NEW ENGLAND PATRIOTS

FECHA	OPONENTE	COMP	ATT	%	Passing Yds	TD	INT	Sk	Rushing ATT	Yds	TD
7/09/2003	@ Buffalo	14	28	50,0	123	0	4	2	0	0	0
14/09/2003	@ Philadelphia	30	44	68,2	255	3	0	2	6	7	0
21/09/2003	New York Jets	15	25	60,0	181	3	0	5	3	-1	1
28/09/2003	@ Washington	25	38	65,8	289	2	3	1	1	2	0
5/10/2003	Tennessee	17	31	54,8	219	1	0	3	3	2	0
12/10/2003	New York Giants	8	21	38,1	112	0	0	2	3	0	0
19/10/2003	@ Miami	24	34	70,6	283	2	0	1	3	10	0
26/10/2003	Cleveland	20	33	60,6	259	0	0	1	2	-2	0
3/11/2003	@ Denver	20	35	57,1	350	3	1	0	2	-1	0
16/11/2003	Dallas	15	34	44,1	212	0	0	2	1	3	0
23/11/2003	@ Houston	29	47	61,7	368	2	2	4	6	15	0
30/11/2003	@ Indianapolis	26	35	74,3	236	2	2	2	2	-1	0
7/12/2003	Miami	16	31	51,6	163	0	0	3	2	-2	0
14/12/2003	Jacksonville	22	34	64,7	228	2	0	2	1	7	0
20/12/2003	@ New York Jets	15	25	60,0	138	2	0	0	2	1	0
27/12/2003	Buffalo	21	32	65,6	204	4	0	2	5	23	0
Regular season	14-2 W-L	317	527	60,2	3.620	23	12	32	42	63	1
10/01/2004	Tennessee	21	41	51,2	201	1	0	0	5	5	0
18/01/2004	Indianapolis	22	37	59,5	237	1	1	0	5	1	0
1/02/2004	Carolina	32	48	66,7	354	3	1	0	2	12	0
Playoffs	3-0 W-L	75	126	59,5	792	5	2	0	12	18	0

2004 - NEW ENGLAND PATRIOTS

FECHA	OPONENTE	COMP	ATT	%	Yds	TD	INT	Sk	ATT	Yds	TD
					Passing					Rushing	
9/09/2004	Idianapolis	26	38	68,4	335	3	1	2	1	-1	0
19/09/2004	@ Arizona	15	26	57,7	219	2	2	2	5	3	0
3/10/2004	@ Buffalo	17	30	56,7	298	2	0	0	2	2	0
10/10/2004	Miami	7	19	36,8	76	2	1	1	4	-1	0
17/10/2004	Seattle	19	30	63,3	231	1	1	1	3	7	0
24/10/2004	New York Jets	20	29	69,0	230	1	0	3	3	-3	0
31/10/2004	@ Pittsburgh	25	43	58,1	271	2	2	4	0	0	0
7/11/2004	@ St. Louis	18	31	58,1	234	2	0	2	3	1	0
14/11/2004	Buffalo	19	35	54,3	233	2	1	2	1	2	0
22/11/2004	@ Kansas City	17	26	65,4	315	1	0	1	5	-1	0
28/11/2004	Baltimore	15	30	50,0	172	0	0	1	3	3	0
5/12/2004	@ Cleveland	11	20	55,0	157	1	1	2	1	10	0
12/12/2004	Cincinnati	18	26	69,2	260	2	0	1	5	2	0
20/12/2004	@ Miami	18	29	62,1	171	3	4	2	2	-2	0
26/12/2004	@ New Yor Jets	21	32	65,6	264	2	0	1	4	3	0
2/01/2005	San Francisco	22	30	73,3	226	2	1	1	1	3	0
Regular season	14-2 W-L	288	474	60,8	3.692	28	14	26	43	28	0
16/01/2005	Indianapolis	18	27	66,7	144	1	0	3	4	6	1
20/01/2005	@ Pittsburgh	14	21	66,7	207	2	0	2	2	-2	0
6/02/2005	Philadelphia	23	33	69,7	236	2	0	2	1	-1	0
Playoffs	3-0 W-L	55	81	67,9	587	5	0	7	7	3	1

2005 - NEW ENGLAND PATRIOTS

FECHA	OPONENTE	COMP	ATT	%	Yds	TD	INT	Sk	ATT	Yds	TD
		Passing							Rushing		
8/09/2005	Oakland	24	38	63,2	306	2	0	0	3	-1	0
18/09/2005	@ Carolina	23	44	52,3	270	1	1	2	0	0	0
25/09/2005	@ Pittsburgh	31	41	75,6	372	0	1	3	0	0	0
2/10/2005	San Diego	19	32	59,4	224	1	1	1	2	4	0
9/10/2005	@ Atlanta	22	27	81,5	350	3	1	1	1	1	0
16/10/2005	@ Denver	24	46	52,2	299	1	0	0	1	12	0
30/10/2005	Buffalo	14	21	66,7	199	1	0	3	1	4	0
7/11/2005	Indianapolis	22	33	66,7	265	3	0	1	1	-1	0
13/11/2005	@ Miami	21	36	58,3	275	2	2	2	1	-1	0
20/11/2005	New Orleans	15	29	51,7	222	3	0	3	1	5	0
27/11/2005	@ Kansas City	22	40	55,0	248	1	4	3	1	15	0
4/12/2005	New York Jets	27	37	73,0	271	0	0	2	4	19	0
11/12/2005	@ Buffalo	29	38	76,3	329	2	2	1	4	17	1
17/12/2005	Tampa Bay	20	31	64,5	258	3	0	1	3	6	0
26/12/2005	@ New York Jets	18	29	62,1	185	2	1	3	3	7	0
1/01/2006	Miami	3	8	37,5	37	1	1	0	1	2	0
Regular season	10-6 W-L	334	530	63,0	4.110	26	14	26	27	89	1
16/01/2006	Jacksonville	15	27	55,6	201	3	0	4	2	9	0
23/01/2006	@ Denver	20	36	55,6	341	1	2	0	1	-1	0
Playoffs	1-1 W-L	35	63	55,6	542	4	2	4	3	8	0

2006 - NEW ENGLAND PATRIOTS

FECHA	OPONENTE	COMP	ATT	%	Yds	TD	INT	Sk	ATT	Yds	TD
				Passing					Rushing		
10/09/2006	Buffalo	11	23	47,8	163	2	1	3	5	3	0
17/09/2006	@ New York Jets	15	29	51,7	220	1	1	1	1	-1	0
24/09/2006	Denver	31	55	56,4	320	1	0	0	2	7	0
1/10/2006	@ Cincinnati	15	26	57,7	188	2	1	0	2	21	0
8/10/2006	Miami	16	29	55,2	140	2	0	1	4	-3	0
22/10/2006	@ Buffalo	18	27	66,7	195	2	0	4	2	2	0
30/10/2006	@ Minnesota	29	43	67,4	372	4	1	3	1	1	0
5/11/2006	Indianapolis	20	35	57,1	201	0	4	0	3	13	0
12/11/2006	New York Jets	24	36	66,7	253	1	1	4	0	0	0
19/11/2006	@ Green Bay	20	31	64,5	244	4	0	1	4	6	0
26/11/2006	Chicago	22	33	66,7	267	1	2	0	6	12	0
3/12/2006	Detroit	27	38	71,1	305	0	1	2	6	9	0
10/12/2006	@ Miami	12	25	48,0	78	0	0	4	0	0	0
17/12/2006	Houston	16	23	69,6	109	2	0	1	2	2	0
24/12/2006	@ Jacksonville	28	39	71,8	249	1	0	1	10	31	0
31/12/2006	@ Tennessee	15	24	62,5	225	1	0	1	1	-1	0
Regular season	12-4 W-L	319	516	61,8	3.529	24	12	26	49	102	0
7/01/2007	New York Jets	22	34	64,7	212	2	0	1	2	14	0
14/01/2007	@ San Diego	27	51	52,9	280	2	3	2	2	3	0
21/02/2007	@ Indianapolis	21	34	61,8	232	1	1	1	4	1	0
Playoffs	2-1 W-L	70	119	58,8	724	5	4	4	8	18	0

2007 - NEW ENGLAND PATRIOTS

FECHA	OPONENTE	COMP	ATT	%	Yds	TD	INT	Sk	ATT	Yds	TD
				Passing					Rushing		
9/09/2007	@ New York Jets	22	28	78,6	297	3	0	0	1	4	0
16/09/2007	San Diego	25	25	80,7	279	3	1	2	1	2	0
23/09/2007	Buffalo	23	23	79,3	311	4	0	1	1	2	0
1/10/2007	@ Cincinnati	25	25	78,1	231	3	1	0	2	-2	0
7/10/2007	Cleveland	22	22	57,9	265	3	0	0	0	0	0
14/10/2007	@ Dallas	31	31	67,4	388	5	0	3	3	5	0
21/10/2007	@Miami	21	21	84,0	354	6	0	1	0	0	0
28/10/2007	Washington	29	29	76,3	306	3	0	1	4	14	2
4/11/2007	@ Indianapolis	21	21	65,6	255	3	2	2	5	14	0
18/11/2007	@ Buffalo	31	31	79,5	373	5	0	0	2	9	0
25/11/2007	Philadelphia	34	34	63,0	380	1	0	3	3	16	0
3/12/2007	@ Baltimore	18	18	47,4	257	2	1	3	2	14	0
9/12/2007	Pittsburgh	32	32	69,6	399	4	0	0	1	4	0
16/12/2007	New Yor Jets	14	14	51,9	140	0	1	1	4	9	0
23/12/2007	Miami	18	18	54,6	215	3	2	3	4	11	0
29/12/2007	@ New York Giants	32	32	76,2	356	2	0	1	4	-4	0
Regular season	16-0 W-L	398	578	68,9	4.806	50	8	21	37	98	2
12/01/2008	Jacksonville	26	28	92,9	262	3	0	1	2	1	0
20/01/2008	San Diego	22	33	66,7	209	2	3	2	2	-2	0
3/02/2008	New York Giants	29	48	60,4	266	1	0	5	0	0	0
Playoffs	2-1 W-L	77	109	70,6	737	6	3	8	4	-1	0

2008 - NEW ENGLAND PATRIOTS

FECHA	OPONENTE	COMP	ATT	%	Yds	TD	INT	Sk	ATT	Yds	TD
				Passing					Rushing		
7/09/2008	Kansas City	7	11	63,6	76	0	0	0	0	0	0
Regular season	1-0 W-L	7	11	63,6	76	0	0	26	0	0	0

2009 - NEW ENGLAND PATRIOTS

FECHA	OPONENTE	Passing							Rushing		
		COMP	ATT	%	Yds	TD	INT	Sk	ATT	Yds	TD
14/09/2009	Buffalo	39	53	73,6	378	2	1	1	1	9	0
20/09/2009	@ New York Jets	23	47	48,9	216	0	1	0	1	2	0
27/09/2009	Atlanta	25	42	59,5	277	1	0	0	3	0	0
4/10/2009	Baltimore	21	32	65,6	258	1	0	3	5	11	1
11/10/2009	@ Denver	19	33	57,6	215	2	0	1	1	-1	0
18/10/2009	Tennessee	29	34	85,3	380	6	0	2	0	0	0
25/10/2009	@ Tampa Bay	23	32	71,9	308	3	2	1	1	5	0
8/11/2009	Miami	225	37	67,6	332	1	1	2	1	5	0
15/11/2009	@ Indianapolis	29	42	69,1	375	3	1	2	3	3	0
22/11/2009	New York Jets	28	41	68,3	310	1	0	2	4	9	0
30/11/2009	@ New Orleans	21	36	58,3	237	0	2	1	1	2	0
6/12/2009	@ Miami	19	29	65,5	352	2	2	0	0	0	0
13/12/2009	Carolina	19	32	59,4	192	1	1	0	2	-2	0
20/12/2009	@ Buffalo	11	23	47,8	115	1	1	0	4	-3	0
27/12/2009	Jacksonville	23	26	88,5	267	4	0	0	2	4	0
3/01/2010	@ Houston	17	26	65,4	186	0	1	1	0	0	0
Regular season	10-6 W-L	371	565	65,7	4.398	28	13	16	29	44	1
10/01/2010	Baltimore	23	42	54,8	154	2	3	3	0	0	0
Playoffs	0-1 W-L	23	42	54,8	154	2	3	3	0	0	0

2010 - NEW ENGLAND PATRIOTS

FECHA	OPONENTE	Passing							Rushing		
		COMP	ATT	%	Yds	TD	INT	Sk	ATT	Yds	TD
12/09/2010	Cincinnati	25	35	71,4	258	3	0	0	0	0	0
19/09/2010	@ New York Jets	20	36	55,6	248	2	2	1	0	0	0
26/09/2010	Buffalo	21	27	77,8	252	3	0	1	4	6	0
4/10/2010	@ Miami	19	24	79,2	153	1	0	3	5	6	0
17/10/2010	Baltimore	27	44	61,4	292	1	2	3	2	1	0
24/10/2010	@ San Diego	19	32	59,4	159	1	0	4	2	1	0
31/10/2010	Minnesota	16	27	59,3	240	1	0	0	4	-3	0
7/11/2010	@ Cleveland	19	36	52,8	224	2	0	1	1	1	0
14/11/2010	@ Pittsburgh	30	43	69,8	350	3	0	0	1	3	1
21/11/2010	Indianapolis	19	25	76,0	186	2	0	1	4	-2	0
25/11/2010	@ Detroit	21	27	77,8	341	4	0	1	4	1	0
6/12/2010	New York Jets	21	29	72,4	326	4	0	3	1	3	0
12/12/2010	@ Chicago	27	40	67,5	369	2	0	3	0	0	0
19/12/2010	Green Bay	15	24	62,5	163	2	0	3	0	0	0
26/12/2010	@ Buffalo	15	27	55,6	140	3	0	1	3	13	0
2/01/2011	Miami	10	16	62,5	199	2	0	0	0	0	0
Regular season	14-2 W-L	324	492	65,9	3.900	36	4	25	31	30	1
16/01/2011	New York Jets	29	45	64,4	299	2	1	1	2	2	0
Playoffs	0-1 W-L	29	45	64,4	299	2	1	1	2	2	0

2011 - NEW ENGLAND PATRIOTS

FECHA	OPONENTE	Passing							Rushing		
		COMP	ATT	%	Yds	TD	INT	Sk	ATT	Yds	TD
12/09/2011	@ Miami	32	48	66,7	517	4	1	1	1	3	0
18/09/2011	San Diego	31	40	77,5	423	3	0	2	2	3	0
25/09/2011	@ Buffalo	30	45	66,7	387	4	4	0	1	5	0
2/10/2011	@ Oakland	16	30	53,3	226	2	0	1	1	-1	0
9/10/2011	New York Jets	24	33	72,7	321	1	1	4	1	3	0
16/10/2011	Dallas	27	41	65,6	289	2	2	3	4	17	0
30/10/2011	@ Pittsburgh	24	35	68,6	198	2	0	3	0	0	0
6/11/2011	New York Giants	28	49	57,1	342	2	2	2	1	5	0
13/11/2011	@ New York Jets	26	39	66,7	329	3	0	0	3	2	0
21/11/2011	Kansas City	15	27	55,6	234	2	0	3	2	10	0
27/11/2011	@ Philadelphia	24	34	70,6	361	3	0	1	5	28	0
4/12/2011	Indianapolis	29	38	76,3	289	2	0	1	3	7	0
11/12/2011	@ Washington	22	37	59,5	357	3	1	1	4	8	0
18/12/2011	@ Denver	23	34	67,7	320	2	0	2	6	2	1
24/12/2011	Miami	27	46	58,7	304	1	0	4	9	17	2
1/01/2012	Buffalo	23	35	65,7	338	3	1	4	0	0	0
Regular season	13-3 W-L	401	611	65,6	5.235	39	12	32	43	109	3
14/01/2012	Denver	26	34	76,5	363	6	1	0	3	8	0
22/01/2012	Baltimore	22	36	61,1	239	0	2	1	6	2	1
5/02/2012	New York Giants	27	41	65,9	276	2	1	2	0	0	0
Playoffs	2-1 W-L	75	111	67,6	878	8	4	3	9	10	1

2012 - NEW ENGLAND PATRIOTS

| FECHA | OPONENTE | Passing | | | | | | Rushing | | |
		COMP	ATT	%	Yds	TD	INT	Sk	ATT	Yds	TD
9/09/2012	@ Tennessee	23	31	74,2	236	2	0	1	2	1	0
16/09/2012	Arizona	28	46	60,9	316	1	1	4	1	-1	0
23/09/2012	@ Baltimore	28	41	68,3	335	1	0	2	2	7	0
30/09/2012	@ Buffalo	22	36	61,1	340	3	0	1	1	4	1
7/10/2012	Denver	23	31	74,2	223	1	0	4	4	-2	1
14/10/2012	@ Seattle	36	58	62,1	395	2	2	1	0	0	0
21/10/2012	New York Jets	26	42	61,9	259	2	0	1	0	0	0
28/10/2012	@ St. Louis	23	35	65,7	304	4	0	0	1	3	0
11/11/2012	Buffalo	23	38	60,5	237	2	0	1	1	-1	0
18/11/2012	Indianapolis	24	35	68,6	331	3	0	0	0	0	0
22/11/2012	@ New York Jets	18	27	66,7	323	3	0	0	3	5	1
2/12/2012	@ Miami	24	40	60,0	238	1	1	4	4	-1	0
10/12/2012	Houston	21	35	60,0	296	4	0	1	1	6	0
16/12/2012	San Francisco	36	65	55,4	443	1	2	3	3	11	1
23/12/2012	@ Jacksonville	24	41	58,5	267	2	2	3	0	0	0
30/12/2012	Miami	22	36	61,1	284	2	0	1	0	0	0
Regular season	12-4 W-L	401	637	63,0	4.827	34	8	27	23	32	4
13/01/2013	Houston	25	40	62,5	344	3	0	1	1	-1	0
20/01/2013	Baltimore	29	54	53,7	320	1	2	0	2	5	0
Playoffs	1-1 W-L	54	94	57,5	664	4	2	1	3	4	0

2013 - NEW ENGLAND PATRIOTS

FECHA	OPONENTE	COMP	ATT	%	Yds	TD	INT	Sk	ATT	Yds	TD
					Passing					Rushing	
8/09/2013	@ Buffalo	29	52	55,8	288	2	1	3	4	-4	0
12/09/2013	New York Jets	19	39	48,7	185	1	0	1	2	-2	0
22/09/2013	Tampa Bay	25	36	69,4	225	2	1	3	5	5	0
29/09/2013	@ Atlanta	20	31	64,5	316	2	0	0	5	-2	0
6/10/2013	@ Cincinnati	18	38	47,4	197	0	1	4	0	0	0
13/10/2013	New Orleans	25	43	58,1	269	1	1	5	2	16	0
20/10/2013	@ New York Jets	22	46	47,8	228	0	1	4	0	0	0
27/10/2013	Miami	13	22	59,1	116	1	1	3	4	5	0
3/11/2013	Pittsburgh	23	33	69,7	432	4	0	3	1	-1	0
18/11/2013	@ Carolina	29	40	72,5	296	1	1	2	1	3	0
24/11/2013	Denver	34	50	68,0	344	3	0	3	2	0	0
1/12/2013	@ Houston	29	41	70,7	371	2	1	1	0	0	0
8/12/2013	Cleveland	32	52	61,5	418	2	1	4	2	1	0
15/12/2013	@ Miami	34	55	61,8	364	2	1	1	0	0	0
22/12/2013	@ Baltimorre	14	26	53,9	172	1	0	2	0	0	0
29/12/2013	Buffalo	14	24	58,3	122	1	1	1	4	-3	0
Regular season	12-4 W-L	380	628	60,5	4.343	25	11	40	32	18	0
11/01/2014	Indianapolis	13	25	52,0	198	0	0	2	1	-1	0
19/01/2014	Denver	24	38	63,2	277	1	0	2	2	7	1
Playoffs	1-1 W-L	37	63	58,7	475	1	0	4	3	6	1

2014 - NEW ENGLAND PATRIOTS

FECHA	OPONENTE	Passing							Rushing		
		COMP	ATT	%	Yds	TD	INT	Sk	ATT	Yds	TD
7/09/2014	@ Miami	29	56	51,8	249	1	0	4	1	3	0
14/09/2014	@ Minnesota	14	21	66,7	149	1	0	1	1	0	0
21/09/2014	Oakland	24	37	64,9	234	1	0	2	3	-7	0
29/09/2014	@ Kansas City	14	23	60,9	159	1	2	2	0	0	0
5/10/2014	Cincinnati	23	35	65,7	292	2	0	1	4	13	0
12/10/2014	@ Buffalo	27	37	73,0	361	4	0	2	4	3	0
16/10/2014	New York Jets	20	37	54,1	261	3	0	1	0	0	0
26/10/2014	Chicago	30	35	85,7	354	5	0	0	2	0	0
2/11/2014	Denver	33	53	62,3	333	4	1	1	2	4	0
16/11/2014	@ Indianapolis	19	30	63,3	257	2	2	0	2	-2	0
23/11/2014	Detroit	38	53	71,7	349	2	1	0	0	0	0
30/11/2014	@ Green Day	22	35	62,9	245	2	0	1	1	-1	0
7/12/2014	@ San Diego	28	44	63,6	317	2	1	1	4	7	0
14/12/2014	Miami	21	35	60,0	287	2	1	0	3	18	0
21/12/2014	@ New York Jets	23	35	65,7	182	1	1	4	7	10	0
28/12/2014	Buffalo	8	16	50,0	80	0	0	1	2	9	0
Regular season	12-4 W-L	373	582	64,1	4.109	33	9	21	36	57	0
10/01/2015	Baltimore	33	50	66,0	367	3	1	2	6	0	1
18/01/2015	Indianapolis	23	35	65,7	226	3	1	1	3	13	0
1/02/2015	Seattle	37	50	74,0	328	4	2	1	2	-3	0
Playoffs	3-0 W-L	93	135	68,9	921	10	4	4	11	10	1

2015 - NEW ENGLAND PATRIOTS

		Passing							Rushing		
FECHA	OPONENTE	COMP	ATT	%	Yds	TD	INT	Sk	ATT	Yds	TD
10/09/2015	Pittsburgh	25	32	78,1	288	4	0	2	3	1	0
20/09/2015	@ Buffalo	38	59	64,4	466	3	0	2	3	-4	0
27/09/2015	Jacksonville	33	42	78,6	358	2	0	2	2	4	0
11/10/2015	@ Dallas	20	27	74,1	275	2	0	5	2	3	1
18/10/2015	@ Idianapolis	23	37	62,2	312	3	1	2	4	0	0
25/10/2015	New York Jets	34	54	63,0	355	2	0	3	4	15	1
29/10/2015	Miami	26	38	68,4	356	4	0	2	1	1	0
8/11/2015	Washington	26	39	66,7	299	2	1	0	1	-1	0
15/11/2015	@ New York Giants	26	42	61,9	334	2	1	3	2	9	0
23/11/2015	Buffalo	20	39	51,3	277	1	1	1	0	0	0
29/11/2015	@ Denver	23	42	54,8	280	3	0	3	0	0	0
6/12/2015	Philadelphia	29	56	51,8	312	3	2	4	6	17	1
13/12/2015	@ Houston	22	30	73,3	226	2	0	3	4	10	0
20/12/2015	Tennessee	23	35	65,7	267	2	0	2	0	0	0
27/12/2015	@ New York Jets	22	31	71,0	231	1	1	2	1	-1	0
3/01/2016	@ Miami	12	21	57,1	134	0	0	2	1	-1	0
Regular season	12-4 W-L	402	624	64,4	4.770	36	7	38	34	53	3
16/01/2016	Kansan City	28	42	66,7	302	2	0	0	6	6	1
24/01/2016	@ Denver	27	56	48,2	310	1	2	4	3	13	0
Playoffs	1-1 W-L	55	98	56,1	612	3	2	4	9	19	1

2016 - NEW ENGLAND PATRIOTS

FECHA	OPONENTE	COMP	ATT	%	Yds	TD	INT	Sk	ATT	Yds	TD
			Passing						Rushing		
9/10/2016	@ Cleveland	28	40	70,0	406	3	0	1	2	14	0
16/10/2016	Cincinnati	29	35	82,9	376	3	0	3	2	2	0
23/10/2016	@ Pittsburgh	19	26	73,1	222	2	0	0	5	13	0
30/10/2016	@ Buffalo	22	33	66,7	315	4	0	4	1	15	0
13/11/2016	Seattle	23	32	71,9	316	0	1	2	5	7	0
20/11/2016	@ San Francisco	24	40	60,0	280	4	0	1	4	12	0
27/11/2016	@ New York Jets	30	50	60,0	286	2	0	0	3	-4	0
4/12/2016	LA Rams	33	46	71,7	269	1	0	0	3	1	0
12/12/2016	Baltimore	25	38	65,8	406	3	1	1	1	-1	0
18/12/2016	@ Denver	16	32	50,0	188	0	0	2	1	-1	0
24/12/2016	New York Jets	17	27	63,0	214	3	0	1	0	0	0
1/01/2017	@ Miami	25	33	75,8	276	3	0	0	1	6	0
Regular season	11-1 W-L	291	432	67,4	3.554	28	2	15	28	64	0
14/01/2017	Houston	18	38	47,4	287	2	2	2	4	-1	0
22/01/2017	Pittsburgh	32	42	76,2	384	3	0	2	4	-1	0
5/02/2017	Atlanta	43	62	69,4	466	2	1	5	1	15	0
Playoffs	3-0 W-L	93	142	65,5	1.137	7	3	9	9	13	0

2017 - NEW ENGLAND PATRIOTS

FECHA	OPONENTE	Passing							Rushing		
		COMP	ATT	%	Yds	TD	INT	Sk	ATT	Yds	TD
7/09/2017	Kansas City	16	36	44,4	267	0	0	3	2	0	0
17/09/2017	@ New Orleans	30	39	76,9	447	3	0	2	2	9	0
24/09/2017	Houston	25	35	71,4	378	5	0	5	1	6	0
1/10/2017	Carolina	32	45	71,1	307	2	0	3	1	2	0
5/10/2017	@ Tampa Bay	30	70	75,0	303	1	1	3	2	5	0
15/10/2017	@ New York Jets	20	38	52,6	257	2	1	0	1	-1	0
22/10/2017	Atlanta	21	29	72,4	249	2	0	2	5	5	0
29/10/2017	LA Chargers	32	47	68,1	333	1	0	3	1	2	0
12/11/2017	@ Denver	25	34	73,5	266	3	0	1	1	0	0
19/11/2017	@ Oakland	30	37	81,1	340	3	0	1	0	0	0
26/11/2017	Miami	18	28	64,3	227	4	1	1	5	-4	0
3/12/2017	@ Buffalo	21	30	70,0	258	0	1	3	0	0	0
11/12/2017	@ Miami	24	43	55,8	233	1	2	2	0	0	0
17/12/2017	@ Pittsburgh	22	35	62,9	298	1	1	2	2	-2	0
24/12/2017	Buffalo	21	28	75,0	224	2	1	2	2	6	0
31/12/2017	New York Jets	18	37	48,7	190	2	0	2	0	0	0
Regular season	13-3 W-L	385	581	66,3	4.577	32	8	35	25	28	0
13/01/2018	Tennessee	35	53	66,0	337	3	0	0	1	2	0
21/01/2018	Jacksonville	26	38	68,4	290	2	0	3	5	0	0
4/02/2018	Philadelphia	28	48	58,3	505	3	0	1	1	6	0
Playoffs	2-1 W-L	89	139	64,0	1.132	8	0	4	7	8	0

2018 - NEW ENGLAND PATRIOTS

FECHA	OPONENTE	Passing							Rushing		
		COMP	ATT	%	Yds	TD	INT	Sk	ATT	Yds	TD
9/09/2018	Houston	26	39	66,7	277	3	1	2	1	2	0
16/09/2018	@ Jacksonville	24	35	68,6	234	2	0	2	3	10	0
23/09/2018	@ Detroit	14	26	53,9	133	1	1	2	1	2	0
30/09/2018	Miami	23	35	65,7	274	3	2	0	0	0	0
4/10/2018	Indianapolis	34	44	77,3	341	3	2	0	3	-1	1
14/10/2018	Kansas City	24	35	68,6	340	1	0	2	3	2	1
21/10/2018	@ Chicago	25	36	69,4	277	3	1	1	1	6	0
29/10/2018	@ Buffalo	29	45	64,4	324	0	0	2	1	8	0
4/11/2018	Green Bay	22	35	62,9	294	1	0	2	5	-1	0
11/11/2018	@ Tennessee	21	41	51,2	254	0	0	3	1	0	0
25/11/2018	@ New York Jets	20	31	64,5	283	2	0	0	1	-1	0
2/12/2018	Minnesota	24	32	75,0	311	1	1	0	2	5	0
9/12/2018	@ Miami	27	43	62,8	358	3	0	2	1	3	0
16/12/2018	@ Pittsburgh	25	36	69,4	279	1	1	1	0	0	0
23/12/2018	Buffalo	13	24	54,2	126	1	2	1	0	0	0
30/12/2018	New York Jets	14	33	72,7	250	4	0	1	0	0	0
Regular season	11-5 W-L	375	570	65,8	4.355	29	11	21	23	35	2
13/01/2019	LA Chargers	34	44	77,3	343	1	0	0	2	-1	0
20/01/2019	@ Kansas City	30	46	65,2	348	1	2	0	1	-1	0
3/02/2019	LA Rams	21	35	60,0	262	0	1	1	1	-2	0
Playoffs	3-0 W-L	85	125	68,0	953	2	3	1	5	-4	0

2019 - NEW ENGLAND PATRIOTS

FECHA	OPONENTE	Passing							Rushing		
		COMP	ATT	%	Yds	TD	INT	Sk	ATT	Yds	TD
8/09/2019	Pittsburgh	24	36	66,7	341	3	0	1	0	0	0
15/09/2019	@ Miami	20	28	71,4	264	2	0	2	2	1	1
22/09/2019	New York Jets	28	42	66,7	306	2	0	0	2	-1	0
29/09/2019	@ Buffalo	18	39	46,2	150	0	1	0	3	-3	0
6/10/2019	@ Washington	28	42	66,7	348	3	1	4	0	0	2
10/10/2019	New York Giants	31	41	75,6	334	0	1	3	7	6	0
21/10/2019	@ New York Jets	31	45	68,9	249	1	1	0	0	0	0
27/10/2019	Cleveland	20	36	55,6	259	2	0	3	0	0	0
3/11/2019	@ Baltimore	30	46	65,2	285	1	1	2	0	0	0
17/11/2019	@ Philadelphia	26	47	55,3	216	0	0	1	1	-1	0
24/11/2019	Dallas	17	37	46,0	190	1	0	2	2	-3	0
1/12/2019	@ Houston	24	47	51,1	326	3	1	3	1	13	0
8/12/2019	Kansas City	19	36	52,8	169	1	1	3	2	20	0
15/12/2019	@ Cincinnati	15	29	51,7	128	2	0	2	2	-2	0
21/12/2019	Buffalo	26	33	78,8	271	1	0	0	4	4	0
29/12/2019	Miami	16	29	55,2	221	2	1	1	0	0	0
Regular season	12-4 W-L	373	613	60,9	4.057	24	8	27	26	34	3
4/01/2020	Tennessee	20	37	54,1	209	0	1	0	0	0	0
Playoffs	0-1 W-L	20	37	54,1	209	0	1	0	0	0	0

2020 - TAMPA BAY BUCCANEERS

FECHA	OPONENTE	COMP	ATT	%	Yds	TD	INT	Sk	ATT	Yds	TD
					Passing					Rushing	
13/09/2020	@ New Orleans	23	36	63,9	239	2	2	3	3	9	1
20/09/2020	Carolina	23	35	65,7	217	1	1	0	1	0	0
27/09/2020	@ Denver	25	38	65,8	297	3	0	2	5	0	0
4/10/2020	LA Chargers	30	46	65,2	369	5	1	0	3	-3	0
8/10/2020	@ Chicago	25	41	61,0	253	1	0	3	3	0	0
18/10/2020	Green Bay	17	27	63,0	166	2	0	0	0	0	0
25/10/2020	@ Las Vegas	33	45	73,3	369	4	0	0	1	1	1
2/11/2020	@ New York Giants	28	40	70,0	279	2	0	2	1	-1	0
8/11/2020	New Orleans	22	38	57,9	209	0	3	3	0	0	0
15/11/2020	@ Carolina	28	39	71,8	341	3	0	1	2	2	1
23/11/2020	LA Rams	26	48	54,2	216	2	2	1	0	0	0
29/11/2020	Kansas City	27	41	65,9	345	3	2	1	1	-1	0
13/12/2020	Minnesota	15	23	65,2	196	2	0	0	3	-2	0
20/12/2020	@ Atlanta	31	45	689	390	2	0	3	2	-2	0
29/12/2020	@ Detroit	22	27	81,5	348	4	0	1	0	0	0
3/01/2021	Atlanta	26	41	63,4	399	4	1	1	5	3	0
Regular season	11-5 W-L	401	610	65,7	4.633	40	12	21	30	6	3
9/01/2021	@ Washington	22	40	55,0	381	2	0	3	3	-2	0
17/01/2021	@ New Orleans	18	33	54,6	199	2	0	1	5	2	1
24/01/2021	@ Green Bay	20	36	55,6	280	3	3	1	1	-1	0
7/02/2021	Kansas City	21	29	72,4	201	3	0	1	4	-2	0
Playoffs	4-0 W-L	81	138	58,7	1.061	10	3	6	13	-3	1

EPÍLOGO

Veía jugar en mi posición a chicos con mucho talento todos los domingos. Sin embargo, ellos no podían alcanzar la excelencia. Yo tenía algo que ellos no. Yo tenía al *coach* Belichick. Todos los martes de la semana de partido, nos reuníamos y repasábamos la alineación defensiva inicial. Analizábamos juntos sus fortalezas y sus debilidades. Así me hacía ver las cosas que él veía para poder tener confianza y anticiparme a lo que el rival me iba a proponer.

Cuando has jugado veinte años en el mismo terreno de juego, conoces al dedillo todos sus rincones. Te habitúas a las mismas rutinas cada día. Saludas a los trabajadores del recinto al entrar, dejas el coche en el mismo sitio, recorres los mismos pasillos hasta llegar a tu sitio en el vestuario, te vistes con el uniforme de tu equipo y sales al campo siguiendo un ritual idéntico cada vez. Llega el momento en el que ni piensas en ello, ya que todo se hace mecánico. Forma parte de tu vida, de la misma vida que has seguido desde que en el verano de 2000 te pusiste el casco de los New England Patriots. Pero ese día, el 3 de octubre de 2021, no era igual a los demás.

Era el mismo estadio, por supuesto. Eran los mismos trabajadores, quizá con alguna cara nueva. Eran los mismos pasillos y el mismo olor de siempre, pero el camino al vestuario era distinto. Era uno que nunca había recorrido en esos veinte años. De repente, Tom Brady se dio cuenta de que esa ya no era su casa. Todo se veía igual, ciertamente, pero lo percibía de una manera distinta. De una manera que nunca había sentido antes y que le decía, desde lo más profundo de su ser, que ya no podría llamarlo «hogar». Al menos, no de momento.

Durante los días previos a este partido, su cabeza había estado divagando sobre algunas de las cosas que lo habían llevado hasta donde se encontraba en ese instante. Brady no quería distraerse con absolutamente nada que no fuese el juego. No había nadie que conociese a su rival del próximo domingo como él, así que tenía claro que cualquier detalle sería vital para llevarse la victoria. Sin embargo, el *quarterback* de los Tampa Bay Buccaneers no podía dejar de lado su corazón. Nunca ha ocultado ser una persona muy emocional, por lo que, aunque su experiencia le sirviese como escudo ante sus sentimientos, era consciente de que estos encontrarían alguna grieta por donde salir cuando pisase de nuevo el césped del Gillette Stadium. Su única preocupación consistía en saber cuánto tiempo tardarían en volver a esconderse; cualquier descuido provocaría un error quizá irreparable frente al equipo de Bill Belichick.

Llegados a este punto, todo el mundo conocía su relación con su exentrenador. Ambos habían tenido palabras bonitas para con el otro durante las ruedas de prensa previas al encuentro, pero lo que de verdad pensaban el uno del otro era algo bien distinto. Aunque el principal objetivo de ambos para este partido era llevarse la victoria, su carácter competitivo escondía un premio mayor: la certeza de que uno habría prevalecido por encima del otro.

Daba igual los títulos que ganase cada uno después de la salida de Brady de Foxboro. En este partido, se enfrentaban directamente el uno contra el otro. La que era probablemente la mejor mente defensiva de la historia de la NFL contra el posiblemente mejor *quarterback* en los más de cien años de la historia de la liga. El mentor y el aprendiz. El maestro y el alumno. El duelo, como no podía ser de otra manera, iba a ser una guerra. «El partido va a ser como una barbacoa familiar —decía Julian Edelman, una semana antes del evento—. Yo soy ese niño que llega allí, con los padres divorciados y que no sabe si se van a pelear o no.»

La ESPN había vuelto a sacar artículos hablando de la mala relación del *quarterback* con su entrenador y de cómo Belichick no se había despedido en persona de Brady cuando se supo su marcha. A su vez, el entorno del jugador tampoco facilitaba las cosas. El padre del *quarterback* y su inseparable amigo Alex Guerrero salieron en los medios de comunicación criticando la actitud del entrenador en los últimos años de Brady como jugador de los Patriots. Guerrero era mucho más claro ahora de lo que lo había sido cuando formaba parte de la franquicia. «Belichick no supo tratar a Brady —decía el entrenador personal del *quarterback*—. Seguía comportándose con él como si tuviera veinte años y fuese un *rookie*. Todos los jugadores de ese vestuario sabían de la importancia de Tom en el equipo, así que deberían haberlo tratado como realmente se merecía.» Lo único que hacían todas esas declaraciones era rellenar horas y horas de programas, porque, a los aficionados de los Patriots, lo único que les importaba era volver a ver a su ídolo jugando en el Gillette Stadium.

Tom Brady llegó al estadio y nada más entrar por los pasillos se encontró con Robert Kraft. El dueño de la franquicia seguía teniendo ese brillo en los ojos que siempre lucía cuando estaba cerca de su amigo. Ambos se fundieron en un abrazo sentido, cariñoso y lleno de emoción. Si había alguien en esa ciudad que había luchado para que Brady se retirase como jugador patriota era Robert Kraft. Tras el abrazo, Brady y Kraft compartieron unas breves palabras antes de que el *quarterback* enfilara la puerta del vestuario visitante. Él había venido a ganar, y eso era lo único que ocupaba su mente en esos momentos.

El calentamiento iba a ser la primera piedra de toque para el corazón del jugador de Buccaneers. El estadio ya estaba abarrotado de aficionados muchos minutos antes de que se iniciara el encuentro. Decenas de pancartas dedicadas a Brady adornaban las gradas del estadio de Boston. Al mismo tiempo, y casi como si estuviésemos otra vez en 2019, muchos de los aficionados de los Patriots portaban orgullosos la camiseta de su equipo con el número del jugador más importante de la historia de la franquicia: el 12. Cuando Brady salió trotando del túnel del vestuario visitante, en dirección contraria a lo que estaba acostumbrado en ese estadio, el público lo recibió con aplausos y con cariño.

Su mirada era de concentración y de seguridad a medida que recorría la banda del terreno de juego. El paso de la carrera se aceleraba al igual que los latidos de su corazón. Mientras Brady avanzaba por el exterior del emparrillado, más y más subía la intensidad de los aplausos. Cuando su carrera finalizó al otro lado del túnel, jugador y público explotaron. El *quarterback* levantó el puño y de su boca salieron las palabras que mil y una vez había dicho en ese mismo estadio y delante de la misma gente. Su «*let's go*» hizo que la ovación se volviese atronadora y que los aficionados patriotas se olvidaran, por un segundo, de que Brady ya no vestía los colores de su equipo. Solo fueron unos instantes, pero es algo que perdurará en la memoria del *quarterback* para siempre.

A partir de ahí, el público hizo lo que tenía que hacer: animar a sus queridos New England Patriots para ayudarlos cuanto pudieran en el enfrentamiento contra los Tampa Bay Buccaneers.

El inicio de partido de Brady no fue bueno. Por muchos partidos que hubiese jugado, por muchas batallas que hubiese librado y por mucha experiencia que hubiese acumulado, volver pesó en el juego del *quarterback*. Su socio y amigo, Rob Gronkowski, se había lesionado en el encuentro de la semana anterior y no iba a poder estar a su lado en el campo. Los primeros pases no fueron precisos y el ataque de los Buccaneers no terminaba de carburar. El clima era muy adverso para el juego de pase. Llovía sin parar y el viento cambiaba la trayectoria y la fuerza del ovoide cuando surcaba el cielo de Boston. A su vez, Belichick había preparado una tela de araña, perfectamente ejecutado por los suyos, que hacía difícil las lecturas de su exjugador. Las defensas parecían dominar a ambos ataques en el inicio del encuentro, pero, en el segundo *drive* de los Buccaneers, Brady comenzó a encontrar receptores abiertos.

A los nueve minutos de haber comenzado el duelo, Brady conectó con Mike Evans un pase de 28 yardas, colocando a la ofensiva de Tampa en la yarda 14 del campo patriota. Al instante, en el videomarcador del Gillette Stadium, aparecía una imagen que anunciaba el enésimo récord batido por el *quarterback* californiano. Tom Brady se convertía en el *quarterback* con más yardas de pase en la historia de la NFL, tras superar la marca de 80 358 de Drew Brees. El juego no se detuvo para felicitar a Brady: tan solo una pequeña ovación de los aficionados patriotas quedó como recuerdo de esta hazaña. Tras un pase de tres yardas a Antonio Brown y dos incompletos, los Buccaneers anotaron los tres primeros puntos del partido con un *field goal* convertido por Ryan Succop.

A poco más de ocho minutos para acabar el segundo cuarto, los Patriots se ponían por delante en el electrónico con un *drive* de casi nueve minutos muy bien comandado por el *quarterback* *rookie* del equipo local. Mac Jones fue elegido en el *pick* número 15 del *draft* 2021 y estaba llamado a ser el sucesor natural del *quarterback* californiano. Tras lanzar un pase de *touchdown* a Hunter Henry, y su posterior conversión del *extra point*, los Patriots dejaban el marcador en un corto 7-3. Aun así, el partido siguió siendo un dolor de muelas para ambos ataques.

Según avanzaban los minutos, todo hacía indicar que el final de infarto estaría asegurado. Leonard Fournette, *running back* de los Bucs, aparecía como invitado de honor y se convertía en el jugador de ataque más importante de su equipo. Suyo fue el *drive* más sostenido de la ofensiva visitante y que acabó con *touchdown* de Ronald Jones, el otro compañero de *backfield*. Solo quedaban tres minutos y medio para acabar el tercer cuarto y los de Bruce Arians se colocaban con una ventaja de seis puntos gracias al 13-7 que reflejaba el luminoso. Mac Jones retomaba el mando de su ataque y con un *drive* fantástico volvía a poner a su equipo en ventaja. El partido entró en su recta final con otro intercambio de golpes debido a las dos *field goals* anotados, uno de cada equipo. A falta de cuatro minutos y medio, Brady comenzaba el que sería su último *drive* del partido.

Dos minutos y medio después, Brady buscó a Antonio Brown con un balón perfectamente lanzado a la zona profunda de la defensa patriota. Mientras la grada miraba la espiral que dibujaba el ovoide, Brown corría hacia la esquina de la *end zone* con la ventaja suficiente sobre su defensor para poder atrapar el pase. El balón tocó sus manos y el *touchdown* parecía inevitable, pero, cuando el receptor contactó con el suelo, el golpetazo hizo que el ovoide saliese disparado de sus manos. La última oportunidad de Brady de anotar un último *touchdown* en el Gillette Stadium se desvaneció. Debería ser su *kicker*, Ryan Succop, quien pusiese en el marcador los tres puntos necesarios para volver a tener la ventaja de su lado. Aún quedaba tiempo para que el ataque patriota se llevase la victoria, y Tom Brady solo podía mirar desde la banda el devenir de los acontecimientos.

En ese momento, observó a la grada. Durante veinte años, él había sido el encargado de comandar el *drive* ganador. Él era quien había llevado a su equipo en volandas hasta la zona de anotación y había conseguido el objetivo de subir al electrónico los puntos necesarios para sumar una victoria más. Conocía como nadie el rugir del estadio y el ambiente que se generaba en momentos así. Sus ojos se deslizaron hacia abajo y fueron a parar hasta el otro lado del campo, donde Josh McDaniels miraba su hoja de jugadas y hablaba por el micrófono de sus cascos dando las órdenes al nuevo *quarterback* de los Patriots. Por un momento, echó de menos no ser el receptor de esas palabras. Habían compartido innumerables veces una situación como las que ahora vivía Mac Jones.

Por último, sus ojos se posaron en el hombre con capucha que cruzaba sus brazos sobre el pecho esperando a que su ofensiva terminase el trabajo que él había comenzado con un partido defensivo casi perfecto. Todo era igual que siempre, pero esta vez Brady no formaba parte del plan.

Los Patriots avanzaron a medida que el reloj corría. Jones era capaz de convertir pases y de mover cadenas para que su equipo alcanzase una zona segura de pateo. Tras conectar con Jakobi Meyers en el exterior, los locales se enfrentaban a un *3rd&3* vital para sus aspiraciones. Todd Bowles, coordinador defensivo de Tampa, mandó a seis jugadores a la presión, cosa que hizo que Jones tuviese que apresurar su lanzamiento a un Meyers que estaba completamente solo más allá de los *sticks* que marcaban el primer *down*. Sin embargo, el balón nunca llegó al receptor patriota porque Lavonte David, *linebacker* de los Buccaneers, sacó una mano milagrosa para desviar el envío y forzar el cuarto *down*. Desde la banda de los Patriots no hubo ninguna duda de que el partido tendría que acabarse en ese momento, para bien o para mal. Belichick sacó a su equipo de pateo y Nick Folk sellaría la victoria local.

Brady había contado con el apoyo de su *kicker* en múltiples ocasiones para ganar partidos y campeonatos. Adam Vinatieri y Stephen Gostkowski habían sido los ejecutores finales del trabajo del *quarterback*. Ahora, otro *kicker* sería quien dibujase el resultado final del encuentro. No era una patada fácil, ya que los palos se encontraban a 56 yardas desde donde el *holder* colocaría el balón para que Folk lo golpeara. Folk tomó los pasos adecuados, se acercó al ovoide y lo pateó con la fuerza suficiente para que atravesara su objetivo. Pero no entró.

Ante la mirada incrédula de todos los presentes y de los millones que lo veían en las pantallas de televisión, el ovoide fue directo a uno de los palos, chocó con él y cayó al césped sin conseguir atravesar la U que conforman los tres postes de la *end zone*. Brady alzaba su puño en señal de victoria mientras que Belichick asumía la derrota. Ese *field goal* que Folk no convirtió le otorgaba a Brady el honor de ser el cuarto *quarterback* en la historia de la NFL que conseguía tener, al menos, una victoria frente a los treinta y dos equipos de la liga. Peyton Manning, Brett Favre y Drew Brees tenían nuevo compañero en tan singular marca.

Cuando los árbitros decretaron el final del encuentro, todas las emociones brotaron de su interior. Era el momento de abrazarse a gente con la que había compartido toda una vida. «Estos tipos son como mis hermanos —decía Brady al acabar el encuentro—. Hay dos grupos de personas a los que amo. Unos son mis compañeros de equipo en los Buccaneers, y los otros son los chicos que hoy he visto aquí. Son los amigos con los que he estado durante mucho tiempo y con los que he compartido mi vida. Estoy muy agradecido a ellos por todo lo que han contribuido a que yo esté donde estoy.» Uno a uno, sus excompañeros fueron pasando. McDaniels se fundió en un gran abrazo con él mientras recibía las felicitaciones de todo el cuerpo técnico patriota. Belichick apareció en escena para tener unas brevísimas palabras con Brady y darle un abrazo algo forzado por la situación. Ante las cámaras, ambos sabían que tenían que mantener el tipo y ser fieles al guion preestablecido. Eso hizo que pareciera demasiado protocolario y carente de verdadero afecto. «Hemos tenido una relación de más de veinte años. Él me eligió en el *draft* y me hizo ser el mejor *quarterback* que podía ser. Hemos mantenido muchas conversaciones privadas que seguirán manteniéndose así. Eso quedará entre nosotros dos.» Brady no quiso decir nada más sobre lo que resultó ser la noticia más llamativa después del partido. Belichick, tras acabar el encuentro, y con los dos equipos en sus respectivos vestuarios, había mantenido una reunión con su viejo *quarterback* de unos veinte minutos. Una fuente próxima al entrenador decía que el propio Belichick, antes de disputarse el encuentro, había concertado la cita con el jugador. «Se habla mucho de nuestra relación —contaba a los medios Brady—. Nada de lo que se dice se ajusta a la realidad. O, por lo menos, no proviene de mis sensaciones o creencias personales.»

Una vez que salió del estadio, miles de recuerdos se agolparon en su mente. Desde el primer día que pisó las instalaciones de su primera franquicia como profesional hasta ese mismo instante en el que abandonaba el mausoleo patriota. Pensó en el *jeep* amarillo que conducía en su año *rookie*, en el primer encuentro con el «señor Kraft», al que ya avisó de que él había sido la mejor decisión que los Patriots habían tomado en su historia, y en las bromas en el vestuario con Edelman. Nunca podría olvidar las imágenes de su familia en el palco, con sus padres abrazados y con Gisele agitando una bandera de sus queridos Patriots. Esta ciudad y su gente le habían ofrecido mucho más de lo que él podría devolver. Sus hijos habían nacido allí y su familia había sido querida de la mejor forma posible. Sin embargo, de lo que más contento estaba es de haber encontrado en esa ciudad algo que amaba con total devoción. El *football* ha sido, como decía Gisele, su gran amor. «Es el único consejo que de verdad quiero que mi hijo Jack siga. Solo espero que encuentre algo que le guste hacer en la vida. Su papá adora el *football*; si encuentra lo que ama, sé que lo amará todos los días de su vida. Exactamente como yo lo hago.»

Rob Gronkowski estaba sentado en una pequeña silla roja al lado de un cañón característico de los antiguos bucaneros. Delante de él, en el campo de entrenamiento de los Tampa Bay Buccaneers y sentado en una silla similar, Tom Brady escuchaba las preguntas que su compañero y amigo le lanzaba en tono jocoso. En un momento de la conversación, el *tight end* leyó una de las tarjetas que tenía en la mano y que decía así: «¿Puede Tom Brady jugar hasta los cincuenta años?». Brady, ataviado con sombrero de pescador y unas gafas reflectantes, sonrió y soltó un divertido «Wooooow. La verdad es que no me parece que sea tan difícil —contestó el *quarterback*—. Además, Florida es como un pequeño retiro para los jubilados, así que podría jugar hasta esa edad y luego jubilarme tranquilamente. Creo que sí podría hacerlo. La respuesta es un sí rotundo».

Para un ser humano normal, eso solo sería una broma entre amigos. Para la leyenda más grande de este deporte, tal vez sea un nuevo reto.

Y, queridos lectores, ¿sabéis una cosa?, no seremos nosotros los que apostemos contra Tom Brady. Pocos deberían apostar contra él, pues el chico de California no juega los partidos, sino que los gana. Tom Brady ganaría cualquier partido, hasta el más largo de la historia.

Bibliografía

Brady vs Manning - Gary Meyers
No Excuses - Charlie Weis and Vic Carucci
Belichick and Brady - Michael Holley
The Patriots Reign - Michael Holley
War Room - Michael Holley
Six Rings - Jerry Thornton
Moving the Chains - Charles P. Price
Tom Brady vs the NFL - Sean Glennon
Belichick - Ian O'Connor
The Dinasty - Jeff Benedict
Big Game - Mark Liebovich
Tb12 Method - Tom Brady
The Art of Smart Football - Chris B. Brown

ARTÍCULOS WEB

The New York Times, Boston Globe, Boston Herald, ESPN, *Men's Health, The Athletic, Sports Illustrated, Players' Tribune, USA Today,* NFL.com, Pro-Football-Reference

TELEVISIÓN

Documental *Tom vs Time*
Documental *Do Your Job I*
Documental *Do Your Job II*
Documental *Do Your Job III*
Documental *The Brady 6* de NFL Films
NFL Films

NFL Game Pass

Este libro utiliza el tipo Aldus, que toma su nombre
del vanguardista impresor del Renacimiento
italiano, Aldus Manutius. Hermann Zapf
diseñó el tipo Aldus para la imprenta
Stempel en 1954, como una réplica
más ligera y elegante del
popular tipo
Palatino

Tom Brady. El partido más largo
se acabó de imprimir
un día de invierno de 2022,
en los talleres gráficos de Egedsa
Roís de Corella 12-16, nave 1
Sabadell (Barcelona)